广州统计年鉴

GUANGZHOU STATISTICAL YEARBOOK

2017

（总第29期 NO. 29）

广　州　市　统　计　局
国家统计局广州调查队　编
Guangzhou Municipal Statistics Bureau
Guangzhou Survey Office of National Bureau of Statistics

中国统计出版社
China Statistics Press

图书在版编目（C I P）数据

广州统计年鉴. 2017 / 广州市统计局，国家统计局，广州调查队 编.
-- 北京 : 中国统计出版社, 2017.9
ISBN 978-7-5037-8289-3

Ⅰ. ①广…
Ⅱ. ①广… ②国…
Ⅲ. ①统计资料—广州—2017—年鉴
Ⅳ. ①C832.651-54

中国版本图书馆 CIP 数据核字(2017)第 200341 号

广州统计年鉴-2017

作　　者/ 广州市统计局　国家统计局广州调查队
责任编辑/ 陈越月
装帧设计/ 广州市人民印刷厂股份有限公司
出版发行/ 中国统计出版社
地　　址/ 北京市丰台区西三环南路甲 6 号　邮政编码/100073
电　　话/ 邮购（010）63376909　书店（010）68783171
网　　址/ http://csp.stats.gov.cn
印　　刷/ 广州星河印刷有限公司
经　　销/ 新华书店
开　　本/ 890mm×1240mm　1/16
字　　数/ 1475 千字
印　　张/ 34
版　　别/ 2017 年 9 月第 1 版
版　　次/ 2017 年 9 月第 1 次印刷
定　　价/ 398 元

如有印装差错，由本社发行部调换。

□ 地区生产总值（亿元）
[Gross Domestic Product (100 million yuan)]

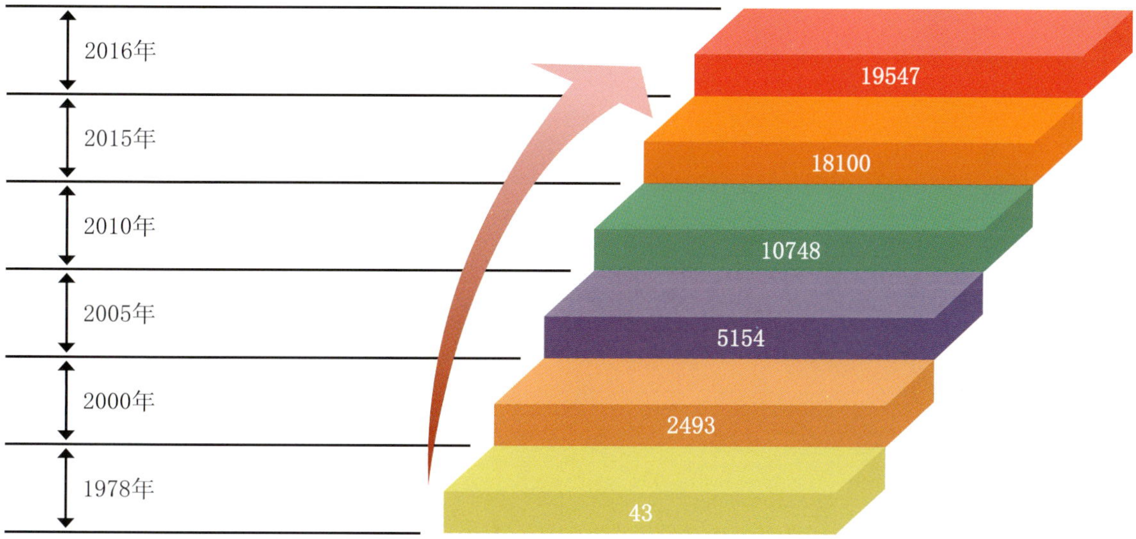

□ 地区生产总值构成（%）
[Proportions in GDP (%)]

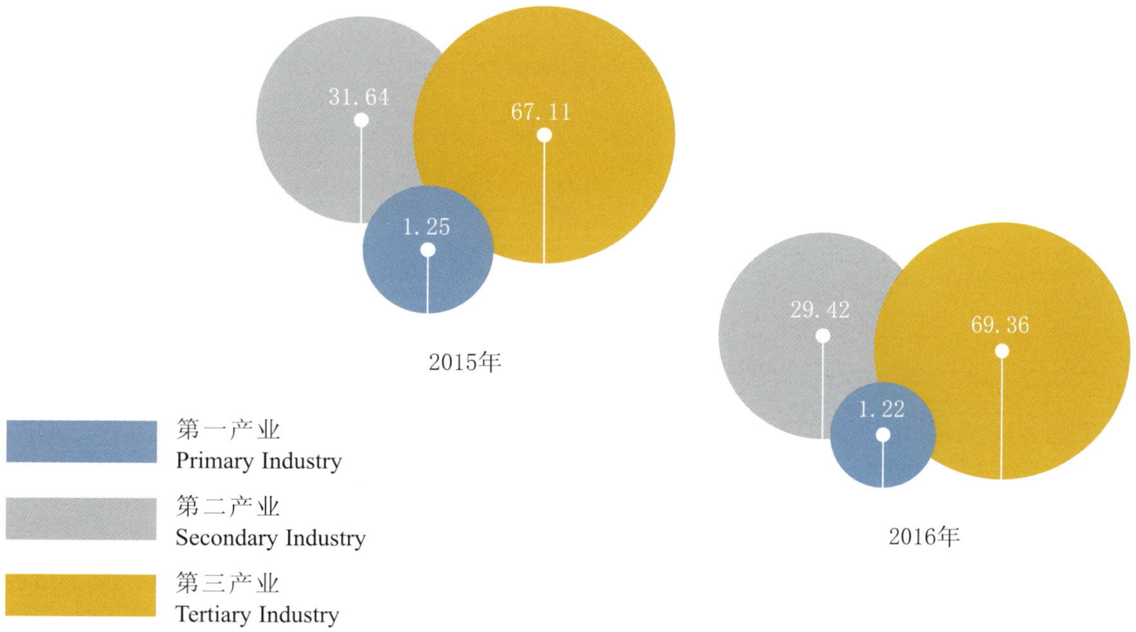

人 口
POPULATION

年末户籍总人口（万人）
[Total Registered Permanent Residents at Year-end (10000 persons)]

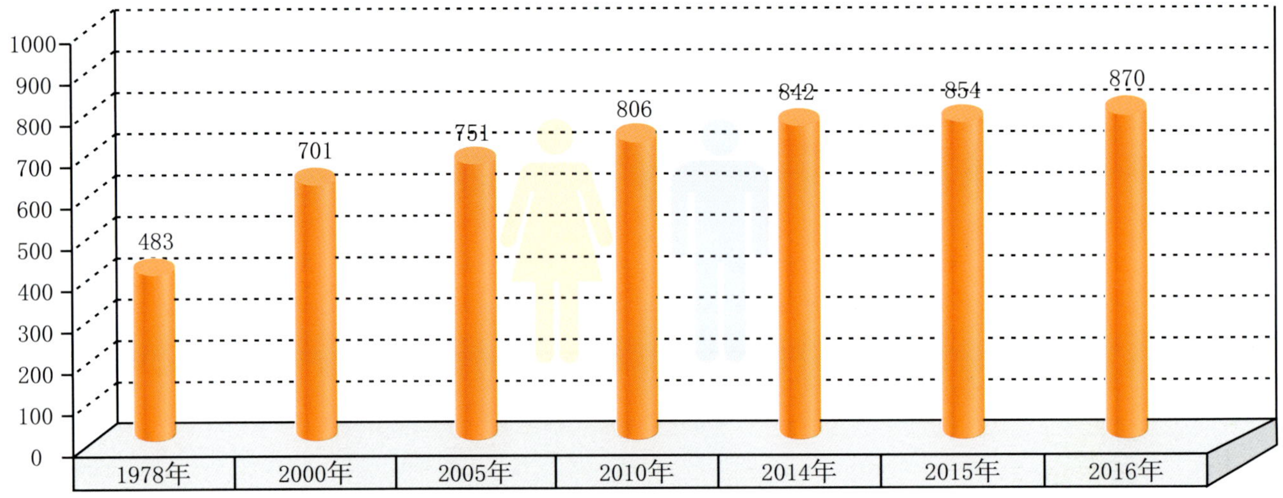

户籍人口自然增长率（‰）
[Natural Growth Rate of Registered Population (‰)]

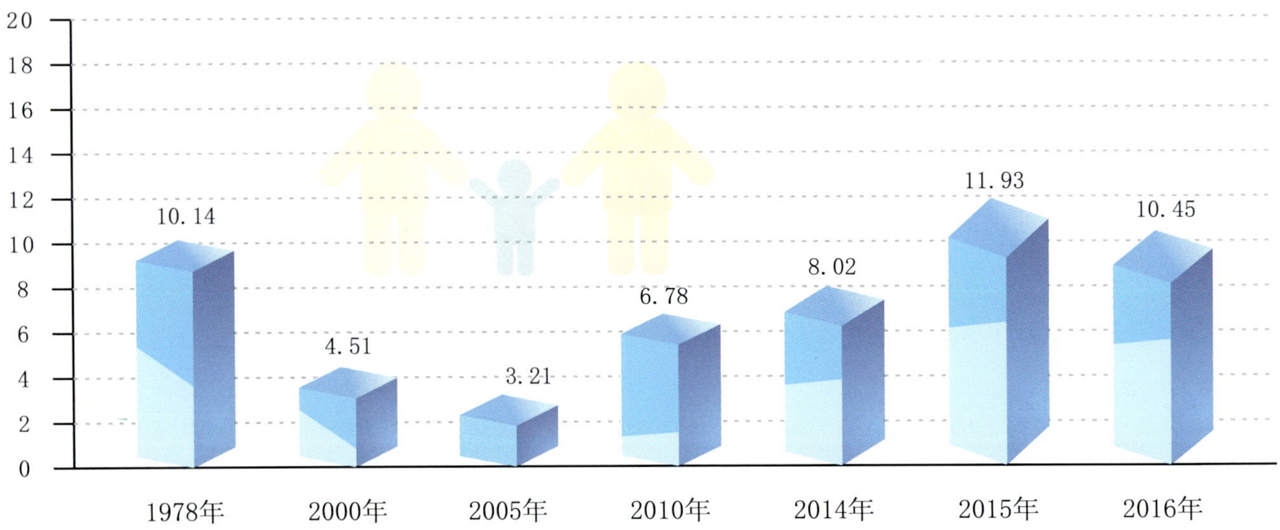

从业人员和工资
EMPLOYMENT AND WAGES

社会从业人员（万人）
[Number of Employed Persons (10000 persons)]

城镇非私营单位在岗职工年平均工资（元）
[Average Wage of Fully Employed Staff and Workers in Urban Units (yuan)]

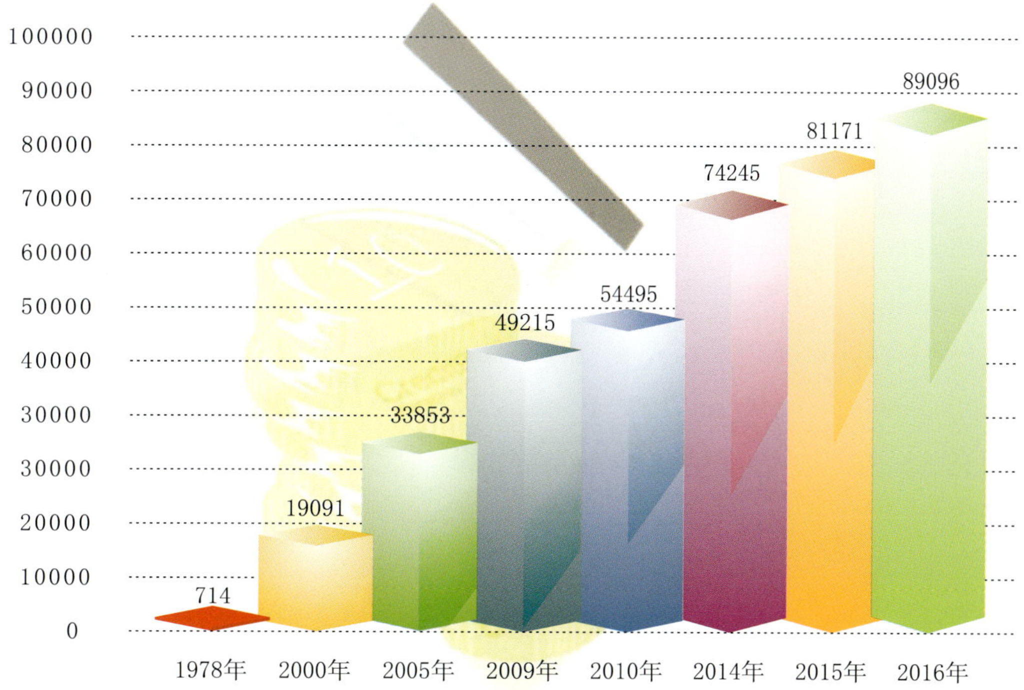

固定资产投资

INVESTMENT IN FIXED ASSETS

固定资产投资额（亿元）
[Total Investment in Fixed Assets (100 million yuan)]

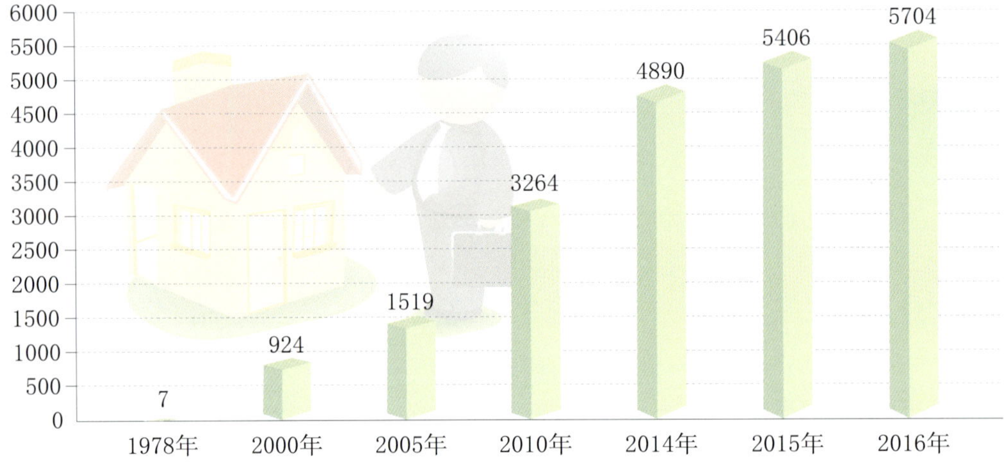

固定资产投资额三次产业构成（%）
[Compositions of Investment in Fixed Assets Classified by Three Strata of Industries (%)]

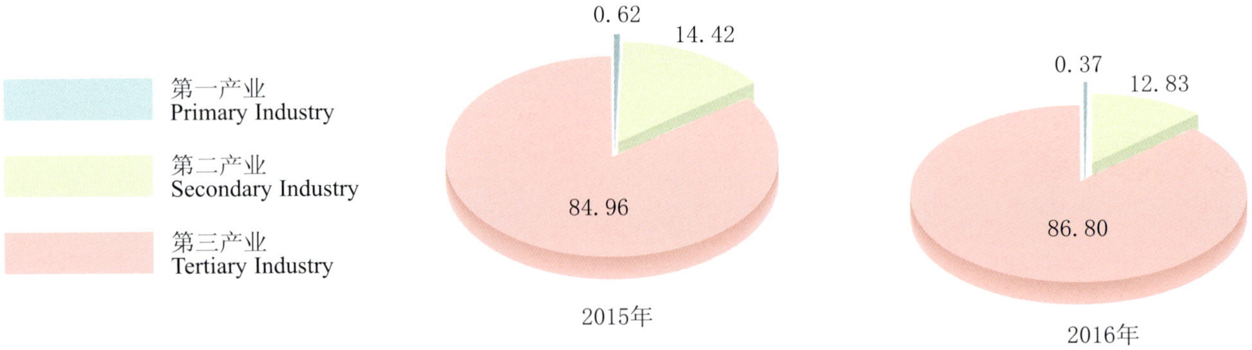

房屋建设(万平方米)
[Real Estate Development (10000 sq.m)]

房屋施工面积
Floor Space under Construction

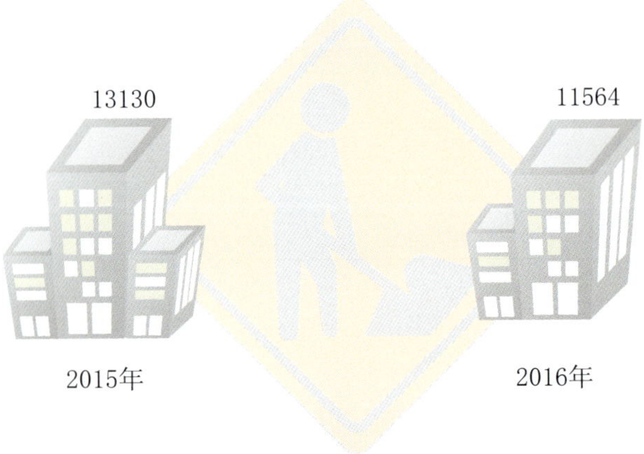

房屋竣工面积
Floor Space Completed

能源
ENERGY

能源消费总量（万吨标准煤）
[Total Energy Consumption (10000 tons of SCE)]

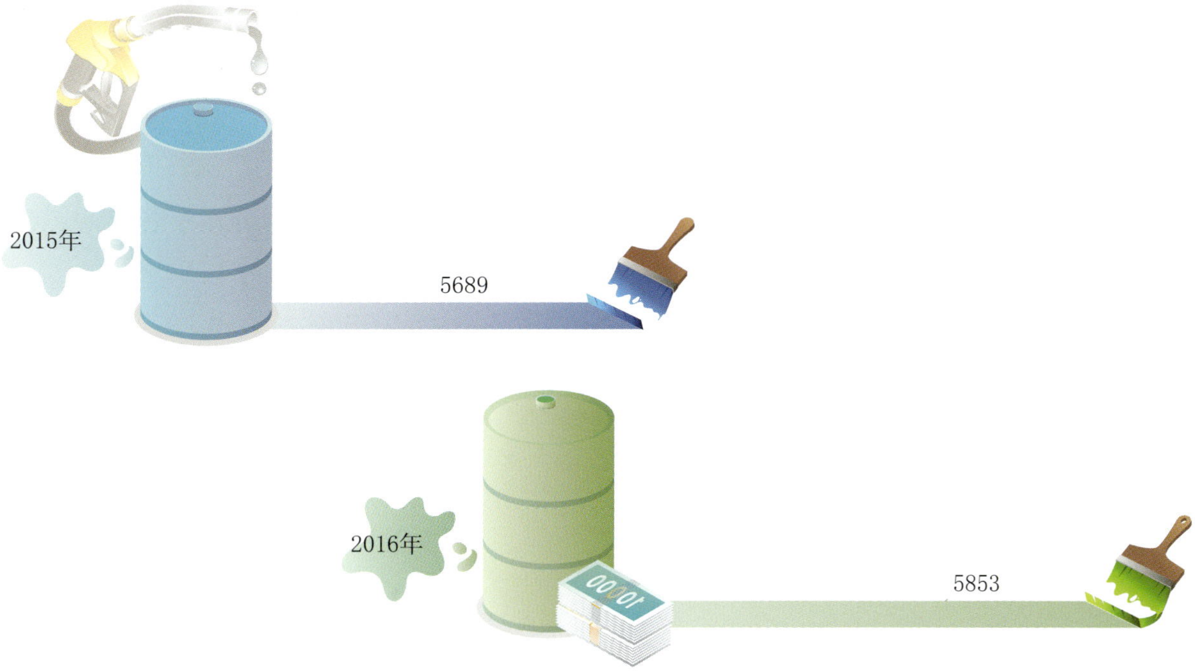

能源消费总量构成（%）(2016 年）
[Proportions of Total Energy Consumption (%) (2016)]

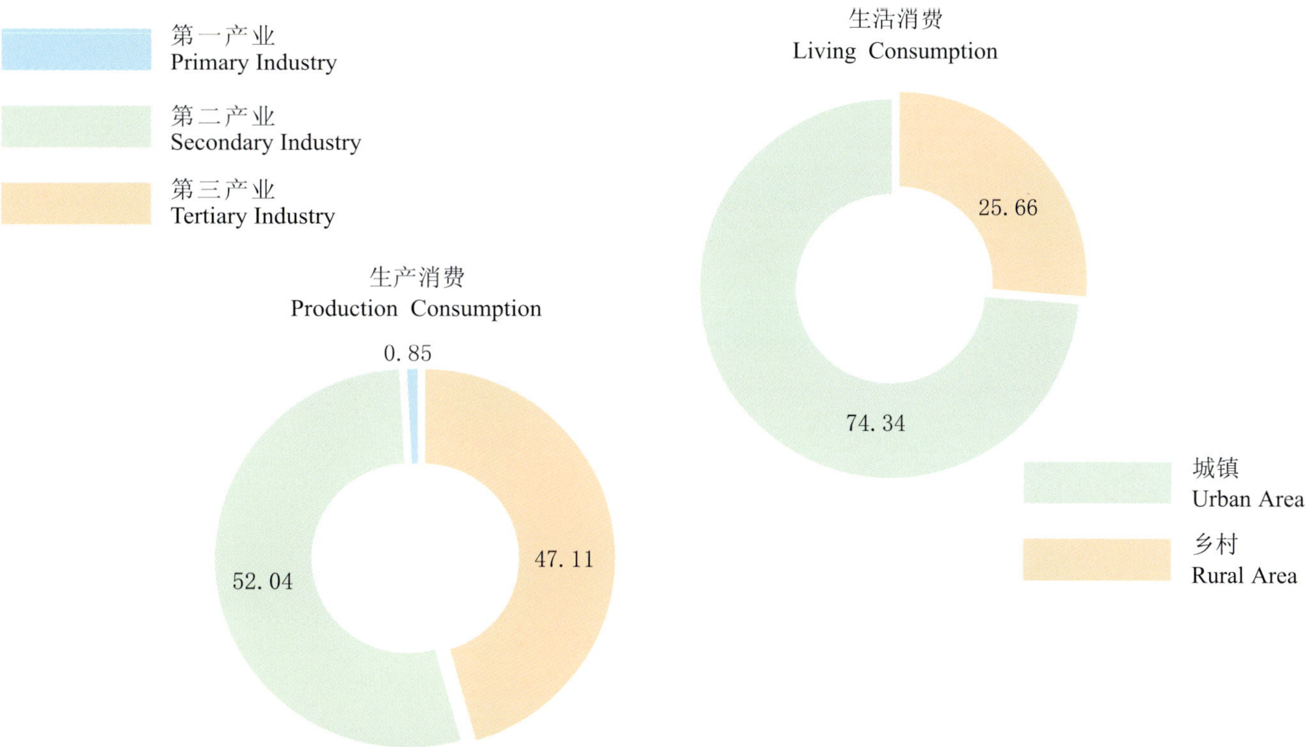

财政收支（按当年口径、亿元）
[Revenue and Expenditure of Local Government (at the Coverage of Current Year,100 million yuan)]

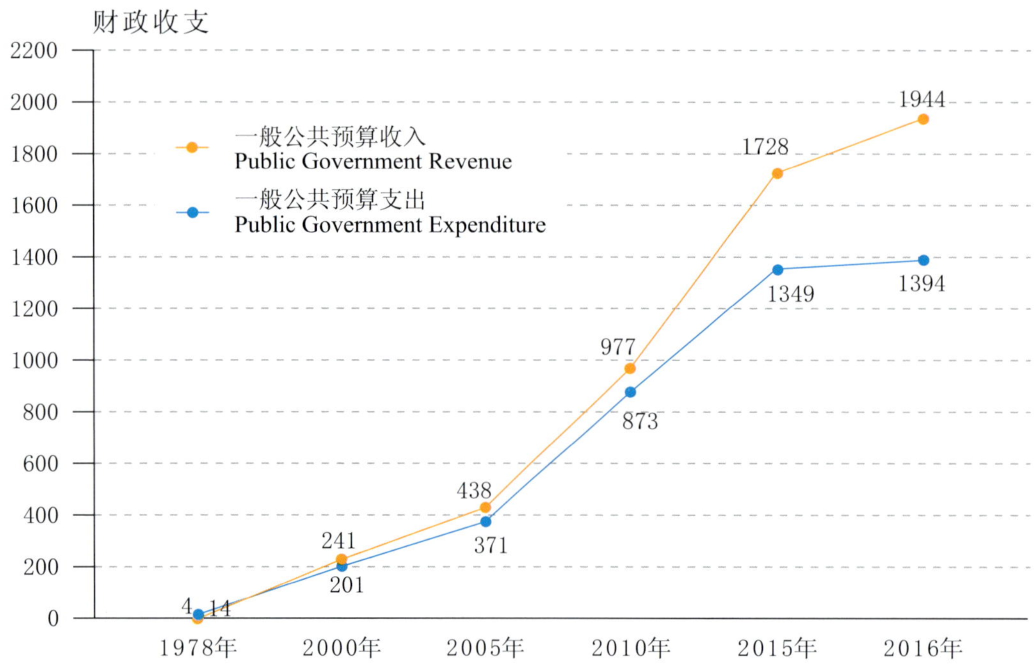

金融机构人民币存、贷款余额（亿元）
[RMB Saving Deposit and Loan of Financial Institutions (100 million yuan)]

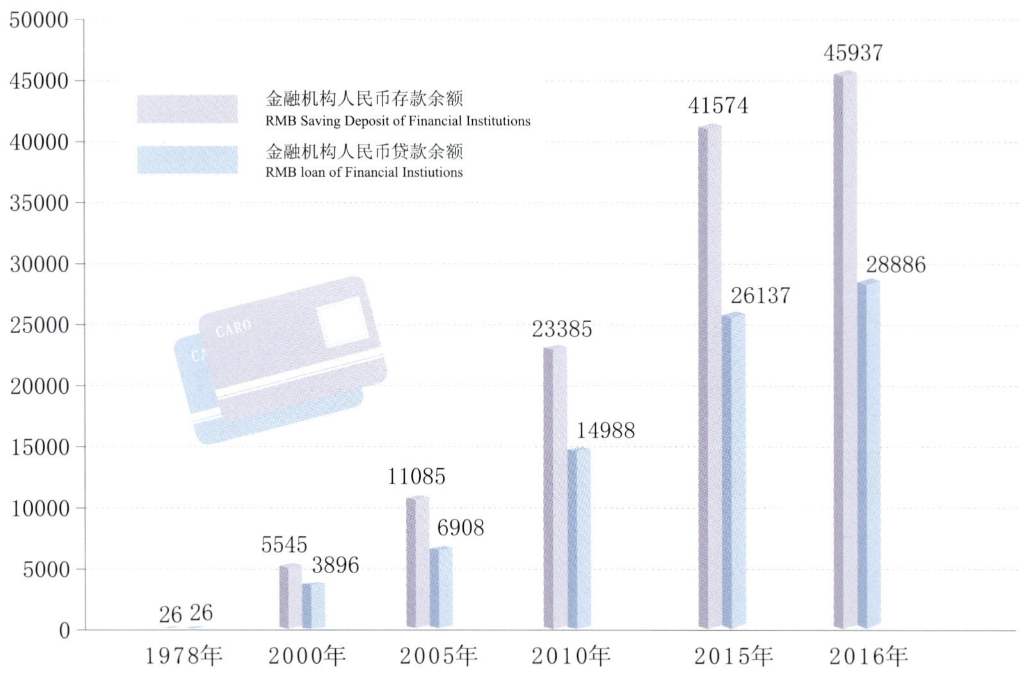

价格指数
PRICE INDICES

城市居民消费价格指数（以1978年价格为100）
[Urban Residents Consumer Price Indices (the price of 1978=100)]

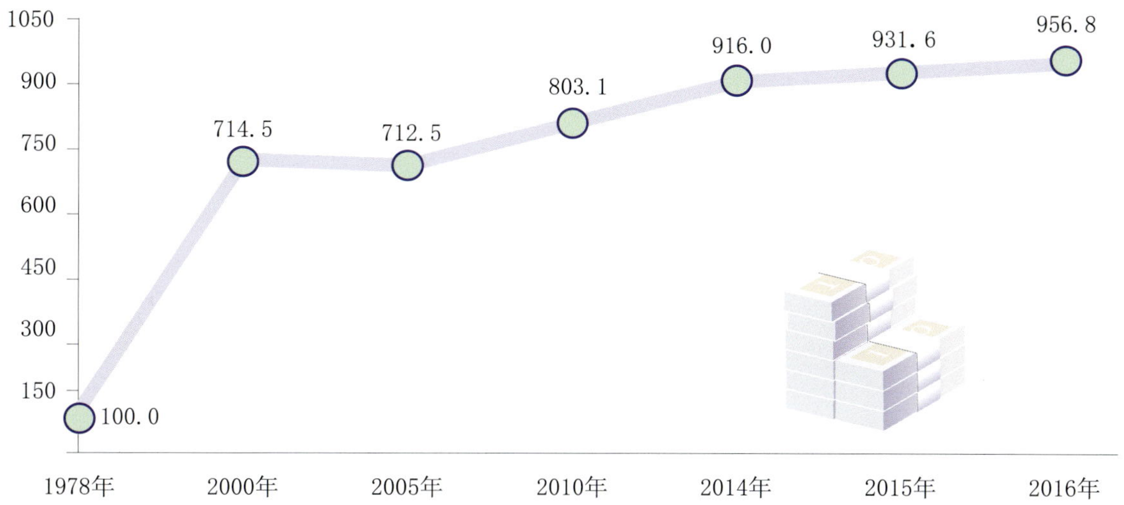

城市商品零售价格指数（以1978年价格为100）
[Urban Retail Price Indices in Main Years (the price of 1978=100)]

人民生活
PEOPLE'S LIVELIHOOD

城市居民年人均可支配收入（元）
[Per Capita Annual Disposable Income of Urban Residents (yuan)]

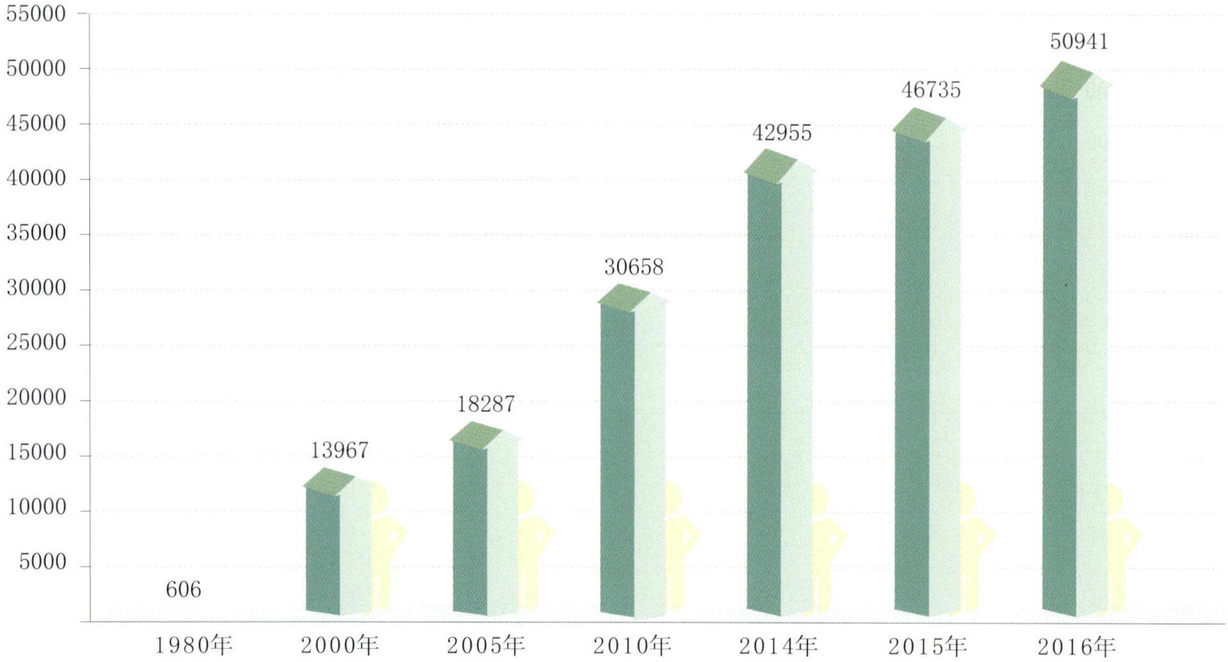

农村居民年人均可支配收入（元）
[Per Capita Annual Net Income of Rural Residents (yuan)]

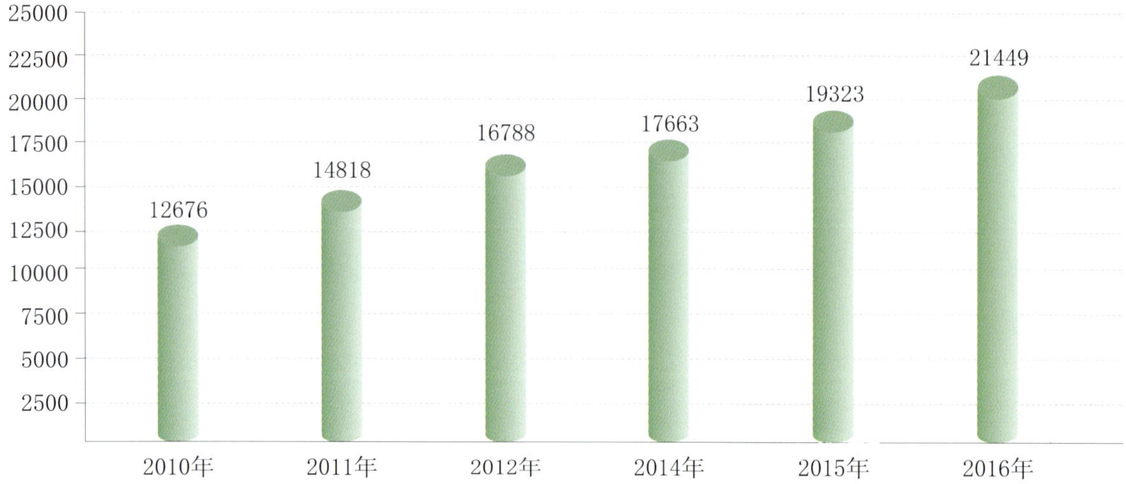

城市建设
CITY CONSTRUCTION

城市市政公用设施建设固定资产投资（亿元）
[Investment in Fixed Assets in Public Facilities in Urban Districts (100 million yuan)]

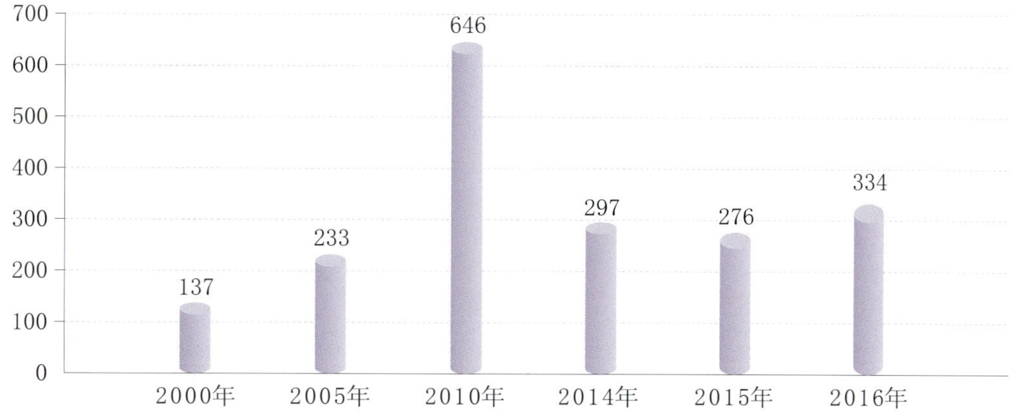

城市道路面积（万平方米）
[Roads Area in Urban Districts (10000 sq.m)]

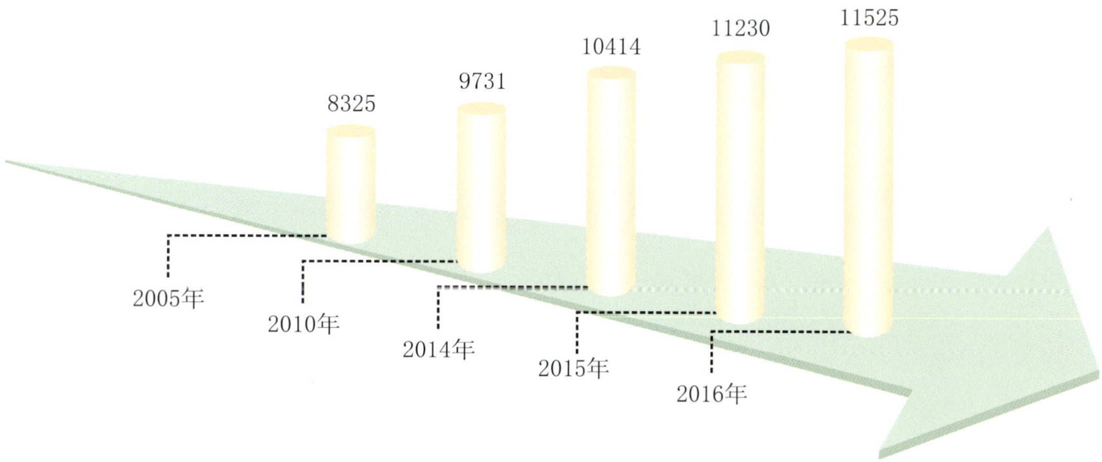

绿地面积（公顷）
[Area of Green Areas (hectare)]

农、林、牧、渔业总产值及增加值（亿元）
[Gross Output Value and Added Value of Agriculture (100 million yuan)]

农、林、牧、渔业总产值
Gross Output Value of Agriculture

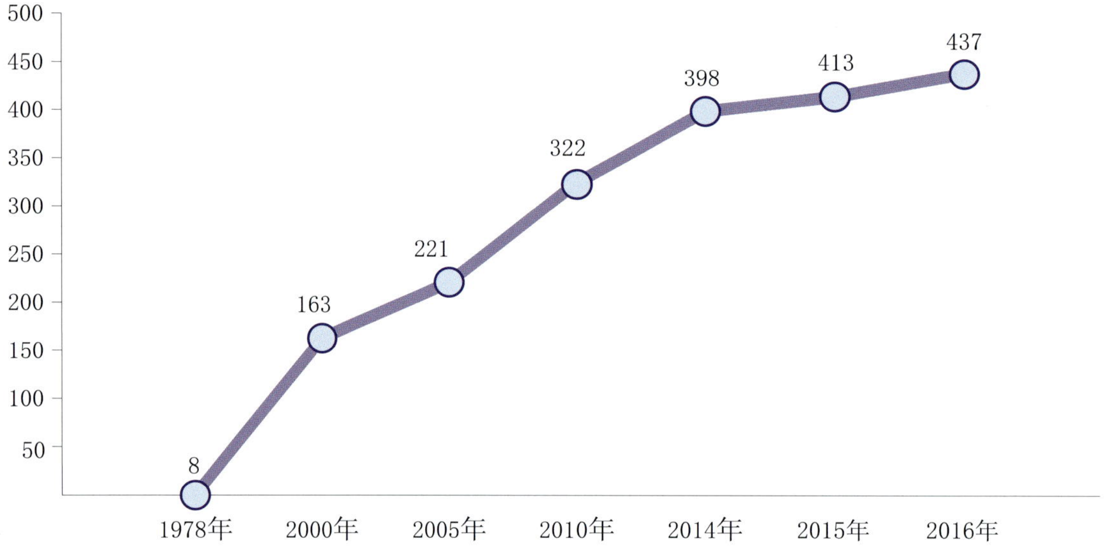

农、林、牧、渔业增加值
Added Value of Agriculture

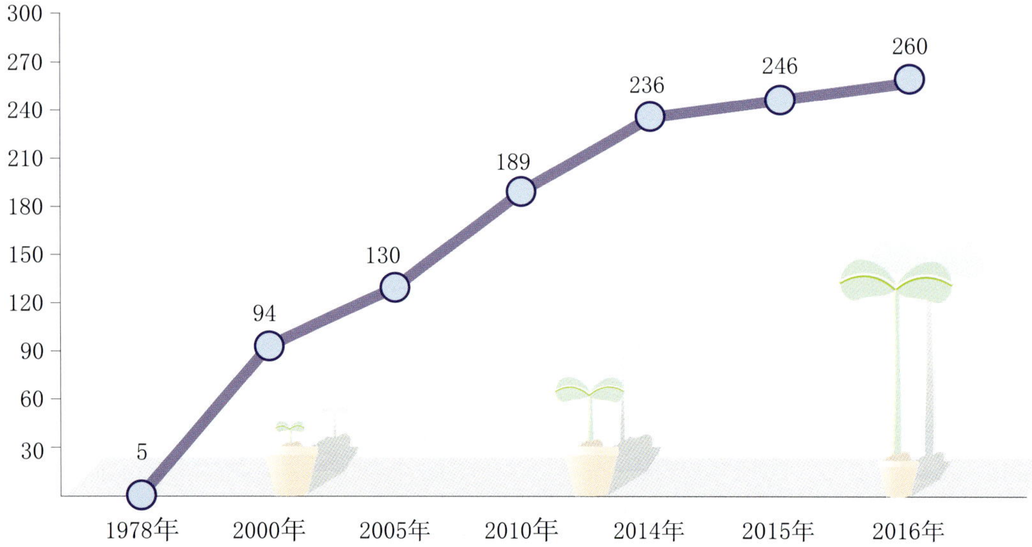

工 业
INDUSTRY

工业总产值（亿元）
[Gross Output Value of Industry (100 million yuan)]

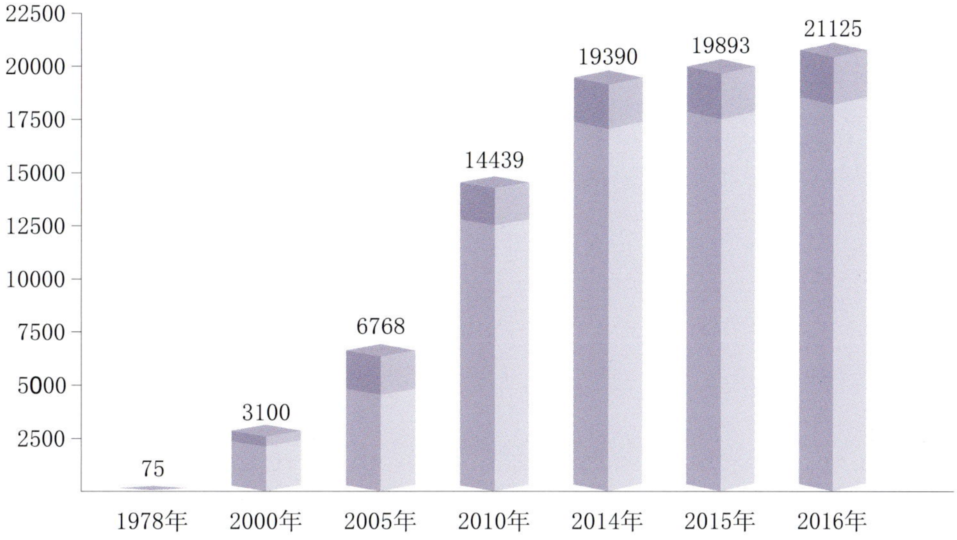

规模以上工业总产值构成（%）(2016)
[Proportions in Gross Output Value of Industry Enterprises above Designated Size(%) (2016)]

按规模分
by Scale

按轻重工业分
by Light and Heavy Industries

建筑业
CONSTRUCTION

建筑业总产值（亿元）
[Gross Output Value (100 million yuan)]

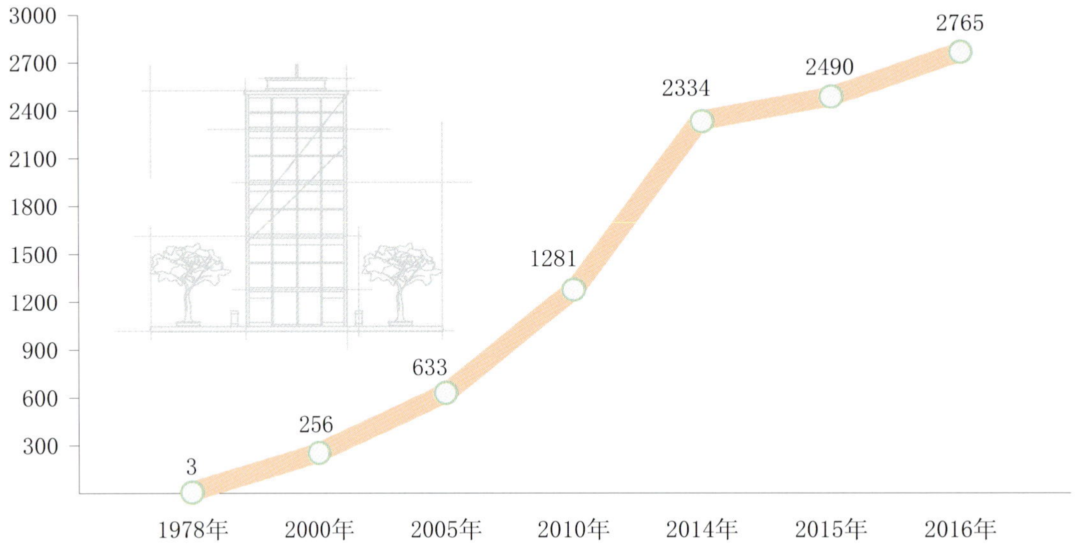

运输和邮电

TRANSPORT，POSTAL AND TELECOMMUNICATION SERVICES

货物、旅客运输量
[Freight and Passenger Traffic]

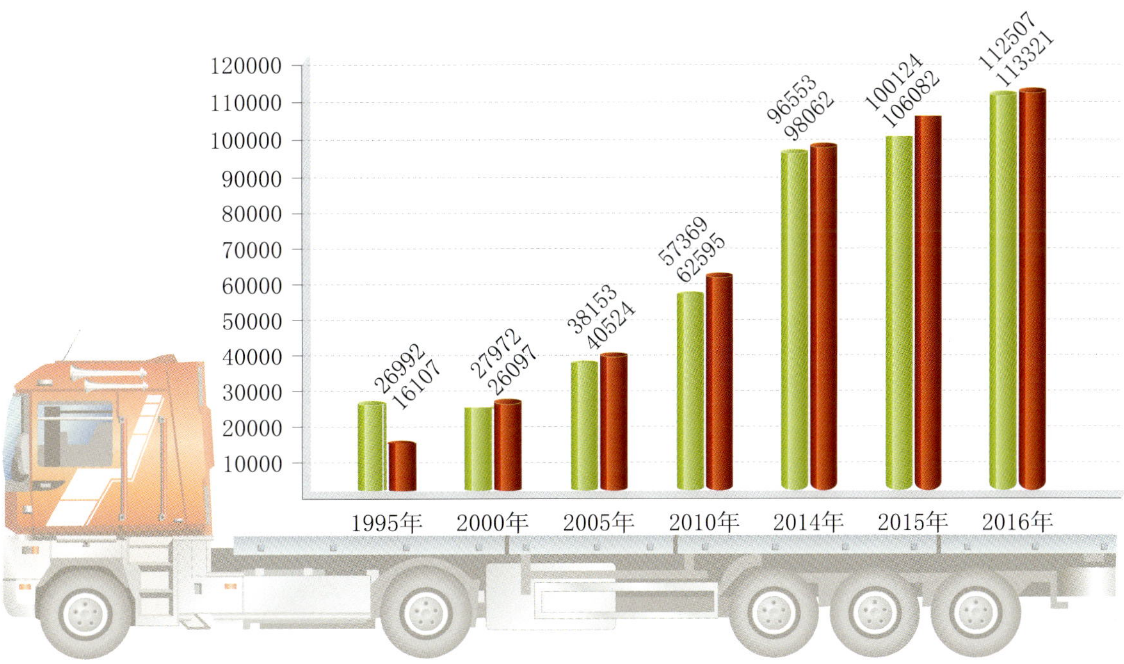

邮电业务收入（亿元）
[Revenue of Postal and Telecommunication Services (100 million yuan)]

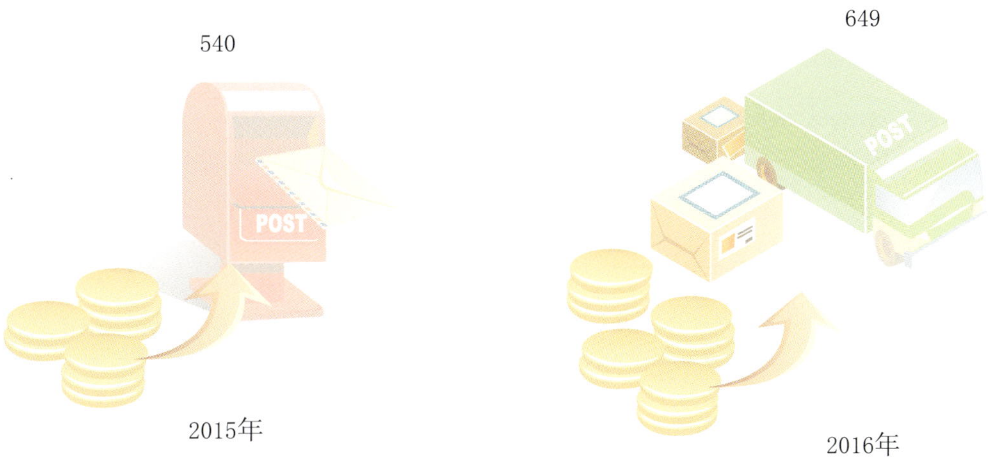

社会消费品零售总额（亿元）
[Retail Sale of Consumer Goods (100 million yuan)]

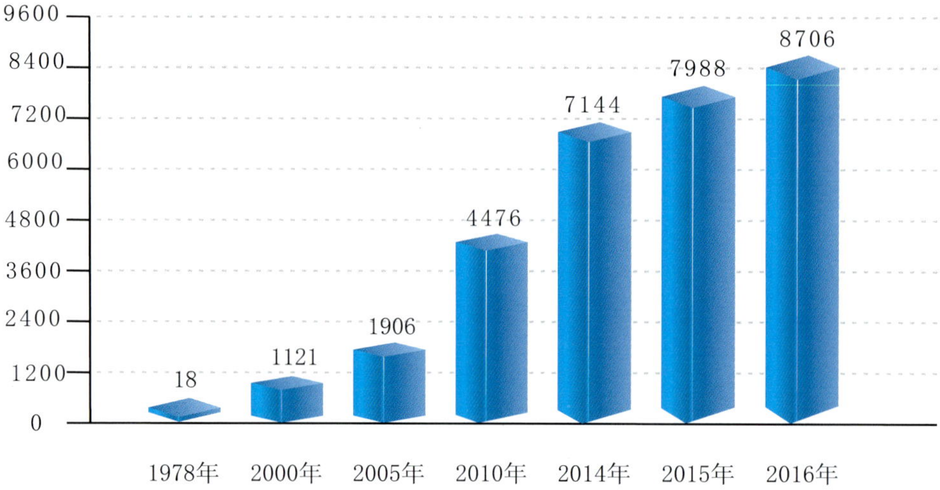

社会消费品零售总额构成（%）
[Proportions in Retail Sale of Consumer Goods (%)]

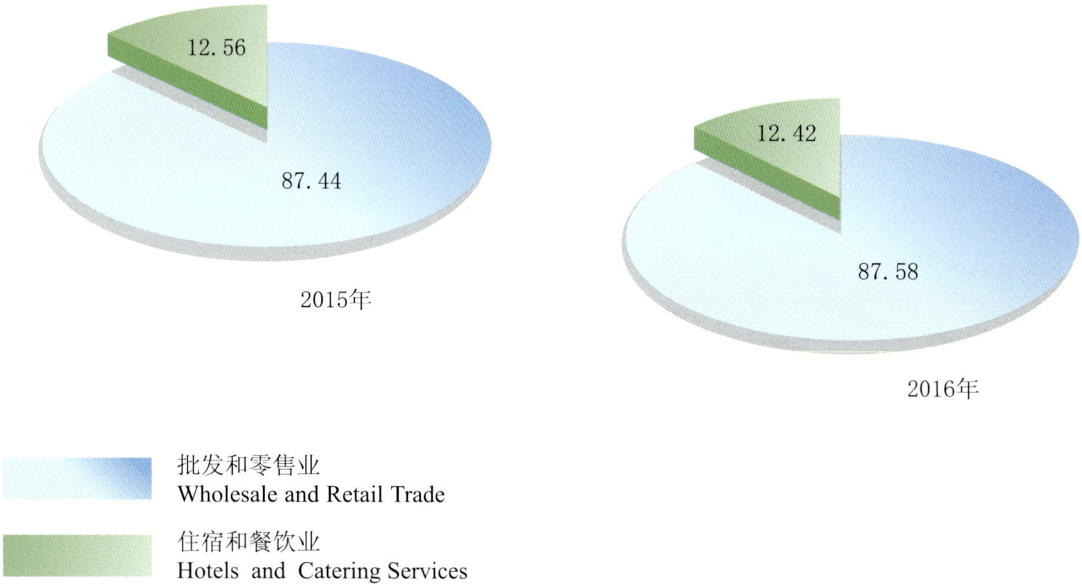

海外旅游者（万人次）
[International Tourists (10000 person-times)]

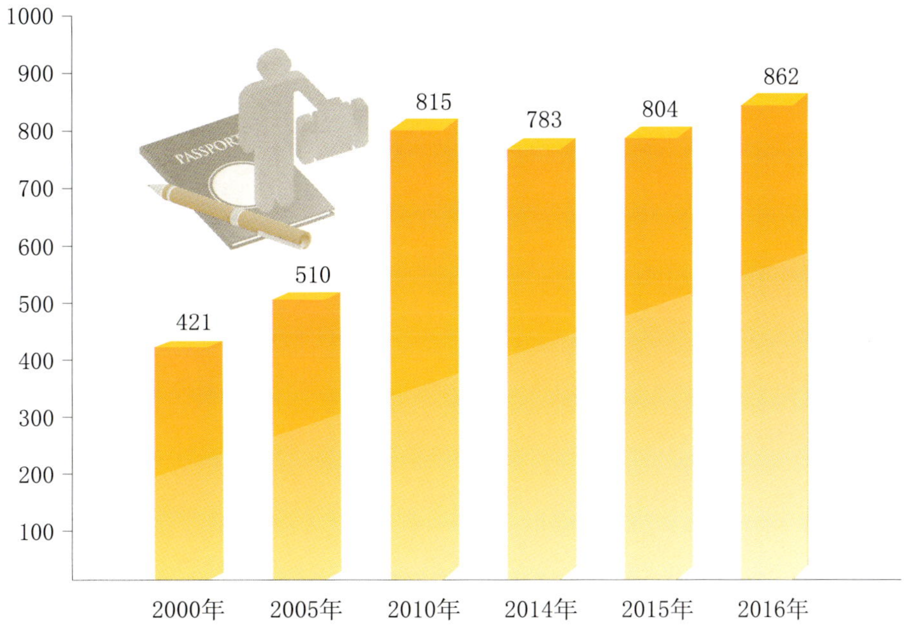

商品出口总值构成（%）
[Proportions in Total Value of Export Comodities (%)]

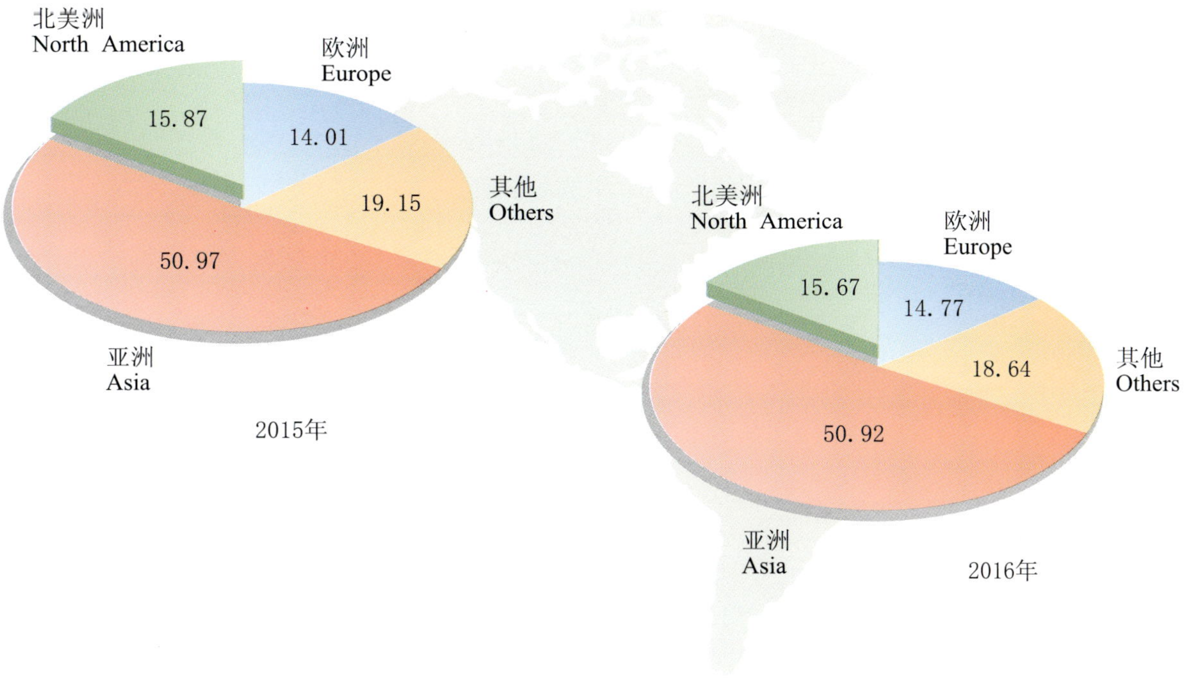

专利申请量和专利授权量
[Patent Applications and Patent Certified]

专利申请量（件）
Patent Applications (item)

专利授权量（件）
Patent Certified（item）

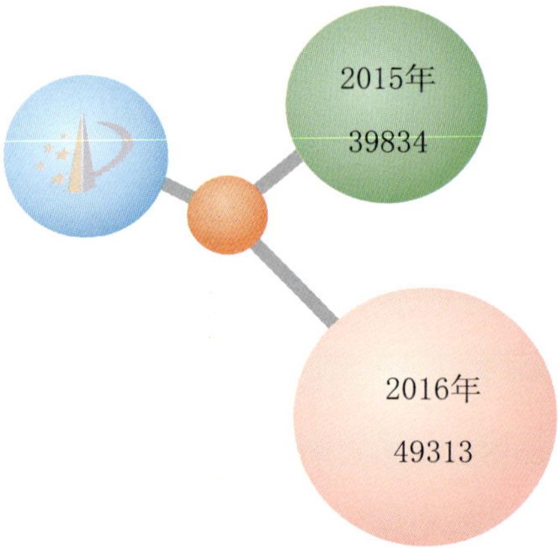

教育、文化、体育、卫生、社会福利和其他

EDUCATION, CULTURE, SPORTS, PUBLIC HEALTH, SOCIAL WELFARE AND OTHERS

各类学校及在校学生数
[Number of Schools and Enrolled Students]

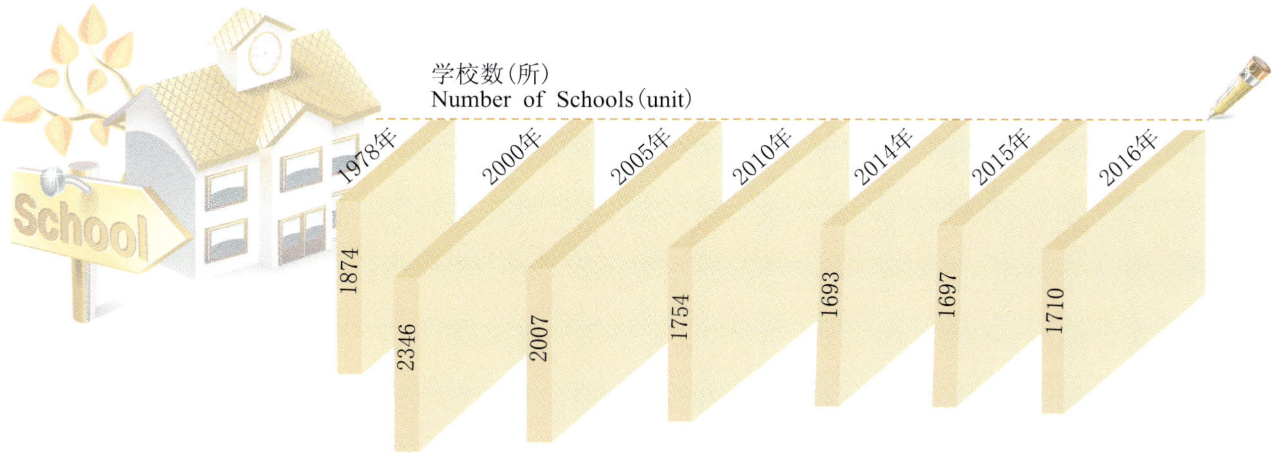

在校学生数(万人)
Number of Enrolled Students (10000 persons)

卫生事业机构床位数（张）
[Number of Beds in Health Institutions (unit)]

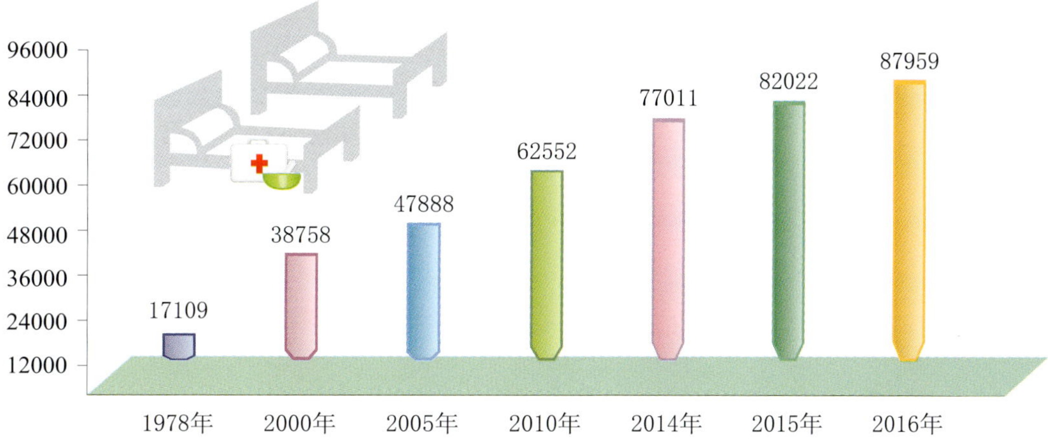

编者说明

EDITOR'S NOTE

一、《2017 广州统计年鉴》是一本全面反映广州经济和社会发展的资料工具书。本书通过大量的统计数据，全面客观地记录了 2016 年及重要历史年份广州市经济、社会的发展情况。

二、全书内容分为 17 个篇目，即：1. 综合；2. 人口；3. 从业人员和工资；4. 固定资产投资；5. 能源和环保；6. 财政和金融；7. 价格指数；8. 人民生活；9. 城市建设；10. 农业；11. 工业；12. 建筑业；13. 运输和邮电；14. 国内贸易；15. 对外经济贸易和旅游；16. 科技；17. 教育、文化、体育、卫生、社会福利和其他。在附录部分，收集了全国、广东省及香港特别行政区、澳门特别行政区主要经济指标。

三、本年鉴资料主要来自政府各级统计局、国家统计局广州调查队的各种定期统计报表和抽样调查资料，部分资料来自省属、市属各主管部门。

四、2014 年广州市行政区划有调整，原黄埔区和原萝岗区合并为新黄埔区，原增城市更名为增城区，原从化市更名为从化区。从 2015 年起，我市行政区划包括荔湾区、越秀区、海珠区、天河区、白云区、黄埔区、番禺区、花都区、南沙区、从化区和增城区等 11 个区，无县级市。

五、从 2014 年起广州市实施城乡一体化分市县住户调查制度，住户调查统计指标体系有较大变动。

六、本年鉴总量指标计算所采用的价格除注明外均为当年价格。

七、读者在使用历年资料时，凡与本年鉴有出入的，均以本年鉴为准。

八、本年鉴中部分数据合计数或相对数由于单位取舍不同而产生的计算误差，均未作机械调整。

九、本年鉴表中的符号使用说明：“空格”表示该项统计指标数据不详或无该项数据；“…”表示数不足本表最小单位数；“#”表示其中的主要项。

编者说明

EDITOR'S NOTE

Ⅰ. Guangzhou Statistical Yearbook 2017 (abbreviation as the Yearbook below)is an annual statistics publication, reflecting comprehensively the economic and social development of Guangzhou. It covers maily statistics in 2016 and some selected major data series in historically important years, at municipal level and local level of district.

II. The Yearbook contains the following 17 chapters: 1. Gerneral Survey; 2. Population; 3. Employment and Wages; 4. Investment in Fixed Assets; 5. energy and environmental protection; 6. Government Finance and Financial; 7. Price Indices; 8. People's Livelihood; 9. City Construction; 10. Agriculture; 11. Industry; 12. Construction; 13. Transport, Postal and Telecommunication Services; 14. Domestic Trade; 15. Foreign Economy and Tourism; 16. Science and Technology; 17. Education, Culture, Sports, Public Health, Social Welfare and Others. The data listed in the Appendix are main economic indicators of China, Guangdong province, Hongkong Special Administrative Region and Macao Administrative Region.

III. The data in the Yearbook are mainly obtained from regular ststistical reports and sample surveys conducted by statistics bureaus of all levels of government and the Surney office of the National Bureau of statistics in Guangzhou. Some data are collected from the departments of the provincial and municipal government.

Ⅳ. Since 2014 Guangzhou administrative division has been adjusted. The original Huangpu and Luogang districts have been merged into the new Huangpu district. The original Zengcheng county-level city has been renamed Zengcheng district, the original Conghua county-level city has been renamed Conghua district. Since 2015, Guangzhou city administrative division has included 11 districts, which are Liwan district, Yuexiu district, Haizhu district, Tianhe district, Baiyun district, Huangpu district, Panyu district, Huadu district, Nansha district, Conghua district and Zengcheng district, excluding county-level cities.

V. From 2014 urban and rural integrated household survey is carried out in Guangzhou, statistical indicator system of urban and rural integrated household survey is changed greatly.

Ⅵ. The prices used in calculation in the Yearbook are current prices except noted.

VII. In any case the data of this book shall be deemed as the authoritative ones.

Ⅷ. In the Yearbook all caculating errors of some total and regular figures for the differency of measuring units haven't been adjusted.

Ⅸ. Notations in this book: blank space indicates data are not available; "…" indicates not large enough to be rounded into the least unit of measurement; "#" indicates major item in a category.

第一篇 综 合
General Survey

第二篇 人 口
Population

第三篇 从业人员和工资
Emplyment and Wages

第四篇 固定资产投资
Investment in Fixed Assets

第五篇　能源和环保
Energy and Environmental Protection

第六篇 财政和金融
Government Finance and Banking

第七篇　价格指数
Price Indices

第八篇　人民生活
People's Livelihood

第九篇 城市建设
City Construction

第十篇 农 业
Agriculture

第十一篇 工 业
Industry

第十二篇 建筑业
Construction

第十四篇 国内贸易
Domestic Trade

第十五篇　对外经济贸易和旅游
Foreign Economy and Tourism

第十六篇　科　技
Science and Technology

第十七篇 教育、文化、体育、卫生、社会福利和其他
Education, Culture, Sports, Public Health, Social Welfare and Others

附 录
Appendix

第一篇 CHAPTER 1

综合
GENERAL SURVEY

简要说明
Brief Introduction

第一篇　综　合

一、本篇资料反映广州国民经济和社会发展的综合情况以及国民经济核算情况，分别由广州市统计局综合统计处和国民经济核算统计处整理提供。

二、综合统计资料是根据广州市统计局各专业统计年报资料以及广州市有关部门提供的统计资料加工整理而成。

三、国民经济核算资料主要包括广州市地区生产总值及其有关资料。2008年度广州市地区生产总值利用第二次全国经济普查资料进行核算，并根据国家《利用经济普查数据修订年度历史数据的方法》和广州市的实际情况，对2006～2007年广州市年度GDP当年价数据进行了修订。2013年年度广州市地区生产总值数据依据第三次全国经济普查数据修订。

四、2003年至2013年地区生产总值数据执行《国民经济行业分类》（GB/T4754-2002），原第三产业中的农林牧渔服务业划入第一产业。从2014年执行《国民经济行业分类》（GB/T4754-2011）以及《三次产业划分规定》（国统字【2012】108号）。

五、2015年新增规模以上其他服务业资料。

六、资料来源

1．行政区划资料由广州市民政局提供；

2．城市房地产市场交易情况、国有土地使用权出让、划拨情况由广州市国土规划委提供；

3．气象资料由广州市气象局提供；

4．劳动力市场情况由广州市人力资源和社会保障局提供；

5．技术市场交易情况由广州市科技创新委员会提供；

6．私营企业、城乡个体工商企业资料由广州市工商行政管理局提供。

1 General Survey

I. The summary data in this chapter reflect the national economy and social development of Guangzhou and also cover the data on its national economic accounts. The data are prepared and provided by the Division of Comprehensive Statistics and the Division of National Accounts of Guangzhou Municipal Bureau of Statistics respectively.

II. The summary data are processed and prepared in the light of the annual reports of various specialized fields provided by Guangzhou Municipal Bureau of Statistics and data provided by some related departments of Guangzhou Municipality.

Ⅲ. The data on the national economic accounts mainly cover the gross domestic Product (GDP)and related data of Guangzhou. The annual GDP of Guangzhou in 2008 was accounted according to the data from the Second National Economic Census. According to the Way of Adjusting Historical Data Using the Data from the First National Economic Census stipulated by the National Bureau of Statistics and Guangzhou's factual situation, the GDP (current prices)of Guangzhou from 2006 to2007 was adjusted. The annual GDP of Guangzhou in 2013 was adjusted by the statistics data of the Third National Economic Census.

IV. From 2003 to 2013 the data of GDP has been grouped in accordance with Standard Industrial Classification (GB/T4754-2002),and farming,forestry,animal husbandry and fishing services in old tertiary industry are classified to primary industry. Standard Industrial Classification (GB/T4754-2011) and Three strata of Industry Classification (National Digit [2012] No.108) are implemented since 2014.

V. Other Service Industry above the Designated Size data is added in 2015.

Ⅵ. Data Resources comes as follows:

The data on administrative divisions are provided by Guangzhou Municipal Bureau of Civil Affairs.

The data on transaction in urban real estate, lease and administrative allocation of the use right of state-owned land are provided by Guangzhou Land Resources & Urban Planning Committee.

The data on meteorological phenomena are provided by Guangzhou Municipal Bureau Meteorology.

The data on labor force markets are provided by Guangzhou Municipal Bureau of Labor and Social Security.

The data on transactions in technology markets are provided by Guangzhou Science Technology and Innovation Commission.

The data on private enterprises and individuals are provided by Guangzhou Municipal Administration for Industry and Commerce.

1-1 行政区划（2016年末）
Administrative Divisions (Year-end of 2016)

单位：个 (unit)

地　区	Districts	街道办事处 Street Communities	镇 Towns	社区居委会 Community Committees	村民委员会 Villagers' Committees
合　计	**Total**	**136**	**34**	**1540**	**1144**
荔湾区	Liwan	22		186	
越秀区	Yuexiu	18		222	
海珠区	Haizhu	18		265	
天河区	Tianhe	21		217	
白云区	Baiyun	18	4	268	118
黄埔区	Huangpu	14	1	99	28
番禺区	Panyu	11	5	95	177
花都区	Huadu	4	6	56	188
南沙区	Nansha	3	6	28	128
从化区	Conghua	3	5	47	221
增城区	Zengcheng	4	7	57	284

1-2 各月平均温度、湿度（2016年）
Monthly Average Temperature and Humidity (2016)

月份	Month	平均温度（℃） Average Temperature (℃) 全市 Total	番禺站 Panyu	花都站 Huadu	从化站 Conghua	增城站 Zengcheng	平均相对湿度(%) Average Humidity (%) 全市 Total
全年	**Annual Total**	**22.4**	**23.3**	**22.8**	**21.7**	**22.2**	**81.1**
一月	January	13.6	14.5	13.4	12.9	13.7	81.6
二月	February	13.0	13.7	13.3	12.3	13.0	73.8
三月	March	16.9	17.6	17.4	16.2	16.7	83.0
四月	April	23.8	24.3	24.1	23.6	23.6	87.2
五月	May	26.2	27.1	26.7	25.7	25.9	82.8
六月	June	28.3	29.4	28.8	27.5	27.9	85.2
七月	July	29.3	29.9	30.2	28.4	29.0	81.8
八月	August	28.4	29.2	29.1	27.8	28.2	84.6
九月	September	27.3	28.4	27.9	26.3	27.0	81.6
十月	October	25.6	26.8	26.0	25.0	25.4	80.2
十一月	November	19.6	20.7	19.8	18.8	19.6	81.8
十二月	December	16.8	18.1	17.4	15.7	16.7	71.6

1-3 各月降雨量、日照时数(2016年)
Monthly Precipitation and Sunshine Hours (2016)

月份	Month	降雨量（毫米） Precipitation (millimeter) 全市 Total	#番禺站 Panyu	#花都站 Huadu	#从化站 Conghua	#增城站 Zengcheng	日照时数（小时） Sunshine Hours (hour) 全市 Total	#番禺站 Panyu	#花都站 Huadu	#从化站 Conghua	#增城站 Zengcheng
全年	**Annual Total**	**2638.3**	**2613.8**	**2506.5**	**2650.2**	**2481.1**	**1519.7**	**1472.4**	**1692.7**	**1449.8**	**1532.0**
一月	January	376.3	374.6	372.5	361.6	362.7	65.9	54.1	80.7	63.4	64.9
二月	February	47.4	55.0	39.3	50.2	50.9	96.3	97.8	100.2	97.1	89.5
三月	March	231.2	271.5	201.9	206.4	222.6	68.2	68.1	76.6	76.0	57.8
四月	April	305.3	228.4	288.6	353.0	384.0	26.6	32.9	27.2	19.8	26.5
五月	May	257.8	336.6	236.2	158.7	259.9	119.6	126.5	130.5	110.0	118.4
六月	June	420.7	276.5	503.3	438.0	365.7	168.3	168.8	190.0	145.1	168.9
七月	July	221.2	203.2	142.0	217.5	242.3	215.9	204.1	229.0	220.8	221.8
八月	August	347.7	380.8	348.0	354.7	229.5	146.0	151.1	175.3	136.5	130.7
九月	September	184.9	279.3	106.8	207.7	119.7	160.6	143.5	185.6	143.2	176.2
十月	October	149.3	113.6	148.2	177.7	166.2	150.4	142.9	174.9	145.4	149.9
十一月	November	90.4	89.8	116.3	120.2	63.9	117.6	104.8	123.7	124.0	132.7
十二月	December	5.9	4.5	3.4	4.5	13.7	184.3	177.8	199.0	168.5	194.7

1-4　行政区域面积和人口密度(2016年)

Land Area and Population Density (2016)

各　区	Districts	行政区域面积（平方公里） Land Area (sq.km)	年末常住人口（万人） Permanent Populationat Year-end (10000 person)	年末户籍人口（万人） Registered Permanent Residents at Year-end (10000 person)	常住人口密度（人/平方公里） Permanent Population Density (person/sq.km)	户籍人口密度（人/平方公里） Population Density by Registered Permanent Residents (person/sq.km)
全　市	**Total**	**7434.40**	**1404.35**	**870.49**	**1889**	**1171**
荔湾区	Liwan	59.10	92.50	72.69	15651	12299
越秀区	Yuexiu	33.80	116.11	117.44	34352	34746
海珠区	Haizhu	90.40	163.79	102.26	18118	11312
天河区	Tianhe	96.33	163.10	86.77	16931	9008
白云区	Baiyun	795.79	244.19	94.36	3069	1186
黄埔区	Huangpu	484.17	108.26	45.75	2236	945
番禺区	Panyu	529.94	164.11	88.65	3097	1673
花都区	Huadu	970.04	105.49	72.38	1087	746
南沙区	Nansha	783.86	68.74	39.26	877	501
从化区	Conghua	1974.50	63.53	61.85	322	313
增城区	Zengcheng	1616.47	114.53	89.08	709	551

1-5 法人和产业活动单位数（2016年）

单位:个

项　　目	Item
总　计	**Total**
按产业分	**Grouped By Industry**
第一产业	Primary Industry
第二产业	Secondary Industry
第三产业	Tertiary Industry
按行业分	**Grouped By Sector**
农、林、牧、渔业	Agriculture, Forestry, Animal Husbandry and Fishery
采矿业	Mining
制造业	Manufacturing
电力、热力、燃气及水生产和供应业	Production and Supply of Electricity, Heat,Gas and Water
建筑业	Construction
批发和零售业	Wholesale and Retail Trade
交通运输、仓储和邮政业	Transport, Storage and Post
住宿和餐饮业	Hotels and Catering Services
信息传输、软件和信息技术服务业	Information Transmission, Software and Information Technology
金融业	Financial Intermediation
房地产业	Real Estate
租赁和商务服务业	Leasing and Business Services
科学研究和技术服务业	Scientific Research and Technical Services
水利、环境和公共设施管理业	Management of Water Conservancy, Environment and Public Facilities
居民服务、修理和其他服务业	Service to Households, Repair and Other Services
教　育	Education
卫生和社会工作	Health and Social Service
文化、体育和娱乐业	Culture, Sports and Entertainment
公共管理、社会保障和社会组织	Public Management, Social Security and Social Organizations
按注册类型分	**Grouped by Registration Status**
内资	Domestic Funded
国有	State-owned
集体	Collective-owned
股份合作	Cooperative
联营企业	Joint Ownership Enterprises
有限责任公司	Limited Liability Corporations
股份有限公司	Share-holding Corporations Ltd.
私营企业	Private Enterprises
其他	Others
港、澳、台商投资企业	Enterprises with Funds from Hong Kong, Macao and Taiwan Investors
与港、澳、台商合资经营企业	Joint-venture Enterprises
与港、澳、台商合作经营企业	Cooperative Enterprises
港、澳、台商独资经营企业	Enterprises with Sole Funds
港、澳、台商投资股份有限公司	Share-holding Corporations Ltd.
其他港、澳、台商投资企业	Other Enterprises with Funds from Hong Kong, Macao and Taiwan
外商投资企业	Foreign Funded Enterprises
中外合资经营企业	Joint-venture Enterprises
中外合作经营企业	Cooperative Enterprises
外资企业	Enterprises with Sole Foreign Funds
外商投资股份有限公司	Share-holding Corporations Ltd.
其他外商投资企业	Other Foreign Funded Enterprises

Number of Corporate Units and Industrial Establishments (2016)

(unit)

法人单位 Corporate Units	单产业法人单位 Single Industry	多产业法人单位 Multi-industry	产业活动单位 Industrial Establishments	其中:多产业法人所属的产业活动单位 Establishments belonging to Multi-industry Corporation	法人单位中的企业法人 Enterprise Judicial Entities
264941	**254163**	**10778**	**300439**	**46276**	**240639**
1333	1299	34	1388	89	1094
50293	48666	1627	52407	3741	50288
213315	204198	9117	246644	42446	189257
1472	1433	39	1528	95	1189
31	29	2	32	3	31
42468	41370	1098	43505	2135	42468
270	243	27	391	148	265
8056	7535	521	9049	1514	8056
87541	84463	3078	100096	15633	87536
8088	7461	627	10255	2794	8048
6501	6145	356	8235	2090	6419
12695	12193	502	13624	1431	12626
1343	1167	176	4697	3530	1322
13882	12715	1167	17724	5009	13158
41430	40095	1335	45606	5511	34191
14492	13830	662	15225	1395	13899
1199	1152	47	1305	153	809
5490	5236	254	6322	1086	5184
5073	4795	278	5810	1015	1198
1861	1725	136	2362	637	480
4263	4140	123	4558	418	3759
8786	8436	350	10115	1679	1
254980	245210	9770	284719	39509	230729
8523	7687	836	13071	5384	1941
8387	8121	266	10376	2255	3898
2844	2675	169	3621	946	2808
630	600	30	803	203	570
30661	28643	2018	36019	7376	30575
2568	2293	275	5105	2812	2556
183058	177295	5763	195683	18388	182364
18309	17896	413	20041	2145	6017
6248	5659	589	8944	3285	6230
823	709	114	1549	840	820
469	431	38	690	259	467
4279	3868	411	5920	2052	4272
88	78	10	150	72	87
589	573	16	635	62	584
3713	3294	419	6776	3482	3680
799	697	102	1639	942	797
159	139	20	383	244	159
2450	2178	272	4318	2140	2430
118	108	10	216	108	118
187	172	15	220	48	176

1-6 按行业和登记注册类型分组的法人单位数（2016年）

单位:个

项　　目	Item	总　计 Total
总　　计	**Total**	**264941**
按产业分	**Grouped By Industry**	
第一产业	Primary Industry	1333
第二产业	Secondary Industry	50293
第三产业	Tertiary Industry	213315
按行业分	**Grouped By Sector**	
农、林、牧、渔业	Agriculture, Forestry, Animal Husbandry and Fishery	1472
采矿业	Mining	31
制造业	Manufacturing	42468
电力、热力、燃气及水生产和供应业	Production and Supply of Electricity, Heat,Gas and Water	270
建筑业	Construction	8056
批发和零售业	Wholesale and Retail Trade	87541
交通运输、仓储和邮政业	Transport, Storage and Post	8088
住宿和餐饮业	Hotels and Catering Services	6501
信息传输、软件和信息技术服务业	Information Transmission, Software and Information Technology	12695
金融业	Financial Intermediation	1343
房地产业	Real Estate	13882
租赁和商务服务业	Leasing and Business Services	41430
科学研究和技术服务业	Scientific Research and Technical Services	14492
水利、环境和公共设施管理业	Management of Water Conservancy, Environment and Public Facilities	1199
居民服务、修理和其他服务业	Service to Households, Repair and Other Services	5490
教　育	Education	5073
卫生和社会工作	Health and Social Service	1861
文化、体育和娱乐业	Culture, Sports and Entertainment	4263
公共管理、社会保障和社会组织	Public Management, Social Security and Social Organizations	8786

Number of Corporate Units by Sector and by Status of Registration (2016)

(unit)

内资 Domestic Funded	国有 State-owned	集体 Collective-owned	股份合作 Cooperative	联营企业 Joint Ownership Enterprises	有限责任公司 Limited Liability Corporations	股份有限公司 Share-holding Corporations Ltd.	私营企业 Private Enterprises	其他 Others
254980	**8523**	**8387**	**2844**	**630**	**30661**	**2568**	**183058**	**18309**
1297	39	13	1	4	121	8	602	509
46862	263	428	583	92	4633	537	39182	1144
206821	8221	7946	2260	534	25907	2023	143274	16656
1432	58	22	1	6	128	9	662	546
30	1	1			11		16	1
39133	163	323	543	75	3491	465	33066	1007
246	25	25		3	77	8	103	5
7973	80	82	51	14	1120	70	6410	146
84934	428	707	1265	195	9339	722	70871	1407
7737	109	92	64	18	1114	70	6114	156
6215	158	75	226	12	608	47	4940	149
12251	73	10	27	19	2182	221	9492	227
1208	48	3	6	1	306	97	710	37
13056	270	1340	99	64	2994	128	7514	647
40265	517	4924	174	105	5177	360	24146	4862
14067	636	88	85	40	2666	235	9895	422
1174	341	44	2	4	178	8	532	65
5393	165	92	201	18	465	46	4127	279
5038	1403	213	20	22	214	24	1096	2046
1852	474	210	11	4	90	5	403	655
4200	377	43	65	15	482	49	2917	252
8776	3197	93	4	15	19	4	44	5400

单位:个

项　　目	Item	港、澳、台商投资企业 Enterprises with Funds from Hong Kong, Macao and Taiwan Investors	与港、澳、台商合资经营企业 Joint-venture Enterprises
总　计	**Total**	**6248**	**823**
按产业分	**Grouped By Industry**		
第一产业	Primary Industry	32	2
第二产业	Secondary Industry	2214	312
第三产业	Tertiary Industry	4002	509
按行业分	**Grouped By Sector**		
农、林、牧、渔业	Agriculture, Forestry, Animal Husbandry and Fishery	34	3
采矿业	Mining	1	
制造业	Manufacturing	2146	301
电力、热力、燃气及水生产和供应业	Production and Supply of Electricity, Heat,Gas and Water	12	7
建筑业	Construction	66	9
批发和零售业	Wholesale and Retail Trade	1509	129
交通运输、仓储和邮政业	Transport, Storage and Post	233	32
住宿和餐饮业	Hotels and Catering Services	168	28
信息传输、软件和信息技术服务业	Information Transmission, Software and Information Technology	266	35
金融业	Financial Intermediation	63	29
房地产业	Real Estate	625	97
租赁和商务服务业	Leasing and Business Services	722	101
科学研究和技术服务业	Scientific Research and Technical Services	254	19
水利、环境和公共设施管理业	Management of Water Conservancy, Environment and Public Facilities	13	3
居民服务、修理和其他服务业	Service to Households, Repair and Other Services	66	11
教　育	Education	19	2
卫生和社会工作	Health and Social Service	6	3
文化、体育和娱乐业	Culture, Sports and Entertainment	39	12
公共管理、社会保障和社会组织	Public Management, Social Security and Social Organizations	6	2

continued

(unit)

与港、澳、台商合作经营企业 Cooperative Enterprises	港、澳、台商独资经营企业 Enterprises with Sole Funds	港、澳、台商投资股份有限公司 Share-holding Corporations Ltd.	其他港、澳、台商投资企业 Other Share-holding Corporations Ltd.	外商投资企业 Foreign Funded Enterprises	中外合资经营企业 Joint-venture Enterprises	中外合作经营企业 Cooperative Enterprises	外资企业 Enterprises with Sole Foreign Funds	外商投资股份有限公司 Share-holding Corporations Ltd.	其他外商投资企业 Other Share-holding Corporations Ltd.
469	**4279**	**88**	**589**	**3713**	**799**	**159**	**2450**	**118**	**187**
2	26		2	4	1	2	1		
119	1659	33	91	1217	307	42	802	24	42
348	2594	55	496	2492	491	115	1647	94	145
2	27		2	6	2	2	2		
1									
112	1646	30	57	1189	296	40	791	23	39
2	3			12	8	1	2	1	
4	11	3	39	17	4	1	9		3
20	1173	17	170	1098	133	13	863	34	55
67	102	3	29	118	42	26	39	1	10
18	108	4	10	118	32	8	69	5	4
6	192	7	26	178	48	2	119	5	4
	25	1	8	72	35		32	4	1
198	302	4	24	201	54	37	85	13	12
15	486	10	110	443	71	10	289	26	47
5	134	5	91	171	52	7	105	2	5
2	6	1	1	12	2	3	7		
4	36	1	14	31	6	4	20		1
4	9	1	3	16	2	2	9		3
1	1		1	3	1		1		1
7	16	1	3	24	9	3	6	4	2
1	2		1	4	2		2		

1-7 国民经济和社会发展总量与速度指标

指标	Item	1978	2000
人口和劳动力	**Population and Employment**		
年末户籍人口 (万人)	Year-end Registered Permanent Residents (10000 persons)	482.90	700.69
年末常住人口 (万人)	Year-end Permanent Population (10000 persons)	482.90	994.80
年末社会从业人员 (万人)	Year-end Employment (10000 persons)	266.90	496.26
城镇非私营单位从业人员年末人数(万人)	Number of Employed Persons at Year-end in Urban Units (10000 person)	147.36	175.55
地区生产总值 (亿元)	**Gross Domestic Product (100 million yuan)**	**43.09**	**2492.74**
第一产业	Primary Industry	5.03	94.37
第二产业	Secondary Industry	25.24	1021.62
第三产业	Tertiary Industry	12.82	1376.75
人均地区生产总值 (元)	Per Capita GDP (yuan)	907	25626
农业生产	**Agriculture**		
农林牧渔业总产值 (亿元)	Gross Output Value of Agriculture, Forestry, Animal Husbandry and Fishery (100 million yuan)	7.99	163.05
主要农业产品产量	Output of Major Farm Products		
粮　食 (万吨)	Grain (10000 tons)	111.06	88.11
糖　蔗 (万吨)	Sugarcane (10000 tons)	134.34	7.60
园林水果 (万吨)	Fruits (10000 tons)	5.17	32.97
花　生 (万吨)	Peanuts (10000 tons)	3.31	2.56
蔬　菜 (万吨)	Vegetable (10000 tons)	55.68	306.49
水产品 (万吨)	Aquatic Products (10000 tons)	3.16	32.52
工业生产	**Industry**		
工业总产值 (亿元)	Gross Industrial Output Value (100 million yuan)	75.39	3100.02
主要工业产品产量	Output of Major Industrial Products		
汽　车 (万辆)	Motor Vehicles (10000 unit)	0.23	3.81
新能源汽车 (辆)	New Energy Automobile (unit)		
摩托车整车 (万辆)	Motorcycles (10000 units)		60.31
家用电冰箱 (万台)	Household Refrigerators (10000 sets)		58.14
智能电视 (万台)	Smart TV (set)		
房间空气调节器 (万台)	Air Conditioners (10000 sets)	0.32	103.43
原电池及原电池组 (亿只)	Primary Cells and Batteries (100 million units)	2.69	18.89
锂离子电池 (亿只)	Lithium Ion Battery (10000unit)		
光缆 (芯千米)	Optical Cable (Core Km)		
工业机器人 (套)	Industrial Robot (set)		
工业自动调节仪表与控制系统 (万套)	Industrial Automatic Regulating Instrument and Control System (set)		
粗　钢 (万吨)	Crude Steel (10000 tons)	18.46	151.16
固定资产投资	**Investment in Fixed Assets**		
固定资产投资 (亿元)	Total Investment in Fixed Assets (100 million yuan)	7.26	923.67
#住　宅	Residential Buildings	0.90	325.03
社会消费品零售总额 (亿元)	**Total Retail Sales of Consumer Goods (100 million yuan)**	**17.63**	**1121.13**

注:本表地区生产总值和工业总产值指数按照可比口径计算。

Principal Aggregate Indicators on National Economic and Social Development and Growth Rates

2005	2010	2015	2016	速度指标(%) Indices and Growth Rates (%)								
				指数(2016为以下各年) Index(2016 as percentage of the following years)					平均增长速度 Average Annual Growth Rate			
				1978	2000	2005	2010	2015	1979–2016	2001–2016	2006–2016	2011–2016
750.53	806.14	854.19	870.49	180.3	124.2	116.0	108.0	101.9	1.6	1.4	1.4	1.3
949.68	1270.96	1350.11	1404.35	290.8	141.2	147.9	110.5	104.0	2.8	2.2	3.6	1.7
574.46	711.07	810.99	835.26	312.9	168.3	145.4	117.5	103.0	3.0	3.3	3.5	2.7
199.76	246.37	320.31	325.23	220.7	185.3	162.8	132.0	101.5	2.1	3.9	4.5	4.7
5154.23	**10748.28**	**18100.41**	**19547.44**	**11635.8**	**629.9**	**329.7**	**174.9**	**108.2**	**13.3**	**12.2**	**11.5**	**9.8**
130.22	188.56	226.84	239.28	590.1	160.7	123.2	114.0	100.4	4.8	3.0	1.9	2.2
2045.22	4002.27	5726.08	5751.59	12626.8	596.1	297.2	163.1	105.5	13.6	11.8	10.4	8.5
2978.79	6557.45	12147.49	13556.57	14447.4	677.4	360.0	183.4	109.6	14.0	12.7	12.4	10.6
53809	87458	136188	141933	4015.2	444.8	229.3	156.0	104.4	10.2	9.8	7.8	7.7
220.81	322.13	413.46	436.65	630.1	158.1	125.3	111.9	100.7	5.0	2.9	2.1	1.9
51.73	43.04	44.09	43.65	39.3	49.5	84.4	101.4	99.0	-2.4	-4.3	-1.5	0.2
17.23	0.69	0.54	0.49	0.4	6.4	2.8	71.0	90.7	-13.7	-15.7	-27.6	-5.5
48.87	39.92	48.58	49.48	957.1	150.1	101.2	123.9	101.9	6.1	2.6	0.1	3.6
2.24	1.80	1.88	1.88	56.8	73.4	83.9	104.4	100.0	-1.5	-1.9	-1.6	0.7
348.89	325.99	369.10	374.02	671.7	122.0	107.2	114.7	101.3	5.1	1.3	0.6	2.3
38.83	44.14	48.39	48.25	1526.9	148.4	124.3	109.3	99.7	7.4	2.5	2.0	1.5
6767.96	14438.99	19892.51	21125.06	22170.1	814.2	351.6	169.1	105.8	15.3	14.0	12.1	9.1
41.35	135.84	220.99	262.88	114295.7	6899.7	635.7	193.5	119.0	20.4	30.3	18.3	11.6
		2613	4869					186.3				
196.57	441.05	363.77	291.42		483.2	148.3	66.1	80.1		10.3	3.6	-6.7
146.29	179.14	349.74	373.50		642.4	255.3	208.5	106.8		12.3	8.9	13.0
		568.39	612.43					107.8				
292.71	636.78	1154.23	1244.22	388818.8	1203.0	425.1	195.4	107.8	24.3	16.8	14.1	11.8
39.35	22.90	2.26	2.87	106.7	15.2	7.3	12.5	127.0	0.2	-11.1	-21.2	-29.3
		1.18	1.46					124.5				
		13960	19962					143.0				
		1737	2287					131.7				
		30.17	43.57					144.4				
308.71	403.17	101.44	143.96	779.8	95.2	46.6	35.7	141.9	5.6	-0.3	-6.7	-15.8
1519.16	3263.57	5405.95	5703.59	78561.8	617.5	375.4	174.8	108.0	20.5	12.2	13.7	11.1
377.70	572.71	1406.81	1618.40	179822.2	497.9	428.5	282.6	115.0	23.1	8.4	12.9	19.5
1905.84	**4476.38**	**7987.96**	**8706.49**	**50990.8**	**846.0**	**498.4**	**211.6**	**109.0**	**17.8**	**14.3**	**15.7**	**13.3**

Note:Indices of gross domestic product and gross industrial output value are calculated at comparable coverage.

1-7 续表

指标		Item		1978	2000
运输邮电		**Transport, Post and Telecommunication**			
货运量	(万吨)	Total Freight Traffic	(10000 tons)		27972
#铁　路		Railway			5398
公　路		Highway			12549
水　路		Waterway			9569
民　航		Civil Aviation			27
客运量	(万人次)	Total Passenger Traffic	(10000 person-times)		26097
#铁　路		Railway			4848
公　路		Highway			19964
水　路		Waterway			190
民　航		Civil Aviation			1095
港口货物吞吐量	(万吨)	Volume of Freight Handled at Ports	(10000 tons)	1950	12455
邮电业务收入	(亿元)	Postal and Telecommunication Services	(100 million yuan)	0.24	138.48
对外贸易、外经		**Foreign Trade and Economic Cooperation**			
商品进口总值	(亿美元)	Total Imports through Customs	(USD 100 million)		115.60
商品出口总值	(亿美元)	Total Exports through Customs	(USD 100 million)		117.91
实际使用外资	(亿美元)	Amount of Foreign Capital Actually Used	(USD 100 million)		31.15
#外商直接投资		Foreign Direct Investment			29.89
财　政		**Government Finance**			
一般公共预算收入	(亿元)	General Budgetary Revenue	(100 million yuan)	13.65	200.55
一般公共预算支出	(亿元)	General Budgetary Expenditure	(100 million yuan)	3.87	240.72
价格指数	**(上年=100)**	**Price Indices**	**(preceding year =100)**		
城市居民消费价格总指数		Urban Residents Consumer Price Index		100.3	102.8
人民生活		**People's Livelihood**			
城镇非私营单位从业人员年平均工资	(元)	Average Wage of Employed Persons in Urban Units	(yuan)	714	19091
城镇非私营单位在岗职工年平均工资	(元)	Average Wage of Fully Employed Staff and Workers in Urban Units	(yuan)		19674
城市居民年人均可支配收入	(元)	Per Capita Annual Disposable Income of Urban Households	(yuan)	442	13967
农村居民年人均可支配收入	(元)	Per Capita Annual Disposable Income of Rural Households	(yuan)	250	6086
教育文化		**Education and Culture**			
普通高等学校所数	(所)	Number of Regular Institutions of Higher Education	(unit)	15	31
普通高等学校在校学生数	(万人)	Number of Students Enrollment of Regular Institutions of Higher Education	(10000 persons)	2.17	18.51
普通中学所数	(所)	Number of Regular Secondary Schools	(unit)	234	388
普通中学在校学生数	(万人)	Number of Students Enrollment of Regular Secondary Schools	(10000 persons)	38.43	42.53
小学学校所数	(所)	Number of Primary Schools	(unit)	1515	1626
小学学校在校学生数	(万人)	Number of Students Enrollment of Primary Schools	(10000 persons)	56.92	75.70
卫　生		**Health Care**			
医院病床数	(万张)	Hospital Beds	(10000 units)	1.44	3.37
卫生技术人员	(万人)	Medical Technical Personnel	(10000 persons)	3.15	5.57
#医　生		Doctors		1.20	2.35

注：国家统计局对2012年城市居民可支配收入统计方法有所调整，绝对值按新口径，增长幅度按可比口径计算。

continued

2005	2010	2015	2016	速度指标(%) Indices and Growth Rates (%)								
				指数(2016为以下各年) Index(2016 as percentage of the following years)					平均增长速度 Average Annual Growth Rate			
				1978	2000	2005	2010	2015	1979–2016	2001–2016	2006–2016	2011–2016
38153	57369	100124	112507		402.2	294.9	196.1	111.4		9.1	10.3	11.9
6379	6689	4811	4884		90.5	76.6	73.0	101.5		-0.6	-2.4	-5.1
20601	39696	71284	76375		608.6	370.7	192.4	107.1		11.9	12.7	11.5
10710	10169	23007	30212		315.7	282.1	297.1	126.6		7.5	9.9	19.9
63	90	116	125		463.0	198.4	138.9	107.8		10.1	6.4	5.6
40524	62595	106082	113321		434.2	279.6	181.0	106.8		9.6	9.8	10.4
6356	9362	13647	14348		296.0	225.7	153.3	105.1		7.0	7.7	7.4
30782	47296	85109	91323		457.4	296.7	193.1	107.3		10.0	10.4	11.6
104	273	281	246		129.5	236.5	90.1	87.5		1.6	8.1	-1.7
3282	5664	7045	7404		676.2	225.6	130.7	105.1		12.7	7.7	4.6
27283	42526	52096	54437	2791.6	437.1	199.5	128.0	104.5	9.2	9.7	6.5	4.2
222.06	290.09	540.01	648.92	270383.3	468.6	292.2	223.7	119.9	23.1	10.1	10.2	14.4
268.07	553.89	527.01	511.32		443.1	191.0	92.4	97.0		9.8	6.1	-1.3
266.68	483.79	811.67	781.77		662.9	292.9	161.5	96.3		12.5	10.3	8.3
28.41	40.81											
26.49	39.79	54.16	57.01		488.4	215.4	143.3	105.3		10.4	7.2	6.2
371.26	872.65	1349.47	1393.64	10209.8	694.9	375.4	159.7	103.3	12.9	12.9	12.8	8.1
438.41	977.32	1727.72	1943.75	50226.1	807.5	443.4	198.9	112.5	17.8	13.9	14.5	12.1
101.5	103.2	101.7	102.7	956.8	133.9	134.3	119.1	102.7	6.1	1.8	2.7	3.0
33853	54495	79534	88136	12344.0	461.7	260.3	161.7	110.8	13.5	10.0	9.1	8.3
34328	54807	81171	89096		452.9	259.5	162.6	109.8		9.9	9.1	8.4
18287	30658	46735	50941	14565.0	461.3	306.0	182.6	109.0	14.0	10.0	10.7	10.6
7080	12676	19323	21449	11907.7	488.7	357.3	199.6	111.0	13.4	10.4	12.3	12.2
59	77	81	82	546.7	264.5	139.0	106.5	101.2	4.6	6.3	3.0	1.1
55.43	84.39	104.32	105.73	4872.4	571.2	190.7	125.3	101.4	10.8	11.5	6.0	3.8
448	475	510	514	219.7	132.5	114.7	108.2	100.8	2.1	1.8	1.3	1.3
55.03	57.23	51.52	50.57	131.6	118.9	91.9	88.4	98.2	0.7	1.1	-0.8	-2.0
1283	1004	941	953	62.9	58.6	74.3	94.9	101.3	-1.2	-3.3	-2.7	-0.9
90.34	82.48	93.79	96.85	170.2	127.9	107.2	117.4	103.3	1.4	1.6	0.6	2.7
3.94	5.32	7.33	7.90	548.6	234.4	200.5	148.5	107.8	4.6	5.5	6.5	6.8
6.42	9.55	12.67	13.80	438.1	247.8	215.0	144.5	108.9	4.0	5.8	7.2	6.3
2.59	3.36	4.25	4.68	390.0	199.1	180.7	139.3	110.1	3.6	4.4	5.5	5.7

Note: Since 2012,the coverage of per capita annual disposable income of urban,households has been adjusted,the grow rate of which being calaulated at comparable coverage.

1-8 各时期主要指标平均每年增长速度

Average Annual Growth Speed of Main Indicators in Different Periods

单位:% (%)

时　期	Period	地区生产总值 Gross Domestic Product	工业总产值 Gross Output Value of Industry	农林牧渔业总产值 Gross Output Value of Agriculture	社会消费品零售总额 Total Retail Sales of Consumer Goods	一般公共预算收入 Genera Budgetary Revenue	居民消费水平 Resident Consumption Level
"六五"时期	6th Five-year Plan Period	12.7	12.8	6.2	21.2	13.3	13.0
"七五"时期	7th Five-year Plan Period	10.8	13.1	4.6	14.5	5.1	15.8
"八五"时期	8th Five-year Plan Period	20.2	26.1	10.0	30.1	21.3	8.9
"九五"时期	9th Five-year Plan Period	13.1	15.7	5.9	14.1	23.6	6.7
"十五"时期	10th Five-year Plan Period	13.8	18.3	5.8	11.1	18.1	13.0
"十一五"时期	11th Five-year Plan Period	13.5	15.8	2.3	18.7	18.6	11.0
"十二五"时期	12th Five-year Plan Period	10.1	9.8	2.1	14.2	9.1	9.3
1979-2016	1979-2016	13.3	15.3	5.0	17.8	12.9	
2001-2016	2001-2016	12.2	14.0	2.9	14.3	12.9	10.7
2006-2016	2006-2016	11.5	12.1	2.1	15.7	12.8	9.7
2011-2016	2011-2016	9.8	9.1	1.9	13.3	8.1	8.7

1-9 全市产业及主要结构情况

Basic Statistics on Industries and Main Structure of Guangzhou

项目	Item	2015	2016
地区生产总值 (亿元)	Gross Domestic Product (100 milllion yuan)	18100.41	19547.44
# 服务业增加值	Service Industry Added Value	12147.49	13556.57
现代服务业增加值 (亿元)	Modern Service Added Value (100 milllion yuan)	7783.72	8812.19
规模以上工业增加值 (亿元)	Added Value of Industry above Designated Size (100 milllion yuan)	4868.93	4897.61
先进制造业增加值 (亿元)	Added Value of Advanced Manufacturing Industry (100 milllion yuan)	2564.59	2436.11
高技术制造业增加值 (亿元)	Added Value of High-technology Industry (100 milllion yuan)	568.73	508.30
民营经济增加值 (亿元)	Added Value of Private Economy (100 milllion yuan)	7225.02	7774.25
规模以上民营工业增加值 (亿元)	Added Value of Private Industry above Designated Size (100 milllion yuan)	972.49	1030.02
固定资产投资 (亿元)	Total Investment in Fixed Assets (100 milllion yuan)	5406.00	5703.60
民间投资 (亿元)	Private Investment in Fixed Assets (100 milllion yuan)	2392.10	2519.80
出口 (亿元)	Exports (100 milllion yuan)	5034.57	5158.76
现代服务业增加值占服务业增加值比重 (%)	Modern Service Added Value Accounts for Service Industry Added Value (%)	64.08	65.00
先进制造业增加值占规模以上工业增加值的比重 (%)	Added Value of Advanced Manufacturing Industry Accounts for Added Value of Industry above Designated Size (%)	54.30	55.50
高技术制造业增加值占规模以上工业增加值的比重 (%)	Added Value of High-technology Industry Accounts for Added Value of Industry above Designated Size (%)	11.70	11.60
民营经济增加值占GDP比重 (%)	Added Value of Private Economy Accounts for Gross Domestic Product (%)	39.92	39.77
规模以上民营工业增加值占规模以上工业增加值比重 (%)	Added Value of Private Industry above Designated Size Accounts for Added Value of Industry above Designated Size (%)	21.40	23.50
民间投资占固定资产投资比重 (%)	Private Investment in Fixed Assets Accounts for Total Investment in Fixed Assets (%)	44.20	44.20
工业品内销占工业销售产值的比重 (%)	Domestic Sales of Industrial Products Accounts for Sales Value of Industry (%)	83.07	84.32
私营企业出口占全市出口的比重 (%)	Private Sector Exports Accounts for Total Exports (%)	40.31	44.48
一般贸易出口占全市出口的比重 (%)	General Trade Exports Accounts for Total Exports (%)	38.68	36.90
加工贸易出口占全市出口的比重 (%)	Processing Trade Exports Accounts for Total Exports (%)	34.45	32.56

1-10 主要年份人民物质文化生活水平
Material and Culture Life of the People in Main Years

项　　目	Item	2015	2016
城镇非私营单位在岗职工年平均工资 （元）	Average Wage of Fully Employed Staff and Workers in Urban Units (yuan)	81171	89096
城市居民年人均可支配收入 （元）	Per Capita Annual Disposable Income of Urban Residents (yuan)	46735	50941
农村居民年人均可支配收入 （元）	Per Capita Annual Disposable Income of Rural Residents (yuan)	19323	21449
社会消费品零售总额 （亿元）	Total Retail Sales of Consumer Goods (100 million yuan)	7987.96	8706.49
储　蓄	**Savings Deposits**		
住户存款余额 （亿元）	Deposits of Households (100 million yuan)	13297.42	13995.79
平均每人储蓄额 （元）	Per Capita Savings Deposits (yuan)	100050	103199
交　通	**Transportation**		
每万人拥有公交车辆 （辆）	Possession of Buses per 10000 Persons (unit)	16.42	16.32
公交车辆平均每日乘客人数 （万人次）	Average Daily Passengers by Buses (10000 person-times)	698.50	661.25
每万人拥有出租汽车 （辆）	Possession of Taxis per 10000 Persons (uint)	25.96	25.63
出租车平均每日乘客人数 （万人次）	Average Daily Passengers by Taxi (10000 person-times)	179.55	154.58
通讯、电信	**Postal and Telecommunication Services**		
城市电话普及率(含移动电话) （部/百人）	Possession of Telephones per 100 Persons in Urban Areas (including mobile telephones) (sets/100 persons)	431.59	374.78
每人每年函件交寄 （件）	Per Capita Annual Number of Letters Mailed (unit)	259	337
供　气	**Gas Supply**		
居民燃气普及率 （%）	Popularization Rate of Residents with Access to Gas (%)	99.75	99.80
自来水	**Tap Water**		
人均日生活用水量 （升）	Per Capita Daily Water Used (liter)	253.23	240.80

1-10 续表 continued

项　　目	Item	2015	2016
文　化	**Culture**		
每百万人拥有出版物	Number of Publications per one million Persons		
报纸(每天)　(份)	Newspaper (Daily)　(piece)	78	68
杂志(每年)　(册)	Magazines (Annual)　(volume)	1491	1277
图书(每年)　(册)	Books (Annual)　(volume)	3632	3530
教　育	**Education**		
每万人拥有在校大学生　(人)	Number of University and College Students Enrollment per 10000 Persons　(person)	1221	1215
适龄儿童入学率　(%)	Percentage of School-age Children Enrolled　(%)	100.00	100.00
卫　生	**Public Health**		
每万人拥有医院床位　(张)	Number of Hospital Beds per 10000 Persons　(unit)	86	91
每万人拥有医生　(人)	Number of Doctors per 10000 Persons　(person)	50	54
就　业	**Employment**		
城镇每一就业者负担人口　(人)	Number of Dependents per Employee in Urban Areas　(person)	1.67	1.69
绿　化	**Green Areas**		
建成区绿化覆盖率　(%)	Coverage Rate of Green Areas in Developed Land Area　(%)	41.6	41.8
人均公园绿地面积　(平方米)	Per Capita Garden　(sq.m)	16.5	16.8
居民家庭耐用消费品拥有量	**Number of Durable Consumer Goods Owned**		
每百户城市居民家庭拥有	Owned by per 100 Urban Households		
彩色电视机　(台)	Color TV Sets　(set)	128	131
计算机　(台)	Computers　(set)	121	122
组合音响　(套)	Hi-fi Stereo Component Systems　(set)	33	32
洗衣机　(台)	Washing Machines　(set)	98	100
电冰箱　(台)	Refrigerators　(set)	101	103
空调器　(台)	Air Conditioners　(set)	226	235
每百户农村居民家庭拥有	Owned by Per 100 Rural Household		
彩色电视机　(台)	Color TV Sets　(set)	137	141
计算机　(台)	Computers　(set)	86	90
洗衣机　(台)	Washing Machines　(set)	98	102
电冰箱　(台)	Refrigerators　(set)	102	105
空调器　(台)	Air Conditioners　(set)	163	184

1-11 主要年份地区生产总值

Gross Domestic Product in Main Years

单位:万元 (10000 yuan)

年 份 Year	地区生产总值 Gross Domestic Product	第一产业 Primary Industry	第二产业 Secondary Industry	第三产业 Tertiary Industry	地区生产总值中 In GDP: 工 业 Industry	建筑业 Construction	人均地区生产总值（元） Per Capita GDP (yuan)	人均地区生产总值(美元) Per Capita GDP (USD)
1978	430947	50287	252479	128181	243585	8894	907	
1980	575497	62438	313734	199325	295337	18397	1160	
1985	1243623	120449	658130	465044	577048	81082	2302	784
1986	1395466	132079	701074	562313	608511	92563	2536	734
1987	1732050	156794	794127	781129	693003	101124	3092	831
1988	2400818	227772	1141606	1031440	972078	169528	4205	1130
1989	2878733	243187	1296309	1339237	1093864	202445	4953	1315
1990	3195952	257288	1362975	1575689	1180978	181997	5418	1133
1991	3866741	281734	1799166	1785841	1582970	216196	5956	1119
1992	5107027	356399	2413129	2337499	2120096	293033	7521	1364
1993	7443455	475960	3512607	3454888	3050098	462509	10481	1819
1994	9853082	606222	4556278	4690582	3870183	686095	13264	1539
1995	12591974	734606	5780268	6077100	4934092	846176	16207	1941
1996	14680643	811630	6719717	7149296	5775040	944677	18066	2175
1997	16781156	857155	7612156	8311845	6605408	1006748	19744	2382
1998	18935177	888763	8201281	9845133	7070126	1131155	21300	2573
1999	21391758	928522	9310691	11152545	7980207	1330484	23007	2779
2000	24927434	943718	10216241	13767475	8779835	1436406	25626	3096
2001	28416511	972806	11122943	16320762	9554676	1568267	28537	3448
2002	32039616	1030721	12113416	18895479	10509450	1603966	32339	3907
2003	37586166	1099080	14859261	21627825	13141254	1718007	38398	4639
2004	44505503	1171452	17880638	25453413	15941538	1939100	45906	5546
2005	51542283	1302159	20452183	29787941	18439550	2012633	53809	6569
2006	60818614	1285029	24415160	35118425	22270093	2145067	62495	7840
2007	71403223	1498737	28257805	41646681	26029310	2228495	69673	9163
2008	82873816	1691849	32278717	48903250	29724781	2553936	76440	11006
2009	91382135	1722837	34051588	55607710	31173422	2878166	79383	11618
2010	107482828	1885645	40022658	65574525	36449611	3573047	87458	12882
2011	124234390	2045420	45769763	76419207	41405926	4363837	97588	15027
2012	135512072	2137620	47206504	86167948	42641557	4564947	105909	16778
2013	154972334	2284630	52700860	99986844	47592091	5108769	120294	19360
2014	167068719	2186993	55909683	108972043	50706347	5309971	128478	20915
2015	181004136	2268409	57260783	121474944	51856341	5511726	136188	21835
2016	195474420	2392809	57515946	135565665	52157213	5687448	141933	21382

注：1．本表数据按当年价格计算。
2．从1991年起，人均地区生产总值按常住人口计算。
3．人均地区生产总值(美元)按当年年平均汇率换算。

Note: I. The data in this table are calculated at current prices.
II. Since 1991 the per capita GDP are calculated by resident population.
III. The Per Capita GDP (USD) are calculated at current annual average exchange rate.

1-12 主要年份地区生产总值指数（上年=100）

Indices of Gross Domestic Product in Main Years (Preceding Year=100)

年 份 Year	地区生产总 值 Gross Domestic Product	第一产业 Primary Industry	第二产业 Secondary Industry	第三产业 Tertiary Industry	地区生产总值中：In Gross Domestic Product 工 业 Industry	地区生产总值中：In Gross Domestic Product 建筑业 Construction	人均地区生产总值 Per Capita GDP
1978	110.3	100.1	108.5	117.6	108.7	105.0	108.8
1980	115.4	114.6	119.0	110.3	117.4	154.8	113.2
1985	118.3	107.4	124.3	111.7	123.1	135.7	116.3
1986	105.7	100.5	101.3	114.1	101.3	101.3	103.7
1987	115.2	99.0	108.2	128.9	108.6	104.5	113.2
1988	117.8	104.6	126.3	109.0	125.1	137.2	115.6
1989	104.7	100.7	100.6	111.4	101.0	96.9	102.9
1990	111.3	103.7	107.8	116.9	109.6	92.1	109.7
1991	116.3	109.1	127.2	108.0	128.6	118.2	114.6
1992	123.3	120.4	128.1	118.8	128.7	123.3	117.8
1993	126.4	102.1	133.6	122.4	132.1	144.0	120.9
1994	118.8	112.6	123.2	114.5	121.0	137.3	113.6
1995	116.4	104.1	116.9	117.4	118.6	107.0	111.3
1996	112.4	105.3	113.4	112.0	115.5	99.5	107.5
1997	113.4	105.5	112.9	114.9	114.6	99.7	108.4
1998	113.1	104.0	112.6	114.7	112.9	110.1	108.2
1999	113.2	110.4	115.5	110.5	115.2	118.1	108.2
2000	113.3	101.7	111.9	116.3	112.5	106.7	108.3
2001	112.7	102.2	110.9	114.8	111.1	109.5	110.1
2002	113.2	109.8	112.4	114.0	113.8	103.9	113.8
2003	115.2	104.5	121.6	111.4	124.5	101.6	116.6
2004	115.0	105.4	117.2	113.9	118.6	105.7	116.2
2005	112.9	105.6	113.0	113.3	113.8	105.6	114.3
2006	114.9	95.7	116.5	114.7	117.8	104.4	113.1
2007	115.3	102.8	113.8	116.7	115.1	100.5	109.5
2008	112.5	102.7	111.1	113.8	111.8	102.5	106.4
2009	111.7	103.8	109.3	113.4	109.2	111.5	105.2
2010	113.2	103.2	113.1	113.6	112.7	119.0	106.1
2011	111.3	103.0	111.7	111.3	111.5	114.0	107.5
2012	110.5	103.2	108.5	112.0	109.1	102.9	110.0
2013	111.6	103.0	111.2	112.1	112.1	102.4	110.9
2014	108.6	101.3	107.4	109.4	107.8	102.4	107.6
2015	108.4	102.2	106.8	109.4	106.9	105.3	106.0
2016	108.2	100.4	105.5	109.6	106.0	104.0	104.4

注：本表数据按可比价格计算。
Note: The data in this table are calculated at comparable prices.

1-13 主要年份地区生产总值构成

Composition of Gross Domestic Product in Main Years

单位：%　　　　(%)

年　份 Year	地区生产总　值 Gross Domestic Product	第一产业 Primary Industry	第二产业 Secondary Industry	第三产业 Tertiary Industry	地区生产总值中：In Gross Domestic Product 工　业 Industry
1978	100.00	11.67	58.59	29.74	56.52
1980	100.00	10.85	54.51	34.64	51.32
1985	100.00	9.69	52.92	37.39	46.40
1986	100.00	9.46	50.24	40.30	43.61
1987	100.00	9.05	45.85	45.10	40.01
1988	100.00	9.49	47.55	42.96	40.49
1989	100.00	8.45	45.03	46.52	38.00
1990	100.00	8.05	42.65	49.30	36.95
1991	100.00	7.29	46.53	46.18	40.94
1992	100.00	6.98	47.25	45.77	41.51
1993	100.00	6.39	47.19	46.42	40.98
1994	100.00	6.15	46.24	47.61	39.28
1995	100.00	5.83	45.91	48.26	39.18
1996	100.00	5.53	45.77	48.70	39.34
1997	100.00	5.11	45.36	49.53	39.36
1998	100.00	4.70	43.31	51.99	37.34
1999	100.00	4.34	43.53	52.13	37.31
2000	100.00	3.79	40.98	55.23	35.22
2001	100.00	3.42	39.14	57.44	33.62
2002	100.00	3.22	37.81	58.97	32.80
2003	100.00	2.93	39.53	57.54	34.96
2004	100.00	2.63	40.18	57.19	35.82
2005	100.00	2.53	39.68	57.79	35.78
2006	100.00	2.10	40.20	57.70	36.70
2007	100.00	2.10	39.57	58.33	36.50
2008	100.00	2.04	38.95	59.01	35.90
2009	100.00	1.89	37.26	60.85	34.11
2010	100.00	1.75	37.24	61.01	33.91
2011	100.00	1.65	36.84	61.51	33.33
2012	100.00	1.58	34.84	63.58	31.47
2013	100.00	1.47	34.01	64.52	30.71
2014	100.00	1.31	33.47	65.22	30.35
2015	100.00	1.25	31.64	67.11	28.65
2016	100.00	1.22	29.42	69.36	26.68

注：本表数据按当年价格计算。
Note: The data in this table are calculated at comparable prices.

1-14 地区生产总值

Gross Domestic Product

单位：万元 (10000 yuan)

项　　目	Item	2015	2016	2016年比2015年增长(%) Growth Rate in 2016 over 2015 (%)
地区生产总值	**Gross Domestic Product**	**181004136**	**195474420**	**8.2**
按产业分	**Grouped By Industry**			
第一产业	Primary Industry	2268409	2392809	0.4
第二产业	Secondary Industry	57260783	57515946	5.5
第三产业	Tertiary Industry	121474944	135565665	9.6
按行业分	**Grouped By Sector**			
农、林、牧、渔业	Agriculture, Forestry, Animal Husbandry and Fishery	2459204	2597126	0.8
工　业	Industry	51856341	52157213	6.0
建筑业	Construction	5511726	5687448	4.0
批发和零售业	Wholesale and Retail Trade	26973090	29383555	5.1
交通运输、仓储和邮政业	Transport, Storage and Post	12551921	13646353	13.7
住宿和餐饮业	Hotels and Catering Services	4026066	4271110	1.4
信息传输、软件和信息技术服务业	Information Transmission, Software and Information Technology	5836728	8014614	27.1
金融业	Financial Intermediation	16287084	18093663	11.7
房地产业	Real Estate	15294203	16205423	6.4
租赁和商务服务业	Leasing and Business Services	13808430	14052416	7.9
科学研究和技术服务业	Scientific Research and Technical Services	4656028	4818117	-8.8
水利、环境和公共设施管理业	Management of Water Conservancy, Environment and Public Facilities	1181459	1338738	0.5
居民服务、修理和其他服务业	Service to Households, Repair and Other Services	2231582	2760081	16.9
教　育	Education	6105480	7568912	19.4
卫生和社会工作	Health and Social Work	4801572	5742692	16.5
文化、体育和娱乐业	Culture, Sports and Entertainment	2930964	3073306	9.9
公共管理、社会保障和社会组织	Public Management, Social Security and Social Organizations	4492258	6063653	12.0

注：本表数据绝对值按当年价格计算，增长速度按可比价格计算。
Note: The level data in this table are calculated at current prices while the growth rates at comparable prices.

1-15 各时期地区生产总值和平均每年增长速度

Gross Domestic Product and Annual Average Growth Speed in Different Periods

时 期	Period	地区生产总值 Gross Domestic Product	第一产业 Primary Industry	第二产业 Secondary Industry	第三产业 Tertiary Industry	地区生产总值中: In Gross Domestic Product	
						工 业 Industry	建筑业 Construction
绝对值 （万元）	**Absolute Value (10000 yuan)**						
“六五”时期	6th Five-year Plan Period	4373327	459872	2395362	1518093	2137482	257880
“七五”时期	7th Five-year Plan Period	11603019	1017120	5296091	5289808	4548434	747657
“八五”时期	8th Five-year Plan Period	38862279	2454921	18061448	18345910	15557439	2504009
“九五”时期	9th Five-year Plan Period	96716168	4429788	42060086	50226294	36210616	5849470
“十五”时期	10th Five-year Plan Period	194090079	5576218	76428441	112085420	67586468	8841973
“十一五”时期	11th Five-year Plan Period	413960616	8084097	159025928	246850591	145647217	13378711
“十二五”时期	12th Five-year Plan Period	762791651	10923072	258847593	493020986	234202262	24859250
1950-1978	1950-1978	5578418	753734	3146791	1677893	2999275	147516
1979-2016	1979-2016	1718934571	35451896	620214353	1063268322	558601613	62155374
1991-2016	1991-2016	1701895213	33860905	611939442	1056094866	551361215	61120861
1996-2016	1996-2016	1663032934	31405984	593877994	1037748956	535803776	58616852
2001-2016	2001-2016	1566316766	26976196	551817908	987522662	499593160	52767382
2003-2016	2003-2016	1505860639	24972669	528581549	952306421	479529034	49595149
平均每年增长 (%)	**Annual Average Growth Speed (%)**						
“六五”时期	6th Five-year Plan Period	12.7	7.6	13.6	12.5	12.5	27.6
“七五”时期	7th Five-year Plan Period	10.8	1.7	8.4	15.9	8.8	5.3
“八五”时期	8th Five-year Plan Period	20.2	9.5	25.7	16.1	25.7	25.3
“九五”时期	9th Five-year Plan Period	13.1	5.4	13.2	13.7	14.1	6.6
“十五”时期	10th Five-year Plan Period	13.8	5.4	14.9	13.5	16.3	5.2
“十一五”时期	11th Five-year Plan Period	13.5	1.6	12.8	14.4	13.3	7.4
“十二五”时期	12th Five-year Plan Period	10.1	2.5	9.1	10.8	9.5	5.3
1950-1978	1950-1978	9.2	3.8	12.7	9.5	12.7	13.1
1979-2016	1979-2016	13.3	4.8	13.6	14.0	13.8	12.7
1991-2016	1991-2016	13.9	4.7	14.6	13.5	15.3	9.5
1996-2016	1996-2016	12.4	3.6	12.1	12.9	12.9	6.0
2001-2016	2001-2016	12.2	3.0	11.8	12.7	12.5	5.8
2003-2016	2003-2016	12.1	2.6	11.8	12.5	12.5	5.7

注：本表数据绝对值按当年价格计算，增长速度按可比价格计算。
Note: The level data in this table are calculated at current prices while the growth rates at comparable prices.

1-16 地区生产总值使用表

Utilization Balance Sheet of Gross Domestic Product

单位:万元 (10000 yuan)

项　　目	Item	2015	2016	2016年比2015年增长(%) Growth Rate in 2016 over 2015 (%)
支出法地区生产总值	**Gross Domestic Product by Expenditure Approach**	**181004136**	**195474420**	**8.2**
最终消费支出	Final Consumption Expenditure	92907765	101118829	8.9
居民消费支出	Household Consumption Expenditure	69322988	75516771	9.6
农村居民	Rural Households	5501697	6193616	12.2
城镇居民	Urban Households	63821291	69323155	9.3
政府消费支出	Government Consumption Expenditure	23584777	25602058	7.1
资本形成总额	Gross Capital Formation	64289660	70146055	9.3
固定资本形成总额	Gross Fixed Capital Formation	60867002	66479387	9.0
存货增加	Changes in Inventories	3422659	3666668	15.3
货物和服务净流出	Net Exports of Goods and Services	23806711	24209536	2.4

1-17 居民消费水平

Household Consumption

单位:元/人 (yuan/person)

项　　目	Item	2015	2016	2016年比2015年增长(%) Growth Rate in 2016 over 2015 (%)
全市居民	Total Households	52159	54832	5.7
农村居民	Rural Households	28511	31670	10.7
城镇居民	Urban Households	56175	58666	5.1
农村居民与城镇居民对比（农村居民为1）	Ratio of Consumption of Urban Households to Rural Households (rural households=1)	1:1.97	1:1.85	

注:1.本表数据绝对值按当年价格计算，增长速度按可比价格计算。
2.为了与生产法衔接，2015年度支出法年报核算方案与去年相比，增加了汽车支出、出国留学消费支出、化妆品支出、金银珠宝首饰支出等大宗商品支出。

Note: I. The level data in this table are calculated at current prices while the growth rates at comparable prices.
II. In order to link up with the accounting method of production, the accounting method of expenditure of 2015 has included expenditure on automobiles, expenditure on overseas studing, expenditure on cosmetics, expenditure on commodities such as gold and silver, jewelry and so on, comparing with last year's accounting method.

1-18 各行业增加值（2016年）

单位:万元

项　　　目	Item
地区生产总值	**Gross Domestic Product**
按产业分	**Grouped By Industry**
第一产业	Primary Industry
第二产业	Secondary Industry
第三产业	Tertiary Industry
按行业分	**Grouped By Sector**
农、林、牧、渔业	Agriculture, Forestry, Animal Husbandry and Fishery
工　业	Industry
建筑业	Construction
批发和零售业	Wholesale and Retail Trade
交通运输、仓储和邮政业	Transport, Storage and Post
住宿和餐饮业	Hotels and Catering Services
信息传输、软件和信息技术服务业	Information Transmission, Software and Information Technology
金融业	Financial Intermediation
房地产业	Real Estate
租赁和商务服务业	Leasing and Business Services
科学研究和技术服务业	Scientific Research and Technical Services
水利、环境和公共设施管理业	Management of Water Conservancy, Environment and Public Facilities
居民服务、修理和其他服务业	Service to Households, Repair and Other Services
教　育	Education
卫生和社会工作	Health and Social Work
文化、体育和娱乐业	Culture, Sports and Entertainment
公共管理、社会保障和社会组织	Public Management, Social Security and Social Organizations

1-19 各行业增加值构成（2016年）

单位:%

项　　　目	Item
地区生产总值	**Gross Domestic Product**
按产业分	**Grouped By Industry**
第一产业	Primary Industry
第二产业	Secondary Industry
第三产业	Tertiary Industry
按行业分	**Grouped By Sector**
农、林、牧、渔业	Agriculture, Forestry, Animal Husbandry and Fishery
工　业	Industry
建筑业	Construction
批发和零售业	Wholesale and Retail Trade
交通运输、仓储和邮政业	Transport, Storage and Post
住宿和餐饮业	Hotels and Catering Services
信息传输、软件和信息技术服务业	Information Transmission, Software and Information Technology
金融业	Financial Intermediation
房地产业	Real Estate
租赁和商务服务业	Leasing and Business Services
科学研究和技术服务业	Scientific Research and Technical Services
水利、环境和公共设施管理业	Management of Water Conservancy, Environment and Public Facilities
居民服务、修理和其他服务业	Service to Households, Repair and Other Services
教　育	Education
卫生和社会工作	Health and Social Work
文化、体育和娱乐业	Culture, Sports and Entertainment
公共管理、社会保障和社会组织	Public Management, Social Security and Social Organizations

Added Value by Sector (2016)

(10000 yuan)

合 计 Total	劳动者报酬 Compensation of Employees	固定资产折旧 Depreciation of Fixed Assets	生产税净额 Net Taxes on Production	营业盈余 Operating Surplus
195474420	**96284379**	**22672502**	**30609224**	**45908315**
2392809	2192667	200142		
57515946	23073937	6297383	12547619	15597007
135565665	71017775	16174977	18061605	30311308
2597126	2387115	210011		
52157213	19938448	5951118	11723451	14544196
5687448	3387527	381049	865231	1053641
29383555	13191898	984108	7619891	7587658
13646353	8187473	3392326	373307	1693247
4271110	3107282	337408	399369	427051
8014614	3848572	1592707	583572	1989763
18093663	5303971	766329	2588256	9435107
16205423	4137729	3718113	4208281	4141300
14052416	8513512	2415640	1243617	1879647
4818117	2959324	338035	416913	1103845
1338738	681377	263812	89149	304400
2760081	2217953	107474	146109	288545
7568912	6409191	649171	132400	378150
5742692	4579339	259129	88497	815727
3073306	2101900	602828	104251	264327
6063653	5331768	703244	26930	1711

Composition of Added Value by Sector (2016)

(%)

合 计 Total	劳动者报酬 Compensation of Employees	固定资产折旧 Depreciation of Fixed Assets	生产税净额 Net Taxes on Production	营业盈余 Operating Surplus
100.00	**49.26**	**11.60**	**15.66**	**23.48**
100.00	91.64	8.36		
100.00	40.12	10.95	21.82	27.11
100.00	52.39	11.93	13.32	22.36
100.00	91.91	8.09		
100.00	38.23	11.41	22.48	27.88
100.00	59.56	6.70	15.21	18.53
100.00	44.90	3.35	25.93	25.82
100.00	60.00	24.86	2.74	12.40
100.00	72.75	7.90	9.35	10.00
100.00	48.02	19.87	7.28	24.83
100.00	29.31	4.24	14.30	52.15
100.00	25.53	22.94	25.97	25.56
100.00	60.58	17.19	8.85	13.38
100.00	61.42	7.02	8.65	22.91
100.00	50.90	19.71	6.66	22.73
100.00	80.36	3.89	5.29	10.46
100.00	84.68	8.58	1.75	4.99
100.00	79.74	4.51	1.54	14.21
100.00	68.39	19.61	3.39	8.61
100.00	87.93	11.60	0.44	0.03

1-20 三次产业对地区生产总值增长的贡献率（1990-2016年）

Share of the Contributions of the Three Strata of Industry to the Growth of GDP (1990-2016)

单位：%　　　　(%)

年份 Year	地区生产总值 Gross Domestic Product	第一产业 Primary Industry	第二产业 Secondary Industry	第三产业 Tertiary Industry	地区生产总值中：In Gross Domestic Product 工业 Industry
1990	100.0	1.7	37.1	61.2	41.0
1991	100.0	4.2	71.3	24.5	64.9
1992	100.0	6.2	56.3	37.5	50.4
1993	100.0	0.5	61.6	37.9	51.8
1994	100.0	3.7	62.5	33.8	49.4
1995	100.0	1.3	54.1	44.6	50.8
1996	100.0	2.0	57.0	41.0	57.3
1997	100.0	1.8	51.4	46.8	51.5
1998	100.0	1.2	51.1	47.7	46.9
1999	100.0	2.9	62.3	34.8	55.0
2000	100.0	0.5	49.7	49.8	46.8
2001	100.0	0.7	35.0	64.3	30.7
2002	100.0	2.5	37.8	59.7	36.2
2003	100.0	1.0	56.7	42.3	56.2
2004	100.0	1.1	48.3	50.6	46.6
2005	100.0	1.2	43.2	55.6	41.4
2006	100.0	-0.7	43.9	56.8	42.7
2007	100.0	0.4	36.4	63.2	36.3
2008	100.0	0.4	35.1	64.5	34.5
2009	100.0	0.5	31.4	68.1	28.6
2010	100.0	0.4	38.1	61.5	34.0
2011	100.0	0.5	38.6	60.9	34.5
2012	100.0	0.5	30.2	69.3	29.2
2013	100.0	0.4	35.4	64.2	34.8
2014	100.0	0.2	31.5	68.3	30.7
2015	100.0	0.3	29.2	70.5	27.5
2016	100.0	…	21.1	78.9	21.1

注：1．本表数据按可比价格计算。
　　2．三次产业贡献率指各产业增加值增量与GDP增量之比。

Note: I. The data of this table are calculated at comparable prices.
　　II. Share of the contributions of the three strata of industry to the growth of GDP refers to the proportion of the increment of the Value-added of each Industry to the increment of GDP.

1-21 三次产业对地区生产总值增长的拉动（1990-2016年）

Contribution of the Three Strata of Industry to the Growth of GDP (1990-2016)

单位：百分点 (percentage points)

年 份 Year	地区生产总值 Gross Domestic Product	第一产业 Primary Industry	第二产业 Secondary Industry	第三产业 Tertiary Industry	地区生产总值中：In Gross Domestic Product 工 业 Industry
1990	11.3	0.2	4.2	6.9	4.6
1991	16.3	0.7	11.6	4.0	10.6
1992	23.3	1.4	13.1	8.8	11.7
1993	26.4	0.1	16.3	10.0	13.7
1994	18.8	0.7	11.8	6.3	9.3
1995	16.4	0.2	8.9	7.3	8.4
1996	12.4	0.2	7.1	5.1	7.1
1997	13.4	0.2	6.9	6.3	6.9
1998	13.1	0.2	6.6	6.3	6.0
1999	13.2	0.4	8.2	4.6	7.2
2000	13.3	0.1	6.6	6.6	6.2
2001	12.7	0.1	4.5	8.1	4.0
2002	13.2	0.3	5.0	7.9	4.8
2003	15.2	0.1	8.6	6.5	8.5
2004	15.0	0.2	7.3	7.5	7.0
2005	12.9	0.2	5.6	7.1	5.4
2006	14.9	-0.1	6.6	8.4	6.4
2007	15.3	0.1	5.6	9.6	5.6
2008	12.5	0.1	4.4	8.0	4.3
2009	11.7	0.1	3.6	8.0	3.3
2010	13.2	0.1	5.0	8.1	4.5
2011	11.3	0.1	4.3	6.9	3.9
2012	10.5	0.1	3.2	7.2	3.1
2013	11.6	0.1	4.1	7.4	4.0
2014	8.6	…	2.7	5.9	2.6
2015	8.4	…	2.5	5.9	2.3
2016	8.2	…	1.7	6.5	1.7

注：1．本表数据按可比价格计算。
2．三次产业拉动指GDP增长速度与各产业贡献率之乘积。

Note: I. The data of this table are calculated at comparable prices.
II. Contribution of the three strata of industry to the growth of GDP refers to the growth rate of GDP multiplied by the contribution share of each industry.

1-22 三大需求对地区生产总值增长的贡献率和拉动（1991-2016年）

Contribution Share and Contribution of the Three Components of GDP to the Growth of GDP (1991-2016)

年份 year	最终消费支出 Final Consumption Expenditure		资本形成总额 Gross Capital Formation		货物和服务净流出 Net Exports of Goods and Services	
	贡献率 (%) Contribution Share (%)	拉动 (百分点) Contribution (percentage points)	贡献率 (%) Contribution Share (%)	拉动 (百分点) Contribution (percentage points)	贡献率 (%) Contribution Share (%)	拉动 (百分点) Contribution (percentage points)
1991	9.6	1.6	41.4	6.7	49.0	8.0
1992	37.1	8.6	133.9	31.2	-71.0	-16.5
1993	21.1	5.6	68.5	18.1	10.4	2.7
1994	32.1	6.0	75.7	14.2	-7.8	-1.4
1995	31.5	5.2	59.6	9.8	8.9	1.4
1996	30.6	3.8	4.6	0.6	64.8	8.0
1997	39.3	5.3	-3.7	-0.5	64.4	8.6
1998	35.9	4.7	55.7	7.3	8.4	1.1
1999	51.5	6.8	33.9	4.5	14.6	1.9
2000	59.2	7.9	13.8	1.8	27.0	3.6
2001	63.7	8.1	28.3	3.6	8.0	1.0
2002	55.6	7.3	21.2	2.8	23.2	3.1
2003	43.8	6.7	17.4	2.6	38.8	5.9
2004	26.4	4.0	42.4	6.4	31.2	4.6
2005	46.8	6.0	-8.5	-1.1	61.7	8.0
2006	39.2	5.9	39.1	5.8	21.7	3.2
2007	43.9	6.7	18.4	2.8	37.7	5.8
2008	47.8	6.0	33.9	4.2	18.3	2.3
2009	53.9	6.3	61.8	7.2	-15.7	-1.8
2010	67.9	9.0	44.0	5.8	-11.9	-1.6
2011	49.2	5.6	17.5	2.0	33.3	3.7
2012	47.0	4.9	50.8	5.4	2.2	0.2
2013	42.4	4.9	39.7	4.6	17.9	2.1
2014	42.2	3.6	48.6	4.2	9.2	0.8
2015	65.1	5.5	26.0	2.2	8.9	0.7
2016	55.9	4.6	40.2	3.3	3.9	0.3

注：1．本表数据按可比价格计算。
2．三大需求指支出法计算的GDP的三大构成项目，即最终消费支出、资本形成总额、货物和服务净流出。
3．贡献率指三大需求增量与支出法计算的GDP增量之比。
4．拉动指GDP增长速度与三大需求贡献率的乘积。

Note: I. The data of this table are calculated at comparable prices.
II. Three Components of GDP by expenditure approached are final consumption expenditure, gross capital formation and net exports of goods and services.
III. Contribution Share of the three components to the increase of the GDP refers to the proportion of the increment of the each component of GDP by expenditure approach to the Increment of GDP.
IV. Contribution of the three components to GDP growth refers to the growth rate of GDP multiplied by the contribution share of the three components.

1-23 全市国有土地使用权出让、划拨情况

Total City Lease and Administrative Allocation of the Right to the Use of the State-owned Land

项 目		Item		2015	2016
国有土地使用权出让		**Lease of the Right to the Use of the State-owned Land**			
出让小计		Lease Sub-total			
出让地块	(宗)	Number of Plots	(piece)	188	133
出让面积	(公顷)	Areas	(hectare)	779.22	688.51
成交价款	(万元)	Value of Transactions	(10000 yuan)	9647180	7072973
#公开出让		Lease by Public			
出让地块	(宗)	Number of Plots	(piece)	149	90
出让面积	(公顷)	Areas	(hectare)	702.03	620.82
成交价款	(万元)	Value of Transactions	(10000 yuan)	9540611	6809699
国有土地使用权划拨		**Allocation of the Right to the Use of the State-owned Land**			
划拨地块	(宗)	Number of Plots	(piece)	161	138
划拨面积	(公顷)	Areas	(hectare)	714.29	712.69

注：1．本表数据由广州市国土资源和规划委员会提供。
2．本表数据已剔除被解除合同数据。
3．本表统计范围为全市口径。

Note: I. The data in this table are provided by Guangzhou Land Resources and Planning Commission.
II. The data in this table has excluded the part of terminated contracts.
III.The statistical scale of this table is total city scale.

1-24 全市房地产市场交易情况

Transactions in Total Real Estate Market

项 目		Item		2015	2016
新建商品房现售		**Newly-constructed Commercial Buildings Sold out**			
成交面积	(万平方米)	Transacted Floor Space	(10000 sq.m)	210.30	344.70
#住 宅		Residential Buildings		125.56	232.96
成交金额	(万元)	Transacted Value	(10000 yuan)	3807071	6299853
#住 宅		Residential Buildings		2316882	4419977
住宅成交套数	(套)	Number of Transacted Flats	(flat)	8751	16256
新建商品房预售		**Newly-constructed Commercial Buildings Sold in Advance**			
成交面积	(万平方米)	Transacted Floor Space	(10000 sq.m)	1162.10	1427.49
#住 宅		Residential Buildings		953.89	1183.03
成交金额	(万元)	Transacted Value	(10000 yuan)	17586565	24095746
#住 宅		Residential Buildings		13971361	19123375
住宅成交套数	(套)	Number of Transacted Flats	(flat)	83924	112149
存量房买卖		**Sales of Buildings in Stock**			
成交面积	(万平方米)	Transacted Floor Space	(10000 sq.m)	834.59	1317.39
#住 宅		Residential Buildings		696.72	1153.32
成交金额	(万元)	Transacted Value	(10000 yuan)	10517582	19521399
#住 宅		Residential Buildings		9239687	17799439
住宅成交套数	(套)	Number of Transacted Flats	(flat)	81608	129923

注：1．本表数据由广州市住房和城乡建设委员会提供。
2．新建商品房现售和新建商品房预售为网签数据，存量房买卖为交易登记数据。
3．本表统计口径为全市口径。

Note: I. The data in this table are provided by Guangzhou Housing and Urban-Rural Construction Committee.
II.The Data of Newly-constructed Commercial Buildings Sold out and Newly-constructed Commercial Buildings Sold in Advance is Net Registered Data.The Data of Buildings in Stock is Transaction Registered Data.
III.The statistical scale of this table is total city scale.

1-25 劳动力市场情况

Statistics on Labor Force Market

项　目	Item	2015	2016
全市经人力资源社会保障部门批准的人力资源服务机构(个)	Number of Employment Service Institutions Approved by Human Resources and Social Security Department (unit)	870	942
劳动部门所属	Run by Labor Departments	190	199
非劳动部门所属	Run by Non-labor Departments	680	743

1-26 技术市场交易情况

Statistics on Transactions in Technological Market

项　目	Item	2015		2016	
		合同数(项) Numbers of Contracts (unit)	金额(万元) Value (10000 yuan)	合同数(项) Numbers of Contracts (unit)	金额(万元) Value (10000 yuan)
买方市场	Buyers' Market	5844	2660023	6079	2896081
机关法人	Official Organ as Juridical Person	1178	141606	1021	153955
事业法人	Institution as Juridical Person	1001	79072	1019	79427
社团法人	Mass Organization as Juridical Person	23	1070	32	1049
企业法人	Corporate as Juridical Person	3469	2376028	3833	2609332
自然人	Natural Person	38	1639	54	5303
其他组织	Others	135	60608	120	47014
卖方市场	Sellers' Market	5844	2660023	6079	2896081
机关法人	Official Organ as Juridical Person	7	1714	3	206
事业法人	Institution as Juridical Person	1663	84742	2086	89215
社团法人	Mass Organization as Juridical Person	7	596	61	413514
企业法人	Corporate as Juridical Person	4141	2571020	3894	2389524
自然人	Natural Person	20	1264	24	1358
其他组织	Others	6	688	11	2265

1-27 公有制经济主要指标（2016年）
Main Indicators of Public-owned Economy (2016)

单位：万元、%　　(10000 yuan, %)

项　目	Item	全　市 Total	#公有制经济 Public-owned Economy	公有制经济占全市的比重 Ratio of Public-owned Economy to Total
地区生产总值	Gross Domestic Product	195474420	79497125	40.67
规模以上工业	**Above Designated Size Industry**			
工业总产值	Gross Industrial Output Value	195704254	64929944	33.18
工业增加值	Value Added	48976125	16380056	33.44
产品销售收入	Sales Revenue	182567070	60716079	33.26
建筑业	**Construction**			
建筑业增加值	Value Added	5687448	2544005	44.73
固定资产投资中:建筑安装工程投资	Investment in Construction Installation	32761129	10478530	31.98
交通运输、仓储和邮政业	**Transport, Storage and Post**			
交通运输、仓储和邮政业增加值	Value Added	13646353	8739775	64.04
货物运输量　(万吨)	Freight Traffic　(10000 tons)	112507	67425	59.93
货物周转量　(万吨/公里)	Freight Ton-kilometers　(10000 tons/kilometer)	154664095	146435965	94..68
客运量　(万人次)	Passenger Traffic　(10000 persons-times)	113321	77036	67.98
旅客周转量　(万人/公里)	Passenger-kilometers　(10000 persons/kilometer)	28535023	25105113	87.98
邮政业务收入	Revenue of Post	3070185	457765	14.91
批发和零售业、住宿和餐饮业	**Wholesale, Retail Trade, Hotels and Catering Services**			
批发和零售业增加值	Value Added of Wholesale and Retail Trade	29383555	7423306	25.26
住宿和餐饮业增加值	Value Added of Hotel and Catering Services	4271110	504824	11.82
社会消费品零售总额	Total Retail Sales of Consumer Goods	87064876	8916943	10.24
商品销售总额	Total Value of Commodities Sold	559727457	106735322	19.07

1-28 各区国民经济主要指标（2016年）

项　　目		Item	
土地面积	（平方公里）	Total Land Area	(10000 sq.m)
年末户籍人口	（人）	Year-end Population by household registered	(person)
街道办事处	（个）	Street Communities	(unit)
镇	（个）	Towns	(unit)
社区居委会	（个）	Community Committees	(unit)
村民委员会	（个）	Village Committees	(unit)
地区生产总值	（万元）	Gross Domestic Product	(10000 yuan)
第一产业	（万元）	Primary Industry	(10000 yuan)
第二产业	（万元）	Secondary Industry	(10000 yuan)
第三产业	（万元）	Tertiary Industry	(10000 yuan)
地区生产总值中：工业	（万元）	Industry In Gross Domestic Product	(10000 yuan)
年末全社会从业人员	（人）	Total Number of Employed Persons at Year-end	(person)
# 城镇非私营单位在岗职工年末人数	（人）	Number of Fully Employed Staff and Workers in Urban Units at Year-end	(person)
城镇非私营单位在岗职工工资总额	（万元）	Total Wages of Fully Employed Staff and Workers in Urban Units	(10000 yuan)
城镇非私营单位在岗职工年平均工资	（元）	Average Wages of Fully Employed Staff and Workers in Urban Units	(yuan)
固定资产投资额(按法人单位办公所在地分)	（万元）	Investment in Fixed Assets (by legal person office location)	(10000 yuan)
固定资产投资额(按项目所在地分)	（万元）	Investment in Fixed Assets (by project location)	(10000 yuan)
# 建筑和安装工程	（万元）	Construction and Erection Engineering	(10000 yuan)
新增固定资产(按法人单位办公所在地分)	（万元）	Newly-increased Investment in Fixed Assets (by legal person office location)	(10000 yuan)
一般公共预算收入	（万元）	General Budgetary Revenue	(10000 yuan)
一般公共预算支出	（万元）	General Budgetary Expenditure	(10000 yuan)
农林牧渔业总产值	（万元）	Gross Output Value of Agriculture	(10000 yuan)
社会消费品零售总额	（万元）	Total Retail Sales of Consumer Goods	(10000 yuan)
实际使用外商直接投资金额	（万美元）	Foreign Direct Capital Actually Utilized	(USD 10000)
普通中学学校数	（所）	Number of Regular Secondary Schools	(unit)
普通中学在校学生数	（人）	Number of Students Enrolled in Regular Secondary Schools	(person)
小学学校数	（所）	Number of Primary Schools	(unit)
小学在校学生数	（人）	Number of Students Enrolled in Primary Schools	(person)
幼儿园数	（所）	Number of Kindergartens	(unit)
幼儿园在园人数	（人）	Number of Children Enrolled	(person)
各类卫生机构数	（个）	Number of Health Institutions	(unit)
# 医　院		Hospitals	
各类卫生机构床位数	（张）	Number of Beds	(unit)
# 医　院		Hospitals	
卫生技术人员	（人）	Medical Technical Personnel	(person)
# 执业(助理)医师		Licensed (Assistant) Doctors	

Main Indicators of National Economic by District (2016)

荔湾区 Liwan	越秀区 Yuexiu	海珠区 Haizhu	天河区 Tianhe	白云区 Baiyun	黄埔区 Huangpu	番禺区 Panyu	花都区 Huadu	南沙区 Nansha	从化区 Conghua	增城区 Zengcheng
59.10	33.80	90.40	96.33	795.79	484.17	529.94	970.04	783.86	1974.50	1616.47
726842	1174406	1022587	867733	943604	457538	886502	723778	392632	618492	890787
22	18	18	21	18	14	11	4	3	3	4
				4	1	5	6	6	5	7
186	222	265	217	268	99	95	56	28	47	57
				118	28	177	188	128	221	284
10810189	29094805	15498479	38008205	16407452	29419493	17536797	11687566	12791465	3751501	10468468
51026		7795	5823	357836	68463	305766	323730	518586	253119	500665
2264752	539800	2011227	3784797	3166785	18404698	6277450	6264089	8216783	1644114	4941451
8494411	28555005	13479457	34217585	12882831	10946332	10953581	5099747	4056096	1854268	5026352
2122566	219998	1187865	3180265	2786804	17317265	5380144	6112716	7764389	1418941	4666260
343169	897516	646670	1057315	1167551	786420	1134721	752003	459126	408821	699268
144094	478284	267405	629904	325515	499569	244427	160374	159327	75742	130135
1302687	4190372	2451624	6694900	3084271	4509035	1799896	1112953	1161726	458599	937071
90072	88458	92112	107750	95041	89086	72022	70085	73205	60877	72020
3401508	3376473	6412438	5466613	4895715	8565504	6043599	3181520	8131492	2300773	5260225
3714022	1733557	3199770	4831623	5597723	9631720	6720163	4263369	8445493	2595616	6302804
1497181	911773	1230540	2428115	2553093	5795641	4763626	2560225	4773540	1872206	4375189
986189	1551519	1051909	2235917	1943195	2914570	3307576	810812	2757021	1183693	2828029
457448	519197	499941	659556	554143	1412121	818151	714556	691834	245383	730006
814835	994319	934978	1102089	1056562	1706816	1230819	1027977	1395151	580468	1123429
79339		14494	53071	664729	146124	530261	605185	844309	461957	967061
7897560	12452920	8661482	18183526	11136775	6119839	11430371	4417397	1971566	1423508	3369932
12214	49000	26188	100059	1417	219006	39778	33903	62506	11551	14498
40	35	36	53	69	35	62	80	25	26	53
38234	57497	44155	48294	59550	28784	70593	57027	22581	29240	49730
52	53	84	70	181	59	134	98	60	66	96
59479	65333	85298	107903	151034	57414	133279	136205	41067	44806	86713
103	114	156	186	311	97	307	101	95	73	150
25553	30390	39926	44285	88994	26325	83044	29900	23111	25719	45790
210	330	268	489	551	249	275	437	201	346	450
23	37	19	40	42	14	24	10	13	8	13
5412	24071	9542	11977	15686	3379	5947	3630	1774	3268	3273
5250	21785	8866	11398	14734	3084	5164	2526	1612	2442	2176
8268	40305	15246	18159	18265	5280	10870	7438	3130	4376	6616
3129	12427	4920	6382	6521	1870	3935	2709	1086	1432	2380

1-29 广州开发区国民经济主要指标

Main Indicators of National Economy of Guangzhou Development Zone

项目	Item	2015	2016
年末社会从业人员 (人)	Year-end Employed Persons (person)	447913	473472
# 工业从业人员	Employed Persons in Industry	301108	288183
地区生产总值 (万元)	Gross Domestic Product (10000 yuan)	23368185	24711898
第一产业	Primary Industry	58002	48693
第二产业	Secondary Industry	15944669	16390211
第三产业	Tertiary Industry	7365514	8272994
地区生产总值中：	In Gross Domestic Product		
工　业	Industry	14973381	15326488
建筑业	Construction	971288	1063723
固定资产投资额 (万元)	Investment in Fixed Assets (10000 yuan)	6742710	7234928
# 基础(公共)设施	Infrastructure	1336347	1646578
工业项目	Industry	1559590	1504966
区内税收 (万元)	Tax (10000 yuan)	4722268	5367467
利润总额 (万元)	Total Profits (10000 yuan)	4779697	5814421
# 工业利润	Industry	3141647	3314438
地方可支配财力 (万元)	Local Disposable Financial Resources (10000 yuan)	2962056	2983135
地方财政支出 (万元)	Local Government Financial Expenditure (10000 yuan)	2200809	2152252
工业总产值 (万元)	Gross Industrial Output Value (10000 yuan)	55892650	57760950
# 港澳台企业产值	Enterprises with Funds from Hong Kong, Macao and Taiwan	47772476	47687051
工业销售产值 (万元)	Output Value of Industrial Products Sold (10000 yuan)	53315999	53595238
商品销售总额 (万元)	Total Sales of Industrial Products (10000 yuan)	29563945	29715784
外贸出口总值 (万美元)	Total Exports (USD 10000)	1707432	1717177
外贸进口总值 (万美元)	Total Imports (USD 10000)	1780197	1664148
利用外资项目(合同)数(个)	Number of Projects (Contracts) for Utilization of Foreign Capital(USD 10000)	63	77
合同利用外资金额(万美元)	Contracted Value of Foreign Capital to be Utilized (USD 10000)	99413	405124
实际利用外资 (万美元)	Total Amount of Foreign Capital Actually Used (USD 10000)	108613	205990
# 外商直接投资	Direct Foreign Investment	108613	205990
在校学生数 (人)	Students Enrollment (person)	48835	50496
# 中学生	Number of Students Enrollment of Secondary Schools	15086	12913
小学生	Number of Students Enrollment of Primary Schools	23646	26017
专业卫生技术人员 (人)	Medical Technical Personnel (person)	2196	2121

注：广州开发区包括广州经济技术开发区、广州保税区、广州高新技术产业开发区和广州出口加工区。

Note: The indicators include Guangzhou economic and technological development zone, Guangzhou bonded zone, Guangzhou hi-tech development zone and Guangzhou exportance manufacturing district.

1-30 广州保税区国民经济主要指标
Main Indicators of National Economy of Guangzhou Bonded Zone

项　　目		Item		2015	2016
工业增加值	（万元）	Value-added of Industry	(10000 yuan)	123743	118483
工业总产值	（万元）	Gross Industrial Output Value	(10000 yuan)	523891	501624
固定资产投资额	（万元）	Investment in Fixed Assets	(10000 yuan)	57258	356461
国内投资企业		Domestic Investment Enterprises			
批准项目数	（个）	Number of Projects Approved	(unit)	55	54
注册资本	（万元）	Registered Capital	(10000 yuan)	36372	37591
进出区货物总值	（万美元）	Total Value of Imports and Exports	(USD 10000)	1121300	1066546
税收总额	（万元）	Total Taxes	(10000 yuan)	82500	90934

1-31 广州高新技术产业开发区国民经济主要指标
Main Indicators of National Economy of Guangzhou Hi-tech Development Zone

项　　目		Item		2015	2016
营业总收入	（万元）	Revenue	(10000 yuan)	53657512	60242204
工业总产值	（万元）	Gross Industrial Output Value	(10000 yuan)	39436609	39035207
高新区企业数	（个）	Number of Enterprises in Development Zone	(unit)	5197	7655
认定高新技术企业数	（个）	Number of Enterprises Certified	(unit)	969	1816
港澳台企业数	（个）	Number of Enterprises with Funds from Hong Kong, Macao and Taiwan	(unit)	305	314
职工人数	（人）	Number of Staff and Workers	(person)	408653	456733
利税总额	（万元）	Total Profits and Taxes	(10000 yuan)	4302530	5367467
合同利用外资	（万美元）	Foreign Capital to be Utilized in the Signed Agreements and Contracts	(USD 10000)	22998	380089
实际利用外资	（万美元）	Foreign Capital Actually Utilized	(USD 10000)	46330	194526

1-32 私营企业基本情况（2016年末，按行业分）

项 目	Item
总 计	**Total**
农林牧渔业	Agriculture, Forestry, Animal Husbandry and Fishing
采矿业	Mining
制造业	Manufacturing
电力、热力、燃气及水生产和供应业	Production and Supply of Electricity, Heat,Gas and Water
建筑业	Construction
批发和零售业	Wholesale and Retail Trade
交通运输、仓储和邮政业	Transport, Storage and Post
住宿和餐饮业	Hotels and Catering Services
信息传输、软件和信息技术服务业	Information Transmission, Software and Information Technology
金融业	Financial Intermediation
房地产业	Real Estate
租赁和商务服务业	Leasing and Business Services
科学研究和技术服务业	Scientific Research and Technical Services
水利、环境和公共设施管理业	Management of Water Conservancy, Environment and Public Facilities
居民服务、修理和其他服务业	Service to Households, Repair and Other Services
教育	Education
卫生和社会工作	Health and Social Service
文化、体育和娱乐业	Culture, Sports and Entertainment
其他	Others

注：1.本表数据由广州市工商行政管理局提供。
2.年末人数包括年末投资者人数和年末雇工人数。

Basic Statistics on Private Enterprises (Year-end of 2016, by Sector)

全　市 Total			#城　镇 Urban Areas		
户　数 (户) Number of Enterprises (unit)	年末人数 (人) Number of Personnel at Year-end (person)	注册资金 (万元) Registered Capital (10000 yuan)	户　数 (户) Number of Enterprises (unit)	年末人数 (人) Number of Personnel at Year-end (person)	注册资金 (万元) Registered Capital (10000 yuan)
570254	**1375939**	**196027651**	**510423**	**1191347**	**180233471**
2521	7174	1226305	2269	5771	1148400
37	206	39712	34	155	39569
66555	211398	14846325	55291	155892	12490226
246	874	613121	226	778	607636
25639	59890	12852153	22929	53046	11665289
213427	443828	37856909	191834	388772	34767613
15612	34214	4629386	13806	29748	4221663
10311	27378	834655	9312	21191	767530
22953	59119	8189443	21823	56134	7763903
774	4802	15205493	689	4502	14672083
14415	38992	8068333	12260	33518	6265762
85017	227722	57172964	77336	209400	53600059
83596	188759	28145911	75704	170819	26135998
959	3502	455701	837	3085	413910
9308	24547	913764	8207	19361	854776
1556	3303	312499	1470	3138	307049
672	2868	411814	609	2138	391720
16656	37363	4253163	15787	33899	4120285

Note: I. The data in this table are provided by Guangzhou Municipal Administration for Industry and Commerce.
II. The number of people at the year end include the number of investors and hired workers.

1-33 私营企业基本情况（2016年末，按地区分）

Basic Statistics on Private Enterprises (Year-end of 2016, by Region)

地 区	District	年末户数（户）Number of Enterprises at Year-end (unit)	年末人数（人）Number of Personnel at Year-end (person)	投资者人数 Numbers of Investors	雇工人数 Number of Employees
合 计	**Total**	**570254**	**1375939**	**1034691**	**341248**
#荔湾区局	Liwan	23312	55411	42516	12895
越秀区局	Yuexiu	51064	122055	93440	28615
海珠区局	Haizhu	48082	104498	84957	19541
天河区局	Tianhe	151126	316870	273373	43497
白云区局	Baiyun	105080	218055	178544	39511
黄埔区局	Huangpu	13202	32882	24518	8364
开发区局	Development Zone	16551	41097	33873	7224
番禺区局	Panyu	69039	187819	120899	66920
花都区局	Huadu	28457	69702	46862	22840
南沙区局	Nansha	25372	52960	42398	10562
从化区局	Conghua	6295	25128	10894	14234
增城区局	Zengcheng	24040	78766	40441	38325

1-34 城乡个体工商业基本情况

Basic Statistics on Individual Business in Urban and Rural Areas

年 份 Year	期末户数 (户) Number of Year-end Enterprises (unit)	从业人数 (人) Number of Employees (person)	注册资金 (万元) Registered Capital (10000 yuan)
2000	226016	380941	404995
2001	250672	427923	490425
2002	245505	415817	660203
2003	230229	360809	585762
2004	244756	375349	546263
2005	285557	446874	592574
2006	308655	492191	603861
2007	417392	633234	701374
2008	469128	710642	754857
2009	552031	858694	912604
2010	596854	953510	999560
2011	661026	1031588	1166051
2012	675449	1055281	1262195
2013	716711	1127338	1434127
2014	739923	1169148	1604837
2015	799583	1256776	1836453
2016	862631	1357477	2123393

注：本表数据由广州市工商行政管理局提供。
Note: The data in this table are provided by Guangzhou Municipal Administration for Industry and Commerce.

1-35 城乡个体工商业基本情况（2016年末，按行业分）

项 目	Item
总 计	**Total**
# 农林牧渔业	Agriculture, Forestry, Animal Husbandry and Fishing
采矿业	Mining
制造业	Manufacturing
电力、热力、燃气及水生产和供应业	Production and Supply of Electricity, Heat,Gas and Water
建筑业	Construction
批发和零售业	Wholesale and Retail Trade
交通运输、仓储和邮政业	Transport, Storage and Post
住宿和餐饮业	Hotels and Catering Services
信息传输、软件和信息技术服务业	Information Transmission, Software and Information Technology
金融业	Financial Intermediation
房地产业	Real Estate
租赁和商务服务业	Leasing and Business Services
科学研究和技术服务业	Scientific Research and Technical Services
水利、环境和公共设施管理业	Management of Water Conservancy, Environment and Public Facilities
居民服务、修理和其他服务业	Service to Households, Repair and Other Services
教育	Education
卫生和社会工作	Health and Social Service
文化、体育和娱乐业	Culture, Sports and Entertainment

注：本表数据由广州市工商行政管理局提供。

Basic Statistics on Individual Business in Urban and Rural Areas
(Year-end of 2016, by Sector)

户 数 (户) Number of Enterprises (unit)	# 城 镇 Urban Areas	从业人员 (人) Number of Employed Persons (person)	# 城 镇 Urban Areas	注册资金 (万元) Registered Capital (10000 yuan)	# 城 镇 Urban Areas
862631	**847182**	**1357477**	**1331685**	**2123393**	**2064392**
4924	4500	11421	10141	127694	111497
2	1	2	1	198	18
67026	65203	214824	208306	246333	235229
113	51	222	103	11116	2043
4929	4825	9432	9222	23307	22489
597756	588091	758847	747066	1112712	1099914
8888	8829	13563	13466	30992	30770
97307	95580	206429	203068	343842	337680
1078	1021	1483	1409	1684	1618
20	20	27	27	61	61
1085	1072	1821	1799	4615	4579
12960	12771	21496	21198	37499	37107
4592	4502	7736	7611	9977	9861
65	62	148	138	444	437
56189	54993	97925	96093	122716	121010
1034	1033	2300	2299	6702	6701
842	831	2865	2844	26489	26435
3821	3797	6936	6894	17012	16943

Note: The data in this table are provided by Guangzhou Municipal Administration for Industry and Commerce.

1-36 内资企业基本情况（2016年末）

项　　目	Item
总　计	**Total**
按行业分	**Grouped by Sector**
农林牧渔业	Agriculture, Forestry, Animal Husbandry and Fishing
采矿业	Mining
制造业	Manufacturing
电力、热力、燃气及水生产和供应业	Production and Supply of Electricity, Heat,Gas and Water
建筑业	Construction
批发和零售业	Wholesale and Retail Trade
交通运输、仓储和邮政业	Transport, Storage and Post
住宿和餐饮业	Hotels and Catering Services
信息传输、软件和信息技术服务业	Information Transmission, Software and Information Technology
金融业	Financial Intermediation
房地产业	Real Estate
租赁和商务服务业	Leasing and Business Services
科学研究和技术服务业	Scientific Research and Technical Services
水利、环境和公共设施管理业	Management of Water Conservancy, Environment and Public Facilities
居民服务、修理和其他服务业	Service to Households, Repair and Other Services
教育	Education
卫生和社会工作	Health and Social Service
文化、体育和娱乐业	Culture, Sports and Entertainment
其他	Others

注：1．本表数据由广州市工商行政管理局提供。
　　2．本表不包括私营企业。

Basic Statistics on Domestic-Funded Enterprises (Year-end of 2016)

企业数 (户) Numbers of Enterprises (unit)	# 国有企业 Stated-owned Enterprises	# 集体企业 Collective-owned Enterprises	# 公司 Corporations	# 其他企业 Other Enterprises	注册资金 (万元) Registered Capital (10000 yuan)
57934	**2854**	**4975**	**45852**	**4253**	**120429868**
404	46	84	267	7	297125
15	2	3	10		28169
4013	279	773	2003	958	10888123
359	36	48	273	2	2965497
2057	203	229	1519	106	11941413
14988	849	2383	9854	1902	9512672
2784	353	161	2166	104	5575636
1839	158	87	1250	344	1115209
2603	7	14	2569	13	3720968
4011	6		4002	3	9000307
4880	146	550	4113	71	15441380
10706	465	364	9689	188	37401560
6187	185	119	5758	125	8949093
224	20	21	178	5	1278051
916	45	91	445	335	183466
254	9	21	212	12	129937
339		4	332	3	872928
1354	45	23	1211	75	1128334
1			1		

Note: I. The data in this table are provided by Guangzhou Municipal Administration for Industry and Commerce.

II. This table excludes private enterprises.

1-37 规模以上服务业企业分行业主要财务指标(2016年)

Sector Finance Indicators of Service Industry above Designated Size (2016)

单位：万元 (10000 yuan)

项 目	Item	企业单位数(个) Number of Enterprises (unit)	#亏损企业 Unprofitable Enterprises	资产总计 Total Assets
总 计	**Total**	**6708**	**1419**	**404875733**
交通运输、仓储和邮政业	Transport, Storage and Post	938	186	158453427
信息传输、软件和信息技术服务业	Information Transmission, Software and Information Technology	912	218	40548048
房地产业(物业管理和房地产中介)	Real Estate	913	202	18963520
租赁和商务服务业	Leasing and Business Services	2153	433	157365651
科学研究和技术服务业	Scientific Research and Technical Services	862	141	14529711
水利、环境和公共设施管理业	Management of Water Conservancy, Environment and Public Facilities	91	18	7572327
居民服务、修理和其他服务业	Service to Households, Repair and Other Services	283	61	581382
教育	Education	214	60	1305853
卫生和社会工作	Health and Social Service	95	28	713182
文化、体育和娱乐业	Culture, Sports and Entertainment	247	72	4842633

1-37 续表 continued

单位：万元 (10000 yuan)

项 目	Item	营业收入 Business Revenue	应付职工薪酬 Benefits Payable of the Employee	利润总额 Total Profit
总 计	**Total**	**81964693**	**16046031**	**10692723**
交通运输、仓储和邮政业	Transport, Storage and Post	30676146	6088988	1887848
信息传输、软件和信息技术服务业	Information Transmission, Software and Information Technology	16684186	3047091	2772629
房地产业(物业管理和房地产中介)	Real Estate	4278414	1221909	886813
租赁和商务服务业	Leasing and Business Services	18349212	2733175	4086421
科学研究和技术服务业	Scientific Research and Technical Services	7214336	1653983	743456
水利、环境和公共设施管理业	Management of Water Conservancy, Environment and Public Facilities	662608	103199	84908
居民服务、修理和其他服务业	Service to Households, Repair and Other Services	679073	227879	21947
教育	Education	834691	314916	39628
卫生和社会工作	Health and Social Service	680994	195706	62534
文化、体育和娱乐业	Culture, Sports and Entertainment	1905033	459186	106540

1-38 分区规模以上服务业企业分区主要财务指标(2016年)

Finance Indicators of Service Industry above the Designated Size by District (2016)

单位：万元 (10000 yuan)

项 目	Item	企业单位数(个) Number of Enterprises (unit)	#亏损企业 Unprofitable Enterprises	资产总计 Total Assets	营业收入 Business Revenue	应付职工薪酬 Benefits Payable of the Employee	利润总额 Total Profit
总 计	**Total**	**6708**	**1419**	**404875733**	**81964693**	**16046031**	**10692723**
荔湾区	Liwan	213	38	5206158	1529358	359919	207274
越秀区	Yuexiu	1566	338	153386169	24059569	4691471	1891403
海珠区	Haizhu	1187	274	60039656	5602826	1558253	999516
天河区	Tianhe	1366	243	108883267	21742694	4268706	4182624
白云区	Baiyun	683	164	29368513	13048516	2538417	1055337
黄埔区	Huangpu	690	140	16807557	7517685	1252640	1240304
番禺区	Panyu	444	103	8930631	3305558	593351	533557
花都区	Huadu	157	25	1888756	856904	190970	125951
南沙区	Nansha	170	36	18163720	3597145	410948	416643
从化区	Conghua	81	23	378559	266079	61540	12773
增城区	Zengcheng	151	35	1822748	408359	119815	27341

【地区生产总值】指按市场价格计算的一个地区所有常住单位在一定时期内生产活动的最终成果。

地区生产总值有三种核算方法，即生产法、收入法和支出法。三种方法分别从不同的角度反映国民经济生产活动成果。

支出法是从最终使用的角度反映生产活动最终成果的方法。最终使用包括最终消费支出、资本形成总额及货物和服务净流出三部分，计算公式为：支出法地区生产总值=最终消费支出+资本形成总额+货物和服务净流出。

【三次产业】根据社会生产活动历史发展的顺序对产业结构的划分，产品直接取自自然界的部门称为第一产业，对初级产品进行再加工的部门称为第二产业。为生产消费提供各种服务的部门称为第三产业。它是世界上通用的产业结构分类，但各国的划分不尽一致。第一产业增加值等于农林牧渔业增加值减去农林牧渔服务业增加值；第二产业增加值等于工业增加值与建筑业增加值之和，减去开采辅助活动以及金属制品、机械和设备修理业增加值；第三产业增加值等于地区生产总值减去第一产业、第二产业增加值。

【最终消费支出】指常住单位为满足物质、文化和精神生活的需要，从本地区经济区域和地区外购买的货物和服务的支出。它不包括非常住单位在本地区经济区域内的消费支出。最终消费支出包括居民消费支出和政府消费支出。

【居民消费支出】指常住住户在一定时期内对货物和服务的全部最终消费支出，包括以货币形式购买的货物和服务，以实物报酬和实物转移方式获得的货物和服务，自产自用的货物和服务，自有住房服务，金融中介服务。

【政府消费支出】指政府部门为全社会提供公共服务的消费支出，等于政府部门的产出价值减去政府部门所获得的经营收入，政府部门产出价值等于它的经常性业务支出加上固定资产折旧。

【资本形成总额】常住单位在一定时期内获得减去处置的固定资产和存货的净额，包括固定资本形成总额和存货增加部分。

【固定资本形成总额】指常住单位在一定时期内购置、转入和自产自用的固定资产价值，扣除销售和转出的价值，包括有形固定资本形成总额和无形固定资本形成总额。

【存货增加】指常住单位在核算期内存货实物量变动的市场价值，即期末价值减期初价值的差额，再扣除当期由于价格变动而产生的持有收益。

【可比价格】指在不同时期的价值指标对比时，扣除了价格变动的因素，以确切反映物量的变化。按可比价格计算有两种方法：一种是直接用产品产量乘某一年的不变价格计算；另一种是用价格指数换算。

【平均每年增长速度】在我国计算平均增长速度有两种方法。一种是习惯上经常使用的“水平法”，又称几何平均法，是以间隔期最后一年的水平同基期水平对比来计算平均每年增长（或下降）速度；另一种是“累计法”，又称代数平均法或方程法，是以间隔期内各年水平的总和同基期水平对比来计算平均每年增长（或下降）速度。

在正常情况下，两种方法计算的平均每年增长速度比较接近。但在经济发展不平衡，出现大起大落时，两种方法计算的结果差别较大。

本年鉴内所列的平均每年增长速度，除固定资产投资、直接吸收外资是用“累计法”计算以外，其余均用“水平法”计算。从某年到某年平均增长速度的年份，均不包括基期年在内。如1979—2004年平均增长速度是以1978年为基期计算的，余类推。

【国有企业】指企业全部资产归国家所有，并按《中华人民共和国企业法人登记管理条例》规定登记注册的非公司制的经济组织。不包括有限责任公司中的国有独资公司。

【集体企业】指企业资产归集体所有，并按《中华人民共和国企业法人登记管理条例》规定登记注册的经济组织。

【股份合作企业】指以合作制为基础，由企业职工共同出资入股，吸收一定比例的社会资产投资组建，实行自主经营，自负盈亏，共同劳动，民主管理，按劳动分配与按股分红相结合的一种集体经济组织。

【联营企业】指两个及两个以上相同或不同所有制性质的企业法人或事业单位法人，按自愿、平等、互利的原则，共同投资组成的经济组织。联营企业包括国有联营企业、集体联营企业、国有与集体联营企业和其他联营企业。

【有限责任公司】指根据《中华人民共和国公司登记管理条例》规定登记注册，由2个以上，50个以下的股东共同出资，每个股东以其所认缴的出资额对公司承担有限责任，公司以其全部资产对其债务承担责任的经济组织。有限责任公司包括国有独资公司以及其他有限责任公司。

【股份有限公司】指根据《中华人民共和国公司登记管理条例》规定登记注册，其全部注册资本由等额股份构成并通过发行股票筹集资本，股东以其认购的股份对公司承担有限责任，公司以其全部资产对其债务承担责任的经济组织。

【私营企业】指由自然人投资设立或由自然人控股，以雇佣劳动为基础的营利性经济组织。包括按照《公司法》、《合伙企业法》、《私营企业暂行条列》以及《个人独资企业法》规定登记注册的私营有限责任公司、私营股份有限公司、私营合伙企业、私营独资企业和个人独资企业。

【其他内资企业】指国有企业、集体企业、股份合作企业、联营企业、有限责任公司、股份有限公司和私营企业之外的其他内资经济组织。

【与港澳台商合资经营企业】指港澳台地区投资者与内地企业依照《中华人民共和国中外合作经营企业法》及有关法律的规定，依照合作合同的约定进行投资或提供条件设立、分配利润、分担风险和亏损的企业。

【与港澳台商合作经营企业】指港澳台地区投资者与内地企业依照《中华人民共和国中外合作经营企业法》及有关法律的规定，依照合作合同的约定进行投资或提供条件设立、分配利润和分担风险的企业。

【港澳台商独资经营企业】指依照《中华人民共和国外资企业法》及有关法律的规定，在内地由港澳台地区投资者全额投资设立的企业。

【港澳台商投资股份有限公司】指根据国家有关规定，经商务部（原外经贸部）依法批准设立，其中港、澳、台商的股本占公司注册资本的比例达25%以上的股份有限公司。凡其中港、澳、台商的股本占公司注册资本的比例小于25%的，属于内资企业中的股份有限公司。

【其他港、澳、台商投资企业】指在中国境内参照《外国企业或个人在中国境内设立合伙企业管理办法》和《外商投资合伙企业登记管理规定》，依法设立的港、澳、台商投资合伙企业。

【中外合资经营企业】指外国企业或外国人与中国内地企业依照《中华人民共和国中外合资经营企业法》及有关法律的规定，按合同规定的比例投资设立、分享利润和分担风险的企业。

【中外合作经营企业】指外国企业或外国人与中国内地企业依照《中华人民共和国中外合作经营企业法》及有关法律的规定，依照合作合同的约定进行投资或提供条件设立、分享利润和分担风险的企业。

【外资企业】指依照《中华人民共和国外资企业法》及有关法律的规定，在中国内地由外国投资者全额投资设立的企业。

【外商投资股份有限公司】指根据国家有关规定，经商务部（原外经贸部）依法批准设立，其中外资的股本占公司注册资本的比例达25%以上的股份有限公司。凡其中外资股本占公司注册资本的比例小于25%的，属于内资企业中的股份有限公司。

【其他外商投资企业】指在中国境内依照《外国企业或个人在中国境内设立合伙企业管理办法》和《外商投资合伙企业登记管理规定》，依法设立的外商投资合伙企业。

【法人单位】指同时具备以下条件的单位：（1）依法成立、有自已的名称、组织机构和场所、能够独立承担民事责任；（2）独立拥有和使用（或授权使用）资产或者经费、承担负债、有权与其它单位签订合同；（3）具有包括资产负债表在内的账户，或者能够根据需要编制账户。法人单位包括企业法人、事业单位法人、机关法人、社会团体法人、民办非企业法人和其他法人。

【单产业法人】指只在一个地点，主要从事一种生产经营活动的法人单位。

【多产业法人】指坐落于两个及两个以上地点或主要从事两种及两种以上生产经营活动的，按照单位划分规定可以划分为两个或两个以上的产业活动单位的法人单位。

【产业活动单位】是法人单位的组成部分。产业活动单位应同时具备下列条件：（1）在一个场所从事一种或主要从事一种社会经济活动；（2）相对独立组织生产活动或经营活动；（3）能够提供收入和支出等相关资料。

【规模以上服务业】包括以下行业：交通运输、仓储和邮政业，信息传输、软件和信息技术服务业，租赁和商务服务业，科学研究和技术服务业，水利、环境和公共设施管理业，居民服务、修理和其他服务业，教育，卫生和社会工作，文化、体育和娱乐业，物业管理、房地产中介服务。规模以上服务业的划分标准是：居民服务、修理和其他服务业，文化、体育和娱乐业的年营业收入500万以上或从业人数50人以上的法人单位，规模以上服务业中的其他行业的年营业收入1000万以上或从业人数50人以上的法人单位。

【Gross Domestic Product】refers to the final products of all resident units of a country (or region) during a certain period of time. In the practice of national accounting, Gross Domestic Product is calculated by three approaches, i.e. product approach, income approach, and expenditure approach, respectively, to reflect Gross Domestic Product and its composition of different aspects. Expenditure approach refers to total expenditure on final consumption, total capital formation and net exports of goods and services by resident units of a country in a certain period of time.

【Three Strata of Industry】means the division of industrial structure according to the historical sequence of social productive activities. The sector which receives products directly from the nature is called the primary industry. The sector which re-processes primary products is called the secondary industry. The sector which offers various services for production and consumption is called the tertiary industry. This is a world universal classification of industrial structure. But it is different in different countries. As stated in China's standards on Classification of Sectors in National Economy Version 2002: The growth level of the primary industry is equals to the growth level of agriculture, forestry, animal husbandry and fishery minus the growth level of service industries of agriculture, forestry, animal husbandry and fishery; The growth level of secondary industry is equals to the sum of the growth level of industry and construction, minus the growth level of supporting activities for mining and repair industries of metal products, machinery and equipment.; The growth rate of the tertiary industry is equals to Gross Domestic Product minus the growth level of the primary and secondary industries.

Primary Industry: agriculture, forestry, animal husbandry and fishery (Including agriculture, forestry, animal husbandry and fishery sectors and services in support of these industries.

Secondary Industry: industry (including mining, manufacturing, production and supply of electricity, water and gas) and construction.

Tertiary Industry: any sector other than the primary or secondary industries.

【Final Consumption Expenditure】refers to the total expenditure of the resident units for purchases of goods and services from domestic economic territory and abroad to meet the requirements of material, cultural and spiritual life. It excludes the expenditure of nonresident units on consumption in the economic territory of the country. The final consumption expenditure is classified into household consumption expenditure and government consumption expenditure.

【Households Consumption Expenditure】refers to the total expenditure of resident households on the final consumption of goods and services, including the consumption of goods and services bought by the households directly with money, the goods and services provided to the households by the units in the form of payment in kind and transfer in kind; The goods and services produced and consumed by the households themselves, the services of house building possessed by themselves, the services of financial intermediary provided by the financial institutions.

【Government Consumption Expenditure】refers to the expenditure on the consumption of the public services provided by the government to the whole society. The former equals to the output value of the government services minus the value of operating income obtained by the government departments.(The output value of the government services equals to its current operating expenditure plus depreciation of fixed assets).

【Total Capital Formation】refers to the fixed assets acquired minus those disposed and the change in inventory, including the total fixed capital formation and the increase in inventory.

【Total Fixed Capital Formation】refers to the value of fixed assets purchased, transferred in by the resident units and those produced and used by themselves deducting the value of fixed assets sold and transferred out. It can be classified into total tangible capital formation and total intangible capital formation.

【Increase in Inventory】 refers to the market value of the change in inventory, i.e. the balance of value between the beginning and the end of the period minus the income produced by the change of prices in the current period .

【Comparable Prices】All factors of price change are deducted when comparing indicators over time to reflect accurately the changes in real term. Two methods are used for calculating comparable prices:1.output by constant price of certain year; 2. output in current prices divided by relevant price index.

【Average Annual Growth Rate】Two methods for calculating Average Annual Growth Rate are applied in China, one is often called"level approach"or geometry average, which is derived by comparing the growth rate for the last year of the interval with that of the beginning year; the other is called "accumulating approach"or algebraic average of equation method, which is calculated by comparing the total growth rate of each year for the interval with that of base year.

Usually the results calculated by the two methods are fairly close, but they differ sharply when imbalance occurred in economic development with striking fluctuations in growth.

The Average Annual Growth Rates listed in this statistical yearbook are calculated by "level approach" except for the growth rate of investment in fixed assets and foreign capital absorbed. The base years are not listed when the years are listed for average annual growth rates, for instance the average annual growth rate of 19792004 is calculated with the base year 1978.And the analogy of this is also for the rest.

【The state-owned enterprises】 are economic organizations whose assets are solely owned by the state and whose registrations are made according to "Regulations of the People's Republic of China for Controlling the Registration of Enterprises as legal Persons." Excluding the state-owned solely enterprises of liability limited companies.

【The collective-owned enterprises】 are economic organizations whose assets are owned by the collective and whose registration are made according to"Regulations of the People's Republic of China for Controlling the Registration of Enterprises as Legal Persons."

【Joint stock cooperative enterprises】 are a kind of collective economic organizations based on a cooperative system. In addition to the shares bought by their workers and staff, the enterprises also absorb a certain percentage of social capital. They enjoy staff, the autonomy in operation and take care of their own losses and profits. The shareholding work together, conduct democratic management, and combine distribution according to one's performance with sharing out profits according to shares.

【Joint operation enterprises】 refer to economic organizations set up with joint investment from legal persons of two or more enterprises of different ownerships or institutions according to principle of voluntary participation, equality and mutual benefit. They include state-owned joint operation enterprises, collective joint operation enterprises, state-collective joint operation enterprises and other types of joint operation enterprises.

【Company with limited liability】 is a company registered in accordance with the "Regulations of the People's Republic of China on Administration of Company Registration."Its investment comes from more than 2 and less than 50 shareholders. Each shareholder assumes limited liability for the company according to his subscription to capital stock. The company assumes liabilities for its debts according to all its assets. Such economic organizations include solely state invested companies and other types of companies with limited liability.

【The joint stock company limited】 refers to economic organizations registered in accordance with the"Regulations of the People's Republic of China on Administration of Company Registration."All its registered capital is composed of shares of equal value and its capital is collected through share issuing. The shareholders bear limited liability for the company according to the amount of shares they have bought from the company and the company assumes liabilities for its debts according to all its assets.

【Private enterprise】 refers to profit making economic organizations set up with investment from natural persons or with controlling interest in the hands of natural persons who employ laborers for operation. Such enterprises include private companies with limited liability, private joint stock companies limited, private partnership enterprises and solely individual invested enterprises, which are registered according to the "Company Law","Partnership Enterprises Law","Temporary Regulations of Private Enterprises" and "Individual Proprietorship Enterprise Law".

【Other domestic companies】 refers to other economic organizations exclude the state-owned enterprises, the collective-owned enterprises, joint stock cooperative enterprises, joint operation enterprises, company with limited liability, the joint stock company limited, private enterprise.

【The enterprise with investment from Hong Kong, Macao and Taiwan investors】 refer to those established according to the "Law of the People's Republic of China on Chinese foreign Joint Ventures"and regulations stipulated in relevant laws, by investors from those regions and the Chinese mainland enterprises with contracted share of investment and sharing profits and ventures between the parties.

【Cooperative ventures with Hong Kong, Macao and Taiwan investors】 refer to enterprises jointly set up by investors from Hong Kong, Macao and Taiwan and mainland enterprises according to the "Law of the People's Republic of China on Chinese foreign Contractual Joint Ventures" and other relevant regulations. They invest or provide conditions for establishment, decide profit distribution, and share risks according to provisions prescribed in the cooperative venture contracts.

【Solely invested Hong Kong, Macao and Taiwan enterprises】 refer to enterprises set up on the mainland according to the "Law of the People's Republic of China on Foreign Capital Enterprises and solely invested by investors from Hong Kong, Macao and Taiwan."

【The joint stock company limited funded by investors from Hong Kong, Macao and Taiwan】 refers to any joint stock company limited that is set up according relevant state regulations and is approved by the Ministry of Commerce of PRC (former Ministry of Foreign Economic Relations and Trade). The investment from Hong Kong, Macao and Taiwan investors must account more than 25 percent of the company's total capital. If such investment is less than 25 percent, it shall be classified as a joint stock company limited invested by domestic investors.

【Other invested Hong Kong, Macao and Taiwan enterprises】 refer to the Hong Kong, Macao and Taiwan enterprises set up on the mainland according to the "Law of the People's Republic of China on Foreign enterprises or individuals to establish a partnership enterprises"and "Foreign-invested Partnership Enterprise Registration Regulations".

【The Sino foreign joint ventures】 refers to any enterprise that is jointly set up by foreign enterprises or foreigners with Chinese enterprises in accordance with the "Law of the People's Republic of China on Joint Ventures with Chinese and Foreign Investment." The investors shall put in investment, share profits and risks according to the contract on the joint venture.

【The foreign capital enterprise】 refers to any enterprise that is set up on the Chinese mainland according to the "Law of the People's Republic of China on Foreign Capital Enterprises" and with all its investment coming from foreign investors.

【The foreign-invested joint stock company limited】 refers to any joint stock company limited that is set up according to relevant state regulations and is approved by the Ministry of Foreign Economic Relations and Trade. The foreign investment must account more than 25 percent of the company's total capital .If such investment is less than 25 percent, it shall be classified as a joint stock company limited invested by Chinese investors.

【Other foreign capital enterprises】 refer to the foreign capital enterprises set up on the mainland according to the Ministry of Commerce of PRC (former Ministry of Foreign Economic Relations and Trade) on Foreign enterprises or individuals to establish a partnership enterprises"and "Foreign-invested Partnership Enterprise Registration Regulations".

【Legal entities】 Refers to a unit meet the following conditions at the same time: Established by law, it has its own name, organization and location, ability to independently bear civil liability; Independently owned and use (or authorize the use of) assets or funds, assume liabilities, and entitled to sign contracts with other units; Having accounts including balance sheet, including, or can prepare accounts according to needs. Legal entities including corporate, legal institutions, corporate bodies, corporate social groups, private non-enterprise legal persons and other legal entities.

【Single-industry Legal entities】 refers to the legal entities at only one location and mainly one production and business activities .

【Multi-industry Legal entities】 refers to the legal entities located in two or more locations or mainly engaged in two kinds and two or more production and business activities, in accordance with the provisions of the unit can be divided into two or more of the industrial units of legal entities.

【Industrial units】 is part of Legal entities. Industrial units should also meet the following conditions: engaged in a place or primarily in a social economic activities; a relatively independent production activities or operating activities; the ability to provide income and expenditure and other related information.

【Service Industry above the Designated Size】 includes the following sectors: Transport, Storage and Post,Information Transmission, Software and Information Technology ,Leasing and Business Services, Scientific Research and Technical Services,Management of Water Conservancy, Environment and Public Facilities,Service to Households, Repair and Other Services,Education, Health and Social Service,Culture, Sports and Entertainment,Property Management, Real Estate Intermediary Services.

第二篇 CHAPTER 2

人 口
POPULATION

第二篇　人　口

一、本篇资料由广州市统计局人口和社会科技统计处整理提供。

二、本篇资料2-4表中2006-2009年的常住人口数根据2010年第六次全国人口普查结果进行了修正。2-6表中的婴儿死亡率和2-8表数据由广州市卫生和计划生育委员会提供，其他资料均由广州市公安局提供。

三、本篇资料中的农业与非农业人口统计，2003年以前按户口性质分类。2003-2014年，非农业人口的统计口径根据省公安厅《转发公安部办公厅关于修改人口统计年报表等有关问题的通知》（广公（办）字[2003]146号）调整为：设区市的区和不设区市的市区所辖街道办事处区域内的常住人口和市辖镇、县辖镇所辖居民委员会或镇政府驻地村委会区域内的常住人口按非农业人口统计。表2-2中2003-2014年的农业人口和非农业人口均按此口径列出。从2015年开始，按户籍人口所在区域城乡属性分为城镇人口和乡村人口。

2 Population

I. The data in this chapter are prepared by the Division of Population, Social, Science and Technology Statistics of Guangzhou Statistics Bureau.

II. Table 2-4 Data in this chapter of the resident population data for 2006- 2009, according to the sixth national census in 2010 the results were correct. The death rate of infants in table 2-6 and table 2-8 is provided by Health and Family Planning Commission of Guangzhou Municipality, the other data on household population are provided by the Public Security Bureau of Guangzhou Municipality.

Ⅲ. The agricultural population and nonagricultural population in this chapter were cataloged by residence registration before 2003. From 2003 to 2014 the statistical coverage of nonagricultural population has been adjusted in accordance with The Notice about Some Items on Changing the Annual Reporting Tables of Population Statistics Transmitted from the Ministry of Public Security stipulated by Guangdong Provincial Bureau of Public Security. The permanent population living in the region of sub-district offices under the jurisdiction of districts, neighborhood committees under the jurisdiction of towns and village committees where town governments seat are cataloged to non-agricultural population. The agricultural population and nonagricultural population from 2003 to 2014 in table 2-2 are cataloged on this coverage. Since 2015, urban population and rural population are divided by the registered region of registered population.

2-1 主要年份全市年末户籍总户数、总人口数

Total Registered Households and Population at Year-end in Main Years

年 份 Year	总户数 (户) Total Households (household)	总人口 (人) Total Population (person)	男 Male	女 Female	性别比 (女=100) Sex Ratio (Female=100)
1978	1145925	4828961	2454010	2374951	103.33
1980	1162717	5018638	2549801	2468837	103.28
1985	1369661	5449820	2786389	2663431	104.62
1986	1414794	5554073	2844443	2709630	104.98
1987	1462530	5650761	2898250	2752511	105.29
1988	1514705	5769101	2964697	2804404	105.72
1989	1565517	5854265	3009581	2844684	105.80
1990	1641840	5942534	3055107	2887427	105.81
1991	1675951	6022186	3096991	2925195	105.87
1992	1722833	6122016	3151204	2970812	106.07
1993	1825541	6236647	3210324	3026323	106.08
1994	1832571	6370241	3284477	3085764	106.44
1995	1871894	6467115	3334356	3132759	106.44
1996	1905998	6560508	3380751	3179757	106.32
1997	1945905	6664862	3432921	3231941	106.22
1998	2007082	6741400	3469164	3272236	106.02
1999	2044756	6850024	3522913	3327111	105.89
2000	2100434	7006896	3605481	3401415	106.00
2001	2135837	7125979	3670177	3455802	106.20
2002	2162532	7206229	3705036	3501193	105.82
2003	2202851	7251888	3722168	3529720	105.45
2004	2259730	7376720	3779757	3596963	105.08
2005	2302890	7505322	3839680	3665642	104.75
2006	2346536	7607220	3883760	3723460	104.31
2007	2382491	7734787	3942645	3792142	103.97
2008	2425582	7841695	3990328	3851367	103.61
2009	2474396	7946154	4036898	3909256	103.27
2010	2526804	8061370	4089885	3971485	102.98
2011	2595686	8145797	4125784	4020013	102.63
2012	2646091	8222969	4158292	4064677	102.30
2013	2706068	8323096	4201393	4121703	101.93
2014	2765020	8424169	4244403	4179766	101.55
2015	2802675	8541913	4293289	4248624	101.05
2016	2871024	8704901	4366737	4338164	100.66

2-2 主要年份全市年末户籍常住户口户数、常住户口人口数

Permanent Registered Households and Population at Year-end in Main Years

年 份 Year	总户数 (户) Total Households (household)	人口数 (人) Total Population (person)	农业人口(乡村人口) Agricultural Population	非农业人口(城镇人口) Non-agricultural Population
1978	1145925	4815417	2500559	2314858
1980	1162717	5000658	2444826	2555832
1985	1369170	5431487	2475329	2956158
1986	1414007	5532926	2485169	3047757
1987	1461719	5632622	2492576	3140046
1988	1513715	5750293	2484339	3265954
1989	1564202	5837019	2475068	3361951
1990	1641063	5918462	2504602	3413860
1991	1674843	5997893	2514973	3482920
1992	1721098	6095547	2537164	3558383
1993	1784571	6204135	2450263	3753872
1994	1831663	6338332	2465936	3872396
1995	1871173	6433241	2480482	3952759
1996	1905305	6532967	2500263	4032704
1997	1945526	6629339	2520700	4108639
1998	2006279	6704699	2531875	4172824
1999	2042447	6807635	2551340	4256295
2000	2090384	6939568	2578513	4361055
2001	2127840	7058885	2548091	4510794
2002	2162199	7171300	2297622	4873678
2003	2202124	7226882	990540	6236342
2004	2251393	7348972	828510	6520462
2005	2294825	7466206	784226	6681980
2006	2330293	7573939	782154	6791785
2007	2361299	7701900	787611	6914289
2008	2402885	7802474	760735	7041739
2009	2450739	7917646	806140	7111506
2010	2510473	8042445	820905	7221540
2011	2580335	8129427	806652	7322775
2012	2646091	8222969	782640	7440329
2013	2706068	8323096	792254	7530842
2014	2765020	8424169	761300	7662869
2015	2802675	8541913	1731646	6810267
2016	2871024	8704901	1762341	6942560

注：2003—2014年，农业人口、非农业人口资料口径与以前口径不同，详细情况见第二篇简要说明。2015年开始，按户籍人口所在区域城乡属性分为城镇人口和乡村人口。

Note: 2003-2014 agricultural population and non-agricultural population has been calculated on different coverage.Since 2015, urban population and rural population are divided by the registered region of registered population.

2-3 主要年份全市户籍总人口自然变动情况

Statistics on Natural Changes of Total Registered Population in Main Years

单位:人、‰ (person, ‰)

年 份 Year	年平均人数 Annual Average Population	出 生 Birth		死 亡 Death		自然增长率 Natural Growth Rate
		人 数 Population	出生率 Birth Rate	人 数 Population	死亡率 Death Rate	
1978	4753314	73470	15.46	25283	5.32	10.14
1980	4959822	80604	16.25	27643	5.57	10.68
1985	5402904	89630	16.59	28968	5.36	11.23
1986	5501946	91522	16.63	27839	5.06	11.57
1987	5602417	89106	15.90	28794	5.14	10.76
1988	5709931	86032	15.07	30265	5.30	9.77
1989	5811683	91402	15.73	30910	5.32	10.41
1990	5898400	88289	14.97	32388	5.49	9.48
1991	5982360	78680	13.15	30476	5.09	8.06
1992	6072101	79592	13.11	33588	5.53	7.58
1993	6179332	82515	13.35	34619	5.60	7.75
1994	6303444	78614	12.47	33349	5.29	7.18
1995	6418678	75867	11.82	35735	5.57	6.25
1996	6513812	78339	12.03	37216	5.71	6.32
1997	6612685	75184	11.37	35696	5.40	5.97
1998	6703131	67695	10.10	40981	6.11	3.99
1999	6795712	81485	11.99	39176	5.76	6.23
2000	6928460	71248	10.28	39987	5.77	4.51
2001	7066438	67542	9.56	37641	5.33	4.23
2002	7166104	61929	8.64	39673	5.54	3.10
2003	7229059	57277	7.92	41082	5.68	2.24
2004	7314304	69928	9.56	41961	5.74	3.82
2005	7441021	65840	8.85	41949	5.64	3.21
2006	7556271	67662	8.95	40936	5.42	3.53
2007	7671004	71332	9.30	42548	5.55	3.75
2008	7788241	79130	10.16	44420	5.70	4.46
2009	7893925	76482	9.69	42746	5.42	4.27
2010	8003762	99779	12.47	45571	5.69	6.78
2011	8103584	87024	10.74	44130	5.45	5.29
2012	8184383	101782	12.44	50538	6.17	6.27
2013	8273033	115813	14.00	44966	5.44	8.56
2014	8373633	113926	13.61	46767	5.59	8.02
2015	8483041	150403	17.73	49158	5.79	11.94
2016	8623407	137275	15.92	47145	5.47	10.45

2-4 各区、县级市年末人口数(2005-2014年)

Population at Year-end by District and County-level City (2005-2014)

单位:万人 (10000 person)

地 区	District	2005	2006	2007	2008	2009	2010	2011	2012	2013	2014
户籍人口	**Registered Population**										
全 市	Total	750.53	760.72	773.48	784.17	794.62	806.14	814.58	822.30	832.31	842.42
荔湾区	Liwan	70.47	70.53	70.48	70.61	70.65	70.93	71.04	71.20	71.56	71.96
越秀区	Yuexiu	115.06	115.15	115.84	116.33	116.69	116.97	117.17	117.21	117.52	117.55
海珠区	Haizhu	87.70	89.05	90.79	92.31	93.73	95.28	96.75	97.74	98.89	99.81
天河区	Tianhe	61.97	64.54	69.00	71.66	74.53	77.06	78.51	79.63	80.95	82.43
白云区	Baiyun	76.07	76.77	77.65	78.99	80.65	83.19	84.66	86.31	88.15	89.83
黄埔区	Huangpu	19.27	19.36	19.55	19.71	19.85	19.97	20.15	20.42	20.64	20.93
番禺区	Panyu	93.08	94.76	97.51	98.92	99.92	100.39	100.86	80.81	82.06	83.57
花都区	Huadu	63.03	63.67	63.93	64.62	65.16	66.19	66.93	67.71	68.73	69.56
南沙区	Nansha	14.26	14.76	14.86	15.05	15.23	15.41	15.68	36.74	37.23	37.74
萝岗区	Luogang	16.37	16.73	17.16	17.63	18.27	18.90	19.57	20.20	20.91	21.58
增城市	Zengcheng	79.43	81.06	81.80	82.66	83.36	83.98	84.58	84.77	85.44	86.46
从化市	Conghua	53.82	54.34	54.91	55.68	56.58	57.87	58.68	59.56	60.23	61.00
常住人口	**Permanent Population**										
全 市	Total	949.68	996.66	1053.01	1115.34	1186.97	1270.96	1275.14	1283.89	1292.68	1308.05
荔湾区	Liwan	71.08	73.80	77.11	80.74	84.91	89.82	89.15	89.31	88.92	89.14
越秀区	Yuexiu	98.34	100.66	103.69	107.03	110.98	115.73	114.89	114.95	114.09	114.65
海珠区	Haizhu	122.07	127.01	132.99	139.56	147.09	155.92	156.63	157.58	158.34	159.98
天河区	Tianhe	104.56	110.34	117.19	124.74	133.34	143.37	143.65	144.66	148.43	150.61
白云区	Baiyun	155.45	165.46	177.24	190.27	205.16	222.48	223.67	225.20	226.57	228.89
黄埔区	Huangpu	27.52	30.19	33.34	36.89	41.00	45.83	46.10	46.47	46.67	47.43
番禺区	Panyu	142.36	147.26	153.31	159.95	167.61	176.65	177.64	143.75	144.86	146.75
花都区	Huadu	67.93	71.91	76.61	81.79	87.70	94.59	94.86	95.64	96.48	97.51
南沙区	Nansha	17.80	19.03	20.46	22.06	23.89	26.01	26.77	62.33	62.51	63.53
萝岗区	Luogang	19.60	22.10	25.08	28.51	32.57	37.41	38.06	38.67	39.61	40.58
增城市	Zengcheng	75.70	79.88	84.83	90.29	96.51	103.76	104.14	104.92	105.18	106.97
从化市	Conghua	47.27	49.02	51.16	53.51	56.21	59.39	59.58	60.41	61.02	62.01

注：2006年～2009年常住人口数根据2010年第六次全国人口普查结果进行了修正。2015年行政区划调整，数据见表2-5.

Note: The permanent population from 2006 to 2009 are revised according to the Sixth National Population Census.The district has been adjusted in 2015, data in Form 2-5

2-5 各区年末人口数（2015-2016年）
Population at Year-end by District (2015-2016)

地　区	District	2015 年末常住人口（万人） Permanent Population at Year-end (10000 person)	年末户籍人口户数(户) Total Households at Year-end (household)	年末户籍人口数（人） Total Population at Year-end (person)	男 Male	女 Female
全　市	**Total**	**1350.11**	**2802675**	**8541913**	**4293289**	**4248624**
荔湾区	Liwan	92.17	253300	720978	357485	363493
越秀区	Yuexiu	115.68	359460	1174794	581507	593287
海珠区	Haizhu	161.37	356656	1010503	504330	506173
天河区	Tianhe	154.57	256591	844576	428035	416541
白云区	Baiyun	240.34	304763	917827	459228	458599
黄埔区	Huangpu	89.85	130609	439547	227825	211722
番禺区	Panyu	154.41	321075	855654	423837	431817
花都区	Huadu	101.58	241762	706805	359382	347423
南沙区	Nansha	65.58	138472	383526	191812	191714
从化区	Conghua	62.53	178285	615155	312487	302668
增城区	Zengcheng	112.03	261702	872548	447361	425187

2-5　续表　continued

地　区	District	2016 年末常住人口（万人） Permanent Population at Year-end (10000 person)	年末户籍人口户数(户) Total Households at Year-end (household)	年末户籍人口数（人） Total Population at Year-end (person)	男 Male	女 Female
全　市	**Total**	**1404.35**	**2871024**	**8704901**	**4366737**	**4338164**
荔湾区	Liwan	92.50	255624	726842	359308	367534
越秀区	Yuexiu	116.11	359915	1174406	579502	594904
海珠区	Haizhu	163.79	361279	1022587	508419	514168
天河区	Tianhe	163.10	264115	867733	437921	429812
白云区	Baiyun	244.19	311073	943604	471132	472472
黄埔区	Huangpu	108.26	136708	457538	235887	221651
番禺区	Panyu	164.11	334673	886502	438548	447954
花都区	Huadu	105.49	248047	723778	368216	355562
南沙区	Nansha	68.74	144783	392632	196270	196362
从化区	Conghua	63.53	177409	618492	314597	303895
增城区	Zengcheng	114.53	277398	890787	456937	433850

2-6 各区户籍总人口自然变动状况（2016年）
Statistics on Natural Changes of Total Registered Population by District (2016)

单位：人、‰ (person, ‰)

区	District	年平均人数 Annual Average Population	出生 Birth 人数 Population	出生率 Brith Rate	死亡 Death 人数 Population	死亡率 Death Rate	#婴儿 Infant
全　市	**Total**	**8623407**	**137275**	**15.92**	**47145**	**5.47**	**2.50**
荔湾区	Liwan	723910	7247	10.01	5705	7.88	2.73
越秀区	Yuexiu	1174600	11488	9.78	7844	6.68	2.93
海珠区	Haizhu	1016545	11909	11.72	6470	6.36	2.04
天河区	Tianhe	856155	13376	15.62	2721	3.18	2.30
白云区	Baiyun	930716	17253	18.54	4527	4.86	1.86
黄埔区	Huangpu	448543	9438	21.04	1959	4.37	1.19
番禺区	Panyu	871078	15497	17.79	3682	4.23	2.29
花都区	Huadu	715292	14163	19.80	3133	4.38	2.32
南沙区	Nansha	388079	5803	14.95	2264	5.83	2.14
从化区	Conghua	616824	12598	20.42	3219	5.22	4.18
增城区	Zengcheng	881668	18503	20.99	5621	6.38	2.65

2-7 各区户籍人口迁移状况（2016年）
Statistics on Migration of Registered Population by District (2016)

单位：人、‰ (person, ‰)

区	District	迁入人数 Number of Immigration	迁入率 Immigration Rate	迁出人数 Number of Emigration	迁出率 Emigration Rate	净增人数 Number of Net Migration	净增率 Net Migration Rate
全　市	**Total**	**118653**	**13.76**	**46160**	**5.35**	**72493**	**8.41**
荔湾区	Liwan	5417	7.48	1398	1.93	4019	5.55
越秀区	Yuexiu	13624	11.60	5036	4.29	8588	7.31
海珠区	Haizhu	11629	11.44	5077	4.99	6552	6.45
天河区	Tianhe	28828	33.67	13785	16.10	15043	17.57
白云区	Baiyun	13113	14.09	4413	4.74	8700	9.35
黄埔区	Huangpu	8107	18.07	1575	3.51	6532	14.56
番禺区	Panyu	19445	22.32	7727	8.87	11718	13.45
花都区	Huadu	6528	9.13	2142	2.99	4386	6.13
南沙区	Nansha	3755	9.68	737	1.90	3018	7.78
从化区	Conghua	1472	2.39	1460	2.37	12	0.02
增城区	Zengcheng	6735	7.64	2810	3.19	3925	4.45

2-8 各区计划生育情况（2016年）

Statistics on Family Planning by District (2016)

单位：人、% (person, %)

区	District	已婚育龄妇女人数 Married Women at Childbearing Age	晚婚率 Late Married Rate	节育率 Contraceptive Prevalence Rate	政策生育率 Family Planning Rate	一孩率 One-child Rate	二孩率 Two-child Rate	多孩率 More Than One-child Rate	独生子女领证率 Married Couples with One-child Certificate
全　市	**Total**	**1691987**	**86.36**	**79.01**	**97.05**	**55.75**	**41.93**	**2.31**	**15.54**
荔湾区	Liwan	112379	94.13	79.06	98.16	61.82	36.63	1.54	24.40
越秀区	Yuexiu	196298	96.60	77.52	98.42	58.29	39.78	1.94	18.23
海珠区	Haizhu	175740	95.14	79.22	97.49	57.24	40.80	1.96	22.16
天河区	Tianhe	178777	96.39	78.96	96.01	57.16	40.52	2.32	15.17
白云区	Baiyun	195474	86.97	81.42	95.37	54.22	42.80	2.98	18.61
黄埔区	Huangpu	100424	86.26	79.22	95.95	56.10	41.27	2.63	19.55
番禺区	Panyu	189731	88.07	80.20	97.31	58.83	39.76	1.41	14.31
花都区	Huadu	151777	79.68	82.32	96.81	53.33	44.24	2.44	11.14
南沙区	Nansha	81179	76.53	79.53	98.02	62.88	34.96	2.16	11.32
从化区	Conghua	126878	69.16	81.60	97.89	46.10	50.20	3.69	4.45
增城区	Zengcheng	183330	70.01	71.80	97.30	52.04	45.61	2.35	10.21

2-9 各区户籍人口年龄构成（2016）

The Registered Population Age Composition by District (2016)

地　区	District	人口数（人）Total Population (person)			占总人口比重（%）The Proportion of the Total Population (%)		
		18岁以下 Under 18	18-60岁 Between 18 and 60	60岁以上 Above 60	18岁以下 Under 18	18-60岁 Between 18 and 60	60岁以上 Above 60
总　计	**Total**	**1564041**	**5594769**	**1546091**	**17.97**	**64.27**	**17.76**
荔湾区	Liwan	93912	446551	186379	12.92	61.44	25.64
越秀区	Yuexiu	163365	734444	276597	13.91	62.54	23.55
海珠区	Haizhu	152909	632318	237360	14.95	61.84	23.21
天河区	Tianhe	160845	590671	116217	18.54	68.07	13.39
白云区	Baiyun	187237	599065	157302	19.84	63.49	16.67
黄埔区	Huangpu	95092	297959	64487	20.78	65.12	14.09
番禺区	Panyu	181044	583310	122148	20.42	65.80	13.78
花都区	Huadu	144453	467541	111784	19.96	64.60	15.44
南沙区	Nansha	71271	255515	65846	18.15	65.08	16.77
从化区	Conghua	137335	401825	79332	22.20	64.97	12.83
增城区	Zengcheng	176578	585570	128639	19.82	65.74	14.44

2-10 主要年份各区常住人口城镇人口比重（2010-2016年）

The Proportion of Urban Population in the Permanent Population by District in Main Years (2010-2016)

单位:%　　　　(%)

地　区	District	2010	2011	2012	2013	2014	2015	2016
全 市	**Total**	**83.78**	**84.13**	**85.02**	**85.27**	**85.43**	**85.53**	**86.06**
荔湾区	Liwan	96.70	96.81	97.68	98.02	100.00	100.00	100.00
越秀区	Yuexiu	100.00	100.00	100.00	100.00	100.00	100.00	100.00
海珠区	Haizhu	100.00	100.00	100.00	100.00	100.00	100.00	100.00
天河区	Tianhe	99.61	99.72	100.00	100.00	100.00	100.00	100.00
白云区	Baiyun	78.13	78.47	79.95	80.21	80.26	80.53	80.73
黄埔区	Huangpu	90.37	90.77	91.39	91.45	91.47	91.56	91.58
番禺区	Panyu	80.06	82.55	83.94	84.24	84.28	85.04	88.49
花都区	Huadu	64.54	64.91	66.21	66.53	66.59	66.85	67.26
南沙区	Nansha	68.83	70.59	71.99	72.11	72.19	72.33	72.47
从化区	Conghua	38.61	41.33	43.09	44.31	44.49	44.79	44.81
增城区	Zengcheng	68.47	69.32	70.95	71.67	71.86	71.88	71.90

【常住人口】常住人口是指实际经常居住在某地区一定时间（指半年以上）的人口。按人口普查和人口变动抽样调查规定，主要包括：1、除离开本地半年以上（不包括在国外工作或学习的人）的全部常住本地的户籍人口；2、户口在外地，但在本地居住半年以上者，或离开户口地半年以上而调查时在本地居住的人口；3、调查时居住在本地，但在任何地方都没有登记常住户口，如手持户口迁移证、出生证、退伍证、劳改劳教释放证等尚未办理常住户口的人。

【户籍人口】户籍人口是指公民依照《中华人民共和国户口登记条例》，已在其经常居住地的公安户籍管理机关登记了常住户口的人。这类人口不管其是否外出，也不管外出时间长短，只要在某地注册有常住户口，则为该地区的户籍人口。户籍人口数一般是通过公安部门的经常性统计月报或年报取得。

【晚婚率】指在一定时期内(通常为一年)的女性初婚人口中23岁以上人数占当年女性初婚人数的比例，一般用百分比表示。计算公式：

晚婚率=本年23岁以上女性初婚人数/本年女性初婚人数×100%

【出生率(又称粗出生率)】指在一定时期内(通常为一年)一定地区的出生人数与同期平均人数(或期中人数)之比，一般用千分率表示。计算公式：

$$出生率 = \frac{年出生人数}{年平均人数} \times 1000‰$$

出生人数是指活产婴儿，即胎儿脱离母体时(不管怀孕月数)，有过呼吸或其他生命现象。年平均人数是年初、年底人口数的平均数，也可用年中人口数代替。

【死亡率(又称粗死亡率)】 指在一定时期内(通常为一年)一定地区的死亡人数与同期平均人数(或期中人数)之比，一般用千分率表示。计算公式：

$$死亡率 = \frac{年死亡人数}{年平均人数} \times 1000‰$$

【人口自然增长率】 指在一定时期内(通常为一年)人口自然增加数(出生人数减死亡人数)与该时期内平均人数(或期中人数)之比，一般用千分率表示。计算公式：

$$人口自然增长率 = \frac{本年出生人数-本年死亡人数}{年平均人数} \times 1000‰$$

人口自然增长率 = 人口出生率-人口死亡率

【The population of permanent residents】The population of permanent residents refers to the population who actually and usually lives in a given area for a certain time (above half a year). According to the provisions of the population census and the sampling survey of population, the population of permanent residents mainly includes the following types: 1.All registered population who usually live in one certain place, excluding the person who leave away above half a year, including persons working or studying abroad. 2.The population who has lived in a certain place above half a year and whose household registration at other place, or living at a certain place at the survey moment, and leaving the household registered location for half a year. 3.The population who live at a certain place at the survey moment, but without registered permanent residence certificate everywhere, for example the person who has not gained registered permanent residence certificate, and with registration movement certificate, birth certificate,retirement certificate,or prisoners released certificate.

【The registered population】According to the household registration ordinance of the People's Republic of China, the registered population refers to the citizens who have registered in the household registration department where the citizens usually live. No matter going out or not, no matter how long dose he go out, as long as the person has gained the permanent residence registration, the person is the region's registered population. Registered population data is generally gained from the regular statistical monthly or annual report of republic security department.

【Birth Rate (or Crude Birth Rate)】 means the ratio between the number of births in a certain period (usually a year)and the average population in the same period (or mid-year figure).It is usually calculated in terms of permillage and its calculating formula is:

$$\text{Birth Rate} = \frac{\text{Number of Births}}{\text{Average Number of Population}} \times 1000‰$$

Number of Births refers to live births,when babies have showed any vital phenomena regardless of the length of pregnancy.

Average Number of Population is the average of the number of population at the beginning of the year and,at the end of the year and sometimes is substituted for with mid-year population.

【Death Rate(or Crude Death Rate)】 refers to the ratio of number of deaths to the average population (or mid-year population)during a certain period of time (usually a year),which is often presented as perminvar.its calculating formula is:

$$\text{Death Rate} = \frac{\text{Number of Deaths}}{\text{Average Number of Population}} \times 1000‰$$

【Natural Growth Rate of Population】 refers to the ratio of natural increase in population (number of births minus number of deaths) in a certain period of time (usually a year) to the average population (or mid-year population) of the same period,which is often presented as perminvar.The following formula are applied:

$$\text{Number of Growth of Population} = \frac{\text{Number of Births} - \text{Number of Deaths}}{\text{Average Number of Population}} \times 1000‰$$

Natural Growth Rate of Population = Birth Rate-Death Rate

第三篇 CHAPTER 3

从业人员和工资

EMPLOYMENT AND WAGES

第三篇　从业人员和工资

一、本篇资料反映广州市社会从业人员总量及构成、城镇单位就业与工资等基本情况。

二、本篇资料由广州市统计局人口和社会科技统计处整理提供。

三、本篇资料主要是根据国家统计调查制度搜集汇总，部分是由广州市人力资源和社会保障局、广州市工商行政管理局、广州市农业局、广州市教育局、广州市卫生和计划生育委员会等有关部门提供并经加工整理。

四、本篇资料中的城镇非私营单位在岗职工及工资统计范围只包括城镇以上国有、集体及其他经济类型单位，不包括乡镇企业、私营单位和个体工商户。

五、本篇资料中的社会从业人员主要包括本市劳动力以及外来劳动力。

六、1998年，劳动统计年报中对全部调查单位改按企业登记注册类型分组，使统计口径发生变化，即国有单位中不再包括国有联营和有限责任公司中的国有独资公司；城镇集体单位中不再包括集体联营和股份合作企业；其他单位则包括国有联营和有限责任公司中的国有独资公司，集体联营和股份合作企业。

3 Employment and Wages

I. The data in this chapter show the basic conditions of social composition of employees and total, employment and wages in urban units of Guangzhou.

II. The data in this chapter are prepared and provided by the Division of Population, Social, Science and Tech1ology Statistics of Guangzhou Statistical Bureau.

Ⅲ. The data in this chapter are collected and tabulated mainly in accordance with the statistical survey scheme of the National Bureau of Statistics, part of which are processed and prepared from the figures provided by Guangzhou Municipal Bureau of Labor and Social Security, Guangzhou Municipal Administration for Industry and Commerce, Guangzhou Municipal Bureau of Agriculture, Guangzhou Bureau of Education, Health and Family planning Commission of Guangzhou Municipality ,and some other related organs.

Ⅳ. The statistical coverage of staff and worker urban units and wages in this chapter only includes the state-owned units, the collective -owned units and other economic ownership in urban areas, not including township enterprises, private institutions and individual businesses.

V. The employed persons in this chapter mainly include the labor resources of Guangzhou origin and the migrant labors.

VI. Since 1998,the statistical coverage of the annual reports of labor statistics has been adjusted, in which all the survey units are grouped by registration ownership of the enterprises, i.e. the state-owned units excludes the exclusively state-invested companies in state-owned joint ownership units and limited liability companies, the urban collective units excludes the collective-owned joint ownership units and share-holding cooperative operation and the other units include the exclusively state-invested companies in state-owned joint ownership units and limited liability companies, the collective-owned jointed owner-ship units and share-holding cooperative operation.

3-1 社会就业情况主要指标

Main Indicators of Social Employment Situation

项 目	Item	2016	2016年比2015年增长(%) Growth Rate in 2016 over 2015 (%)
全社会从业人员 (人)	Total Number of Employed Persons at Year-end (person)	8352580	3.0
第一产业	Primary Industry	620855	-1.2
第二产业	Secondary Industry	2930870	2.2
第三产业	Tertiary Industry	4800855	4.1
城镇非私营单位从业人员 (人)	Number of Employed Persons in Urban Units at Year-end (person)	3252340	1.5
国有单位	State-owned Units	713964	-2.9
集体单位	Urban Collective-owned Units	80008	-2.3
其他单位	Units of Other Types of Ownership	2458368	3.0
# 外商及港澳台投资单位	Enterprises with Funds from Foreign Countries, Hong Kong,Macao and Taiwan	994445	-2.5
私营、个体和其他从业人员 (人)	Employed Persons in Private Enterprises and Self-employed Individuals at Year-end (person)	5100240	3.9
城镇非私营单位从业人员工资总额(万元)	Total Wages of Employed Persons in Urban Units (10000 yuan)	28537980	11.2
国有单位	State-owned Units	7560077	11.4
集体单位	Urban Collective-owned Units	373651	-0.1
其他单位	Units of Other Types of Ownership	20604252	11.3
# 外商及港澳台投资单位	Enterprises with Funds from Foreign Countries, Hong Kong,Macao and Taiwan	7868131	4.9
城镇非私营单位从业人员年平均工资(元)	Average Wage of Employed Persons in Urban Units (yuan)	88136	10.8
国有单位	State-owned Units	106450	15.0
集体单位	Urban Collective-owned Units	47076	3.2
其他单位	Units of Other Types of Ownership	84155	9.7
# 外商及港澳台投资单位	Enterprises with Funds from Foreign Countries, Hong Kong,Macao and Taiwan	78749	9.7
城镇非私营单位在岗职工年平均工资(元)	Average Wage of Fully Employed Staff and Workers in Urban Units (yuan)	89096	9.8
国有单位	State-owned Units	107490	14.6
集体单位	Urban Collective-owned Units	47908	3.1
其他单位	Units of Other Types of Ownership	84958	8.4
# 外商及港澳台投资单位	Enterprises with Funds from Foreign Countries, Hong Kong,Macao and Taiwan	78260	9.3
年末城镇登记失业人员 (人)	Number of Registered Unemployed Persons in Urban Areas (person)	236347	-5.9
城镇登记失业率 (%)	Registered Unemployment Rate in Urban Areas (%)	2.41	0.21(百分点)

注：1. 私营、个体和其他从业人员指全社会从业人员中扣除城镇非私营单位从业人员外的部分。
2. 城镇登记失业人员及城镇登记失业率由广州市人力资源和社会保障局提供。

Note: I. Employed persons in private enterprises and self-employed individuals are refer to employed persons other than employed persons in urban units.

II. Data on number of registered unemployed persons in urban areas and registered unemployment rate in urban areas are provided by Guangzhou Municipal Bureau of Labor and Social Security.

3-2 主要年份全社会从业人员人数
Number of Employed Persons in Main Years

单位：人 (person)

年 份 Year	合 计 Total	城镇非私营单位从业人员 Employed Persons in Urban Units	私营、个体和其他从业人员 Employed Persons in Private Enterprises, Self-employed Individuals and others
1978	2668989	1473615	1195374
1980	2750467	1565533	1184934
1985	3134739	1756497	1378242
1990	3411513	1893944	1517569
1995	4077775	2082361	1995414
2000	4962579	1755512	3207067
2001	5029338	1686900	3342438
2002	5070216	1755779	3314437
2003	5210706	1880184	3330522
2004	5407087	1943955	3463132
2005	5744550	1997579	3746971
2006	5994973	2071574	3923399
2007	6236312	2236902	3999410
2008	6529045	2255380	4273665
2009	6791495	2351538	4439957
2010	7110695	2463713	4646982
2011	7431755	3102356	4329399
2012	7512997	3268488	4244509
2013	7599295	3245858	4353437
2014	7848358	3263983	4584375
2015	8109881	3203134	4906747
2016	8352580	3252340	5100240

注：1．2000年以前，城镇非私营单位从业人员统计口径为城镇单位职工口径。
2．2006年～2010年数据根据第六次全国人口普查结果作了相应调整。

Note: I.The statistical scale of employed persons in urban units is the statistical scale of staff and workers before 2000.
II. The data from year 2006 to 2010 are revised according to the sixth National Population Census.

3-3 主要年份三次产业从业人员及构成

Employed Persons and Composition by Three strata of Industry in Main Years

年 份 Year	从业人员（人）Employed Persons (person)	第一产业 Primary Industry	第二产业 Secondary Industry	第三产业 Tertiary Industry	构成（%）Composition (%) 第一产业 Primary Industry	第二产业 Secondary Industry	第三产业 Tertiary Industry
1978	2668989	1165987	857527	645475	43.69	32.13	24.18
1980	2750467	1106432	922756	721279	40.23	33.55	26.22
1985	3134739	979869	1180526	974344	31.26	37.66	31.08
1990	3411513	963548	1241813	1206152	28.24	36.40	35.36
1995	4077775	924969	1583686	1569120	22.68	38.84	38.48
2000	4962579	956596	1982905	2023078	19.27	39.96	40.77
2001	5029338	969793	1960309	2099236	19.28	38.98	41.74
2002	5070216	949624	1953095	2167497	18.73	38.52	42.75
2003	5210706	958819	2001677	2250210	18.40	38.42	43.18
2004	5407087	901318	2046552	2459217	16.67	37.85	45.48
2005	5744550	869141	2222177	2653232	15.13	38.68	46.19
2006	5994973	831303	2335315	2828355	13.87	38.95	47.18
2007	6236312	774596	2477232	2984484	12.42	39.72	47.86
2008	6529045	730174	2625645	3173226	11.18	40.22	48.60
2009	6791495	733557	2733281	3324657	10.80	40.25	48.95
2010	7110695	590223	2736424	3784048	8.30	38.48	53.22
2011	7431755	629012	2829341	3973402	8.46	38.07	53.47
2012	7512997	647755	2817179	4048063	8.62	37.50	53.88
2013	7599295	646758	2631214	4321323	8.51	34.62	56.87
2014	7848358	627996	2842800	4377562	8.00	36.22	55.78
2015	8109881	628668	2868823	4612390	7.75	35.38	56.87
2016	8352580	620855	2930870	4800855	7.43	35.09	57.48

注：2006年～2010年数据根据第六次全国人口普查结果作了相应调整。

Note:The data from year 2006 to 2010 are revised according to the sixth National Population Census.

3-4 三次产业全社会从业人员及构成（2016年末）

Employed Persons and Composition by Three Strata of Industry (Year-end of 2016)

项　　目	Item	从业人员（人）Employed Persons (person)	构 成（%）Composition (%)
合　计	**Total**	**8352580**	**100.00**
按产业分	**Grouped By Industry**		
第一产业	Primary Industry	620855	7.43
第二产业	Secondary Industry	2930870	35.09
第三产业	Tertiary Industry	4800855	57.48
按行业分	**Grouped By Sector**		
农、林、牧、渔业	Agriculture, Forestry, Animal Husbandry and Fishery	621426	7.44
工　业	Industry	2676540	32.04
建筑业	Construction	262293	3.14
批发和零售业	Wholesale and Retail Trade	1631919	19.54
交通运输、仓储和邮政业	Transport, Storage and Post	485601	5.81
住宿和餐饮业	Hotels and Catering Services	510932	6.12
信息传输、软件和信息技术服务业	Information Transmission, Software and Information Technology	205126	2.46
金融业	Financial Intermediation	117694	1.41
房地产业	Real Estate	255832	3.06
租赁和商务服务业	Leasing and Business Services	281791	3.37
科学研究和技术服务业	Scientific Research and Technical Services	184245	2.21
水利、环境和公共设施管理业	Management of Water Conservancy, Environment and Public Facilities	63113	0.76
居民服务、修理和其他服务业	Service to Households, Repair and Other Services	376060	4.50
教　育	Education	295184	3.53
卫生和社会工作	Health and Social Work	133187	1.60
文化、体育和娱乐业	Culture, Sports and Entertainment	69305	0.83
公共管理、社会保障和社会组织	Public Management, Social Security and Social Organizations	182332	2.18

3-5 全市全社会从业人员（2016年末）
Number of Employed Persons (Year-end of 2016)

单位：人 (person)

项目	Item	合计 Total	城镇非私营单位从业人员 Number of Employed Persons in Urban Units	私营、个体和其他从业人员 Employed Persons in Private Enterprises, Self-employed Individuals and Others
总计	**Total**	**8352580**	**3252340**	**5100240**
按国民经济行业分	**Grouped by Economic Sector**			
农、林、牧、渔业	Agriculture, Forestry, Animal Husbandry and Fishery	621426	1445	619981
采矿业	Mining	183		183
制造业	Manufacturing	2639241	819675	1819566
电力、热力、燃气及水生产和供应业	Production and Supply of Electricity, Heat, Gas and Water	37116	29679	7437
建筑业	Construction	262293	226022	36271
批发和零售业	Wholesale and Retail Trade	1631919	282383	1349536
交通运输、仓储和邮政业	Transport, Storage and Post	485601	298046	187555
住宿和餐饮业	Hotels and Catering Services	510932	105596	405336
信息传输、软件和信息技术服务业	Information Transmission, Software and Information Technology	205126	130072	75054
金融业	Financial Intermediation	117694	117395	299
房地产业	Real Estate	255832	193160	62672
租赁和商务服务业	Leasing and Business Services	281791	238324	43467
科学研究和技术服务业	Scientific Research and Technical Services	184245	137489	46756
水利、环境和公共设施管理业	Management of Water Conservancy, Environment and Public Facilities	63113	50955	12158
居民服务、修理和其他服务业	Service to Households, Repair and Other Services	376060	28001	348059
教育	Education	295184	241538	53646
卫生和社会工作	Health and Social Service	133187	130197	2990
文化、体育和娱乐业	Culture, Sports and Entertainment	69305	40031	29274
公共管理、社会保障和社会组织	Public Management, Social Security and Social Organizations	182332	182332	

3-6 主要年份城镇非私营单位从业人员数及工资

Number and Wages of Employed Persons in Urban Units in Main Years

年 份 Year	城镇非私营单位从业人员年末人数（人） Number of Employed Persons in Urban Units at Year-end (person)	城镇非私营单位从业人员工资总额（万元） Total Wages of Employed Persons in Urban Units (10000 yuan)	城镇非私营单位从业人员年平均工资（元） Average Wage of Employed Persons in Urban Units (yuan)
1995	2104432	2176743	10349
2000	1755512	3489371	19714
2005	1997579	6772629	34171
2006	2071574	7532573	36566
2007	2236902	8961040	40280
2008	2255380	10251127	45368
2009	2351538	11439796	49054
2010	2463713	13354746	54091
2011	3102356	17486373	56618
2012	3268488	20305943	62598
2013	3245858	21724541	68594
2014	3263983	23881767	73131
2015	3203134	25674928	79534
2016	3252340	28537980	88136

3-7 主要年份城镇非私营单位在岗职工工资总额及指数

Total Wages of Fully Employed Staff and Workers in Urban Units and Related Indices in Main Years

年 份 Year	在岗职工工资总额(万元) Total Wages of Fully Employed Staff and Workers in Urban Units (10000 yuan)	国有单位 State-owned Units	集体单位 Urban Collective-owned Units	其他单位 Units of Other Types of Ownership	#外商及港澳台投资单位 Enterprises with Funds from Foreign Countries,Hong Kong,Macao and Taiwan	在岗职工年平均工资(元) Average Wage of Fully Employed Staff and Workers in Urban Units (yuan)
1978	101809	76913	24896			714
1980	142243	108015	34228			941
1985	278892	208829	65660	4403	3127	1621
1990	656434	487524	121441	47469	41198	3504
1991	783043	565974	148783	68286	61119	4022
1992	971335	690135	183771	97429	89978	4792
1993	1316773	941475	226929	148369	106957	6342
1994	1815428	1277944	308933	228551	183030	8623
1995	2146245	1481375	344494	320376	263343	10317
1996	2395597	1672483	348629	374485	313623	11813
1997	2615842	1798987	338388	478467	404483	13118
1998(原口径) 1998 (Original Standards)	2831440	1900631	344677	586132	454061	14318
1998(新口径) 1998 (New Standards)	2831440	1758088	322399	750953	454061	14318
1999	3085768	1917375	296558	871835	507875	16202
2000	3480880	2188085	289750	1003045	586413	19091
2001	3878065	2401471	216967	1259627	691639	22141
2002	4534911	2817578	229015	1488318	838420	25583
2003	5335484	3185006	243455	1907023	1097924	28237
2004	5983255	3529828	240966	2212461	1251256	31025
2005	6653196	3837476	233643	2582077	1464470	33853
2006	7389676	3967484	238729	3183463	1718714	36321
2007	8770687	4448123	254851	4067713	2228358	40187
2008	10053742	4970189	261939	4821614	2655221	45365
2009	11180296	5345813	276463	5558020	2889870	49215
2010	13044801	6053212	284742	6706846	3565786	54495
2011	17008733	7040246	274165	9694322	5332522	57473
2012	19695115	7944452	356403	11394260	5950277	63752
2013	21107782	5536325	408310	15163147	6568426	69692
2014	23049712	6233018	414591	16402103	6773266	74245
2015	24874876	6690706	361441	17822729	7250138	81171
2016	27703134	7457706	357722	19887706	7595025	89096

注：1. 本表数据2011年以前为城镇单位职工工资总额，2011年起为城镇非私营单位在岗职工工资总额。
　　2. 城镇非私营单位职工含劳务派遣人员。

Note: I. The name of Total Wages of Fully Employed Staff and Workers in Urban Units is adjusted to Total Wages of Staff and Workers in Urban Unit since 2011.

II. Fully employed staff and workers in urban units contain labor dispatching personnel .

3-7 续表 continued

指数（上年=100） Indices (preceding year=100)

年 份 Year	在岗职工工资总额（上年=100）Total Wages of Fully Employed Staff and Workers in Urban Units (preceding year=100)	国有单位 State-owned Units	集体单位 Urban Collective-owned Units	其他单位 Units of Other Types of Ownership	# 外商及港澳台投资单位 Enterprises with Funds from Foreign Countries,Hong Kong,Macao and Taiwan	在岗职工年平均工资（上年=100）Average Wage of Fully Employed Staff and Workers in Urban Units (preceding year=100)
1978	116.2	121.3	102.8			105.0
1980	139.7	140.4	137.5			114.8
1985	123.2	122.0	124.3	190.7	236.4	121.2
1990	107.7	106.1	105.4	137.1	152.4	107.1
1991	119.3	116.1	122.5	143.9	148.4	114.8
1992	124.1	121.9	123.5	142.7	147.2	119.1
1993	135.6	136.4	123.5	152.3	118.9	132.4
1994	137.9	135.7	136.1	154.0	171.1	136.0
1995	118.2	115.9	111.5	140.2	143.9	119.7
1996	111.6	112.9	101.2	116.9	119.1	114.5
1997	109.2	107.6	97.1	127.8	129.0	111.1
1998	108.2	105.7	101.9	122.5	112.3	109.2
1999	109.0	109.1	92.0	116.1	111.9	113.2
2000	112.8	114.1	97.7	115.1	115.5	117.8
2001	111.4	109.8	74.9	125.6	117.9	116.0
2002	116.9	117.3	105.6	118.2	121.2	115.6
2003	117.7	113.0	106.3	128.1	131.0	110.4
2004	112.1	110.8	99.0	116.0	114.0	109.9
2005	111.2	108.7	97.0	116.7	117.0	109.1
2006	111.1	103.4	102.2	123.3	117.4	107.3
2007	118.7	112.1	106.8	127.8	129.7	110.6
2008	114.6	111.7	102.8	118.5	119.2	112.9
2009	111.2	107.6	105.5	115.3	108.8	108.5
2010	116.7	113.2	103.0	120.7	123.4	110.7
2011	130.4	116.3	96.3	144.5	149.6	111.6
2012	115.8	112.8	130.0	117.5	111.6	110.9
2013	107.2	69.7	114.6	133.1	110.4	109.3
2014	109.2	112.6	101.5	108.2	103.1	106.5
2015	107.9	107.3	87.2	108.7	107.0	109.3
2016	111.4	111.5	99.0	111.6	104.8	109.8

注：1. 本表数据2011年以前为城镇单位职工工资总额指数，2011年起为城镇非私营单位在岗职工工资总额指数。
2. 2011年城镇非私营单位在岗职工年平均工资指数按可比口径计算。

Note: I. The name of Total Wages of Fully Employed Staff and Workers in Urban Units is adjusted to Total Wages of Staff and Workers in Urban Units since 2011.
II. The data of 2011 are calculated at comparable coverage.

3-8 城镇非私营单位从业人数与工资（2016年）
Number and Wages of Employed Persons in Urban Units (2016)

项　　目	Item	2015	2016
城镇非私营单位从业人员年末人数　（人）	**Number of Employed Persons in Urban Units at Year-end　(person)**	3203134	3252340
国有单位	State-owned Units	735253	713964
集体单位	Urban Collective Owned Units	81877	80008
其他单位	Units of Other Types of Ownership	2386004	2458368
# 外商及港澳台投资单位	Enterprises with Funds from Foreign Countries, Hong Kong, Macao and Taiwan	1019727	994445
城镇非私营单位从业人员年平均人数　（人）	**Average Number of Employed Persons in Urban Units　(person)**	3228156	3237942
国有单位	State-owned Units	733602	710198
集体单位	Urban Collective Owned Units	81918	79371
其他单位	Units of Other Types of Ownership	2412636	2448373
# 外商及港澳台投资单位	Enterprises with Funds from Foreign Countries, Hong Kong, Macao and Taiwan	1044803	999146
城镇非私营单位从业人员工资总额　（万元）	**Total Wages of Employed Persons in Urban Units　(10000 yuan)**	25674928	28537980
国有单位	State-owned Units	6789535	7560077
集体单位	Urban Collective Owned Units	373831	373651
其他单位	Units of Other Types of Ownership	18511562	20604252
# 外商及港澳台投资单位	Enterprises with Funds from Foreign Countries, Hong Kong, Macao and Taiwan	7498199	7868131
城镇非私营单位从业人员年平均工资　（元）	**Average Wage of Employed Persons in Urban Units　(yuan)**	79534	88136
国有单位	State-owned Units	92551	106450
集体单位	Urban Collective Owned Units	45635	47076
其他单位	Units of Other Types of Ownership	76728	84155
# 外商及港澳台投资单位	Enterprises with Funds from Foreign Countries, Hong Kong, Macao and Taiwan	71767	78749

3-9 全市城镇非私营单位在岗职工人数与工资（2016年）

项　　目	Item
合　　计	**Total**
按隶属关系分	**Grouped by Subordination**
中央属单位	Units Subordinated to Central Government
省属单位	Units Subordinated to Provincial Government
市属单位	Units Subordinated to Municipal Government
按执行会计制度类别分	**Grouped by Accounting Regulation Implemented**
企　业	Enterprises
事业单位	Institutions
行政单位	Agencies & Organizations
民间非营利组织	Civil Nonprofit Organizations
其　他	Others
按国民经济行业分	**Grouped by Economic Sector**
农、林、牧、渔业	Agriculture, Forestry, Animal Husbandry and Fishery
# 农、林、牧、渔服务业	Services for Agriculture, Forestry, Animal Husbandry and Fishery
采矿业	Mining
制造业	Manufacturing
# 食品制造业	Manufacture of Foods
纺织服装、服饰业	Manufacture of Textile Wearing Apparel, Clothing
皮革、毛皮、羽毛及其制品和制鞋业	Manufacture of Leather, Fur, Feather and Related Products and Footwear
文教、工美、体育和娱乐用品制造业	Manufacture of Culture and Education,Art and Crafts,Sports and Entertainment Supplies
化学原料和化学制品制造业	Manufacture of Raw Chemical Materials and Chemical Products
医药制造业	Manufacture of Medical
通用设备制造业	Manufacture of General Purpose Machinery
汽车制造业	Manufacture of Automobile
铁路、船舶、航空航天和其他运输设备制造业	Manufacture of Railway, Ship, Aerospace and Other Transportation Equipment
电气机械和器材制造业	Manufacture of Electrical Machinery and Equipment
计算机、通信和其他电子设备制造业	Manufacture of Computers, Communications and Other Electronic Equipment
电力、热力、燃气及水生产和供应业	Production and Supply of Electricity, Heat,Gas and Water
建筑业	Construction
房屋建筑业	Housing Industry
土木工程建筑业	Civil Engineering Construction
建筑安装业	Architectural Installation
建筑装饰和其他建筑业	Building Decoration and Other Construction
批发和零售业	Wholesale and Retail Trade
批发业	Wholesale
零售业	Retail Trade
交通运输、仓储和邮政业	Transport, Storage and Post
铁路运输业	Railway Transport
道路运输业	Highway Transport

Number and Wages of Fully Employed Staff and Workers in Urban Units (2016)

单位数 (个) Number of Units (unit)	在岗职工年末人数 (人) Number of Fully Employed Staff and Workers in Urban Units at Year-end (person)	在岗职工年平均人数 (人) Average Number of Fully Employed Staff and Workers in Urban Units (person)	在岗职工工资总额 (万元) Total Wages of Fully Employed Staff and Workers in Urban Units (10000 yuan)	在岗职工年平均工资 (元) Average Wages of Fully Employed Staff and Workers in Urban Units (yuan)
20065	**3114776**	**3109354**	**27703134**	**89096**
646	395356	392554	4416972	112519
1578	332230	330291	3842231	116329
17841	2387190	2386509	19443931	81474
14361	2508247	2507898	21277491	84842
3402	397103	394187	4334532	109961
1152	148493	147115	1626580	110565
579	22849	22719	126341	55610
571	38084	37435	338190	90341
52	1380	1371	10266	74880
20	558	558	3965	71056
2490	811726	824696	6047574	73331
93	46072	46587	359082	77078
159	35629	36966	185749	50249
107	29066	29867	131071	43885
134	49767	50549	235885	46665
209	44691	45273	486096	107370
69	32698	34595	310722	89817
134	32953	33035	266603	80703
204	117477	117930	1142731	96899
42	25612	25700	221686	86259
162	54696	57320	343868	59991
201	157599	157178	1044314	66442
76	29518	29445	367394	124773
458	209487	206463	1473428	71365
127	104853	103000	551343	53528
118	64621	64195	653941	101868
116	21804	22392	172083	76850
97	18209	16876	96061	56922
2883	272645	275898	2077579	75302
1944	158097	160392	1415739	88267
939	114548	115506	661840	57299
609	290803	290378	2798261	96366
7	14257	14289	138105	96651
237	116312	116584	933920	80107

3-9 续表

项　　目	Item
水上运输业	Waterway Transport
航空运输业	Air Transport
装卸搬运和运输代理业	Handing and Transportation Agents
仓储业	Storage
邮政业	Post
住宿和餐饮业	Hotels and Catering Services
住宿业	Hotels Services
餐饮业	Catering Services
信息传输、软件和信息技术服务业	Information Transmission, Software and Information Technology
电信、广播电视和卫星传输服务	Telecommunications, Broadcasting, TV Transmission and Satellite Services
互联网和相关服务	Networks Related Services
软件和信息技术服务业	Software and Information Technology Services
金融业	Financial Intermediation
#货币金融服务	Monetary Financial Services
资本市场服务	Capital Market Services
保险业	Insurance
房地产业	Real Estate
租赁和商务服务业	Leasing and Business Services
租赁业	Leasing Services
商务服务业	Business Services
科学研究和技术服务业	Scientific Research and Technical Services
研究与试验发展	Research and Experimental Development
专业技术服务业	Professional Skill Services
科技推广和应用服务业	Science and Technology Popularization and Application Services
水利、环境和公共设施管理业	Management of Water Conservancy, Environment and Public Facilities
水利管理业	Management of Water Conservancy
生态保护和环境治理业	Ecological Protection and Environmental Governance Industry
公共设施管理业	Management of Public Facilities
居民服务、修理和其他服务业	Service to Households, Repair and Other Services
教　育	Education
卫生和社会工作	Health and Social Work
卫　生	Health
社会工作	Social Work
文化、体育和娱乐业	Culture, Sports and Entertainment
新闻和出版业	Press and Publishing Industry
广播、电视、电影和影视录音制作业	Radio,Television,Movie and Recording Manufacturing
文化艺术业	Culture and Art
体　育	Sports
娱乐业	Entertainment
公共管理、社会保障和社会组织	Public Management, Social Security and Social Organizations
#社会保障	Social Security

continued

单位数 (个) Number of Units (unit)	在岗职工年末人数 (人) Number of Fully Employed Staff and Workers in Urban Units at Year-end (person)	在岗职工年平均人数 (人) Average Number of Fully Employed Staff and Workers in Urban Units (person)	在岗职工工资总额 (万元) Total Wages of Fully Employed Staff and Workers in Urban Units (10000 yuan)	在岗职工年平均工资 (元) Average Wages of Fully Employed Staff and Workers in Urban Units (yuan)
60	20022	20240	235016	116115
14	87115	85865	1082744	126098
193	17342	17058	131261	76950
80	5931	5889	45244	76827
18	29824	30453	231971	76174
662	96702	96053	529510	55127
301	39600	39977	240331	60117
361	57102	56076	289179	51569
571	129231	127905	1692064	132291
42	39555	39032	504658	129293
35	7230	7029	123939	176325
494	82446	81844	1063467	129938
344	82138	80572	1485825	184410
250	49821	49303	939283	190512
40	5710	5318	254228	478051
47	26396	25741	288513	112083
2494	186425	184704	1461387	79120
1810	216510	210025	1642338	78197
68	6140	6298	54327	86260
1742	210370	203727	1588011	77948
1525	132975	131842	1492273	113186
304	26157	26411	296388	112221
1027	98995	97511	1107542	113581
194	7823	7920	88343	111544
427	49215	48476	300134	61914
85	2723	2730	30397	111346
48	2844	2836	29350	103490
294	43648	42910	240387	56021
377	27585	26854	145580	54212
2331	233770	232050	2406863	103722
642	127511	125862	1431568	113741
507	119767	118185	1376439	116465
135	7744	7677	55129	71811
439	38048	39069	408957	104676
98	12436	13343	143285	107386
83	9770	9865	120827	122481
150	7127	7090	64295	90684
69	6658	6701	68021	101508
39	2057	2070	12529	60529
1875	179107	177691	1932133	108736
38	1685	1677	13617	81198

3-10 城镇国有单位在岗职工人数与工资（2016年）

项　　目	Item
总　计	**Total**
按执行会计制度类别分	**Grouped by Accounting Regulation Implemented**
企　业	Enterprises
事业单位	Institutions
行政单位	Agencies & Organizations
民间非营利组织	Civil Nonprofit Organizations
其　他	Others
按国民经济行业分组	**Grouped by Economic Sector**
农、林、牧、渔业	Agriculture, Forestry, Animal Husbandry and Fishery
采矿业	Mining
制造业	Manufacturing
电力、热力、燃气及水生产和供应业	Production and Supply of Electricity, Heat,Gas and Water
建筑业	Construction
批发和零售业	Wholesale and Retail Trade
交通运输、仓储和邮政业	Transport, Storage and Post
住宿和餐饮业	Hotels and Catering Services
信息传输、软件和信息技术服务业	Information Transmission, Software and Information Technology
金融业	Financial Intermediation
房地产业	Real Estate
租赁和商务服务业	Leasing and Business Services
科学研究和技术服务业	Scientific Research and Technical Services
水利、环境和公共设施管理业	Management of Water Conservancy, Environment and Public Facilities
居民服务、修理和其他服务业	Service to Households, Repair and Other Services
教　育	Education
卫生和社会工作	Health and Social Service
文化、体育和娱乐业	Culture, Sports and Entertainment
公共管理、社会保障和社会组织	Public Management, Social Security and Social Organizations

Number and Wages of Fully Employed Staff and Workers in Urban State-owned Units (2016)

单位数 (个) Number of Units (unit)	在岗职工年末人数 (人) Number of Fully Employed Staff and Workers in Urban Units at Year-end (person)	在岗职工年平均人数 (人) Average Number of Fully Employed Staff and Workers in Urban Units (person)	在岗职工工资总额 (万元) Total Wages of Fully Employed Staff and Workers in Urban Units (10000 yuan)	在岗职工年平均工资 (元) Average Wages of Fully Employed Staff and Workers in Urban Units (yuan)
5627	**697187**	**693805**	**7457706**	**107490**
1316	169554	170199	1599547	93981
2992	364715	362255	4073760	112456
1142	148287	146909	1624178	110557
54	898	897	7012	78172
123	13733	13545	153209	113111
29	680	678	6446	95078
107	13296	13188	117751	89286
10	5344	5358	56243	104971
68	17073	17109	143246	83725
220	6777	6835	57194	83679
88	36618	36845	314172	85269
117	13310	13350	76700	57454
28	5715	5655	54023	95531
63	10458	10389	198142	190723
161	5647	5865	44478	75836
244	32155	32380	251443	77654
443	48609	48367	624111	129036
281	31004	30842	191443	62072
109	6718	6654	45097	67774
1307	161978	160944	1893725	117664
356	103015	101656	1222234	120232
224	21086	21428	242254	113055
1772	177704	176262	1919004	108872

3-11 城镇集体单位在岗职工人数与工资（2016年）

项　　目	Item
总　计	**Total**
按执行会计制度类别分	**Grouped by Accounting Regulation Implemented**
企　业	Enterprises
事业单位	Institutions
行政单位	Agencies & Organizations
民间非营利组织	Civil Nonprofit Organizations
其　他	Others
按国民经济行业分组	**Grouped by Economic Sector**
农、林、牧、渔业	Agriculture, Forestry, Animal Husbandry and Fishery
采矿业	Mining
制造业	Manufacturing
电力、热力、燃气及水生产和供应业	Production and Supply of Electricity, Heat,Gas and Water
建筑业	Construction
批发和零售业	Wholesale and Retail Trade
交通运输、仓储和邮政业	Transport, Storage and Post
住宿和餐饮业	Hotels and Catering Services
信息传输、软件和信息技术服务业	Information Transmission, Software and Information Technology
金融业	Financial Intermediation
房地产业	Real Estate
租赁和商务服务业	Leasing and Business Services
科学研究和技术服务业	Scientific Research and Technical Services
水利、环境和公共设施管理业	Management of Water Conservancy, Environment and Public Facilities
居民服务、修理和其他服务业	Service to Households, Repair and Other Services
教　育	Education
卫生和社会工作	Health and Social Service
文化、体育和娱乐业	Culture, Sports and Entertainment
公共管理、社会保障和社会组织	Public Management, Social Security and Social Organizations

Number and Wages of Fully Employed Staff and Workers in Urban Collective-owned Units (2016)

单位数 (个) Number of Units (unit)	在岗职工年末人数 (人) Number of Fully Employed Staff and Workers in Urban Units at Year-end (person)	在岗职工年平均人数 (人) Average Number of Fully Employed Staff and Workers in Urban Units (person)	在岗职工工资总额 (万元) Total Wages of Fully Employed Staff and Workers in Urban Units (10000 yuan)	在岗职工年平均工资 (元) Average Wages of Fully Employed Staff and Workers in Urban Units (yuan)
1226	**75403**	**74669**	**357722**	**47908**
1013	66708	66119	311711	47144
61	4352	4202	25593	60908
38	1073	1064	4847	45553
114	3270	3284	15571	47414
3	17	17	63	36882
57	16857	16916	91854	54300
4	311	310	2042	65884
37	5813	5316	21604	40640
178	2478	2528	13526	53504
27	661	720	3103	43096
39	1682	1722	7564	43927
3	68	64	779	121734
1	3	3	12	38667
301	8012	8036	36779	45768
368	30459	30182	132893	44031
26	658	668	4736	70901
22	3276	3112	16100	51734
27	1332	1321	7068	53505
73	2171	2155	8916	41372
43	1452	1448	9842	67970
13	119	117	666	56949
4	34	34	175	51471

3-12 城镇非私营其他单位在岗职工人数与工资（2016年）

项 目	Item
总 计	**Total**
按登记注册类型分	**Grouped by Registration Status**
股份合作	Cooperative Enterprises
联 营	Joint Ownership Enterprises
有限责任公司	Limited Liability Corporations
股份有限公司	Share Holding Enterprises
内资其他	Other Enterprises
港澳台投资	Enterprises with Funds from Hong Kong, Macao and Taiwan
外商投资	Foreign Funded Enterprises
按国民经济行业分	**Grouped by Economic Sector**
农、林、牧、渔业	Agriculture, Forestry, Animal Husbandry and Fishery
采矿业	Mining
制造业	Manufacturing
电力、热力、燃气及水生产和供应业	Production and Supply of Electricity, Heat,Gas and Water
建筑业	Construction
批发和零售业	Wholesale and Retail Trade
交通运输、仓储和邮政业	Transport, Storage and Post
住宿和餐饮业	Hotels and Catering Services
信息传输、软件和信息技术服务业	Information Transmission, Software and Information Technology
金融业	Financial Intermediation
房地产业	Real Estate
租赁和商务服务业	Leasing and Business Services
科学研究和技术服务业	Scientific Research and Technical Services
水利、环境和公共设施管理业	Management of Water Conservancy, Environment and Public Facilities
居民服务、修理和其他服务业	Service to Households, Repair and Other Services
教 育	Education
卫生和社会工作	Health and Social Service
文化、体育和娱乐业	Culture, Sports and Entertainment
公共管理、社会保障和社会组织	Public Management, Social Security and Social Organizations

注：城镇非私营其他单位指城镇非私营单位中扣除国有单位和集体单位外的其他各种类型单位。

Number and Wages of Fully Employed Staff and Workers in Urban Other Types of Ownership (2016)

单位数 (个) Number of Units (unit)	在岗职工年末人数 (人) Number of Fully Employed Staff and Workers in Urban Units at Year-end (person)	在岗职工年平均人数 (人) Average Number of Fully Employed Staff and Workers in Urban Units (person)	在岗职工工资总额 (万元) Total Wages of Fully Employed Staff and Workers in Urban Units (10000 yuan)	在岗职工年平均工资 (元) Average Wages of Fully Employed Staff and Workers in Urban Units (yuan)
13212	**2342186**	**2340880**	**19887706**	**84958**
735	11040	11147	57149	51269
97	2851	2839	18217	64167
6585	959542	953012	7843587	82303
758	304701	304762	3641777	119496
1544	99478	98628	731951	74213
2045	463990	471951	3413807	72334
1448	500584	498541	4181218	83869
20	683	676	3757	55577
2326	781573	794592	5837969	73471
62	23863	23777	309109	130003
353	186601	184038	1308578	71104
2485	263390	266535	2006859	75294
494	253524	252813	2480986	98135
506	81710	80981	445245	54981
540	123448	122186	1637261	133997
280	71677	70180	1287672	183481
2032	172766	170803	1380130	80802
1198	153896	147463	1258002	85310
1056	83708	82807	863426	104270
124	14935	14522	92591	63759
241	19535	18879	93415	49481
951	69621	68951	504223	73128
243	23044	22758	199492	87658
202	16843	17524	166037	94748
99	1369	1395	12954	92861

Note: Other types of units in urban are refer to units other than state-owned units and collective-owned units.

3-13 城镇非私营单位从业人员女性年末人数（2016年）

行　　业	Sector
合　计	**Total**
农、林、牧、渔业	Agriculture, Forestry, Animal Husbandry and Fishery
采矿业	Mining
制造业	Manufacturing
电力、热力、燃气及水生产和供应业	Production and Supply of Electricity, Heat,Gas and Water
建筑业	Construction
批发和零售业	Wholesale and Retail Trade
交通运输、仓储和邮政业	Transport, Storage and Post
住宿和餐饮业	Hotels and Catering Services
信息传输、软件和信息技术服务业	Information Transmission, Software and Information Technology
金融业	Financial Intermediation
房地产业	Real Estate
租赁和商务服务业	Leasing and Business Services
科学研究和技术服务业	Scientific Research and Technical Services
水利、环境和公共设施管理业	Management of Water Conservancy, Environment and Public Facilities
居民服务、修理和其他服务业	Service to Households, Repair and Other Services
教　育	Education
卫生和社会工作	Health and Social Service
文化、体育和娱乐业	Culture, Sports and Entertainment
公共管理、社会保障和社会组织	Public Management, Social Security and Social Organizations

Number of Female Staff and Workers at Year-end in Urban Units (2016)

年末人数（人）Number of Staff and Workers at Year-end (person)			女性从业人员比重（%）Proportion of Female Staff and Workers (%)		
	#国有 State-owned Units	#集体 Urban Collective-owned Units	合计 Total	#国有 State-owned Units	#集体 Urban Collective-owned Units
1293176	**311806**	**34234**	**39.76**	**43.67**	**42.79**
443	200	5	30.66	27.40	27.78
329739	3768	15052	40.23	27.78	89.08
7729	1730	67	26.04	32.35	21.47
30194	2275	687	13.36	12.75	11.08
142901	3028	927	50.61	41.99	36.64
83187	9431	135	27.91	25.32	20.42
50299	7055	918	47.63	50.64	52.82
48149	1934	10	37.02	32.80	14.71
66281	5530	1	56.46	52.51	33.33
65734	1858	2528	34.03	32.03	27.39
80972	5677	8847	33.98	17.27	26.83
43535	16422	221	31.66	32.78	32.08
21326	11833	1369	41.85	37.54	40.80
11417	2418	416	40.77	35.11	31.00
148090	98865	1915	61.31	59.52	82.12
87848	71452	1074	67.47	67.96	71.74
15455	9238	49	38.61	40.91	40.16
59877	59092	13	32.84	32.71	38.24

【从业人员】指在各类法人单位工作中，由单位支付劳动报酬的人员，包括在岗职工、劳务派遣人员和其他就业人员。这一指标反映了一定时期内全部劳动力资源的实际利用情况，是研究我国基本国情国力的重要指标。

【在岗职工】指在本单位工作且与本单位签订劳动合同，并由单位支付各项工资和社会保险、住房公积金的人员，以及上述人员中由于学习、病伤、产假等原因暂未工作仍由单位支付工资的人员。

【劳务派遣人员】根据《中华人民共和国劳动合同法》规定，指与劳务派遣单位签订劳动合同；并被劳务派遣单位派遣到实际用工单位工作；且劳务派遣单位与实际用工单位签订《劳务派遣协议》的人员。无论用工单位是否直接支付劳动报酬，劳务派遣人员均由实际用工单位填报，而劳务派遣单位（派出单位）不填报这些人员。

【工资总额】根据《关于工资总额组成的规定》，工资总额是指本单位在报告期内（季度或年度）直接支付给本单位人员的劳动报酬总额。包括计时工资、计件工资、奖金、津贴和补贴、加班加点工资、特殊情况下支付的工资。

工资总额是税前工资，包括单位从个人工资中直接为其代扣或代缴的房费、个人所得税、水费、电费、住房公积金和社会保险基金个人缴纳部分等。

工资总额不论是计入成本的还是不计入成本的，不论是以货币形式支付的还是以实物形式支付的，均应列入工资总额的计算范围。

工资总额由基本工资、绩效工资、工资性津贴和补贴、其他工资四部分组成。工资总额不包括病假、事假等情况的扣款。

【在岗职工平均工资】指企业、事业、机关单位的在岗职工在一定时期内平均每人所得的货币工资额。它表明一定时期在岗职工工资收入的高低程度，是反映在岗职工工资水平的主要指标。

计算公式为：在岗职工平均工资=报告期实际支付的全部在岗职工工资总额/报告期全部在岗职工平均人数。

【Practitioners】refers to employees in various legal person units, paid by the unit labor remuneration, including on-the-job, labor dispatch personnel and other employees. This indicator reflects all the actual utilization of labor resources at a certain period of time, is an important index to study the basic situation of our country national strength.

【Staff and workers 】refers to the staff work in the unit and the unit signed labor contracts, and by the unit to pay the wages and social insurance, housing provident fund staff, and the staff in learning, because of injuries and other reasons not to work on maternity leave, still receive wages from their working units.

【 Dispatch Personnel】 refers to personnel signed labor contracts with the labor dispatch unit,and by the labor dispatch unit sent to the actual labor units, and the labor dispatch unit and the actual labor units signed “labor dispatch agreement” ,according to the "Labor contract law provisions of the people's Republic of China". No matter whether the direct labor units to pay labor remuneration, labor dispatch personnel are filled by the actual labor units.

【Total Wages】according to the “Regulations on the payroll” the composition of total wages, payroll is refers to the unit paid directly to the total remuneration of the staff during the reporting period (quarterly or annual). Including hourly wages, piece-rate wages, bonuses, allowances and subsidies, overtime pay overtime wages, special circumstances wages.

Total wages is pre-tax wages, including the unit from individual pay directly for its withholding or paying rent, personal income tax, water, electricity, housing provident fund and the social insurance fund individual pay part etc.

Wages regardless of whether it is included in the cost was not included in the cost, whether in monetary form of payment or payment in kind, should be included in the scope of calculation of total wages.

Four parts of Total wages including the basic salary, performance salary, wages and allowances and subsidies, and other wages. Total wages not including deduction of sick leave and personal leave.

【 Average Wage of Fully Employed Staff and Workers】 refer to the average wage in monetary terms per person during a certain period of time for fully employed staff and workers in enterprises, institutions and government agencies, which reflects the general level of wage income of fully employed staff and workers during a certain period of time and is calculated as follows:

Average Wage of Fully Employed Staff and Workers =Total Wages of Fully Employed Staff and Workers at the Report Period/Average Number of Fully Employed Staff and Workers at the Report Period

第四篇 CHAPTER 4

固定资产投资
INVESTMENT IN FIXED ASSETS

第四篇　固定资产投资

一、本篇资料反映广州市固定资产投资的基本情况。

二、本篇资料由广州市统计局固定资产投资统计处整理提供。

三、固定资产投资统计的资料来源主要为全面统计报表。按照现行的固定资产投资统计报表制度，从2011年起固定资产投资项目统计起报点由计划总投资50万元及以上提高到500万元及以上，固定资产投资不再称全社会固定资产投资。固定资产投资按经济类型分为：国有经济、集体经济、联营经济、股份制经济、私营经济、港澳台投资经济、外商投资经济、其他经济和个体经济。

从2012年起民间投资包含内容有所调整，民间投资是指工商登记注册类型为：集体、股份合作、私营独资、私营合伙、私营有限责任公司、个体户、个人合伙等纯民间主体的固定资产投资及混合经济成分中由集体、私营、个体控股的投资主体单位的全部固定资产投资。

4 Investment in Fixed Assets

I. The data in this chapter show the basic conditions of the total investment in fixed assets of Guangzhou .

II. The data in this chapter are prepared and provided by the Division of Investment and Construction Statistics of Guangzhou Municipal Bureau of Statistics.

Ⅲ. The data sources for the statistics of investment in fixed assets mainly come from the complete statistical report forms. According to the present regulations in the reporting scheme on the statistics of the investment in fixed assets, the statistics report point of the fixed assets investment projects has been increased from a planned total investment of 500,000 yuan and above to 5,000,000 yuan and above since 2011. The investment in fixed assets is no longer called the whole society investment in fixed assets. The investment in fixed assets is classified by the following types of ownership: state-owned economy, collective-owned economy, joint-owned economy, share-holding economy, private economy, economy funded by the enterprises from Hong Kong, Macao and Taiwan, foreign funded economy, individual investment and the economy of other types of ownership.

The content of non-state-owned investment has been adjusted since 2012, and non-state-owned investment refers to the industrial and commercial registration type: collective, cooperative, private, private partnership, private limited liability company, the self-employed, private partnership of pure folk subject of investment in fixed assets and mixed by the collective, private, individual holdings investment main body unit of economic composition the total investment in fixed assets.

4-1 固定资产投资主要经济指标

Main Indicators of Total Investment in Fixed Assets

单位：万元 (10000 yuan)

项　　目	Item	2016	2016年比2015年增长(%) Growth Rate in 2016 over 2015 (%)
固定资产投资额	**Total Investment in Fixed Assets**	**57035860**	**8.0**
按投资类别分	Grouped by Type of Investment		
# 房地产开发	Real Estate Development	25408549	18.9
按登记注册类型分	Grouped by Registration Status		
内资企业	Domestic Funded Enterprises	45891719	2.8
国有企业	State-owned Enterprises	11042844	-7.5
集体企业	Collective-owned Enterprises	1389806	-47.9
股份合作企业	Cooperative Enterprises	39237	-63.2
联营企业	Joint Ownership Enterprises	4000	-92.7
国有联营企业	State Joint Ownership Enterprises		
集体联营企业	Collective Joint Ownership Enterprises	4000	-81.1
国有与集体联营企业	Joint State-collective Enterprises		
其他联营企业	Other Joint Ownership Enterprises		
有限责任公司	Limited Liability Corporations	21651865	26.2
国有独资公司	State Sole Funded Corporations	2066866	93.2
其他有限责任公司	Other Limited Liability Corporations	19584999	21.7
股份有限公司	Share-holding Corporations Ltd.	2664192	-14.8
私营企业	Private Enterprises	8457260	-11.0
其他企业	Other Enterprises	642515	9.2倍
港、澳、台商投资企业	Enterprises with Funds from Hong Kong, Macao and Taiwan	6223729	19.6
# 与港、澳、台商合资经营企业	Joint-venture Enterprises	2157492	75.3
与港、澳、台商合作经营企业	Cooperative Enterprises	888057	-26.7
港、澳、台商独资经营企业	Enterprises with Sole Funds	3128281	19.2
港、澳、台商投资股份有限公司	Share-holding Corporations Ltd.	48423	-63.6

注：1. 机关、事业、社会团体及其他依法成立的单位固定资产投资登记注册类型参照企业登记注册类型划分。
2. 从2011年起，固定资产投资项目统计起报点由计划总投资50万元及以上提高到500万元及以上，增速按可比口径计算。
3. 从2012年起，"国家预算内资金"改称为"国家预算资金"，"国家预算资金"和"自筹资金"有所调整。故与上年不可比(下同)。
4. 2014年固定资产投资计算速度时根据省反馈数据调整了2013年的基数。(下同)

Note: I. The registration status of agencies, institutions, social organizations and other units established according to law is divided referring to the registration status of enterprises.
II. Since 2011, the cut-off point of investment in fixed assets is changed from a minimum of 50000 yuan to a minimum of 5000000 yuan. The growth rates in this table are calculated at comparable prices.
III. Since 2012, the coverage of state budget and self-raising funds have been changed. So the data in 2012 is not comparable with the pervious year(the same as below).
Ⅳ. The rate of investment in fixed assets for 2014 is cacultated in accord to the base of 2013 which has been adjusted according to the feedback data from Statistics Bureau of Guangdong Provice (the same as below).

4-1 续表 continued

单位：万元 (10000 yuan)

项目	Item	2016	2016年比2015年增长(%) Growth Rate in 2016 over 2015 (%)
外商投资企业	Foreign Funded Enterprises	4917768	16.7
# 中外合资经营企业	Joint-venture Enterprises	3185185	29.2
中外合作经营企业	Cooperative Enterprises	273437	16.0
外资企业	Enterprises with Sole Foreign Funds	1001178	-9.9
外商投资股份有限公司	Share-holding Corporations Ltd.	203037	-32.9
个体经营	Self-employed Individual	2644	-82.6
按构成分	Grouped by Use of Funds		
建筑工程	Construction Project	28524666	-6.9
安装工程	Installation Project	4236463	-2.2
设备工器具购置	Purchases of Equipment and Instruments	9297170	12.0
其他费用	Others	14977561	38.8
房屋建筑面积 （平方米）	**Floor Space of Buildings (sq.m)**		
施工面积	Floor Space under Construction	115639005	-11.9
# 住 宅	Residential Buildings	62288094	-3.6
竣工面积	Floor Space Completed	16422519	-39.4
# 住 宅	Residential Buildings	8329815	-19.3
本年实际到位资金合计	**Total Actually Funds Provided This Year**	**78459388**	**7.3**
上年末结余资金	Surplus Fund from Year-end of Preceding Year	12523570	1.5
本年实际到位资金小计	Subtotal Actually Funds Provided This Year	65935818	8.5
国家预算资金	State Budget	6570588	65.5
国内贷款	Domestic Loans	10735339	27.0
债 券	Bonds	264644	1.8倍
利用外资	Foreign Investment	370074	1.1倍
自筹资金	Self-raising Funds	28390607	-8.7
其他资金	Others	19604566	15.4

4-2 主要年份固定资产投资额(按经济类型分)

Total Investment in Fixed Assets in Main Years (by Type of Ownership)

单位：万元 (10000 yuan)

年 份 Year	合 计 Total	国有经济 State-owned Units	集体经济 Collective-owned Units	联营经济 Joint Ownership Economic Units	股份经济 Share Holding Economic Units	私营经济 Private Economic Units	外商及港澳台经济 Economic Units with Funds from Foreign Regions,Hong Kong, Macao and Taiwan Investors	其他经济 Others	个体经济 Individual Investment
1978	72641	68584	1755						2302
1980	99565	89823	2934						6808
1985	436197	346000	44788						45409
1986	524813	434240	42264						48309
1987	584140	468967	64131						51042
1988	902161	703117	105514						93530
1989	933326	780946	84009						68371
1990	905937	761738	73172						71027
1991	1037424	850310	99147						87967
1992	1881379	1520508	230316						130555
1993	3733976	1885582	676520	15912	72334		842469	5870	235289
1994	5257053	2701653	835384	20679	132421		1234395		332521
1995	6182515	3324871	724898	62755	280004	2157	1464489		323341
1996	6389360	3172138	662454	69611	213638	5617	1947862		318040
1997	6565767	3543369	556536	30949	369066	66960	1720070		278817
1998	7588283	3803451	685243	35596	444474	123884	2210943		284692
1999	8782586	4514598	784507	23172	764251	286732	2129471	2959	276896
2000	9236676	4830889	619778	2579	1326102	534456	1514900	45197	362775
2001	9782093	4475639	368690	5930	1330108	1007708	2311811	10684	271523
2002	10092421	3529709	492329	6974	1986469	1304823	2502251	27560	242306
2003	11751668	4469885	452236	21451	2353980	1391787	2814567	24940	222822
2004	13489283	5371055	308617	37673	2298098	2135297	3183159	19930	135454
2005	15191582	5612243	295243	46941	3326313	1872079	3881748	26366	130649
2006	16963824	6070411	309514	17087	3876752	1904587	4646403	63002	76068
2007	18633437	6802190	440692	41760	4168899	2385743	4655795	20552	117806
2008	21055373	7972112	566318	56254	3881865	3260658	5225525	11599	81042
2009	26598516	12724805	698449	80059	4517995	3444249	5018306	9301	105352
2010	32635731	15528450	711201	54940	6832917	3253895	6055481	4042	194805
2011	34122005	12858860	807709	29504	9432487	4461680	6475334	18585	37846
2012	37583868	12330573	1941043	1836	10077974	4749672	8272350	156227	54193
2013	44545508	11979522	3333867	80244	13579487	6547526	8862572	9755	152535
2014	48895026	13918358	3453080	16779	15251803	7345376	8854921	53056	1653
2015	54059522	13013007	2793087	33652	19220207	9502398	9419157	62785	15229
2016	57035860	13109710	1433043		22249191	8457260	11141497	642515	2644

4-3 主要年份固定资产投资额指数（按经济类型分，上年=100）

Indices of Total Investment in Fixed Assets in Main Years (by Type of Ownership, preceding year =100)

年 份 Year	合 计 Total	国有经济 State-owned Units	集体经济 Collective-owned Units	联营经济 Joint Ownership Economic Units	股份经济 Share Holding Economic Units	私营经济 Private Economic Units	外商及港澳台经济 Economic Units with Funds from Foreign Regions,Hong Kong, Macao and Taiwan Investors	其他经济 Others	个体经济 Individual Investment
1978	99.2	95.9	103.1						
1980	134.0	130.4	182.4						179.5
1985	145.8	141.0	231.5						131.4
1986	120.3	125.5	94.4						106.4
1987	111.3	108.0	151.7						105.7
1988	154.4	149.9	164.5						183.2
1989	103.5	111.1	79.6						73.1
1990	97.1	97.5	87.1						103.9
1991	114.5	111.6	135.5						123.9
1992	181.4	178.8	232.3						148.4
1993	198.5	124.0	203.4						180.2
1994	140.8	143.3	140.2	130.0	183.1		146.5		141.3
1995	117.6	123.1	78.1	303.5	211.5		118.6		97.2
1996	103.4	95.4	88.2	110.9	76.3	260.4	133.0		98.4
1997	102.8	111.7	84.0	44.5	172.8	1192.1	88.3		87.7
1998	115.6	107.3	123.1	115.0	120.4	185.0	128.5		102.1
1999	115.7	118.7	114.5	65.1	172.0	231.5	96.3		97.3
2000	105.2	107.0	79.0	11.1	173.5	186.4	71.1	1527.4	131.0
2001	105.9	92.7	59.5	229.9	100.3	188.6	152.6	23.6	74.9
2002	103.2	78.9	133.5	117.6	149.4	129.5	108.2	258.0	89.2
2003	116.4	126.6	91.9	307.6	118.5	106.7	112.5	90.5	92.0
2004	114.8	120.2	68.2	175.6	97.6	153.4	113.1	79.9	60.8
2005	112.6	104.5	95.7	124.6	144.7	87.7	122.0	132.3	96.5
2006	111.7	108.2	104.8	36.4	116.6	101.7	119.7	239.0	58.2
2007	109.8	112.1	142.4	244.4	107.5	125.3	100.2	32.6	154.9
2008	113.0	117.2	128.5	134.7	93.1	136.7	112.2	56.4	68.8
2009	122.3	150.4	123.3	142.3	113.6	105.6	96.0	80.2	130.0
2010	122.7	122.0	101.8	68.6	151.2	94.5	120.7	43.5	184.9
2011	110.0	89.4	161.1	53.7	138.5	139.1	107.6	690.6	84.3
2012	110.2	95.9	240.3	6.2	106.8	106.5	127.8	840.6	143.2
2013	118.5	97.2	171.8	4370.6	134.7	137.9	107.1	6.2	281.5
2014	114.5	123.7	109.9	22.3	115.7	117.5	102.2	579.3	1.2
2015	110.6	93.5	80.9	200.6	126.0	129.4	106.4	118.3	921.3
2016	108.0	100.7	51.3		115.8	89.0	118.3	1023.4	17.4

4-4 主要年份固定资产投资额(按投资类别分)

Total Investment in Fixed Assets in Main Years (by Type of Investment)

单位：万元 (10000 yuan)

年 份 Year	合 计 Total	建设改造投资 Construction and Innovation	房地产开发 Real Estate Development
1978	72641	72641	
1980	99565	99565	
1985	436197	389725	46472
1986	524813	472248	52565
1987	584140	514109	70031
1988	902161	762070	140091
1989	933326	780967	152359
1990	905937	788518	117419
1991	1037424	881075	156349
1992	1881379	1483959	397420
1993	3733976	2481589	1252387
1994	5257053	3362533	1894520
1995	6182515	4091379	2091136
1996	6389360	4097720	2291640
1997	6565767	4191544	2374223
1998	7588283	4894594	2693689
1999	8782586	5823559	2959027
2000	9236676	5680860	3555816
2001	9782093	5911886	3870207
2002	10092421	5828523	4263898
2003	11751668	7556862	4194806
2004	13489283	8718968	4770315
2005	15191582	10110736	5080846
2006	16963824	11395931	5567893
2007	18633437	11595406	7038031
2008	21055373	13421349	7634024
2009	26598516	18425067	8173449
2010	32635731	22799149	9836582
2011	34122005	21068400	13053605
2012	37583868	23879357	13704511
2013	44545508	28821219	15724289
2014	48895026	30733497	18161529
2015	54059522	32683631	21375891
2016	57035860	31627311	25408549

4-5 主要年份固定资产投资额指数(按投资类别分，上年=100)

Indices of Total Investment in Fixed Assets in Main Years (by Type of Investment, preceding year =100)

年 份 Year	合 计 Total	建设改造投资 Construction and Innovation	房地产开发 Real Estate Development
1978	99.2	99.2	
1980	134.0	134.0	
1985	145.8	152.0	108.3
1986	120.3	121.2	113.1
1987	111.3	108.9	133.2
1988	154.4	148.2	200.0
1989	103.5	102.5	108.8
1990	97.1	101.0	77.1
1991	114.5	111.7	133.2
1992	181.4	168.4	254.2
1993	198.5	167.2	315.1
1994	140.8	135.5	151.3
1995	117.6	121.7	110.4
1996	103.4	100.2	109.6
1997	102.8	102.3	103.6
1998	115.6	116.8	113.5
1999	115.7	119.0	109.9
2000	105.2	97.5	120.2
2001	105.9	104.1	108.8
2002	103.2	98.6	110.2
2003	116.4	129.7	98.4
2004	114.8	115.4	113.7
2005	112.6	116.0	106.5
2006	111.7	112.7	109.6
2007	109.8	101.8	126.4
2008	113.0	115.7	108.5
2009	122.3	137.3	107.1
2010	122.7	123.7	120.4
2011	110.0	99.4	132.7
2012	110.2	113.3	105.0
2013	118.5	120.7	114.7
2014	114.5	113.9	115.5
2015	110.6	106.3	117.7
2016	108.0	96.8	118.9

4-6 各时期固定资产投资额(按投资类别分)

Total Investment in Fixed Assets in Different Periods (by Type of Investment)

单位：万元 (10000 yuan)

时期	Period	合计 Total	建设改造投资 Construction and Innovation	房地产开发 Real Estate Development
“六五”时期	6th Five-year Plan Period	1310742	1221368	89374
“七五”时期	7th Five-year Plan Period	3850377	3317912	532465
“八五”时期	8th Five-year Plan Period	18092347	12300535	5791812
“九五”时期	9th Five-year Plan Period	38562672	24688277	13874395
“十五”时期	10th Five-year Plan Period	60307047	38126975	22180072
“十一五”时期	11th Five-year Plan Period	115886881	77636902	38249979
“十二五”时期	12th Five-year Plan Period	219205929	137186104	82019825
1950-2016	1950-2016	515127723	326981252	188146471
1979-2016	1979-2016	514425708	326279237	188146471
1991-2016	1991-2016	509090736	321566104	187524632
2001-2016	2001-2016	452435717	284577292	167858425

4-7 各时期固定资产投资额平均每年增长速度

Average Growth Rate of Investment in Fixed Assets in Different Periods

单位：% (%)

时 期	Period	合 计 Total	建设改造投资 Construction and Innovation	房地产开发 Real Estate Development
"六五"时期	6th Five-year Plan Period	34.2	31.6	
"七五"时期	7th Five-year Plan Period	19.6	18.3	29.1
"八五"时期	8th Five-year Plan Period	50.4	40.7	89.2
"九五"时期	9th Five-year Plan Period	7.5	6.3	9.6
"十五"时期	10th Five-year Plan Period	9.0	10.0	7.5
"十一五"时期	11th Five-year Plan Period	14.4	14.7	14.0
"十二五"时期	12th Five-year Plan Period	12.7	10.5	16.8
1951-2016	1951-2016	18.2	17.3	
1979-2016	1979-2016	20.5	18.9	
1991-2016	1991-2016	18.9	17.1	24.8
2001-2016	2001-2016	12.2	12.5	11.9

4-8 主要年份固定资产投资额和房屋建设

Total Investment in Fixed Assets and Building Construction in Main Years

年份、时期 Year and Period	固定资产投资额（万元） Total Investment (10000 yuan)	#住宅 Residential Buildings	新增固定资产（万元） Newly Increased Fixed Assets (10000 yuan)	房屋施工面积（万平方米） Floor Space under Construction (10000 sq.m)	#住宅 Residential Buildings	房屋竣工面积（万平方米） Floor Space Completed (10000 sq.m)	#住宅 Residential Buildings
1978	72641	8987	95685	429.55	173.09	184.97	84.82
1980	99565	24254	77438	610.94	334.12	269.07	163.33
1985	436197	104015	344990	1448.87	820.45	796.96	531.33
1990	905937	232839	779577	1681.89	970.81	879.68	537.36
1995	6182515	1696316	3449779	4958.58	2840.92	1847.86	1212.84
2000	9236676	3250326	6907436	6152.47	3789.88	2404.81	1539.43
2001	9782093	3316894	7075104	6612.84	3916.82	2138.40	1304.28
2002	10092421	3457617	6527323	6376.80	3809.32	2129.56	1392.66
2003	11751668	3522168	7793951	6540.20	3643.26	2243.10	1317.25
2004	13489283	3712961	11128640	7263.32	3817.60	2308.23	1045.58
2005	15191582	3777003	10763964	7165.93	3836.53	2405.30	1091.48
2006	16963824	3783416	9304960	6895.68	3751.36	1677.24	918.05
2007	18633437	5041090	10817946	8113.99	4049.79	2243.77	1001.43
2008	21055373	5398216	12247285	8272.29	3986.32	1849.70	865.15
2009	26598516	5246903	15732420	8690.90	3740.54	2208.57	965.85
2010	32635731	5727122	24136234	10114.91	4279.53	2388.95	950.10
2011	34122005	8116313	24504493	11555.51	5083.07	2804.28	938.38
2012	37583868	8626775	27514867	12381.69	5152.06	2957.66	940.44
2013	44545508	9969708	30678913	13959.31	5753.99	3683.50	897.97
2014	48895026	10391431	40303235	13995.56	6410.68	3699.66	1266.35
2015	54059522	14068084	32570813	13129.83	6461.25	2712.01	1031.79
2016	57035860	16183963	21570430	11563.90	6228.81	1642.25	832.98
“六五”时期 6th Five-year Plan Period	1310742	402770	1030043	6004.01	3745.15	3328.09	2352.35
“七五”时期 7th Five-year Plan Period	3850377	989264	3056834	8645.37	4722.40	4454.23	2808.76
“八五”时期 8th Five-year Plan Period	18092347	5632278	11179716	17131.12	9906.30	7045.41	4339.71
“九五”时期 9th Five-year Plan Period	38562672	12083398	28672107	27464.31	16470.99	10112.06	6673.86
“十五”时期 10th Five-year Plan Period	60307047	17786643	43288982	33959.09	19023.53	11224.59	6151.25
“十一五”时期 11th Five-year Plan Period	115886881	25196747	72238845	42087.77	19807.54	10368.23	4700.58
“十二五”时期 12th Five-year Plan Period	219205929	51172311	155572321	65021.90	28861.05	15857.11	5074.93
1950-2016	515127723	129546644	337296325	217367.73	110906.63	66581.15	33943.39
1979-2016	514425708	129489085	336744041	213027.52	109375.66	64493.83	33196.47
1991-2016	509090736	128055340	332522401	197228.09	100298.22	56249.65	27773.31
2001-2016	452435717	110339664	292670578	152632.66	73920.93	39092.18	16759.74

4-9 主要年份固定资产投资资金来源

单位：万元

年 份 Year	本年实际到位资金合计 Total Actually Funds Provided This Year	上年末结余资金 Surplus Funds from Year-end of Preceding Year	本年实际到位资金小计 Subtotal Actually Funds Provided This Year	国家预算资金 State Budget
1995	7978652	961511	7017141	67608
1996	7944084	1513379	6430705	51257
1997	8185958	1394838	6791120	92550
1998	9955334	1433763	8521571	200069
1999	10983747	1548943	9434804	233267
2000	11679071	1552005	10127066	196772
2001	11649579	1546436	10103143	123638
2002	12856766	1649716	11207050	211676
2003	14649881	1674756	12975125	353310
2004	16786548	1874335	14912213	311727
2005	19247238	2186460	17060778	3411
2006	22251012	2776720	19474292	33390
2007	26264563	3171623	23092940	57376
2008	28401679	4790650	23611029	117411
2009	37433615	5422810	32010805	60397
2010	45784696	6679725	39104971	94606
2011	44686057	6928519	37757538	66080
2012	50680896	7005541	43675355	1623733
2013	62310524	9002625	53307899	2007191
2014	66210278	10665183	55545095	3172741
2015	73139833	12342615	60797218	3969682
2016	78459388	12523570	65935818	6570588

注：从2012年起，“国家预算内资金”改称“国家预算资金”，“自筹资金”下的财政资金划归“国家预算资金”统计(下同)。

Source of Total Investing Funds in Fixed Assets in Main Years

(10000 yuan)

国内贷款 Domestic Loans	债　券 Bonds	利用外资 Foreign Investment	自筹资金 Self-raising Funds	其他资金 Others
1058442	27815	1256012	2413074	2194190
867596	6388	1656655	2003513	1845296
906033	3112	1657279	2429018	1703128
1279909	1029	1185066	3196317	2659181
1998108	23600	909234	3330138	2940457
2174224	62353	883291	3356781	3453645
1912787	22888	706179	4230371	3107280
2696256		910991	3938859	3449268
2653393		957866	5241604	3768952
2922647		1212633	6321305	4143901
4172521		1156940	7016193	4711713
5172610	130000	1508470	7321261	5308561
5591643		1313436	9042335	7088150
5093992		1066041	11324092	6009493
7557122	79875	724921	14972268	8616222
8654938	68000	900581	20398053	8988793
5881319		933747	20621521	10254871
8083156		599341	22563088	10806037
8777717		2261740	26204283	14056968
8326434	980542	986947	28876766	13201665
8455066	93620	175650	31109228	16993972
10735339	264644	370074	28390607	19604566

Note: Since 2012, financial funds belong to state budget instead of self-raising funds(the same as below).

4-10 主要年份三次产业固定资产投资额及构成

Total Investment in Fixed Assets and its Composition in Main Years by the Three Strata of Industries

年 份 Year	合 计 (万元) Total (10000 yuan)	第一产业 Primary Industry	第二产业 Secondary Industry	第三产业 Tertiary Industry	构 成 (%) Composition (%)	第一产业 Primary Industry	第二产业 Secondary Industry	第三产业 Tertiary Industry
1978	72641	4317	32100	36224	100.00	5.94	44.19	49.87
1980	99565	4953	39722	54890	100.00	4.97	39.90	55.13
1985	436197	13672	143702	278823	100.00	3.13	32.94	63.93
1990	905937	14268	346872	544797	100.00	1.57	38.29	60.14
1995	6182515	42433	1698901	4441181	100.00	0.69	27.48	71.83
2000	9236676	66584	1411261	7758831	100.00	0.72	15.28	84.00
2001	9782093	17789	1419209	8345095	100.00	0.18	14.51	85.31
2002	10092421	24625	1913745	8154051	100.00	0.24	18.96	80.80
2003	11751668	14657	2265387	9471624	100.00	0.12	19.28	80.60
2004	13489283	30084	2863780	10595419	100.00	0.22	21.23	78.55
2005	15191582	9816	4379347	10802419	100.00	0.06	28.83	71.11
2006	16963824	17999	4632303	12313522	100.00	0.11	27.30	72.59
2007	18633437	11541	4015821	14606075	100.00	0.06	21.55	78.39
2008	21055373	16269	4510845	16528259	100.00	0.08	21.42	78.50
2009	26598516	34894	5454577	21109045	100.00	0.13	20.51	79.36
2010	32635731	34280	6262773	26338678	100.00	0.10	19.19	80.71
2011	34122005	39223	5529978	28552804	100.00	0.11	16.21	83.68
2012	37583868	71881	5998727	31513260	100.00	0.19	15.96	83.85
2013	44545508	107320	7169083	37269105	100.00	0.24	16.09	83.67
2014	48895026	151898	7174196	41568932	100.00	0.31	14.67	85.02
2015	54059522	337727	7795480	45926315	100.00	0.62	14.42	84.96
2016	57035860	211577	7320025	49504258	100.00	0.37	12.83	86.80

4-11 主要年份固定资产投资资金来源构成

Composition of Source of Total Investing Funds in Fixed Assets in Main Years

单位：%　　(%)

年份 Year	本年实际到位资金合计 Total Actually Funds Provided This Year	上年末结余资金 Surplus Funds from Year-end of Preceding Year	本年实际到位资金小计 Subtotal Actually Funds Provided This Year	国家预算资金 State Budget	国内贷款 Domestic Loans	债券 Bonds	利用外资 Foreign Investment	自筹资金 Self-raising Funds	其他资金 Others
1995	100.00	12.05	87.95	0.85	13.27	0.35	15.74	30.24	27.50
1996	100.00	19.05	80.95	0.65	10.92	0.08	20.85	25.22	23.23
1997	100.00	17.04	82.96	1.13	11.07	0.04	20.25	29.67	20.81
1998	100.00	14.40	85.60	2.01	12.86	0.01	11.90	32.11	26.71
1999	100.00	14.10	85.90	2.12	18.19	0.21	8.28	30.32	26.77
2000	100.00	13.29	86.71	1.68	18.62	0.53	7.56	28.74	29.57
2001	100.00	13.27	86.73	1.06	16.42	0.20	6.06	36.31	26.67
2002	100.00	12.83	87.17	1.65	20.97		7.09	30.64	26.83
2003	100.00	11.43	88.57	2.41	18.11		6.54	35.78	25.73
2004	100.00	11.17	88.83	1.86	17.41		7.22	37.66	24.69
2005	100.00	11.36	88.64	0.02	21.68		6.01	36.45	24.48
2006	100.00	12.48	87.52	0.15	23.25	0.58	6.78	32.90	23.86
2007	100.00	12.08	87.92	0.22	21.29		5.00	34.43	26.98
2008	100.00	16.87	83.13	0.41	17.94		3.75	39.87	21.16
2009	100.00	14.49	85.51	0.16	20.19	0.21	1.94	40.00	23.01
2010	100.00	14.59	85.41	0.21	18.90	0.15	1.97	44.55	19.63
2011	100.00	15.50	84.50	0.15	13.16		2.09	46.15	22.95
2012	100.00	13.82	86.18	3.21	15.95		1.18	44.52	21.32
2013	100.00	14.45	85.55	3.22	14.09		3.63	42.05	22.56
2014	100.00	16.11	83.89	4.79	12.58	1.48	1.49	43.61	19.94
2015	100.00	16.88	83.12	5.43	11.56	0.13	0.24	42.53	23.23
2016	100.00	15.96	84.04	8.37	13.68	0.34	0.47	36.19	24.99

4-12 主要年份固定资产投资额(按构成分)

Total Investment in Fixed Assets in Main Years (by Use of Funds)

单位：万元　　(10000 yuan)

年 份 Year	合 计 Total	建筑工程 Construction Project	安装工程 Installation Project	设备工器具购置 Purchases of Equipment and Instruments	其他费用 Others
1995	6182515	3066640	313788	1474613	1327474
1996	6389360	3225327	420182	1501358	1242493
1997	6565767	3230953	530177	1475112	1329525
1998	7588283	3805530	433223	1465162	1884368
1999	8782586	4443801	539333	1520186	2279266
2000	9236676	4862795	489173	1284866	2599842
2001	9782093	4943427	800645	1792544	2245477
2002	10092421	5043136	1002446	1735461	2311378
2003	11751668	5926676	669398	1907214	3248380
2004	13489283	7167180	829078	2328974	3164051
2005	15191582	7899596	1187729	2749875	3354382
2006	16963824	8375238	1348824	3657839	3581923
2007	18633437	9571281	1320128	3299746	4442282
2008	21055373	11296603	1511046	3227977	5019747
2009	26598516	15003807	1747019	3798896	6048794
2010	32635731	18964747	2548287	4866404	6256293
2011	34122005	18138348	2749538	6193268	7040851
2012	37583868	21468095	3262986	6003316	6849471
2013	44545508	25879973	3812480	6995873	7857182
2014	48895026	27760295	3735106	7380551	10019074
2015	54059522	30635972	4329579	8300480	10793491
2016	57035860	28524666	4236463	9297170	14977561

4-13 主要年份固定资产投资额构成
Composition of Total Investment in Fixed Assets in Main Years

单位：%　　　　(%)

年 份 Year	合 计 Total	建筑工程 Construction Project	安装工程 Installation Project	设备工器具购置 Purchases of Equipment and Instruments	其他费用 Others
1995	100.00	49.60	5.08	23.85	21.47
1996	100.00	50.48	6.58	23.50	19.44
1997	100.00	49.21	8.07	22.47	20.25
1998	100.00	50.15	5.71	19.31	24.83
1999	100.00	50.60	6.14	17.31	25.95
2000	100.00	52.65	5.30	13.91	28.14
2001	100.00	50.54	8.19	18.32	22.95
2002	100.00	49.97	9.93	17.20	22.90
2003	100.00	50.43	5.70	16.23	27.64
2004	100.00	53.13	6.15	17.26	23.46
2005	100.00	52.00	7.82	18.10	22.08
2006	100.00	49.37	7.95	21.56	21.12
2007	100.00	51.37	7.08	17.71	23.84
2008	100.00	53.65	7.18	15.33	23.84
2009	100.00	56.41	6.57	14.28	22.74
2010	100.00	58.11	7.81	14.91	19.17
2011	100.00	53.16	8.06	18.15	20.63
2012	100.00	57.12	8.68	15.97	18.23
2013	100.00	58.10	8.56	15.71	17.63
2014	100.00	56.78	7.64	15.09	20.49
2015	100.00	56.67	8.01	15.35	19.97
2016	100.00	50.01	7.43	16.30	26.26

4-14 固定资产投资额(2016年，按投资类别分)

单位：万元

项　　目	Item
总　　计	**Total**
按登记注册类型分	**Grouped by Registration Status**
内资企业	Domestic Funded Enterprises
国有企业	State-owned Enterprises
集体企业	Collective-owned Enterprises
股份合作企业	Cooperative Enterprises
联营企业	Joint Ownership Enterprises
国有联营企业	State Joint Ownership Enterprises
集体联营企业	Collective Joint Ownership Enterprises
国有与集体联营企业	Joint State-collective Enterprises
其他联营企业	Other Joint Ownership Enterprise
有限责任公司	Limited Liability Corporations
国有独资公司	State Sole Funded Corporations
其他有限责任公司	Other Limited Liability Corporations
股份有限公司	Share Holding Corporations Ltd.
私营企业	Private Enterprises
其他企业	Other Enterprises
港、澳、台商投资企业	Enterprises with Funds from Hong Kong
# 与港、澳、台商合资经营企业	Joint-venture Enterprises
与港、澳、台商合作经营企业	Cooperative Enterprises
港、澳、台商独资经营企业	Enterprises with Sole Funds
港、澳、台商投资股份有限公司	Share-holding corporations Ltd.
外商投资企业	Foreign Funded Enterprises
# 中外合资经营企业	Joint-venture Enterprises
中外合作经营企业	Cooperative Enterprises
外资企业	Enterprises with Sole Foreign Funds
外商投资股份有限公司	Share-holding corporations Ltd.
个体经营	Individual Investment
按隶属关系分	**Grouped by Jurisdiction of Management**
中央属	Central Investment
省　属	Provincial Investment
市　属	Municipal Investment
区　属	District Investment
其　他	Others
按建设性质分	**Grouped by Type of Construction**
# 新　建	New Construction
扩　建	Expansion
改建和技术改造	Reconstruction
单纯购置	Purchase
按构成分	**Grouped by Use of Funds**
建筑工程	Construction
安装工程	Installation
设备工器具购置	Purchase of Equipment and Instruments
其他费用	Others

Total Investment in Fixed Assets (2016, by Type of Investment)

(10000 yuan)

合 计 Total	# 房地产开发 Real Estate Development	全市构成(%) Composition (%)
57035860	**25408549**	**100.00**
45891719	19108071	80.47
11042844	211823	19.36
1389806	110155	2.44
39237	23212	0.07
4000		0.01
4000		0.01
21651865	13711524	37.96
2066866	381558	3.62
19584999	13329966	34.34
2664192	297001	4.67
8457260	4754356	14.83
642515		1.13
6223729	4074443	10.91
2157492	783050	3.78
888057	857901	1.56
3128281	2390263	5.48
48423	43229	0.08
4917768	2226035	8.62
3185185	1160495	5.58
273437	231385	0.48
1001178	516354	1.76
203037	132795	0.36
2644		
5713063	909546	10.02
3402448	265563	5.97
9449936	2371915	16.57
7780660	1885886	13.64
30689753	19975639	53.80
44551994	25408549	78.11
1863402		3.27
4978820		8.73
5417397		9.50
28524666	12971153	50.01
4236463	2161120	7.43
9297170	193694	16.30
14977561	10082582	26.26

4-14 续表 1

单位：万元

项 目	Item
按行业分	**Grouped by Sector**
农、林、牧、渔业	Agriculture, Forestry, Animal Husbandry and Fishery
工 业	Industry
采矿业	Mining
制造业	Manufacturing
农副食品加工业	Processing of Food from Agricultural Products
食品制造业	Manufacture of Foods
酒、饮料和精制茶制造业	Manufacture of Wine, Beverages and Refined Tea
烟草制品业	Manufacture of Tobacco
纺织业	Manufacture of Textile
纺织服装、服饰业	Manufacture of Textile Wearing Apparel, clothing
皮革、毛皮、羽毛及其制品和制鞋业	Manufacture of Leather, Fur, Feather and Related Products and Footwear
木材加工和木、竹、藤、棕、草制品业	Processing of Timber, Manufacture of Wood, Bamboo, Rattan, Palm, and Straw Products
家具制造业	Manufacture of Furniture
造纸及纸制品业	Manufacture of Paper and Paper Products
印刷和记录媒介复制业	Printing, Reproduction of Recording Media
文教、工美、体育和娱乐用品制造业	Manufacture of Culture and Education, Arts and Crafts, Sports and Entertainment Supplies
石油加工、炼焦和核燃料加工业	Processing of Petroleum, Coking, Processing of Nuclear Fuel
化学原料及化学制品制造业	Manufacture of Raw Chemical Materials and Chemical Products
医药制造业	Manufacture of Medicines
化学纤维制造业	Manufacture of Chemical Fibers
橡胶和塑料制品业	Manufacture of Rubber and Plastics
非金属矿物制品业	Manufacture of Non-metallic Mineral Products
黑色金属冶炼和压延加工业	Smelting and Pressing of Ferrous Metals
有色金属冶炼和压延加工业	Smelting and Pressing of Non-Ferrous Metals
金属制品业	Manufacture of Metal Products
通用设备制造业	Manufacture of General Purpose Machinery
专用设备制造业	Manufacture of Special Purpose Machinery
汽车制造业	Manufacture of Automobile
铁路、船舶、航空航天和其他运输设备制造业	Manufacture of Railway, Ship, Aerospace and Other Transportation Equipment
电气机械和器材制造业	Manufacture of Electrical Machinery and Equipment
计算机、通信和其他电子设备制造业	Manufacture of Computers, Communications and Other Electronic Equipment
仪器仪表制造业	Manufacture of Instrument
其他制造业	Other manufacturing
废弃资源综合利用业	Comprehensive Utilization of Waste Resources
金属制品、机械和设备修理业	Metal Products, Machinery and Equipment Repair

continued

(10000 yuan)

合　计 Total	全市构成(%) Composition(%)
231270	0.41
7139195	12.52
5535633	9.71
64482	0.11
190003	0.33
144640	0.25
3769	0.01
57358	0.10
80311	0.14
64286	0.11
1752	
110179	0.19
72041	0.13
45412	0.08
93594	0.16
42830	0.08
216656	0.38
198259	0.35
159552	0.28
91703	0.16
8096	0.01
21654	0.04
159360	0.28
290533	0.51
211523	0.37
1693841	2.98
189707	0.33
252898	0.44
941374	1.65
66077	0.12
20002	0.04
32603	0.06
11138	0.02

4-14 续表 2

单位:万元

项 目	Item
电力、热力、燃气及水生产和供应业	Production and Supply of Electricity, Heat, Gas and Water
电力、热力生产和供应业	Production and Supply of Electric Power and Heat Power
燃气生产和供应业	Production and Supply of Gas
水的生产和供应业	Production and Supply of Water
建筑业	Construction
批发和零售业	Wholesale and Retail Trades
交通运输、仓储和邮政业	Transport, Storage and Post
铁路运输业	Railway Transport
道路运输业	Road Transport
水上运输业	Water Transport
航空运输业	Air Transport
管道运输业	Transport via Pipelines
装卸搬运和运输代理业	Handling and Transportation Agents
仓储业	Storage
邮政业	Post
住宿和餐饮业	Hotels and Catering Services
信息传输、软件和信息技术服务业	Information Transmission, Software and Information Technology
电信、广播电视和卫星传输服务	Telecommunications, Broadcasting, TV transmission and Satellite Services
互联网和相关服务	Networks Related Services
软件和信息技术服务业	Software and Information Technology Services
金融业	Financial Intermediation
房地产业	Real Estate
# 房地产开发经营	Real Estate Development and Management
租赁和商务服务业	Leasing and Business Services
科学研究和技术服务业	Scientific Research and Technical Services
水利、环境和公共设施管理业	Management of Water Conservancy, Environment and Public Facilities
居民服务、修理和其他服务业	Service to Households, Repair and Other Services
教 育	Education
卫生和社会工作	Health and Social Work
文化、体育和娱乐业	Culture, Sports and Entertainment
新闻和出版业	Press and Publishing Industry
广播、电视、电影和影视录音制作业	Radio, Television, Movie and Recording Manufacturing
文化艺术业	Culture and Art
体 育	Sports
娱乐业	Entertainment
公共管理、社会保障和社会组织	Public Management, Social Security and Social Organizations
国际组织	International Organizations

continued

(10000 yuan)

合　计 Total	全市构成(%) Composition(%)
1603562	2.81
955493	1.68
46962	0.08
601107	1.05
191968	0.34
1804877	3.16
8070415	14.15
1344683	2.36
3336012	5.85
1094949	1.92
2030704	3.56
36048	0.06
54872	0.10
147686	0.26
25461	0.04
353707	0.62
1765268	3.10
1073480	1.88
37221	0.07
654567	1.15
42617	0.07
27633133	48.45
25408549	44.55
2091344	3.67
657852	1.15
4527515	7.94
29020	0.05
1194330	2.09
468740	0.82
592822	1.04
40658	0.07
67841	0.12
227904	0.40
138558	0.24
117861	0.21
241787	0.42

4-15 各区固定资产投资

(2016年，按法人单位办公所在地分)

项　　目	Item	全　市 Total	荔湾区 Liwan	越秀区 Yuexiu
固定资产投资额 (万元)	Total Investment in Fixed Assets (10000 yuan)	57035860	3401508	3376473
按隶属关系分	**Grouped by Administrative Relationship**			
中央省属	Central Government and Provincial Government	9115511	295235	665961
市属及其他	Municipal Government and others	47920349	3106273	2710512
按登记注册类型分	**Grouped by Registration Status**			
# 国有经济投资	State-owned Investment	13109710	140893	1847774
民间投资	Investment by Non-state-owned Units	25197721	992104	669233
港澳台商经济投资	Investment from Hong Kong, Macao and Taiwan	6223729	970240	373555
外商经济投资	Foreign Investment	4917768	94104	77054
按构成分	**Grouped by Use of Funds**			
# 建筑安装工程合计	Construction and Installation Project	32761129	1378723	1851475
建筑工程	Construction Project	28524666	1126592	1669077
安装工程	Installation Project	4236463	252131	182398
新增固定资产 (万元)	Newly Increased Fixed Assets (10000 yuan)	21570430	986189	1551519
房屋施工面积 (平方米)	Floor Space under Construction (sq.m)	115639005	5267292	4668325
房屋竣工面积 (平方米)	Floor Space Completed (sq.m)	16422519	545435	1046469

注：国有经济投资包括国有企业、国有联营企业、国有独资公司的投资额。民间投资是指工商登记注册类型为：集体、股份合作、私营独资、私营合伙、私营有限责任公司、个体户、个人合伙等纯民间主体的固定资产投资及混合经济成分中由集体、私营、个体控股的投资主体单位的全部固定资产投资(下同)。

Total Investment in Fixed Assets by Districts

(2016, by the Locations of the Offices of Corporate Units)

海珠区 Haizhu	天河区 Tianhe	白云区 Baiyun	黄埔区 Huangpu	番禺区 Panyu	花都区 Huadu	南沙区 Nansha	从化区 Conghua	增城区 Zengcheng
6412438	5466613	4895715	8565504	6043599	3181520	8131492	2300773	5260225
1533055	1877683	2487716	783010	68527	16297	1168924	92020	127083
4879383	3588930	2407999	7782494	5975072	3165223	6962568	2208753	5133142
2710611	1049173	1457059	2002595	797658	158950	2242011	83606	619380
1545264	2694473	1266381	4196283	2987162	2479935	3264291	1773426	3329169
419471	610266	209224	582452	433048	215522	1641611	395375	372965
245793	63792	122194	1452282	1498398	212838	823851	16575	310887
3190135	2886893	2177572	5010394	4385344	1833558	4570177	1635396	3841462
2922334	2176464	2003456	4321619	3981628	1610661	4246138	1312066	3154631
267801	710429	174116	688775	403716	222897	324039	323330	686831
1051909	2235917	1943195	2914570	3307576	810812	2757021	1183693	2828029
8835785	13685053	5890052	15918211	14777713	12189045	12329814	6097762	15979953
835657	1828299	849833	1032347	2874587	1997802	1533572	900810	2977708

Note: The state-owned investment refers to the investment from state-ownered enterprises, state joint ownership enterprises and sole state-funded corporations. The investment by non-state-owned units refers to the total investment excluding the investment from state-owned enterprises, state joint ownership enterprises, sole state-funded corporations, enterprises with funds from foreign regions,Hong Kong, Macao and Taiwan. The investment by private enterprises refers to private holding investment and individual investment of the investment from collective-owned enterprises, other cooperative enterprises, other limited liability corporations,private enterprises, other domestic funded enterprises and share holding corporations. The same as in the following tables.

4-16 新增固定资产（2016年，按投资类别分）

Total Newly Increased Fixed Assets (2016, by Type of Investment)

单位：万元 (10000 yuan)

项目	Item	合计 Total	#房地产开发 Real Estate Development
总计	**Total**	**21570430**	**7032795**
按登记注册类型分	**Grouped by Registration Status**		
内资企业	Domestic Funded Enterprises	16491160	4801674
国有企业	State-owned Enterprises	3068487	24923
集体企业	Collective-owned Enterprises	1007615	75851
股份合作企业	Cooperative Enterprises	9450	
联营企业	Joint Ownership Enterprises	4800	
国有联营企业	State Joint Ownership Enterprises		
集体联营企业	Collective Joint Ownership Enterprises	4800	
国有与集体联营企业	Joint State-collective Enterprises		
其他联营企业	Other Joint Ownership Enterprise		
有限责任公司	Limited Liability Corporations	6237113	3085853
国有独资公司	State Sole Funded Corporations	880137	59989
其他有限责任公司	Other Limited Liability Corporations	5356976	3025864
股份有限公司	Share Holding Corporations Ltd.	1908997	693
私营企业	Private Enterprises	3935331	1614354
其他企业	Other Enterprises	319367	
港、澳、台商投资企业	Enterprises with Funds from Hong Kong, Macao and Taiwan	2583538	1006386
#与港、澳、台商合资经营企业	Joint-venture Enterprises	1747006	473894
与港、澳、台商合作经营企业	Cooperative Enterprises	394454	387500
港、澳、台商独资经营企业	Enterprises with Sole Funds	429472	144992
港、澳、台商投资股份有限公司	Share-holding Corporations Ltd.	12606	
外商投资企业	Foreign Funded Enterprises	2493088	1224735
#中外合资经营企业	Joint-venture Enterprises	1388468	491901
中外合作经营企业	Cooperative Enterprises	111892	90517
外资企业	Enterprises with Sole Foreign Funds	928136	642317
外商投资股份有限公司	Share-holding Corporations Ltd.	44592	
个体经营	Self-employed Individual	2644	
按隶属关系分	**Grouped by Jurisdiction of Management**		
中央属	Central Investment	3623947	1005560
省 属	Provincial Investment	573219	134571
市 属	Municipal Investment	2819431	568745
区 属	District Investment	3495055	360852
其 他	Others	11058778	4963067
按建设性质分	**Grouped by Type of Construction**		
#新 建	New Construction	13340802	7032795
扩 建	Expansion	1127722	
改建和技术改造	Reconstruction	2625627	
单纯购置	Purchase	4324350	

单位：万元 (10000 yuan)

项　　目	Item	2015	2016
按行业分	**Grouped by Sector**		
农、林、牧、渔业	Agriculture, Forestry, Animal Husbandry and Fishery	411351	185447
工　业	Industry	8143231	4001993
采矿业	Mining		
制造业	Manufacturing	6581469	3536369
农副食品加工业	Processing of Food from Agricultural Products	90898	53364
食品制造业	Manufacture of Foods	176849	92470
酒、饮料和精制茶制造业	Manufacture of Wine ,Beverages and Refined Tea	20832	56783
烟草制品业	Manufacture of Tobacco	610843	3769
纺织业	Manufacture of Textile	123614	43969
纺织服装、服饰业	Manufacture of Textile Wearing Apparel,clothing	447125	79729
皮革、毛皮、羽毛及其制品和制鞋业	Manufacture of Leather, Fur, Feather and Related Products and Footwear	105824	56823
木材加工和木、竹、藤、棕、草制品业	Processing of Timber, Manufacture of Wood, Bamboo, Rattan, Palm and Straw Products	15698	
家具制造业	Manufacture of Furniture	137465	63810
造纸及纸制品业	Manufacture of Paper and Paper Products	66961	59883
印刷和记录媒介复制业	Printing, Reproduction of Recording Media	121888	41264
文教、工美、体育和娱乐用品制造业	Manufacture of Culture and Education, Arts and Crafts, Sports and Entertainment Supplies	84550	98152
石油加工、炼焦和核燃料加工业	Processing of Petroleum, Coking, Processing of Nuclear Fuel	82200	42384
化学原料及化学制品制造业	Manufacture of Raw Chemical Materials and Chemical Products	484395	169316
医药制造业	Manufacture of Medicines	311629	84115
化学纤维制造业	Manufacture of Chemical Fibers		
橡胶和塑料制品业	Manufacture of Rubber and Plastics	216107	104489
非金属矿物制品业	Manufacture of Non-metallic Mineral Products	71078	62078
黑色金属冶炼和压延加工业	Smelting and Pressing of Ferrous Metals	8692	11025
有色金属冶炼和压延加工业	Smelting and Pressing of Non-Ferrous Metals	18529	19375
金属制品业	Manufacture of Metal Products	208103	174987
通用设备制造业	Manufacture of General Purpose Machinery	283348	156371
专用设备制造业	Manufacture of Special Purpose Machinery	154037	127639
汽车制造业	Manufacture of Automobile	1645545	1158735
铁路、船舶、航空航天和其他运输设备制造业	Manufacture of Railway, Ship, Aerospace and Other Transportation Equipment	244395	41563
电气机械和器材制造业	Manufacture of Electrical Machinery and Equipment	326434	143447
计算机、通信和其他电子设备制造业	Manufacture of Computers, Communications and Other Electronic Equipment	417657	452645
仪器仪表制造业	Manufacture of Instrument	44759	65060
其他制造业	Other manufacturing	11454	19075
废弃资源综合利用业	Comprehensive Utilization of Waste Resources	26213	13972
金属制品、机械和设备修理业	Metal Products, Machinery and Equipment Repair	24347	40077

4-16 续表 2 continued

单位：万元 (10000 yuan)

项　　目	Item	2015	2016
电力、热力、燃气及水生产和供应业	Production and Supply of Electricity, Heat,Gas and Water	1561762	465624
电力、热力生产和供应业	Production and Supply of Electric Power and Heat Power	1421079	230432
燃气生产和供应业	Production and Supply of Gas	32971	46630
水的生产和供应业	Production and Supply of Water	107712	188562
建筑业	Construction	185124	235614
批发和零售业	Wholesale and Retail Trades	1902810	1055121
交通运输、仓储和邮政业	Transport, Storage and Post	1851788	1908345
铁路运输业	Railway Transport		
道路运输业	Road Transport	811923	136517
水上运输业	Water Transport	213745	387209
航空运输业	Air Transport	154203	1248231
管道运输业	Transport via Pipelines		
装卸搬运和运输代理业	Handling and Transportation Agents	110657	28778
仓储业	Storage	546739	84597
邮政业	Post	14521	23013
住宿和餐饮业	Hotels and Catering Services	1006540	219911
信息传输、软件和信息技术服务业	Information Transmission, Software and Information Technology	2591933	525348
电信、广播电视和卫星传输服务	Telecommunications, Broadcasting ,TV transmission and Satellite Services	1967370	253652
互联网和相关服务	Networks Related Services	108487	22922
软件和信息技术服务业	Software and Information Technology Services	516076	248774
金融业	Financial Intermediation	112840	15320
房地产业	Real Estate	8597305	8173242
# 房地产开发经营	Real Estate Development and Management	6504203	7032795
租赁和商务服务业	Leasing and Business Services	528092	1671455
科学研究和技术服务业	Scientific Research and Technical Services	600858	296315
水利、环境和公共设施管理业	Management of Water Conservancy, Environment and Public Facilities	4191411	1877017
居民服务、修理和其他服务业	Service to Households, Repair and Other Services	101894	34175
教　育	Education	747924	479995
卫生和社会工作	Health and Social Work	748734	445470
文化、体育和娱乐业	Culture, Sports and Entertainment	433590	302259
新闻和出版业	Press and Publishing Industry		2940
广播、电视、电影和影视录音制作业	Radio, Television, Movie and Recording Manufacturing	25982	23131
文化艺术业	Culture and Art	138122	130838
体　育	Sports	58632	75408
娱乐业	Entertainment	210854	69942
公共管理、社会保障和社会组织	Public Management, Social Security and Social Organizations	415388	143403
国际组织	International Organizations		

4-17 民间固定资产投资和房屋建设情况（2016年）

Investment in Fixed Assets and Building Construction by Private Units (2016)

项　　目	Item	固定资产投资额（万元）Investment in Fixed Assets (10000 yuan)	房屋施工面积（平方米）Floor Space under Construction (sq.m)	房屋竣工面积（平方米）Floor Space Completed (sq.m)
总　　计	**Total**	**25197721**	**68244296**	**10207380**
按登记注册类型分	**Grouped by Registration Status**			
# 集体企业	Collective-owned Enterprises	1389806	3499260	1298472
股份合作企业	Cooperative Enterprises	39237	9658	
联营企业(不含国有及国有控股企业和外商及港澳台商及其控股企业)	Joint Ownership Enterprises	4000		
有限责任公司(不含国有及国有控股企业和外商及港澳台商及其控股企业)	Limited Liability Corporations	12525472	36708029	3605249
股份有限公司(不含国有及国有控股企业和外商及港澳台商及其控股企业)	Share-holding Corporations Ltd.	246787	357497	69145
私营企业	Private Enterprises	8457260	24189886	4416368
其他企业	Other Enterprises	642515	458055	202913
个体经营	Individual Investment	2644		
按投资类别分	**Grouped by Type of Investment**			
# 房地产开发	Real Estate Development	15457198	58975391	6641357

4-18 住宅投资建设情况（2016年）

Statistics on Investment and Construction of Residential Buildings (2016)

项　　目	Item	固定资产投资额（万元）Investment in Fixed Assets (10000 yuan)	房屋施工面积（平方米）Floor Space under Construction (sq.m)	房屋竣工面积（平方米）Floor Space Completed (sq.m)
总　　计	**Total**	**16183963**	**62288094**	**8329815**
按登记注册类型分	**Grouped by Registration Status**			
内资企业	Domestic Funded Enterprises	12305328	44491986	5316119
国有企业	State-owned Enterprises	266946	1112625	45783
集体企业	Collective-owned Enterprises	96049	824061	312960
股份合作企业	Cooperative Enterprises	23192	6058	
联营企业	Joint Ownership Enterprises			
有限责任公司	Limited Liability Corporations	8951781	27711346	3220315
股份有限公司	Share-holding Corporations Ltd.	276246	2739878	10536
私营企业	Private Enterprises	2691114	12098018	1726525
其他企业	Other Enterprises			
港、澳、台商投资企业	Enterprises with Funds from Hong Kong, Macao and Taiwan	2616474	10985928	887386
外商投资企业	Foreign Funded Enterprises	1262161	6810180	2126310
个体经营	Individual Investment			
按投资类别分	**Grouped by Type of Investment**			
# 房地产开发	Real Estate Development	15944355	61056807	8184283

4-19 固定资产投资资金来源（2016年，按投资类别分）

Total Investment in Fixed Assets by Source of Funds (2016, by Type of Investment)

单位：万元 (10000 yuan)

项　　目	Item	合　计 Total	#房地产开发 Real Estate Development
本年实际到位资金合计	Total Actually Funds Provided This Year	78459388	46030909
上年末结余资金	Surplus Fund from Year-end of Preceding Year	12523570	10912510
本年实际到位资金小计	Subtotal Actually Funds Provided This Year	65935818	35118399
国家预算资金	State Budget	6570588	
国内贷款	Domestic Loans	10735339	5481352
债　　券	Bonds	264644	
利用外资	Foreign Investment	370074	188386
自筹资金	Self-raising Funds	28390607	11722824
其他资金	Others	19604566	17725837
本年各项应付款合计	Total Payment This Year	9737706	6669769
# 工程款	Payment Against Projects	3147242	2541717

4-20 主要年份基础设施投资额

Total Investment of Infrastructure in Main Years

单位：万元 (10000 yuan)

年 份 Year	基础设施投资额合计 Total Investment in Infrastructure	电力、热力、燃气及水生产和供应业 Production and Supply of Electricity, Heat, Gas and Water	交通运输、仓储和邮政业 Transport, Storage and Post	信息传输、软件和信息技术服务业 Information Transmission, Software and Information Technology	水利、环境和公共设施管理业 Management of Water Conservancy, Environment and Public Facilities
2006	5486487	1027261	2584536	323481	1551209
2007	5396237	823335	2395913	231485	1945504
2008	6058585	721278	2993037	310452	2033818
2009	10205364	1921535	3755212	1018626	3509991
2010	13322053	2300961	4498051	898385	5624656
2011	9977291	891065	4274037	1864116	2948073
2012	10650125	1241487	4568369	1229343	3610926
2013	11371899	1016015	5935429	1037231	3383224
2014	12466576	1227907	6707111	1251867	3279691
2015	13390770	1105701	6316844	1816401	4151824
2016	15164507	1603562	7922729	1110701	4527515

4-21 房地产开发与经营(2016年，按法人单位办公所在地分)

项　　目	Item	全　市 Total	荔湾区 Liwan	越秀区 Yuexiu
企业个数 (个)	Number of Enterprises (unit)	1345	38	195
年末从业人数 (人)	Employed Persons at Year-end (person)	45243	1064	4261
本年完成投资 (万元)	Total Investment Completed This Year (10000 yuan)	25408549	2723826	736265
#住　宅	Residential Buildings	15944355	2285768	284744
办公楼	Office Buildings	3041503	9773	167045
商业营业用房	Houses for Business Use	3759403	166601	195256
房屋施工面积 (平方米)	Floor Space of Buildings under Construction (sq.m)	100619164	5016116	4345766
#住　宅	Residential Buildings	61056807	3416107	2374541
办公楼	Office Buildings	10759671	28040	523754
商业营业用房	Houses for Business Use	12262975	426190	602317
#新开工面积	Floor Space of Newly Started Buildings	21323802	1706660	185053
#住　宅	Residential Buildings	12585748	1066961	
办公楼	Office Buildings	2616340	1436	90322
商业营业用房	Houses for Business Use	2681010	87210	75236
房屋竣工面积 (平方米)	Floor Space of Buildings Completed (sq.m)	12022431	545435	918737
#住　宅	Residential Buildings	8184283	492186	467961
办公楼	Office Buildings	1128492		103355
商业营业用房	Houses for Business Use	1292429	5509	188354
商品房销售面积 (平方米)	Floor Space of Buildings Actually Sold This Year (sq.m)	19490982	669676	381053
现房销售面积	Floor Space of Existing Buildings with Contracts Signed	3960786	35049	105643
#住　宅	Residential Buildings	3300742	33066	82493
办公楼	Office Buildings	126277		2305
商业营业用房	Houses for Business Use	172868	109	8232
期房销售面积	Floor Space of Buildings Presold This Year	15530196	634627	275410
#住　宅	Residential Buildings	12939310	568044	249546
办公楼	Office Buildings	1404627		24432
商业营业用房	Houses for Business Use	1023771	47955	
商品房销售合同金额(万元)	Contracted Value of Buildings Actually Sold This Year(10000 yuan)	31933259	2066715	1194026
现房销售合同金额	Contracted Value of Existing Buildings with Contracts Signed	6478005	71047	274289
#住　宅	Residential Buildings	5575326	68146	216255
办公楼	Office Buildings	225740		6734
商业营业用房	Houses for Business Use	296629	446	21672
期房销售合同金额	Contracted Value of Buildings Presold	25455254	1995668	919737
#住　宅	Residential Buildings	20970319	1783495	837132
办公楼	Office Buildings	2436601		78766
商业营业用房	Houses for Business Use	1776361	162545	

Real Estate Development and Management

(2016, by the Locations of the Offices of Corporate Units)

海珠区 Haizhu	天河区 Haizhu	白云区 Baiyun	黄埔区 Huangpu	番禺区 Panyu	花都区 Huadu	南沙区 Nansha	从化区 Conghua	增城区 Zengcheng
148	252	63	77	146	113	97	69	147
3098	10236	2104	2657	6648	3409	3310	2631	5825
1564319	2999505	1055184	3997123	2738869	2476236	2883217	1218527	3015478
756882	1343140	643932	2861284	1382551	1229786	1669385	982229	2504654
518949	738188	119123	654751	296473	11267	442288	52557	31089
116397	485925	98535	292492	625526	984452	477876	61707	254636
7598991	12610876	4343563	13130893	12050939	10229587	11377654	5617564	14297215
4351027	5849922	2118416	8072998	6449232	6678105	6412518	4641335	10692606
1231600	2859631	803415	1618593	1471402	379978	1390368	93926	358964
1092447	1666834	428217	1789121	1648974	1584079	1443743	238250	1342803
1446444	2555326	768856	4106287	1083188	2505150	3207851	842212	2916775
841419	1728939	457715	2284455	320842	1424473	1613608	645080	2202256
288076	370462	44518	849752	145783	15935	675032	62026	72998
179881	202979	30048	391611	290616	506660	533306	34555	348908
709288	1593816	426096	948515	1204049	1159263	1261382	636297	2619553
396462	696832	95179	441698	940172	927668	995813	566539	2163773
165725	552769	80000	32640	97372		9566	1975	85090
55523	125637	121023	436087	9016	88716	59190	22614	180760
1767353	1516716	543921	2831806	2683618	1891784	2256511	1836179	3112365
373005	476267	124363	535800	786764	390066	245919	494656	393254
351988	396972	107669	460309	547777	293175	171570	482982	372741
12386	15899		32942	26830	21620	14295		
8394	7747	5146	22198	44283	45788	10719	11363	8889
1394348	1040449	419558	2296006	1896854	1501718	2010592	1341523	2719111
1274568	651766	214991	1816821	1239587	1395137	1649305	1333802	2545743
45114	313395	198328	313487	298583	5665	165921		39702
61935	50602	5751	165256	301850	100595	158044	4789	126994
4486577	4547241	1282322	4280753	4553241	2035345	2659154	1347442	3480443
934426	1376724	383751	745899	1199466	399006	284967	341488	466942
899652	1167789	341182	621703	969622	302579	219712	328398	440288
16272	61923		57213	36993	26578	20027		
17932	43021	17800	38031	56375	47610	21949	12646	19147
3552151	3170517	898571	3534854	3353775	1636339	2374187	1005954	3013501
3257388	2127950	597820	2868429	2361223	1489686	1850656	997673	2798867
110579	819390	288098	405028	452455	5930	234489		41866
144934	151551	11521	260604	502806	140463	226553	5710	169674

4-22 房地产开发与经营（2016年，按项目所在地分）

项目	Item	全市 Total	荔湾区 Liwan	越秀区 Yuexiu
本年完成投资（万元）	Total Investment Completed This Year (10000 yuan)	25408549	2880389	569996
#住　宅	Residential Buildings	15944355	2350672	133073
办公楼	Office Buildings	3041503	45377	177629
商业营业用房	Houses for Business Use	3759403	171427	185014
房屋施工面积（平方米）	Floor Space of Buildings under Construction (sq.m)	100619164	6503247	2301065
#住　宅	Residential Buildings	61056807	4283551	874137
办公楼	Office Buildings	10759671	181329	545821
商业营业用房	Houses for Business Use	12262975	580349	447784
#新开工面积	Floor Space of Newly Started Buildings	21323802	1706660	182541
#住　宅	Residential Buildings	12585748	1066961	
办公楼	Office Buildings	2616340	1436	92330
商业营业用房	Houses for Business Use	2681010	87210	75236
房屋竣工面积（平方米）	Floor Space of Buildings Completed (sq.m)	12022431	576201	533032
#住　宅	Residential Buildings	8184283	504953	187810
办公楼	Office Buildings	1128492		103355
商业营业用房	Houses for Business Use	1292429	11991	177912
商品房销售面积（平方米）	Floor Space of Buildings Actually Sold This Year (sq.m)	19490982	772739	148810
现房销售面积	Floor Space of Existing Buildings with Contracts Signed	3960786	73223	45293
#住　宅	Residential Buildings	3300742	46926	30162
办公楼	Office Buildings	126277	5730	2305
商业营业用房	Houses for Business Use	172868	961	7357
期房销售面积	Floor Space of Buildings Presold This Year	15530196	699516	103517
#住　宅	Residential Buildings	12939310	593767	78103
办公楼	Office Buildings	1404627	25671	25414
商业营业用房	Houses for Business Use	1023771	56099	
商品房销售合同金额（万元）	Contracted Value of Buildings Actually Sold This Year(10000 yuan)	31933259	2303994	555723
现房销售合同金额	Contracted Value of Existing Buildings with Contracts Signed	6478005	160499	168079
#住　宅	Residential Buildings	5575326	105319	124822
办公楼	Office Buildings	225740	16218	6734
商业营业用房	Houses for Business Use	296629	7008	19552
期房销售合同金额	Contracted Value of Buildings Presold	25455254	2143495	387644
#住　宅	Residential Buildings	20970319	1857252	305481
办公楼	Office Buildings	2436601	65361	82163
商业营业用房	Houses for Business Use	1776361	169199	

Real Estate Development and Management (2016, by Region of Item)

海珠区 Haizhu	天河区 Tianhe	白云区 Baiyun	黄埔区 Huangpu	番禺区 Panyu	花都区 Huadu	南沙区 Nansha	从化区 Conghua	增城区 Zengcheng
1511782	2571570	1148523	4196184	2793233	2562651	2940216	1218527	3015478
700371	1015802	761829	3062578	1424444	1288016	1720687	982229	2504654
523634	728836	81038	650084	297204	11767	442288	52557	31089
117753	462772	111494	291940	632699	988287	481674	61707	254636
6342656	9649909	5955927	14371931	12615082	11179530	11785038	5617564	14297215
3168956	3722181	3550363	9276628	6836918	7278927	6731205	4641335	10692606
1181529	3018171	590825	1537136	1478351	383251	1390368	93926	358964
1101855	1557733	443750	1800998	1659511	1618434	1471508	238250	1342803
1446444	2070601	743998	4618382	1083188	2505150	3207851	842212	2916775
841419	1216844	457715	2796550	320842	1424473	1613608	645080	2202256
288076	397832	15140	849752	145783	15935	675032	62026	72998
179881	202979	30048	391611	290616	506660	533306	34555	348908
670739	1419211	698185	959051	1204049	1424816	1281297	636297	2619553
360147	626329	229278	452234	940172	1138194	1014854	566539	2163773
165725	552769	80000	32640	97372		9566	1975	85090
55523	121591	128155	436087	9016	88716	60064	22614	180760
1259298	1338071	958086	2904512	2859550	2005257	2296115	1836179	3112365
123926	449052	280290	536567	863364	439983	261178	494656	393254
100070	425192	246927	460309	607349	341255	186829	482982	372741
12386	10169		32942	26830	21620	14295		
8467	4537	6740	22198	44283	47354	10719	11363	8889
1135372	889019	677796	2367945	1996186	1565274	2034937	1341523	2719111
1014160	531938	495945	1880192	1337183	1458479	1669998	1333802	2545743
45114	309458	175612	313487	298583	5665	165921		39702
61935	37070	5751	165256	303586	100595	161696	4789	126994
3344135	4321196	2367218	4412183	4887575	2163156	2750194	1347442	3480443
348077	1373325	773746	746800	1330255	462313	306481	341488	466942
304812	1271114	692998	621703	1080716	363930	241226	328398	440288
16272	45705		57213	36993	26578	20027		
18108	30095	24369	38031	56375	49349	21949	12646	19147
2996058	2947871	1593472	3665383	3557320	1700843	2443713	1005954	3013501
2697456	1949718	1356127	2987808	2560759	1553956	1905222	997673	2798867
110579	814038	224692	405028	452455	5930	234489		41866
144934	125928	11521	260604	506815	140463	241513	5710	169674

4-23 房地产开发投资额和新增固定资产（2016年）

单位：万元

项目	Item	企业数（个）Number of Enterprises (unit)
全 市	**Total**	**1345**
按企业登记注册类型分	**Grouped by Registration Status**	
内资企业	Domestic Funded Enterprises	999
国有企业	State-owned Enterprises	29
集体企业	Collective-owned Enterprises	18
股份合作企业	Cooperative Enterprises	3
联营企业	Joint Ownership Enterprises	1
# 国有联营企业	State Joint Ownership Enterprises	
集体联营企业	Collective Joint Ownership Enterprises	
国有与集体联营企业	Joint State-collective Enterprises	
有限责任公司	Limited Liability Corporations	560
# 国有独资公司	State Sole Funded Corporations	30
股份有限公司	Share-holding Corporations Ltd.	11
私营企业	Private Enterprises	375
其他企业	Other Enterprises	2
港、澳、台商投资企业	Enterprises with Funds from Hong Kong, Macao and Taiwan	271
# 与港、澳、台商合资经营企业	Joint-venture Enterprises	56
与港、澳、台商合作经营企业	Cooperative Enterprises	101
港、澳、台商独资经营企业	Enterprises with Sole Funds	112
港、澳、台商投资股份有限公司	Share-holding Corporations Ltd.	2
外商投资企业	Foreign Funded Enterprises	75
# 中外合资经营企业	Joint-venture Enterprises	21
中外合作经营企业	Cooperative Enterprises	16
外资企业	Enterprises with Sole Foreign Funds	29
外商投资股份有限公司	Share-holding Corporations Ltd.	6
按资质分	**Grouped by Grade**	
一级资质	Grade One	14
二级资质	Grade Two	107
三级资质	Grade Three	508
四级以下(含四级)	Grade Four and below	716
按隶属关系分	**Grouped by Jurisdiction of Management**	
中央属	Central Investment	17
省 属	Provincial Investment	36
市属及以下	Municipal Investment	1292

Investment and Newly Increased Fixed Assets in Real Estate Development (2016)

(10000 yuan)

投资额合计 Total Investment	住 宅 Residential Buildings	办公楼 Office Buildings	商业营业用房 Houses for Business Use	其他用房 Other Buildings	新增固定资产 Newly Increased Fixed Assets
25408549	**15944355**	**3041503**	**3759403**	**2663288**	**7032795**
19108071	12094897	2259491	2690443	2063240	4801674
211823	171188	5400	4555	30680	24923
110155	60872	9550	10971	28762	75851
23212	23192			20	
13711524	8926435	1752552	1501769	1530768	3085853
381558	174917	80952	118015	7674	59989
297001	276246	4130	11426	5199	693
4754356	2636964	487859	1161722	467811	1614354
4074443	2591474	495410	597189	390370	1006386
783050	408510	87428	220664	66448	473894
857901	411059	202102	176818	67922	387500
2390263	1757496	205880	185297	241590	144992
13229	14409		14410	14410	
2226035	1257984	286602	471771	209678	1224735
1160495	419920	197438	421222	121915	491901
231385	153557	61300	11303	5225	90517
516354	396243	27864	17874	74373	642317
132795	121652		6528	4615	
750218	533456	113479	38893	64390	934044
1212051	816118	93904	105752	196277	552516
4465751	3066891	300752	533617	564491	2549318
18980529	11527890	2533368	3081141	1838130	2996917
909546	785594	19609	38934	65409	1005560
265563	64266	196894	1965	2438	134571
24233440	15094495	2825000	3718504	2595441	5892664

4-24 房地产开发房屋面积（2016年）

单位：平方米

项　目	Item
全　市	**Total**
按企业登记注册类型分	**Grouped by Registration Status**
内资企业	Domestic Funded Enterprises
国有企业	State-owned Enterprises
集体企业	Collective-owned Enterprises
股份合作企业	Cooperative Enterprises
联营企业	Joint Ownership Enterprises
#国有联营企业	State Joint Ownership Enterprises
集体联营企业	Collective Joint Ownership Enterprises
国有与集体联营企业	Joint State-collective Enterprises
有限责任公司	Limited Liability Corporations
#国有独资公司	State Sole Funded Corporations
股份有限公司	Share-holding Corporations Ltd.
私营企业	Private Enterprises
其他企业	Other Enterprises
港、澳、台商投资企业	Enterprises with Funds from Hong Kong, Macao and Taiwan
#与港、澳、台商合资经营企业	Joint-venture Enterprises
与港、澳、台商合作经营企业	Cooperative Enterprises
港、澳、台商独资经营企业	Enterprises with Sole Funds
港、澳、台商投资股份有限公司	Share-holding Corporations Ltd.
外商投资企业	Foreign Funded Enterprises
#中外合资经营企业	Joint-venture Enterprises
中外合作经营企业	Cooperative Enterprises
外资企业	Enterprises with Sole Foreign Funds
外商投资股份有限公司	Share-holding Corporations Ltd.
按资质分	**Grouped by Grade**
一级资质	Grade One
二级资质	Grade Two
三级资质	Grade Three
四级以下(含四级)	Grade Four and below
按隶属关系分	**Grouped by Jurisdiction of Management**
中央属	Central Investment
省　属	Provincial Investment
市属及以下	Municipal Investment

Floor Space of Buildings in Real Estate Development (2016)

(sq.m)

施工面积 Floor Space of Buildings under Construction	# 住宅 Residential Buildings	竣工面积 Floor Space of Buildings Completed	# 住宅 Residential Buildings	商品房销售面积 Floor Space of Buildings Actually Sold	# 住宅 Residential Buildings
100619164	**61056807**	**12022431**	**8184283**	**19490982**	**16240052**
71883887	43260699	8006867	5170587	13296443	11018536
1126202	798834	119466	20838	73487	69759
633579	462627	247955	193773	132670	91553
9658	6058				
46182852	27210088	4846221	3220315	8411386	6701418
2658791	1558098	126967	49323	104041	84370
3483867	2739878	10536	10536	879594	866565
20447729	12043214	2782689	1725125	3799306	3289241
18509517	10985928	1463101	887386	3628781	3069531
3827309	2054842	409567	267036	872828	704028
5261522	3229176	603320	226694	667725	607158
9130009	5504626	450214	393656	2044481	1714598
290677	197284			43747	43747
10225760	6810180	2552463	2126310	2565758	2151985
3973279	2102141	885184	798268	1400706	1073734
1229673	671247	433879	317913	230683	223671
3636396	2867046	1233400	1010129	634601	565598
872144	849825			226621	225005
6810030	4574092	1412688	749146	1566128	1429569
8739368	5657282	986817	830042	1620257	1565391
27964733	17400508	4709765	3099838	5188447	4506797
57105033	33424925	4913161	3505257	11116150	8738295
5970886	4490915	1469924	1334819	1164522	1126810
861867	430587	262837	93686	66419	45906
93786411	56135305	10289670	6755778	18260041	15067336

4-25 房地产开发资金来源（2016年）

单位：万元

项　　目	Item
全　市	**Total**
按企业登记注册类型分	**Grouped by Registration Status**
内资企业	Domestic Funded Enterprises
国有企业	State-owned Enterprises
集体企业	Collective-owned Enterprises
股份合作企业	Cooperative Enterprises
联营企业	Joint Ownership Enterprises
#国有联营企业	State Joint Ownership Enterprises
集体联营企业	Collective Joint Ownership Enterprises
国有与集体联营企业	Joint State-collective Enterprises
有限责任公司	Limited Liability Corporations
#国有独资公司	State Sole Funded Corporations
股份有限公司	Share-holding Corporations Ltd.
私营企业	Private Enterprises
其他企业	Other Enterprises
港、澳、台商投资企业	Enterprises with Funds from Hong Kong, Macao and Taiwan
#与港、澳、台商合资经营企业	Joint-venture Enterprises
与港、澳、台商合作经营企业	Cooperative Enterprises
港、澳、台商独资经营企业	Enterprises with Sole Funds
港、澳、台商投资股份有限公司	Share-holding Corporations Ltd.
外商投资企业	Foreign Funded Enterprises
#中外合资经营企业	Joint-venture Enterprises
中外合作经营企业	Cooperative Enterprises
外资企业	Enterprises with Sole Foreign Funds
外商投资股份有限公司	Share-holding Corporations Ltd.
按资质分	**Grouped by Grade**
一级资质	Grade One
二级资质	Grade Two
三级资质	Grade Three
四级以下(含四级)	Grade Four and below
按隶属关系分	**Grouped by Jurisdiction of Management**
中央属	Central Investment
省　属	Provincial Investment
市属及以下	Municipal Investment

注：本表资金来源为本年发生额。

Real Estate Development by Source of Funds (2016)

(10000 yuan)

合　计 Total	国内贷款 Domestic Loans	利用外资 Foreign Investment	自筹资金 Self-raising Funds	其他资金 Others
35118399	**5481352**	**188386**	**11722824**	**17725837**
23383458	3774608		9112765	10496085
270577			256210	14367
129718			98375	31343
12275			11936	339
16296663	2847106		6625058	6824499
369210	47022		216303	105885
448280	108800		184659	154821
6225945	818702		1936527	3470716
7713719	663270	188386	1819331	5042732
1532887	253221		256303	1023363
1708524	158090	188386	340721	1021327
4395804	251959		1222307	2921538
76504				76504
4021222	1043474		790728	2187020
2262575	763950		126614	1372011
335317	187104		41968	106245
996165	9420		539942	446803
277856			15895	261961
1494755			411145	1083610
2331289	510475		497366	1323448
8285966	1540637		1679014	5066315
23006389	3430240	188386	9135299	10252464
1298420	174387		207620	916413
430265	2000		400383	27882
33389714	5304965	188386	11114821	16781542

Note: The source of funds in this table refers to the amount in current year.

4-26 房地产开发主要财务指标（2016年）

单位：万元

项　　目	Item
全　市	**Total**
按企业登记注册类型分	**Grouped by Registration Status**
内资企业	Domestic Funded Enterprises
国有企业	State-owned Enterprises
集体企业	Collective-owned Enterprises
股份合作企业	Cooperative Enterprises
联营企业	Joint Ownership Enterprises
#国有联营企业	State Joint Ownership Enterprises
集体联营企业	Collective Joint Ownership Enterprises
国有与集体联营企业	Joint State-collective Enterprises
有限责任公司	Limited Liability Corporations
#国有独资公司	State Sole Funded Corporations
股份有限公司	Share-holding Corporations Ltd.
私营企业	Private Enterprises
其他企业	Other Enterprises
港、澳、台商投资企业	Enterprises with Funds from Hong Kong, Macao and Taiwan
#与港、澳、台商合资经营企业	Joint-venture Enterprises
与港、澳、台商合作经营企业	Cooperative Enterprises
港、澳、台商独资经营企业	Enterprises with Sole Funds
港、澳、台商投资股份有限公司	Share-holding Corporations Ltd.
外商投资企业	Foreign Funded Enterprises
#中外合资经营企业	Joint-venture Enterprises
中外合作经营企业	Cooperative Enterprises
外资企业	Enterprises with Sole Foreign Funds
外商投资股份有限公司	Share-holding Corporations Ltd.
按资质分	**Grouped by Grade**
一级资质	Grade One
二级资质	Grade Two
三级资质	Grade Three
四级以下(含四级)	Grade Four and below
按隶属关系分	**Grouped by Jurisdiction of Management**
中央属	Central Investment
省　属	Provincial Investment
市属及以下	Municipal Investment

Main Financial Indicators of Real Estate Development (2016)

(10000 yuan)

资产总计 Total Assets	所有者权益 Owners′ Equity	营业收入 Business Revenue	营业成本 Cost of Business	利润总额 Total Profits
228600701	**42092809**	**23792758**	**15045057**	**5765742**
151704139	23671077	15371855	10375422	4241539
1235753	420090	38826	8614	68992
375432	122843	67718	46343	10095
25729	4070	1088	305	164
3673	-1342	18	5	-142
101682431	15748498	11080602	7548705	3517610
5536450	1510924	755391	544232	193006
10280602	2126242	626633	426186	69647
38100519	5250676	3556970	2345264	575173
58120324	14169714	5571497	3025439	1046067
11485061	3372301	1664504	1051305	306210
15174921	3973215	1600625	823977	242876
31179711	6717541	2169123	1065493	454917
280631	106657	137245	84663	42064
18776238	4252018	2849406	1644196	478136
5418539	1555794	1076545	491131	189133
1719482	345256	282288	197252	47078
9858103	2034298	1154037	756623	139301
815339	168657	87582	62219	8850
50688249	4753967	2220899	1087885	2369797
25142506	5608869	3048929	1784046	501715
59961057	14541724	7555084	4657529	1543094
92808889	17188249	10967846	7515597	1351136
4707660	1301464	1231687	921756	114786
3038471	873498	114150	72438	9477
220854570	39917847	22446921	14050863	5641479

【固定资产投资额】以货币形式表现的在一定时期内建造和购置固定资产的工作量以及与此有关的费用的总称。该指标是反映固定资产投资规模、结构和发展速度的综合性指标，又是观察工程进度和考核投资效果的重要依据。

【房地产开发投资】各种登记注册类型的房地产开发公司、商品房建设公司及其他房地产开发单位统一开发的包括统代建、拆迁还建的住宅、厂房、仓库、饭店、宾馆、度假村、写字楼、办公楼等房屋建筑物和配套的服务设施、土地开发工程，如道路、给水、排水、供电、供热、通讯、平整场地等基础设施工程的投资。包括实际从事房地产开发或经营活动的附营房地产开发单位。不包括单纯的土地交易活动。

【房屋施工面积】指报告期内施工的全部房屋建筑面积。包括本期新开工的面积和上期开工跨入本期继续施工的房屋面积，以及上期已停建在本期复工的房屋面积。本期竣工和本期施工后又停缓建的房屋，其建筑面积仍计入本期房屋施工面积中。

【房屋竣工面积】指在报告期内房屋建筑按照设计要求已全部完工，达到住人和使用条件，经验收鉴定合格（或达到竣工验收标准），可正式移交使用的各栋房屋建筑面积的总和。

【Total Investment in Fixed Assets】 refers to the volume of activities in construction and purchases of fixed assets and related fees, expressed in monetary terms. It is a comprehensive indicator which shows the size, structure and growth of the investment in fixed assets, providing basis for observing the progress of construction projects and evaluating results of investment.

【Investment in Real Estate Development】It includes the investment by the real estate development companies, commercial buildings construction companies and other real estate development units of various types of ownership in the construction of house buildings, such as residential buildings, factory buildings, warehouses, hotels, guesthouses, holiday villages, office buildings, and the complementary service facilities and land development projects, such as roads, water supply, water drainage, power supply, heating, telecommunications, land leveling and other projects of infrastructure. It covers the activities of the non-real estate companies in real estate development or management, but excludes the activities in simple land transactions.

【Floor Space under Construction】 refers to total floor space of all buildings under construction during the reference period, including floor space of newly started buildings during the reference period, floor space of construction extended from the previous period to the current period, and floor space of construction suspended during the previous period but resumed in the current period. Floor space of construction completed in the current period and floor space of construction started and then suspended in the current period are still included in floor space under construction.

【Floor Space of Buildings Completed】refer to the floor space of housing construction in accordance with the design requirements have been completed In the reporting period, to live and the conditions of use, have been checked or reach the completion acceptance criteria, of housing construction put to use.

第五篇 CHAPTER 5

能源和环保

ENERGY AND ENVIRONMENTAL PROTECTION

第五篇　能源和环保

一、本篇资料反映广州市能源和环保情况，主要包括：能源生产、消费总量、平均每万元地区生产总值能源消费量、能源加工转换效率、规模以上工业企业分行业主要能源消费量、规模以上工业企业单位增加值能耗、全市用电量等。环保部分主要包括"三废"的排放、治理、综合利用、环境管理情况等，资料由市环保局提供。

二、本篇资料由广州市统计局能源统计处整理提供。

三、本篇的电力数据按广州供电局有限公司提供的数据进行整理。

四、能源统计资料取自广州市综合能源平衡表、能源生产销售与库存、工业企业能源购进、消费和库存表及附表、广州供电局有限公司提供的用电分类表等。

五、关于数据口径与计算说明：

1．5-1表至5-3表及5-7表至5-8表的统计口径均为全社会口径；5-4表至5-6表的统计口径均为年主营业务收入2000万元及以上的法人工业企业。

2．计算能耗指标涉及的地区生产总值、工业增加值均采用可比口径。

3．5-4表能源加工转换效率表中的电力折算标准煤系数采用当量值计算，即每千瓦小时折0.1229千克标准煤。

5 Energy and Environmental Protection

I. The data in this chapter reflect the energy and environment protection of Guangzhou Municipality, mainly including the energy production and consumption, average energy consumption per 10000 GDP, the efficiency of energy conversion, energy consumption of the industrial enterprises above designated size by sector, energy consumption per 10000 added-value of the industrial enterprises above designated size, electric supply of the entire city and so on.The data on environmental protection mainly include the discharge and treatment and comprehensive utilization of waste water, waste gas and solid wastes, and the administration of environment, etc. The data are provided by Guangzhou Municipal Bureau of Environmental Protection.

II. The data in this chapter are complied and provided by the Department of Energy Statistics of Guangzhou Municipal Bureau of Statistics

III. The data on electric power in this chapter are collected in accordance with the data provided by Limited company of Guangzhou Power Supply Bureau.

IV. The data on energy in this chapter come from the comprehensive energy balance sheet of the whole municipality, the sheets of outputs, sale and inventory of energy, the sheets of energy purchase, consumption and storage and the attached of the whole state-owned industrial enterprises and the non-state owned corporate industrial enterprises whose core operating revenue(products sale revenue) reach 20 million Yuan and above, and the sheet of electric classification provided by Limited company of Guangzhou Power Supply Bureau, and so on.

V. Data coverage and calculation:

(1)The coverage of table 5-1 to table 5-3 and table 5-7 to table 5-8 is the whole society, the coverage of table 5-4 to table 5-6 is the whole corporate industrial enterprises whose core operating revenue reach Twenty million Yuan and above.

(2)The gross domestic products, the total va1ue and added va1ue of industry related to the energy consumption were calculated on comparable prices.

(3)In the table 5-4 on the efficiency of energy conversion, the coefficient for conversion of electric power into the standard coal equivalent is calculated in the following way: 1 kwh of electric power is converted into 0.1229kg standard coal.

5-1 能源生产量
Energy Production

项　　目	Item	2015	2016
一次能源	Primary Energy		
水　电　（亿千瓦·时）	Hydropower (100 million kwh)	4.33	6.92
二次能源	Secondary Energy		
焦　炭　（万吨）	Coke (10000 tons)		
汽　油　（万吨）	Gasoline (10000 tons)	249.02	260.22
柴　油　（万吨）	Diesel Oil (10000 tons)	372.77	378.50
燃料油　（万吨）	Fuel oil (10000 tons)	0.07	0.10
液化石油气　（万吨）	Liquefied Petroleum (10000 tons)	59.07	56.12
火　电　（亿千瓦·时）	Thermal Power (100 million kwh)	274.77	299.71

5-2 能源消耗基本情况
Energy Consumption

项 目	Item	2015	2016
能源消耗总量 （万吨标准煤）	Total Energy Consumption (10000 tons of SCE)	5688.89	5852.60
#工 业	Industry	2403.98	2381.37
电力消耗 （亿千瓦·时）	Electricity Consumption (100 million kwh)	779.32	823.57
#工 业	Industry	393.74	416.46
万元地区生产总值能耗下降率(%)	Decrease Rate of Energy Consumption per 10000 yuan GDP (%)	-4.52	-4.96
万元地区生产总值电耗下降率(%)	Decrease Rate of Electricity Consumption per 10000 yuan GDP (%)	-6.09	-2.34
工业增加值能耗下降率 (%)	Decrease Rate of Energy Consumption per Unit of Industrial Value-added (%)	-3.43	-6.58
工业增加值电耗下降率 (%)	Decrease Rate of Electricity Consumption per Unit of Industrial Value-added(%)	-4.57	-0.25

注：电力数据根据广州供电局有限公司提供的资料进行整理。

Note: The data of electricity are collected in accordance with the data provided by Guangzhou Electricity Supply Limited Company.

5-3　能源消费总量

Total Consumption of Energy

单位:万吨标准煤　　(10000 tons of SCE)

项　目	Item	2015 数　量 Consumption Volume	2015 构　成(%) Composition (%)	2016 数　量 Consumption Volume	2016 构　成(%) Composition (%)
合　计	**Total**	**5688.89**	**100.00**	**5852.60**	**100.00**
生产消费	Production Consumption	4794.43	84.28	4908.89	83.88
第一产业	Primary Industry	41.23	0.72	41.70	0.72
第二产业	Secondary Industry	2570.54	45.19	2554.75	43.65
第三产业	Tertiary Industry	2182.66	38.37	2312.44	39.51
生产消费中:	In Production Consumption:				
工　业	Industry	2403.98	42.26	2381.37	40.69
生活消费	Residential Consumption	894.46	15.72	943.71	16.12
城　镇	Urban Areas	657.35	11.55	701.54	11.98
乡　村	Rural Areas	237.11	4.17	242.17	4.14

5-4　规模以上工业企业能源加工转换效率(2016年)

Efficiency of Energy Conversion by Industrial Enterprises above Dcsignatcd Size (2016)

项　目	Item	火力发电 Thermal Power Generation	供　热 Heating	炼　焦 Coking	炼　油 Petroleum Refining
投入量合计　(万吨标准煤)	Total Input　(10000 tons of SCE)	913.32	119.01		1877.96
产出量合计　(万吨标准煤)	Total Output　(10000 tons of SCE)	368.34	103.58		1831.26
加工转换损失量(万吨标准煤)	Losses in Energy Conversion (10000 tons of SCE)	544.98	15.43		46.70
加工转换效率　(%)	Efficiency of Energy Conversion　(%)	40.33	87.03		97.51

5-5 规模以上工业企业分行业主要能源消费量（2016年）

行　　业	Sector
工　业	**Industry**
按轻重工业分	Grouped by Light & Heavy Industries
轻工业	Light Industry
重工业	Heavy Industry
按主要工业行业分	Grouped by Sector
# 农副食品加工业	Processing of Food from Agricultural Products
食品制造业	Manufacture of Foods
酒、饮料和精制茶制造业	Manufacture of Wine ,Beverages and Refined Tea
烟草制品业	Manufacture of Tobacco
纺织业	Manufacture of Textile
纺织服装、服饰业	Manufacture of Textile Wearing Apparel,Clothing
皮革、毛皮、羽毛及其制品和制鞋业	Manufacture of Leather, Fur, Feather and Related Products and Footwear
木材加工和木、竹、藤、棕、草制品业	Processing of Timber, Manufacture of Wood, Bamboo,Rattan,Plam and Straw Products
家具制造业	Manufacture of Furniture
造纸和纸制品业	Manufacture of Paper and Paper Products
印刷和记录媒介复制业	Printing, Reproduction of Recording Media
文教、工美、体育和娱乐用品制造业	Manufacture of Culture and Education ,Arts and Crafts, Sports and Entertainment Supplies
石油加工、炼焦和核燃料加工业	Processing of Petroleum, Coking, Processing of Nuclear Fuel
化学原料和化学制品制造业	Manufacture of Raw Chemical Materials and Chemical Products
医药制造业	Manufacture of Medicines
化学纤维制造业	Manufacture of Chemical Fibers
橡胶和塑料制品业	Manufacture of Rubber and Plastics
黑色金属冶炼和压延加工业	Smelting and Pressing of Ferrous Metals
有色金属冶炼和压延加工业	Smelting and Pressing of Non-ferrous Metals
金属制品业	Manufacture of Metal Products
电力、热力生产和供应业	Production and Supply of Electricity, Heat,Gas and Water
水的生产和供应业	Production and Supply of Water

注：本表电力消费量包含企业自产自用电量。

Consumption of Main Energy by Industrial Sector above Designated Size (2016)

煤　炭 (吨) Coal (ton)	燃料油 (吨) Fuel Oil (ton)	汽　油 (吨) Gasoline (ton)	柴　油 (吨) Diesel Oil (ton)	热　力 (百万千焦) Heating (million kJ)	电　力 (万千瓦·时) Electricity (10000 kwh)
14356294	**51849**	**95916**	**194548**	**25294934**	**4061504**
1360786	7638	39014	83040	16804360	978989
12995508	44211	56902	111508	8490574	3082515
246237	278	737	2943	2020606	50666
3245	633	1109	7066	1796991	54614
4500	5	461	1023	1407461	35149
		55	5		6988
620503	1734	3800	8861	7683229	114455
32186	431	5398	11252	484428	69428
19889	444	4163	4521	4307	45172
340		425	887		8856
77	4	2441	2397		21198
303168	105	1964	7190	2695511	83893
	372	906	3275	3665	27428
21668	889	2548	5898	8841	57293
434512	3281	5191	6062	52842	139736
186071	4042	7961	21259	5984352	221419
15930	32	1122	2334	283006	39396
5882		189	158	27298	6314
67404	16383	4430	8161	831102	166951
65683		675	1843	375140	167858
16609	1888	837	3127		39617
14515	3006	4249	10342	65723	92539
11700320	1032	1868	2294	89422	1499049
		765	250		118897

Note: The electricity consumption in the table includes electricity generated and used by enterprise itself.

5-6 规模以上工业企业分行业单位增加值能耗

Industry-classified Energy Consumption by Added Value of Industrial Enterprises above Designated Size

单位:吨标准煤/万元 (ton of SCE/10000 yuan)

行业	Sector	2015	2016
农副食品加工业	Processing of Food from Agricultural Products	1.5006	1.5407
食品制造业	Manufacture of Foods	0.0973	0.0969
酒、饮料和精制茶制造业	Manufacture of Wine ,Beverages and Refined Tea	0.0715	0.0770
烟草制品业	Manufacture of Tobacco	0.0089	0.0100
纺织业	Manufacture of Textile	1.6907	1.4837
纺织服装、服饰业	Manufacture of Textile Wearing Apparel,Clothing	0.1169	0.1063
皮革、毛皮、羽毛及其制品和制鞋业	Manufacture of Leather, Fur, Feather and Related Products and Footwear	0.1268	0.1342
木材加工和木、竹、藤、棕、草制品业	Processing of Timber, Manufacture of Wood,Bamboo,Rattan,Plam and Straw Products	0.2248	0.2510
家具制造业	Manufacture of Furniture	0.0519	0.0466
造纸和纸制品业	Manufacture of Paper and Paper Products	1.2171	1.1453
印刷和记录媒介复制业	Printing, Reproduction of Recording Media	0.2559	0.2410
文教、工美、体育和娱乐用品制造业	Manufacture of Culture and Education ,Arts and Crafts,Sports and Entertainment Supplies	0.1014	0.1088
石油加工、炼焦和核燃料加工业	Processing of Petroleum, Coking, Processing of Nuclear Fuel	2.2192	2.2679
化学原料和化学制品制造业	Manufacture of Raw Chemical Materials and Chemical Products	0.1774	0.1714
医药制造业	Manufacture of Medicines	0.1609	0.1350
化学纤维制造业	Manufacture of Chemical Fibers	0.5382	0.5593
橡胶和塑料制品业	Manufacture of Rubber and Plastics	0.3710	0.3372
非金属矿物制品业	Manufacture of Non-metallic Mineral Products	1.5116	1.3813
黑色金属冶炼和压延加工业	Smelting and Pressing of Ferrous Metals	3.0310	2.3087
有色金属冶炼和压延加工业	Smelting and Pressing of Non-ferrous Metals	0.2162	0.1971
金属制品业	Manufacture of Metal Products	0.2523	0.2494
通用设备制造业	Manufacture of General Purpose Machinery	0.0503	0.0500
专用设备制造业	Manufacture of Special Purpose Machinery	0.0694	0.0682
汽车制造业	Manufacture of Automobile	0.0490	0.0482
铁路、船舶、航空航天和其他运输设备制造业	Manufacture of Railway, Ship, Aerospace and Other Transportation Equipment	0.1085	0.0926
电气机械和器材制造业	Manufacture of Electrical Machinery and Equipment	0.1189	0.1097
计算机、通信和其他电子设备制造业	Manufacture of Computers, Communications and Other Electronic Equipment	0.0817	0.0830
仪器仪表制造业	Manufacture of Instrument	0.0912	0.0939
其他制造业	Manufacture of Other Manufacturing	0.4108	0.1382
电力、热力生产和供应业	Production and Supply of Electric Power and Heat Power	1.3172	1.2033
燃气生产和供应业	Production and Supply of Gas	0.0106	0.0051
水的生产和供应业	Production and Supply of Water	0.2956	0.2743

注:分行业规模以上工业增加值数据为2015年可比价口径。

Note: The value added of industrial enterprises above designated size by sector are calculated on comparable coverage of year 2015.

5-7 主要年份城市用电量
Total Electricity Supply in Main Years

单位：万千瓦•时 (10000 kwh)

年 份 Year	用电总量 Consumption	各行业用电 Total Electricity Consumption of Industry	#工 业 Industry	生活用电 Power Consumed by Urbanites
1990	651907	551870	402427	100037
1991	850413	729858	557693	120555
1992	988361	844301	641685	144060
1993	1194668	1013769	765423	180899
1994	1340090	1123076	824998	217014
1995	1491687	1239195	900550	252492
1996	1607619	1321780	948271	285839
1997	1700635	1399021	987404	301614
1998	1893271	1546097	1066325	347174
1999	2056799	1684648	1155344	372151
2000	2363174	1945091	1351669	418083
2001	2540201	2072950	1428461	467251
2002	2849015	2373574	1607851	475441
2003	3349712	2804357	1943780	545355
2004	3846375	3228990	2239481	617385
2005	4256677	3537004	2531916	719673
2006	4694234	3898916	2740256	795318
2007	5271258	4372014	3063610	899244
2008	5459185	4472140	3098761	987045
2009	5670810	4559439	3098871	1111371
2010	6258983	5075414	3497243	1183569
2011	6635544	5349058	3614532	1286486
2012	6941253	5519444	3589545	1421809
2013	7106910	5692959	3656433	1413951
2014	7658542	6052408	3860372	1606134
2015	7793233	6179721	3937448	1613512
2016	8235701	6533151	4164565	1702550

注：本表数据由广州供电局有限公司提供。
Note: The data of this table are provided by Guangzhou Electricity Supply Ltd.

5-8 全市用电

单位:万千瓦·时

项　　目	Item
用电总量	**Total Consumption of Electricity**
各行业用电	**Total Electricity Consumption of Industry**
按产业分	**Grouped By Industry**
第一产业	Primary Industry
第二产业	Secondary Industry
第三产业	Tertiary Industry
按行业分	**Grouped By Sector**
农、林、牧、渔业	Agriculture, Forestry, Animal Husbandry and Fishery
工　业	Industry
按轻重工业分	By Light and Heavy Industries
轻工业	Light Industry
重工业	Heavy Industry
按主要工业行业分	By Sector
食品、饮料和烟草制造业	Food, Beverage and Tobacco Products
纺织业	Manufacture of Textile
服装鞋帽、皮革羽绒及其制品业	Wearing Apparel, Footwear, Caps, Leather, Furs, Feather and Related Products
木材加工及制品和家具制造业	Processing of Timber, Manufacture of Wood Products and Manufacture of Furniture
造纸和纸制品业	Manufacture of Paper and Paper Products
印刷和记录媒介复制业	Printing, Reproduction of Recording Media
文体用品制造业	Manufacture of Articles for Culture, Education and Sport Activities
石油加工、炼焦及核燃料加工业	Processing of Petroleum, Coking, Processing of Nuclear Fuel
化学原料及化学制品制造业	Manufacture of Raw Chemical Materials and Chemical Products
医药制造业	Manufacture of Medicines
化学纤维制造业	Manufacture of Chemical Fibers
橡胶和塑料制品业	Manufacture of Rubber
非金属矿物制品业	Manufacture of Non-metallic Mineral Products
黑色金属冶炼和压延加工业	Smelting and Pressing of Ferrous Metals
有色金属冶炼和压延加工业	Smelting and Pressing of Non-ferrous Metals
金属制品业	Manufacture of Metal Products
通用及专用设备制造业	Manufacturing of General Purpose and Special Purpose Machinery
交通运输、电气、电子设备制造业	Manufacture of Transport, Electrical and Electronic Equipment
工艺品及其他制造业	Manufacture of Artwork and Other Manufacturing
废弃资源和废旧材料回收加工业	Recycling and Disposal Waste
电力、热力的生产和供应业	Production and Supply of Electric Power and Heat Power
燃气生产和供应业	Production and Supply of Gas
水的生产和供应业	Production and Supply of Water
建筑业	Construction
交通运输、仓储、邮政业	Transport, Storage and Post
信息传输、计算机服务和软件业	Information Transmission, Computer Service and Software
商业、住宿和餐饮业	Business, Hotels and Catering Services
金融、房地产、商务及居民服务业	Financial Intermediation, Real Estate, Business Services and Services to Households
公共事业及管理组织	Public Management and Social Organizations
生活用电	**Electricity Consumption by Urban and Rural Households**
城镇居民	Urban Residents
乡村居民	Rural Residents

注：本表数据由广州供电局有限公司提供。

Total Electricity Consumption

(10000 kwh)

2015	2016
7793233	**8235701**
6179721	**6533151**
59030	61892
4032111	4256220
2088580	2215039
59030	61892
3937448	4164565
1226361	1326546
2711087	2838019
154454	154086
172406	168933
156743	156662
61671	67529
86703	86190
28056	27401
25013	24866
141556	140793
166549	163466
36756	39461
16389	16618
217807	224356
124311	115261
109160	127137
39830	39927
189784	197874
225711	264534
681878	701968
419332	409329
3616	3345
749935	901548
14228	16188
101898	102987
94663	91655
232126	234552
118122	134543
333130	348037
865146	930154
540056	567753
1613512	**1702550**
1027273	1071471
586239	631079

Note: The data of this table are provided by Guangzhou Electricity Supply Ltd..

5-9 主要年份环境保护基本情况

项　　目		Item		1995
市区二氧化硫年日平均值	**（毫克/立方米）**	**Daily Mean Value of SO2 in Urban Area**	**(mg/m^3)**	**0.059**
市区二氧化氮年日平均值	（毫克/立方米）	Daily Mean Value of NO2 in Urban Area	(mg/m^3)	
市区可吸入颗粒平均浓度	（毫克/立方米）	Annual Concentration of Breathable Particular Matter	(mg/m^3)	
市区PM2.5平均浓度	（毫克/立方米）	PM2.5 Average Concentrations in Urban Area	(mg/m^3)	
降水PH值		The PH Value of the Precipitation		3.65
酸雨频率	(%)	Frequency of Acid Rain	(%)	73.40
环境空气质量优良天数	（天）	The Number of Days of Good Air Quality	(day)	
环境空气质量优良率	(%)	The Rate of Good Air Quality	(%)	
废水排放总量	**（万吨）**	**Volume of Waste Water Discharged**	**(10000 tons)**	**91267**
工业废水排放量		Volume of Industrial Waste Water Discharged		30930
生活污水排放量		Volume of Living Waste Water Discharged		60337
工业废水排放达标量	（万吨）	Volume of Industrial Waste Water up to the Discharge Standards	(10000 tons)	19685
工业废水排放达标率	(%)	Percentage of Industrial Waste Water up to the Discharge Standards	(%)	63.64
工业废气排放总量	**（亿标立方米）**	**Volume of Industrial Waste Gas Emission**	**(100 million cu.m)**	**1871.61**
二氧化硫排放量	（万吨）	Volume of Sulphur Dioxide Emission	(10000 tons)	14.09
工　业		Industry		14.09
生　活		Living		
工业烟粉尘排放量	（万吨）	Volume of Industrial Soot and Dust Emission	(10000 tons)	3.09
建成烟尘控制区数	**（个）**	**Number of Soot Control Zones Established**	**(unit)**	
建成烟尘控制区面积	（平方公里）	Area of Soot Control Zones Established	(sq.km)	
一般工业固体废物产生量	**（万吨）**	**Volume of General Industrial Solid Wastes Produced**	**(10000 tons)**	**313.00**
一般工业固体废物综合利用量		Volume of Comprehensive Utilization of General Industrial Solid Wastes		224.00
一般工业固体废物综合利用率	(%)	Comprehensive Utilization Rate of General Industrial Solid Wastes	(%)	71.30
危险废物产生量	**（万吨）**	**Volume of Hazardous Wastes Produced**	**(10000 tons)**	
道路交通噪声昼间平均等效声级	**（分贝）**	**Day-time Average Equivalent Sound Level of Road Traffic Noise**	**(decibel)**	**72.60**

注：1. 从2012年起市环保局不再统计工业废水排放达标量、工业废水排放达标率、建成烟尘控制区数、建成烟尘控制区面积4个指标。
2. 从2013年起广州市全面实施新的环境空气质量标准(GB3095—2012)，环境空气质量优良天数和环境空气质量优良率依据二氧化硫、二氧化氮、可吸入颗粒物、细颗粒物、一氧化碳和臭氧等6项指标进行评价。
3. 废水排放总量从2013年起统计口径调整为包含工业废水排放量、城镇生活污水排放量和集中式治理设施废水排放量(不包括污水处理厂)。
4. 二氧化硫排放量从2013年起统计口径调整为包含工业二氧化硫排放量、生活二氧化硫排放量和集中式治理设施二氧化硫排放量。
5. 根据《环境噪声监测技术规范 城市声环境常规监测》(HJ 640—2012)关于道路交通噪声评价要求，从2014年起将“交通干线噪声平均值”指标修改为“道路交通噪声昼间平均等效声级”，指标内容不变。
6. 根据《环境空气质量标准》(GB3095—2012)等有关环境空气质量评价要求，增加指标“市区PM2.5平均浓度”。
7. 2010年(含)之前，“工业烟粉尘排放量”为“烟尘排放量”。
8. 2015年“一般工业固体废物综合利用量”包括了综合利用往年贮存量0.46万吨。

Fundamental State of Environment Protection in Main Year

2000	2005	2006	2007	2008	2009	2010	2011	2012	2013	2014	2015
0.045	**0.053**	**0.054**	**0.051**	**0.046**	**0.039**	**0.030**	**0.028**	**0.022**	**0.020**	**0.017**	**0.013**
0.061	0.068	0.067	0.065	0.056	0.056	0.050	0.049	0.049	0.052	0.048	0.047
	0.088	0.076	0.077	0.071	0.070	0.070	0.069	0.069	0.072	0.067	0.059
									0.053	0.049	0.039
4.71	4.34	4.41	4.42	4.47	4.74	5.06	5.20	5.24	5.34	5.21	5.24
62.30	81.40	75.40	82.60	77.80	60.50	50.70	42.00	40.60	23.70	40.50	38.40
	332	334	333	345	347	357	360	360	260	282	312
98.57	91.00	91.51	91.20	94.50	95.07	97.81	98.63	98.36	71.23	77.50	85.50
95434	**125837**	**128302**	**111491**	**126156**	**119317**	**125662**	**141521**	**152747**	**157843**	**161484**	**161905**
24123	20249	20445	21103	34475	26023	23604	24580	22716	22558	19181	18608
71311	105588	107858	90388	91681	93294	102059	116941	130031	135179	142149	143112
21732	19449	19629	20102	33045	25116	22828	23916				
90.09	96.05	96.01	95.25	95.85	96.51	96.72	97.30				
1959.16	**2342.16**	**2126.49**	**1994.63**	**2435.84**	**2539.47**	**3155.59**	**4120.19**	**3646.58**	**3753.74**	**3737.21**	**3550.92**
19.58	14.94	12.92	10.53	9.99	9.05	7.85	6.83	6.66	6.57	5.89	5.02
19.21	14.50	12.48	10.09	9.55	8.61	7.41	6.59	6.42	6.33	5.65	4.78
0.37	0.44	0.44	0.44	0.44	0.44	0.44	0.24	0.24	0.24	0.24	0.24
4.69	1.79	1.80	1.79	1.86	1.38	1.13	1.53	1.26	1.10	1.00	0.92
	14	**14**	**13**	**13**	**15**	**15**	**15**				
284.60	441.61	470.82	779.86	908.62	895.00	927.10	952.03				
346.80	**540.36**	**632.30**	**609.03**	**661.56**	**641.84**	**691.79**	**659.34**	**614.85**	**555.56**	**495.88**	**463.38**
285.30	520.25	605.46	592.13	605.65	597.95	621.91	625.53	588.98	528.89	468.47	441.35
83.48	91.23	91.13	100.00	91.24	92.35	89.75	94.87	95.70	95.17	94.47	95.15
18.30	**22.48**	**18.43**	**20.39**	**16.38**	**22.59**	**24.54**	**30.30**	**29.78**	**38.55**	**46.50**	**50.52**
69.10	**69.30**	**69.40**	**69.20**	**69.10**	**69.20**	**69.10**	**68.90**	**68.90**	**68.80**	**68.90**	**69.00**

Note: Ⅰ. Since 2012,Guangzhou Municipal Bureau of Environmental Protection have canceled the following items:Volume of Industrial Waste Wate Discharged,Percentage of Industrial Waste Water up to the Discharge Standards,Number of Soot Control Zones Established and Area of Soot Control Zones Established.

Ⅱ. Since 2013, new environment air quality standard (GB3095-2012) has been implemented in guangzhou. The Number of Days of Good Aiı Quality and The Rate of Good Air Quality are tested on the basis of the following items : Sulfur dioxide, Nitrogen ioxide, TSP, PM, carbon monoxide,ozone.

Ⅲ. Since 2013,Volume of Waste Water Discharged statistic scope has been adjusted.The scope includes Volume of Industrial Waste Water Discharged, Volume of Living Waste Water Discharged and Volume of Waste Water Discharged of centralized facilities.

Ⅳ. Since 2013, Volume of Sulphur Dioxide Emission statistic scope has been adjusted. The scope includes Volume of Industry Sulphur Dioxid Emission, Volume of Living Sulphur Dioxide Emission and Volume of Sulphur Dioxide Emission of centralized facilities.

V. Since 2014,the index "Average of Main Road Noise" has been renamed as "Day-time Average Equivalent Sound Level of Road Traffic Noise" according to "Technical Specifications for Environmental Noise Monitoring Routine Monitoring for Urban Environmental Noise"(HJ 640-2012).

VI. There adds an index of " PM2.5 Average Concentrations in Urban area" according to "Ambient Air Quality Standards "(GB3095-2012).

VII. The statistical coverage of data of "Volume of Industrial Soot and Dust Emission" of year 2010 and before is "Soot and Dust Emission".

VIII. The data of "Volume of Comprehensive Utilization of General Industrial Solid Wastes" of year 2015 includes utilizing the stocks of industrial solid wastes of the previous year .

5-10　2016年环境保护基本情况

Fundamental State of Environment Protection of 2016

项　　目	Item	2016
二氧化硫平均浓度　（微克/立方米）	**Average Concentration of Sulfur Dioxide　(micrograms/m³)**	**12**
二氧化氮平均浓度　（微克/立方米）	Average Concentration of Nitrogen Dioxide　(micrograms/m³)	46
可吸入颗粒物平均浓度　（微克/立方米）	Average Concentration of Inhalable Particles　(micrograms/m³)	56
PM2.5平均浓度　（微克/立方米）	Mean Concentration of PM2.5　(micrograms/m³)	36
降水PH值	The PH Value of the Precipitation	5.42
酸雨频率　(%)	Frequency of Acid Rain　(%)	29.40
环境空气质量达标天数　（天）	Up to Standard Days of the Environment Air Quality　(day)	310
环境空气质量达标率　(%)	Up to Standard Rate of Air Environmental Quality　(%)	84.70
废水排放总量　（万吨）	**Volume of Waste Water Discharged　(10000 tons)**	**161111**
工业废水排放量	Volume of Industrial Waste Water Discharged	19326
生活污水排放量	Volume of Living Waste Water Discharged	141562
工业废气排放总量　（亿标立方米）	**Volume of Industrial Waste Gas Emission　(100 million cu.m)**	**4075.23**
二氧化硫排放量　（万吨）	Volume of Sulphur Dioxide Emission　(10000 tons)	2.08
工　业	Industry	2.07
生　活	Living	0.01
工业烟粉尘排放量　（万吨）	Volume of Industrial Soot and Dust Emission　(10000 tons)	0.90
一般工业固体废物产生量　（万吨）	**Volume of General Industrial Solid Wastes Produced　(10000 tons)**	**509.92**
一般工业固体废物综合利用量	Volume of Comprehensive Utilization of General Industrial Solid Wastes	492.06
一般工业固体废物综合利用率　(%)	Comprehensive Utilization Rate of General Industrial Solid Wastes　(%)	96.48
危险废物产生量　（万吨）	**Volume of Hazardous Wastes Produced　(10000 tons)**	**57.22**
道路交通噪声昼间平均等效声级（分贝）	**Day-time Average Equivalent Sound Level of Road Traffic Noise　(decibel)**	**69.00**

注：从2016年起根据《环境空气质量标准》(GB3095—2012)等有关环境空气质量评价要求：①市区二氧化硫年日平均值、市区二氧化氮年日平均值、市区可吸入颗粒平均浓度、市区PM2.5平均浓度4个指标分别修改为二氧化硫平均浓度、二氧化氮平均浓度、可吸入颗粒物平均浓度、PM2.5平均浓度；②单位毫克/立方米均修改为微克/立方米；③环境空气质量优良天数修改为环境空气质量达标天数；④环境空气质量优良率修改为环境空气质量达标率。

Note: Since 2016, according to the environment air quality standard (GB3095-2012) and other relevant environmental air quality assessment requirements: 1.Annual average of sulfur dioxide in downtown is modified to the average concentration of sulfur dioxide, annual average of nitrogen dioxide in downtown is modified to the average concentration of nitrogen dioxide, average concentration of inhalable particles in downtown is modified to average concentration of inhalable particles, mean concentration of PM2.5 in downtown is modified to mean concentration of PM2.5;2.Mg per cubic meters is modified to micrograms per cubic meters;3.Number of excellent days of the environment air quality is modified to number of up to standard days of the environment air quality;4.Excellent rate of environment air quality is modified to up to standard rate of air environmental quality.

【能源消费总量】 指一定时期内全国(地区)物质生产部门、非物质生产部门和生活消费的各种能源的总和，是观察能源消费水平、构成和增长速度的总量指标，能源消费总量包括原煤和原油及其制品、天然气、电力等。不包括低热值燃料、生物质能和太阳能等的利用。能源消费总量分为三部分，即终端能源消费量、能源加工转换损失量和损失量。

(1)终端能源消费量：指一定时期内全国(地区)物质生产和生活消费的各种能源在扣除了用于加工转换二次能源消费量和损失量以后的数量。

(2)能源加工转换损失量：指一定时期内全国(地区)投入加工转换的各种能源数量之和与产出各种能源产品之和的差额。它是观察能源在加工转换过程中损失量变化的指标。

(3)能源损失量：指一定时期内能源在输送、分配、储存过程中发生的损失和由客观原因造成的各种损失量。不包括各种气体能源放空、放散量。

【废水排放总量】为废水排放量、城镇生活污水排放量和集中式治理设施污水排放量之和。

【工业废水排放量】指报告期内经过企业厂区所有排放口排到企业外部的工业废水量。包括生产废水、外排的直接冷却水、超标排放的矿井地下水和与工业废水混排的厂区生活污水，不包括外排的间接冷却水（清污不分流的间接冷却水应计算在废水排放量内）。

【一般工业固体废物产生量】指未被列入《国家危险废物名录》或者根据国家规定的危险废物鉴别标准（GB5085）、固体废物浸出毒性浸出方法（GB5086)及固体废物浸出毒性测定方法（GB/T 15555）鉴定方法判定不具有危险特性的工业固体废物。

【一般工业固体废物综合利用量】报告期内企业通过回收、加工、循环、交换等方式，从固体废物中提取或者使其转化为可以利用的资源、能源和其他原材料的固体废物量（包括当年利用的往年工业固体废物累计贮存量）。如用作农业肥料、生产建筑材料、筑路等。

【Total Domestic Energy Consumption】 refers to the total consumption of energy of various kinds by material production sectors,non-material production sectors and households in the country (region)in a given period of time.It is a comprehensive indicator to show the scale,composition and development of energy consumption.The total energy consumption includes that of coal,crude oil and their products, natural gas and electricity.However,it excludes the consumption of fuel of low calorific value, bioenergy and solar energy.Total domestic energy consumption can be divided into three parts:

(1)Final Energy Consumption:It refers to the total energy consumption by material production sectors,non-material production sectors and households in the country (region)in a given period of time,but excludes the consumption in conversion of the primary energy into the secondary energy and the loss in the process of energy conversion.

(2)Loss During the Process of Energy Conversion:It refers to the total input of various kinds of energy for conversion,minus the total output of various kinds of energy in the country in a given period of time.It is an indicator to show the loss that occurs during the process of energy conversion.

(3)Loss:It refers to the total of the loss of energy during the course of energy transport,distribution and storage and the loss caused by any objective reason in a given period of time.The loss of various kinds of gas due to gas discharges and stocktaking is excluded.

【Total Volume of Waste Water Discharged】includes the total volume of wastewater emissions, urban sewage and centralized sewage treatment facilities emissions.

【Volume of Industrial Waste Water Discharged】refers to the volume of industrial waste water discharged ,through all outlets to the outside of industrial enterprises in the reference period, including waste water produced, direct cooling water, underground water from mines that does not meet the standard of discharge, and the domestic sewage mixed up with industrial waste water when discharged, but excluding discharged indirect cooling water. (the indirect cooling water that clear water and turbid water is not divided should be included in total volume of waste water discharged)

【Volume of General Industrial Solid Wastes Produced】refers not included in the “National List of Hazardous Waste”or in accordance with state hazardous waste identification standard(GB5085),solid waste leaching toxicity method(GB5086)and solid waste leaching toxicity determination method(GB/T 15555)identification of characteristics is determined not to be hazardous industrial solid waste.

【Volume of General Industrial Solid Wastes Utilized in a Comprehensive Way】refers to the volume of solid wastes from which useful materials can be extracted or which can be converted into usable resources, energy or other materials by means of reclamation, processing, recycling and exchange(including utilizing in the year the stocks of industrial solid wastes of the previous year). Examples of such utilizations include fertilizers, building materials and road materials.

第六篇 CHAPTER 6

财政和金融

GOVERNMENT FINANCE AND BANKING

第六篇　财政和金融

一、本篇资料反映广州市财政、金融方面的基本情况。

二、本篇资料由广州市统计局国民经济核算统计处负责整理提供。

三、资料来源：

1．财政收支资料根据广州市财政局财政总决算报表等统计报表的有关项目加工整理；

2．金融资料由中国人民银行广州分行营业管理部提供；

3．保险业务、外资保险公司及保险公司代表处资料由中国保险监督管理委员会广东监管局提供；

4．外资金融机构及代表处资料由中国银行业监督管理委员会广东监管局提供。

5．证券资料由中国证券业监督管理委员会广东监管局提供。

6 Government Finance and Banking

I .The data in this chapter show the basic conditions of finance and banking of Guangzhou Municipality.

II. The data in this chapter are prepared and provided by the Division of National Accounts of Guangzhou Municipal Bureau of Statistics.

III. Data sources:

(1)The data of government finance are prepared in accordance with the total final accounts table of finance and other statistical report forms provided by Guangzhou Municipal Bureau of Finance.

(2)The data of banking are provided by the business management department of People's Bank of China Guangzhou Branch.

(3)The data of insurance are provided by China Insurance Regulatory Commission Guangdong Bureau.

(4)The data of foreign banking Institutions or offices are provided by China Banking Regulatory Commission Guangdong Regulatory Bureau.

(5) The data of Securities are provided by Guangdong Bureau of China Securities Regulatory Commission.

6-1 财政和金融业主要经济指标
Main Indicators of Government Finance and Financial Intermediation

项　　目	Item	2015	2016	2016年比2015年增长(%) Growth Rate in 2016 over 2015 (%)
地方财政收入　(万元)	Revenue of Local Government (10000 yuan)	23913268	22184824	-7.2
一般公共预算收入	General Budgetary Revenue	13494742	13936442	3.3
# 增值税	Value-added Tax	2692413	3093013	14.9
营业税	Business Tax	1571410	722661	-54.0
企业所得税	Corporate Income Tax	1493552	1615390	8.2
个人所得税	Individual Income Tax	667614	772512	15.7
政府性基金收入	Governmental Funds Revenue	10418526	8248382	-20.8
地方财政支出　(万元)	Expenditure of Local Government (10000 yuan)	26410179	28456639	7.7
一般公共预算支出	General Budgetary Expenditure	17277176	19437465	12.5
# 一般公共服务支出	General Public Expenditure	1242272	1750807	40.9
教育支出	Operating Expenses for Education	2870733	3219820	12.2
科学技术支出	Operating Expenses for Science and Technology	886688	1129546	27.4
医疗卫生与计划生育支出	Operating Expenses for Health and Family Planning	1348824	1738865	28.9
政府性基金支出	Governmental Fund Expenditure	9133003	9019174	-1.2
金融机构本外币各项存款余额　(亿元)	Balance of Savings Deposit in Standard and Foreign Currencies in Financial Institutions (100 million yuan)	42843.67	47530.20	10.9
# 人民币	RMB	41574.49	45937.34	10.5
# 住户存款余额	Deposits of Households	13297.42	13995.79	5.3
金融机构本外币各项贷款余额　(亿元)	Balance of Loan in Standard and Foreign Currencies in Financial Institutions (100 million yuan)	27296.16	29669.82	8.7
# 人民币	RMB	26136.95	28885.54	10.5
国内财产保险公司业务	Domestic Property Insurance Companies			
保险金额　(亿元)	Amount Insured (100 million yuan)	244328	489592	1.0倍
原保险保费收入　(万元)	Premium of Primary Insurance (10000 yuan)	2158529	2239748	3.8
赔款支出　(万元)	Indemnity Expenditure (10000 yuan)	1094884	1157070	5.7
国内人身保险公司业务	Domestic Life Insurance Companies			
原保险保费收入　(万元)	Premium of Primary Insurance (10000 yuan)	4942197	9422153	90.6
期满给付　(万元)	Mature Payment (10000 yuan)	797205	828217	3.9
死伤医疗给付　(万元)	Payment for Death, Injury and Medical Treatment (10000 yuan)	83443	108975	30.6

6-2 主要年份地方财政收支

Local Government Revenue and Expenditure in Main Years

单位:亿元 (100 million yuan)

年 份 year	地方财政收入 Revenue of Local Government	# 一般公共预算收入 General Budgetary Revenue	地方财政支出 Expenditure of Local Government	# 一般公共预算支出 General Budgetary Expenditure
1978	14.01	13.65	4.40	3.87
1979	13.64	13.12	4.47	4.16
1980	16.29	15.43	4.98	4.35
1985	30.18	28.85	11.82	10.75
1986	32.44	31.15	16.27	15.23
1987	35.24	34.18	16.45	15.13
1988	41.37	39.71	21.52	19.95
1989	47.23	46.51	25.41	24.66
1990	37.82	36.94	25.12	24.31
1991	49.62	48.49	32.16	30.71
1992	52.92	51.35	33.79	32.25
1993	79.27	77.37	55.19	53.82
1994	64.87	62.87	75.77	73.74
1995	99.75	97.08	112.78	111.24
1996	88.11	85.24	125.12	121.91
1997	106.07	97.72	146.92	138.99
1998	137.32	132.19	179.61	175.11
1999	188.14	176.15	231.09	222.37
2000	219.91	200.55	258.60	240.72
2001	271.91	246.19	314.98	292.63
2002	269.10	245.87	350.19	326.67
2003	300.55	274.77	395.52	370.09
2004	338.45	302.87	447.06	408.34
2005	408.85	371.26	476.28	438.41
2006	476.72	427.08	559.42	506.79
2007	838.99	523.79	850.01	623.69
2008	843.14	621.84	997.94	713.35
2009	1107.66	702.65	1059.50	789.92
2010	1399.16	872.65	1487.16	977.32
2011	1535.14	979.48	1793.35	1181.25
2012	1579.68	1102.40	1796.91	1343.65
2013	2088.14	1141.80	2283.51	1386.13
2014	2318.84	1243.10	2525.38	1436.22
2015	2391.33	1349.47	2641.02	1727.72
2016	2218.48	1393.64	2845.66	1943.75

6-3 地方财政收入

Revenue of Local Government

单位:万元 (10000 yuan)

项　　目	Item	2015	2016
地方财政收入合计	Total Revenue of Local Government	23913268	22184824
一般公共预算收入	General Budgetary Revenue	13494742	13936442
# 增值税	Value-added Tax	2692413	3093013
营业税	Business Tax	1571410	722661
企业所得税	Corporate Income Tax	1493552	1615390
个人所得税	Individual Income Tax	667614	772512
城市维护建设税	City Maintenance and Construction Tax	1189237	1238301
房产税	House Property Tax	760488	778586
印花税	Stamp Tax	287918	310695
城镇土地使用税	Urban Land Use Tax	174070	154086
车船税	Tax on Vehicles and Boat Operation	130119	139158
契　税	Deed Tax	924901	1085760
国有资本经营收入	Operation Income of State-owned Assets		
行政事业性收费收入	Charge of Administrative and Institutional Units	420465	266706
罚没收入	Penalty Receipts	193270	240517
专项收入	Special Revenue	1136622	1200998
其他收入	Others	625281	1174516
政府性基金收入	Revenue from Government-controlled Funds	10418526	8248382
附:上级补助收入	Subsidies from Higher Levels Taxed Tax Return	3573367	4083630
# 消费税和增值税税收返还收入	Consumption Tax and Value-added	406982	406982
所得税基数返还收入	Tax Base Return	404045	406731

6-4 地方财政支出

Expenditure of Local Government

单位:万元 (10000 yuan)

项目	Item	2015	2016
地方财政支出合计	Total Expenditure of Local Government	26410179	28456639
一般公共预算支出	General Budgetary Expenditure	17277176	19437465
# 一般公共服务支出	Expenditure for General Public Services	1242272	1750807
国防支出	Expenditure for National Defense	12601	13239
公共安全支出	Expenditure for Public Security	1445908	1641787
教育支出	Expenditure for Education	2870733	3219820
科学技术支出	Expenditure for Science and Technology	886688	1129546
文化体育与传媒支出	Expenditure for Culture, Sports and Media	274079	378136
社会保障和就业支出	Expenditure for Social Safety Net and Employment Effort	2049567	2064488
医疗卫生与计划生育支出	Expenditure for Medical and Health and Family Planning	1348824	1738865
城乡社区支出	Expenditure for Urban and Rural Community Affairs	2509781	3644578
农林水支出	Expenditure for Agriculture, Forestry and Water Conservancy	756858	723828
交通运输支出	Expenditure for Transportation	933864	866614
资源勘探信息等支出	Expenditure for Affairs of Exploration, Power and Information	908725	643645
商业服务业等支出	Expenditure for Affairs of Commerce and Services	174111	222837
金融支出	Expenditure for Affairs of Financial Supervision	336492	55674
援助其他地区支出	Expenditure for Post-earthquake Recovery and Reconstruction	85365	131015
住房保障支出	Expenditure for Affairs of Housing Security	779728	938028
其他支出	Other Expenditures	244789	-173254
政府性基金支出	Expenditure for Government-controlled Funds	9133003	9019174
附:上解上级支出	Expenditure for Cental and Provincial Governments	490469	739534

6-5 主要年份金融机构(含外资)存贷款余额

Deposits and Loans in All Financial Institutions (Foreign Currencies)in Main Years

单位：亿元 (100 million yuan)

年 份 year	金融机构 本 外 币 存 款 Deposits in Renminbi and Foreign Currencies in All Financial Institutions	#人民币 存 款 Deposits in Renminbi Currencies in Financial Institutions	金融机构 本 外 币 贷款余额 Loans Institutions in Renminbi and Foreign Currencies in Financial Institutions	#人民币 贷 款 Loans in Renminbi Currencies in Financial Institutions
1978		25.56		26.04
1979		31.02		26.97
1980		43.73		40.25
1981		49.19		47.04
1982		56.22		53.50
1983		64.31		59.11
1984		87.91		93.60
1985		100.72		105.19
1986		141.49		142.95
1987		203.74		211.58
1988		260.54		265.08
1989		325.47		359.28
1990		440.47		420.38
1991		601.91		491.13
1992		871.44		651.21
1993		1085.96		835.60
1994		1439.01		984.48
1995		2001.96		1312.15
1996		2712.98		1605.22
1997		3497.65		2166.01
1998		4103.45		2502.12
1999		4823.87		3435.71
2000		5545.19		3895.49
2001		6228.04		4336.50
2002		7498.35		5257.21
2003		8676.72		6127.27
2004		9613.57		6535.39
2005		11085.30		6908.03
2006		12731.23		7931.78
2007	14783.46	14309.71	9661.38	8737.05
2008	16929.47	16421.05	11079.55	10304.73
2009	20944.19	20401.72	13851.83	12598.16
2010	23953.96	23384.50	16284.31	14987.73
2011	26460.80	25791.70	17732.88	16333.43
2012	30186.57	29006.99	19936.52	18023.02
2013	33838.20	32850.57	22016.18	20172.97
2014	35469.29	34170.66	24231.71	22688.33
2015	42843.67	41574.49	27296.16	26136.95
2016	47530.20	45937.34	29669.82	28885.54

6-6 中外资金融机构本外币存贷款年末余额
Deposits and Loans in Renminbi and Foreign Currencies of All Financial Institutions at Year-end

单位:亿元 (100 million yuan)

项　　目	Item	2016
各项存款余额	**Total Deposits**	**47530.20**
一、境内存款	Domestic Deposits	46281.48
(一)住户存款	Deposits of Households	14430.11
(二)非金融企业存款	Deposits of Non-financial Enterprises	16686.59
(三)广义政府存款	General Deposits of Government	7987.83
1. 财政性存款	Fiscal Deposits	1372.97
2. 机关团体存款	Deposits of Government Departments & Organizations	6614.86
(四)非银行业金融机构存款	Deposits of Non-banking Financial Institutions	7176.95
二、境外存款	Overseas Deposits	1248.72
各项贷款余额	**Total Loans**	**29669.82**
一、境内贷款	Domestic Loans	29286.56
(一)住户贷款	Loans to Households	11177.93
(二)非金融企业存款及机关团体贷款	Loans to Non-financial Enterprises and Government Departments & Organizations	18100.63
1. 短期贷款	Short-term loans	4838.79
2. 中长期贷款	Medium & Long-term Loans	11647.59
3. 票据融资	Paper Financing	1453.69
4. 融资租赁	Financial Leasing	107.14
5. 各项垫款	Total Advances	53.42
(三)非银行业金融机构贷款	Loans to Non-banking Financial Institutions	8.00
二、境外贷款	Overseas Loans	383.26

6-7 中外资金融机构外币存贷款年末余额
Deposits and Loans in Foreign Currencies of All Financial Institutions at Year-end

单位:亿美元 (100 million USD)

项　　目	Item	2016
各项存款余额	**Total Deposits**	**229.62**
一、境内存款	Domestic Deposits	137.73
(一)住户存款	Deposits of Households	62.61
(二)非金融企业存款	Deposits of Non-financial Enterprises	67.74
(三)广义政府存款	General Deposits of Government	0.97
1. 财政性存款	Fiscal Deposits	
2. 机关团体存款	Deposits of Government Departments & Organizations	0.97
(四)非银行业金融机构存款	Deposits of Non-banking Financial Institutions	6.41
二、境外存款	Overseas Deposits	91.89
各项贷款余额	**Total Loans**	**113.06**
一、境内贷款	Domestic Loans	76.98
(一)住户贷款	Loans to Households	0.34
(二)非金融企业存款及机关团体贷款	Loans to Non-financial Enterprises and Government Departments & Organizations	76.64
1. 短期贷款	Short-term loans	29.52
2. 中长期贷款	Medium & Long-term Loans	47.00
3. 票据融资	Paper Financing	…
4. 融资租赁	Financial Leasing	
5. 各项垫款	Total Advances	0.12
(三)非银行业金融机构贷款	Loans to Non-banking Financial Institutions	
二、境外贷款	Overseas Loans	36.08

6-8 中外资金融机构存贷款年末余额(折人民币，2008-2016年)

Deposits and Loans of All Financial Institutions at Year-end (converted into RMB, at the end of year from 2008 to 2016)

单位：亿元 (100 million yuan)

项目	Item	2008	2009	2010	2011	2012
存款余额 (折人民币)	**Saving Deposits Balance (as RMB)**	**16929.47**	**20944.19**	**23953.96**	**26460.80**	**30186.57**
中资金融机构	Chinese Financial Institutions					
人民币	RMB	16219.23	20081.46	22775.50	25048.61	28270.68
外汇 (亿美元)	Foreign Exchange (USD 100 million)	63.11	63.67	68.09	86.82	166.36
外资金融机构	Foreign-funded Financial Institutions					
人民币	RMB	201.82	320.26	609.00	743.08	736.31
外汇 (亿美元)	Foreign Exchange (USD 100 million)	11.27	15.77	17.90	19.38	21.31
贷款余额 (折人民币)	**Loans Balance (as RMB)**	**11079.55**	**13851.83**	**16284.31**	**17732.88**	**19936.52**
中资金融机构	Chinese Financial Institutions					
人民币	RMB	10042.19	12316.01	14597.74	15904.65	17554.90
外汇 (亿美元)	Foreign Exchange (USD 100 million)	88.10	153.88	160.92	187.33	271.91
外资金融机构	Foreign-funded Financial Institutions					
人民币	RMB	262.54	282.15	389.99	428.79	468.12
外汇 (亿美元)	Foreign Exchange (USD 100 million)	26.15	29.72	34.86	34.78	32.52

6-8 续表 continued

单位:亿元 (100 million yuan)

项目	Item	2013	2014	2015	2016
存款余额 (折人民币)	**Saving Deposits Balance (as RMB)**	**33838.20**	**35469.29**	**42843.67**	**47530.20**
中资金融机构	Chinese Financial Institutions				
人民币	RMB	31884.74	33215.35	40732.02	44978.42
外汇 (亿美元)	Foreign Exchange (USD 100 million)	143.82	193.55	175.25	206.65
外资金融机构	Foreign-funded Financial Institutions				
人民币	RMB	965.83	955.31	844.97	963.91
外汇 (亿美元)	Foreign Exchange (USD 100 million)	18.17	18.68	20.20	22.97
贷款余额 (折人民币)	**Loans Balance (as RMB)**	**22016.18**	**24231.71**	**27296.16**	**29669.82**
中资金融机构	Chinese Financial Institutions				
人民币	RMB	19652.37	22154.37	25540.40	28283.46
外汇 (亿美元)	Foreign Exchange (USD 100 million)	260.66	214.50	156.47	96.85
外资金融机构	Foreign-funded Financial Institutions				
人民币	RMB	520.60	533.95	622.85	651.60
外汇 (亿美元)	Foreign Exchange (USD 100 million)	41.66	37.73	22.75	16.26

6-9 中外资金融机构人民币信贷资金平衡表
Credit Funds Balance Sheet of Financial Institutions

单位:亿元 (100 million yuan)

项　　目	Item	2016
资金来源项目	**Sources of Funds**	
合　计	Total	52304.45
一、各项存款	Total Deposits	45937.34
(一)境内存款	Domestic Deposits	45326.05
1. 住户存款	Deposits of Households	13995.79
2. 非金融企业存款	Deposits of Non-financial Enterprises	16216.69
3. 广义政府存款	General Government Deposits	7981.12
4. 非银行业金融机构存款	Deposits of Non-banking Financial Institutions	7132.45
(二)境外存款	Overseas Deposits	611.29
二、金融债券	Financial Bonds	684.99
三、卖出回购资产	Repo	37.17
四、借款及非银行业金融机构拆入	Borrowings & Placements from Non-depository Financial Institutions	72.72
五、联行往来(净)	Inter-bank Transaction	
六、应付及暂收款	Paybable and Supense Credit	1037.51
七、各项准备	All Reserves	791.39
八、所有者权益	Creditors' Equity	2169.51
九、其　他	Others	1573.82

6-9 续表 continued

单位:亿元 (100 million yuan)

项 目	Item	2016
资金运用项目	**Uses of Funds**	
合 计	Total	52304.45
一、各项贷款	Total Loans	28885.54
(一)境内贷款	Domestic Loans	28752.54
1. 住户贷款	Loans to Households	11175.56
2. 非金融企业及机关团体贷款	Loans to Non-financial Enterprises andGovernment Departments & Organizations	17568.98
3. 非银行业金融机构贷款	Loans to Non-banking Financial Institutions	8.00
(二)境外贷款	Overseas Loans	133.00
二、债券投资	Portfolio Investments	5534.97
三、股权及其他投资	Shares and Other Investments	7801.16
四、买入返售资产	Reverse Repo	453.25
五、存放非银行业金融机构款项	Due From Non-depository Financial Institutions	19.50
六、联行往来(净)	Inter-bank Transaction	8862.44
七、金银占款	Purchase of Gold & Silver	
八、中央银行外汇占款	Foreign Exchange	
九、应收及预付款	Receivables and Prepayments	434.32
十、投资性房地产	Investment Real Estate	21.26
十一、 固定资产	Fixed Asset	292.01

6-10 中资金融机构人民币各项存贷款年末余额

Deposits and Loans in Renminbi of Chinese Financial Institutions at Year-end

单位:亿元 (100 million yuan)

项目	Item	2016
各项存款余额	**Total Deposits**	**44978.42**
一、境内存款	Domestic Deposits	44402.67
(一)住户存款	Deposits of Households	13939.71
(二)非金融企业存款	Deposits of Non-financial Enterprises	15411.34
(三)广义政府存款	General Deposits of Government	7969.96
1.财政性存款	Fiscal Deposits	1372.97
2.机关团体存款	Deposits of Government Departments & Organizations	6596.99
(四)非银行业金融机构存款	Deposits of Non-banking Financial Institutions	7081.66
二、境外存款	Overseas Deposits	575.75
各项贷款余额	**Total Loans**	**28283.46**
一、境内贷款	Domestic Loans	28155.68
(一)住户贷款	Loans to Households	11101.69
(二)非金融企业存款及机关团体贷款	Loans to Non-financial Enterprises andGovernment Departments & Organizations	17045.99
1.短期贷款	Short-term loans	4363.78
2.中长期贷款	Medium & Long-term Loans	11105.28
3.票据融资	Paper Financing	1417.42
4.融资租赁	Financial Leases	107.14
5.各项垫款	Total Advances	52.37
(三)非银行业金融机构贷款	Loans to Non-banking Financial Institutions	8.00
二、境外贷款	Overseas Loans	127.78

6-11 上市公司及新三板概况(2011-2016年)

Listed Companies and NEEQ-listed Companies(2011-2016)

单位:家 (unit)

年 份 Year	境内上市公司数量 Numbers of Domestic Listed Companies	主板上市公司 Main Board-Listed Companies	中小企业板上市公司 SME-Listed Companies	创业板上市公司 GEM-Listed Companies	新三板公司 NEEQ-listed Companies
2011	53	26	20	7	
2012	61	27	24	10	
2013	60	26	24	10	
2014	62	26	26	10	35
2015	68	27	26	15	138
2016	78	31	28	19	347

6-12 证券市场股票筹资概况(2011-2016年)
Equity Financing of Securities Market (2011-2016)

单位:亿元 (100 million yuan)

年 份 Year	股票筹资额 Equity Financing	IPO筹资 IPO financing	股票再筹资 Equity Re-financing
2011	213.59	40.18	173.41
2012	244.55	50.58	193.97
2013	57.30	…	57.30
2014	42.92	6.93	35.99
2015	616.40	24.48	591.92
2016	676.72	43.01	633.71

6-13 证券市场交易额概况(2011-2016年)
Turnover of Securities Market (2011-2016)

单位:亿元 (100 million yuan)

年 份 Year	证券市场交易额 Turnover of Securities Market	# 股票交易 Turnover of Stock Trading
2011	38170.94	31393.64
2012	31558.13	21898.72
2013	48320.55	30858.05
2014	74196.95	49514.63
2015	217238.20	171139.46
2016	141833.54	81611.10

6-14 主要年份原保险保费收入和赔款及给付支出

Premium of Primary Insurance and Payment in Main Years

年 份 Year	原保险保费收入 (万元) Premium of Primary Insurance (10000 yuan)	赔款及给付支出 (万元) Claim and Payment (10000 yuan)	赔款率 (%) Indemnity and Payment Ratio (%)
1980	197		
1985	5043	1153	22.86
1986	8654	3117	36.02
1987	14855	3784	25.47
1988	17985	4052	22.53
1989	28017	7742	27.63
1990	46963	45207	96.26
1991	58771	19762	33.63
1992	94839	32846	34.63
1993	204267	89930	44.03
1994	244017	96299	39.46
1995	313528	113052	36.06
1996	411021	168637	41.03
1997	579787	200828	34.64
1998	559618	195177	34.88
1999	555424	201673	36.31
2000	574506	133011	23.15
2001	810415	180525	22.28
2002	998741	230440	23.07
2003	1172755	242972	20.72
2004	1329411	278910	20.98
2005	1586302	312074	19.67
2006	1754637	399586	22.77
2007	2275036	542852	23.86
2008	3106047	675962	21.76
2009	3273766	785375	23.98
2010	4204166	880790	20.95
2011	3972972	1083773	27.28
2012	4208014	1258986	29.92
2013	4748884	1482555	31.22
2014	6018083	1710441	28.42
2015	7100726	2259963	31.83
2016	11661901	2458547	21.08

注：1．本表数据2008年起来源于中国保险监督管理委员会广东监管局，2008年前来源于广东省保险行业协会；
　　2．自2011年起，保险行业数据按照执行“企业会计准则解释第2号”的新口径统计(下同)。

Note: I. Since 2008 the data in this table are provided by Guangdong Bureau of China Insurance Regulatory Commission, while the data before 2008 were provided by the Guangdong Association of Insurance Industry.

II. Since 2011 figures of insurance industry are calculated according to new standards (The same as in the following tables).

6-15　保险公司主要业务指标（2016年）
Major Business Indicators of Insurance Companies (2016)

单位：万元　　(10000 yuan)

指　　标	Indicators	保险金额（亿元）Amount Insured (100 million yuan)	原保险保费收入 Premium of Primary Insurance	赔款及给付支出 Claim and Payment
总　计	**Total**	**560434**	**11661901**	**2458547**
财产保险公司	Property Insurance Companies	489592	2239748	1157070
人身保险公司	Personal Insurance Companies	70842	9422153	1301477

6-16　财产保险公司主要指标
Main Indicators of Property Insurance Companies

单位:万元　　(10000 yuan)

项　　目	Item	2015		2016	
		原保险保费收入 Premium of Primary Insurance	赔款支出 Claim and Payment	原保险保费收入 Premium of Primary Insurance	赔款支出 Claim and Payment
合　计	**Total**	**2158529**	**1094884**	**2239748**	**1157070**
企业财产保险	Enterprise Property Insurance	192734	90042	200264	98938
家庭财产保险	Family Property Insurance	7316	979	9613	1934
# 投资型家财险	Investment Family Property Insurance	807	38	308	31
机动车辆保险	Motor Vehicle Insurance	1327407	706397	1368588	728737
工程保险	Enginerring Insurance	70455	39450	51714	36231
责任保险	Liability Insurance	132998	42667	141381	56627
信用保险	Export Credit Insurance	140549	93801	150037	103601
保证保险	Guarantee Insurance	73337	27261	73742	17594
# 机动车辆消费贷款保证保险	Vehicle Loan Guarantee Insurance	1757	184	2358	-24
个人贷款抵押房屋保证保险	Personal Loan Mortgage Housing Guarantee Insurance	-475	16	-430	14
船舶保险	Ship Insurance	20421	9799	18584	9334
货物运输保险	Freight Transport Insurance	48837	24914	46381	28772
特殊风险保险	Special Risk Insurance	50751	12167	53686	17944
农业保险	Agricultural Insurance	2902	2327	3371	2201
健康险	Health Insurance	18669	16801	28763	20359
意外伤害保险	Accident Injury Insurance	51142	12334	71338	17280
其他险	Other Insurance	21011	15945	22286	17518

6-17 人身保险公司主要指标

Main Indicators of Personal Insurance Companies

单位：万元 (10000 yuan)

项　　目	Item	2015	2016
原保险保费收入	**Premium of Primary Insurance**	**4942197**	**9422153**
按险种分	Classify by Insurance Code		
寿　险	Life Insurance	3764010	5720518
个人业务	Individual Insurance	3717452	5671550
新单保费	Initial Premiums	2067267	3757851
续期保费	Renewable Premiums	1650185	1913699
团体业务	Group Isurance	46558	48968
新单保费	Initial Premiums	26898	31225
续期保费	Renewable Premiums	19660	17743
意外伤害险	Personal Accidental Death and Injury Insurance	171443	203394
一年期以内业务	Within One-year Product	8780	12379
一年期业务	One-year Product	107669	114769
一年以上业务	Over One-year Product	54994	76246
健康险	Health Insurance	1006744	3498241
一年期以内及一年期业务	Winthin One Year and One-Year Product	168393	218889
个人业务	Individual Insurance	58561	74190
团体业务	Group Isurance	109832	144699
一年期以上业务	Over One-year Period Product	838351	3279352
个人业务	Individual Insurance	834178	3265023
团体业务	Group Isurance	4173	14329
按新型产品分	Classify by New Insurance Products		
寿险保费收入合计	Total Life Insurance Premiums	3764010	5720518
普通寿险	Ordinary Life Insurance	1763712	3894838
新单保费	Initial Premiums	1354571	3204768
续期保费	Renewable Premiums	409141	690070
分红寿险	Participating Insurance	1981097	1804075
新单保费	Initial Premiums	737547	582389
续期保费	Renewable Premiums	1243550	1221686
投资连结保险	Unit-linked Insurance	5164	5195
万能寿险	Universal Life Insurance	14037	16410

6-17 续表 continued

单位:万元 (10000 yuan)

项　　目	Item	2015	2016
赔付支出	**Claims Paid**	**1165079**	**1301477**
赔款支出	**Compensation Expenses**	**122171**	**150779**
意外伤害险	Personal Accidental And Injury Insurance	18309	23392
一年期以内业务	Within One-year Product	906	1217
一年期业务	One-year	17403	22175
一年期以内及一年期健康险	Winthin One Year and One-Year Health Insurance	103862	127387
个人业务	Individual Insurance	23614	26005
团体业务	Group Insurance	80248	101382
死伤医疗给付合计	**Total Casualty Medical Payments**	**83443**	**108975**
寿　险	Life Insurance	39834	45074
个人业务	Individual Insurance	35007	38119
团体业务	Group Insurance	4827	6955
一年期以上健康险	Over One-year Period Health Insurance	43609	63901
个人业务	Individual Insurance	43454	62500
团体业务	Group Insurance	155	1401
满期给付合计	**Total Mature Payment**	**797205**	**828217**
寿　险	Life Insurance	796466	827489
个人业务	Individual Insurance	783511	802598
团体业务	Group Insurance	12955	24891
一年期以上健康险	Over One-year Period Health Insurance	739	728
个人业务	Individual Insurance	739	717
团体业务	Group Insurance	…	11
年金给付合计	**Total Pension Payments**	**162260**	**213506**
个人业务	Individual Insurance	140332	198329
团体业务	Group Insurance	21928	15177
退保金	**Cash Surrender Value**	**1078423**	**1270620**
寿　险	Life Insurance	1062844	1251100
个人业务	Individual Insurance	1049852	1224235
团体业务	Group Insurance	12992	26865
一年期以上健康险	Over One-year Period Health Insurance	15579	19520

6-18 主要外资金融机构及代表处一览表

List of Main Foreign Financial Institutions and Representative Offices

机构(代表处)名称及所属国家(地区)	Name of Institutions (Representative Offices)	批准日期 Date of Approval
法国兴业银行(中国)有限公司广州分行(法国)	Societe Generale,(China)Ltd., Guangzhou Branch (France)	1992.08
三井住友银行(中国)有限公司广州分行(日本)	Sumitomo Mitsui Banking Corporation (China), Ltd, Guangzhou Branch (Japan)	1992.09
东亚银行(中国)有限公司广州分行(中国香港)	The Bank of East Asia (China)Ltd., Guangzhou Branch (Hong Kong, China)	1992.10
南洋商业银行(中国)有限公司广州分行(中国香港)	Nanyang Commercial Bank (China), Ltd., Guangzhou Branch (Hong Kong, China)	1992.11
美国银行广州分行(美国)	Bank of Amercia N.A., Guangzhou Branch (USA)	1993.01
法国巴黎银行(中国)有限公司广州分行(法国)	BNP Paribas(China)Ltd., Guangzhou Branch (France)	1993.03
大华银行(中国)有限公司广州分行(新加坡)	United Overseas Bank Ltd., Guangzhou Branch (Singapore)	1993.11
德意志银行(中国)有限公司广州分行(德国)	Deutsche Bank (China)Ltd.AG, Guangzhou Branch (Germany)	1994.11
东方汇理银行(中国)有限公司广州分行(法国)	Credit Agricole Corparate And Investment Bank (China)Ltd. Guangzhou Branch (France)	1994.11
加拿大丰业银行广州分行(加拿大)	The Bank of Nova Scotia, Guangzhou Branch (Canada)	1994.11
蒙特利尔银行(中国)有限公司广州分行(加拿大)	Bank of Montreal (China), Co, Ltd, Guangzhou Branch (Canada)	1995.01
恒生银行(中国)有限公司广州分行(中国香港)	Hang Seng Bank Ltd., Guangzhou Branch (Hong Kong, China)	1995.07
花旗银行(中国)有限公司广州分行(美国)	Citibank, N.A.(China)Ltd., Guangzhou Branch (USA)	1997.12
汇丰银行(中国)有限公司广州分行(中国香港)	The Hong Kong and Shanghai Banking Corporation Ltd., Guangzhou Branch (Hong Kong, China)	1999.08
星展银行(中国)有限公司广州分行(新加坡)	DBS Bank Ltd., Guangzhou Branch (Singapore)	2004.04
韩国产业银行广州分行(韩国)	The Korea Development Bank Ltd., Guangzhou Branch (Republic of Korea)	2005.05
渣打银行(中国)有限公司广州分行(英国)	Standard Charted Bank Ltd. Guangzhou Branch (UK)	2005.06
永亨银行(中国)有限公司广州分行(中国香港)	Wing Hang Bank Ltd., Guangzhou Branch (Hong Kong, China)	2006.09
国民银行(中国)有限公司广州分行(韩国)	Kookmin Bank Ltd., Guangzhou Branch (Republic of Korea)	2007.06

注：本表资料由中国银监会广东监管局提供。
Note: The data in this table are provided by China Banking Regulatory Commission Guangdong Office.

6-18 续表 continued

机构(代表处)名称及所属国家(地区)	Name of Institutions (Representative Offices)	批准日期 Date of Approval
三菱东京日联银行(中国)有限公司广州分行(日本)	Bank of Tokyo-Mitsubishi UFJ (China), Ltd.,Branch (Japan)	2008.02
印度巴鲁达银行广州分行(印度)	Bank of Baroda Guangzhou Branch (India)	2008.06
瑞穗实业银行(中国)有限公司广州分行(日本)	Mizuho Corporate Bank (China), Ltd. Guangzhou Branch (Japan)	2008.08
华商银行广州分行(中国香港)	Chinese Mercantile Bank Guangzhou Branch (Hong Kong, China)	2008.11
摩根大通银行(中国)有限公司广州分行(美国)	JPMorgan Chase Bank (China) Company Limited Guangzhou Branch (USA)	2009.03
澳大利亚和新西兰银行(中国)有限公司广州分行(澳大利亚)	Australia and New Zealand Banking (China) Ltd. Guangzhou Branch (Australia)	2009.05
大新银行(中国)有限公司广州分行(香港)	DahSing Bank (China) Limited Guangzhou Branch (Hong Kong, China)	2011.04
意大利裕信银行股份有限公司广州分行(意大利)	UniCredit S.p.A. Guangzhou Branch (Italy)	2011.12
韩亚银行(中国)有限公司广州分行(韩国)	Hana Bank (China) Company Limited ,Guangzhou Branch (Republic of Korea)	2012.07
中国信托商业银行股份有限公司广州分行(台湾)	CTBC Bank Co. Ltd., Guangzhou Branch (Taiwan, China)	2015.07
台湾银行股份有限公司广州分行(台湾)	Bank of Taiwan Co., Ltd. Guangzhou Branch (Taiwan, China)	2015.08
永隆银行有限公司广州分行(中国香港)	Wing Lung Bank Ltd., Guangzhou Branch (Hong Kong, China)	2015.09
创兴银行有限公司广州分行	Chong Hing Bank Limited Guangzhou Branch (Hong Kong, China)	2016.05
华侨永亨银行(中国)有限公司广州分行(中国香港)	OCBC Wing Hang Bank (China) Limited Guangzhou Branch (Hong Kong, China)	2016.05
美国华美银行股份有限公司广州代表处(美国)	East West Bbank Guangzhou Representative Office (USA)	1996.01
葡萄牙商业银行股份有限公司广州代表处(葡萄牙)	Banco Commercial Portugues, Guangzhou Representative Office (Portugal)	1997.03
瑞士信贷银行有限公司广州代表处(瑞士)	Credit Suisse Guangzhou Representative Office (Swiss)	2005.04
意大利西雅那银行股份有限公司广州代表处(意大利)	Banca Monte Dei Paschi Di Siena S.P.A Guangzhou Representative Office (Italy)	2005.08
埃及银行广州代表处	Banque Misr Guangzhou Representative Office(Egypt)	2016.07

注：本表资料由中国银监会广东监管局提供。
Note: The data in this table are provided by China Banking Regulatory Commission Guangdong Office.

6-19 外资保险公司及代表处一览表
List of Foreign Insurance Companies and Representative Offices

机构(代表处)名称及所属国家(地区)	Name of Institutions (Representative Offices)	批准日期 Date of Approval
美亚财产保险有限公司广东分公司(美国)	AIG Insurance Company China Limited Guangdong Branch (USA)	1995.10
友邦保险有限公司广东分公司(中国香港)	AIA Company Limited Guangdong Provincial Branch(Hong Kong, China)	1995.10
中意人寿保险有限公司广东分公司(意大利)	Generali China Life Insurance Co., Ltd., Guangdong Branch (Italy)	2002.01
中宏人寿保险公司广州分公司(加拿大)	Manulife-Sinochem Life Insurance Co., LTD, Guangzhou Branch (Canada)	2003.01
安联财产保险(中国)有限公司(德国)	Allianz China General Insurance Company Ltd (Germany)	2003.01
工银安盛人寿保险有限公司广东分公司(法国)	ICBC-AXA Assurance Co., Ltd., Guangdong Branch (France)	2003.04
中德安联人寿保险公司广东分公司(德国)	Allianz China Life Insurance Company Limited Guangdong Branch (Germany)	2004.12
中英人寿保险公司广东分公司(英国)	Aviva-Cofco Life Insurance Co., Ltd., Guangdong Branch (UK)	2005.11
中美联泰大都会人寿保险有限公司广东分公司(美国)	Sino-US United MetLife Insurance Co., Ltd., Guangdong Branch (USA)	2006.02
安盛天平财产保险股份有限公司广东分公司(法国)	Tian Ping Auto Insurance Co., Ltd., Guangdong Branch (France)	2006.08
平安健康保险股份有限公司广东分公司(南非)	Ping An Health Insurance Company Of China,Ltd. Guangdong Branch (South Africa)	2007.09
瑞泰人寿保险有限公司广东分公司(南非)	Oldmutual-guodian life insurance company limited guangdong branch (South Africa)	2008.01
同方全球人寿保险有限公司广东分公司(荷兰)	AEGON THTF Life Insurance Co.,Ltd. Guangdong Branch(Holland)	2008.02
信诚人寿保险有限公司广东省分公司(英国)	CITIC-Prudential Life Insurance Company Limited Guangdong Branch (UK)	2008.06
三井住友海上火灾保险(中国)有限公司广东分公司(日本)	Mitsui Sumitomo Insurance (China) Company, Ltd, Guangdong Branch (Japan)	2008.08
陆家嘴国泰人寿保险有限责任公司广东分公司(中国台湾)	Cathay Lujiazui Life Insurance Co., Ltd, Guangdong Branch (Taiwan, China)	2008.09
日本财产保险(中国)有限公司广东分公司(日本)	Sompo Japan Insurance (China) Company, Ltd, Guangdong Branch(Japan)	2009.02
恒安标准人寿保险有限公司广东分公司(英国)	Heng An Standard Life Insurance Co., Ltd., Guangdong Branch (UK)	2009.05
东京海上日动火灾保险(中国)有限公司广东分公司(日本)	The Tokio Marine & Nichido Fire Insurance Company (China) Limited Guangdong Branch	2010.06
国泰财产保险有限责任公司广东分公司(中国台湾)	Cathay Insurance Co., Ltd., Guangdong Branch (taiwan,China)	2010.10
招商信诺人寿保险有限公司广东分公司(美国)	CIGNA & CMC Life Insurance Co., Ltd., Guangdong Branch (USA)	2010.12
华泰人寿保险股份有限公司广东分公司(美国)	Huatai Life Insurance Co.,Ltd..Guangdong Branch (USA)	2011.05
利宝保险有限公司广东省分公司(美国)	Liberty Insurance Co., Ltd., Guangdong Branch (USA)	2011.11
中意财产保险有限公司广东分公司(意大利)	Generali China Insurance Co., Ltd., Guangdong Branch (Italy)	2012.07
中银三星人寿保险有限公司广东分公司(韩国)	BOC SAMSUNG Life Insurance Company Limited Guangdong Branch (Korea)	2013.06
交银康联人寿保险有限公司广东省分公司(澳大利亚)	BoCommLife Insurance Company Limited Guangdong Branch (Australia)	2014.05
乐爱金财产保险(中国)有限公司广东分公司(韩国)	LIG Insurance (China) Co.,Ltd. Guangdong Branch (Korea)	2014.05
安联财产保险(中国)有限公司广东分公司(德国)	Allianz China General Insurance Company Ltd Guangdong Branch(Germany)	2015.10
汇丰人寿保险有限公司广东分公司(中国香港)	HSBC Life Insurance Company Limited Guangdong Branch (Hong Kong, China)	2015.10
史带财产保险股份有限公司广东分公司(美国)	Starr Property & Casualty Insurance (China) Company Limited, Guangdong branch(USA)	2016.01
安达保险有限公司广东分公司(美国)	Chubb Insurance Company Limited Guangdong Branch(USA)	2016.07
恒大人寿保险有限公司广东分公司(新加坡)	Evergrande Life Assurance Co.,Ltd., Guangdong Branch (Singapore)	2016.09
北大方正人寿保险有限公司广东分公司(日本)	Founder Life Insurance Co., Ltd. Guangdong Branch(Japan)	2016.12
苏黎世财产保险(中国)有限公司广东分公司(瑞士)	Zurich General Insurance Company(China)Ltd Guangdong Branch(Switzerland)	2016.12
澳大利亚昆士兰保险集团股份有限公司广州代表处(澳大利亚)	QBE Insurance Group Limited, Guangzhou Representative Office (Australia)	1997.07
汇丰人寿保险(国际)有限公司广州代表处(中国香港)	HSBC Life (International) Limited, Guangzhou Representative Office (Hong Kong, China)	2003.03
日本爱和谊保险公司广州代表处(日本)	Aioi Insurance Co, Ltd, Guangzhou Rep. Office (Japan)	2004.05

注：本表资料由中国保监会广东监管局提供。
Note: The data in this table are provided by China Insurance Regulatory Commission Guangdong Office.

6-20 金融机构人民币法定存款利率

Official Interest Rates of Deposits of Financial Institutions

单位:年利率 % (% p.a.)

调整时间 Adjustment time	活期存款 Demand Deposit	定期存款 Time Deposit					
		三个月 3 Months	半年 6 Months	一年 1 Year	二年 2 Years	三年 3 Years	五年 5 Years
1996. 05. 01	2.97	4.86	7.20	9.18	9.90	10.80	12.06
1996. 08. 23	1.98	3.33	5.40	7.47	7.92	8.28	9.00
1997. 10. 23	1.71	2.88	4.14	5.67	5.94	6.21	6.66
1998. 03. 25	1.71	2.88	4.14	5.22	5.58	6.21	6.66
1998. 07. 01	1.44	2.79	3.96	4.77	4.86	4.95	5.22
1998. 12. 07	1.44	2.79	3.33	3.78	3.96	4.14	4.50
1999. 06. 10	0.99	1.98	2.16	2.25	2.43	2.70	2.88
2002. 02. 21	0.72	1.71	1.89	1.98	2.25	2.52	2.79
2004. 10. 29	0.72	1.71	2.07	2.25	2.70	3.24	3.60
2006. 08. 19	0.72	1.80	2.25	2.52	3.06	3.69	4.14
2007. 03. 18	0.72	1.98	2.43	2.79	3.33	3.96	4.41
2007. 05. 19	0.72	2.07	2.61	3.06	3.69	4.41	4.95
2007. 07. 21	0.81	2.34	2.88	3.33	3.96	4.68	5.22
2007. 08. 22	0.81	2.61	3.15	3.60	4.23	4.95	5.49
2007. 09. 15	0.81	2.88	3.42	3.87	4.50	5.22	5.76
2007. 12. 21	0.72	3.33	3.78	4.14	4.68	5.40	5.85
2008. 10. 09	0.72	3.15	3.51	3.87	4.41	5.13	5.58
2008. 10. 30	0.72	2.88	3.24	3.60	4.14	4.77	5.13
2008. 11. 27	0.36	1.98	2.25	2.52	3.06	3.60	3.87
2008. 12. 23	0.36	1.71	1.98	2.25	2.79	3.33	3.60
2010. 10. 20	0.36	1.91	2.20	2.50	3.25	3.85	4.20
2010. 12. 26	0.36	2.25	2.50	2.75	3.55	4.15	4.55
2011. 02. 09	0.40	2.60	2.80	3.00	3.90	4.50	5.00
2011. 04. 06	0.50	2.85	3.05	3.25	4.15	4.75	5.25
2011. 07. 07	0.50	3.10	3.30	3.50	4.40	5.00	5.50
2012. 06. 08	0.40	2.85	3.05	3.25	4.10	4.65	5.10
2012. 07. 06	0.35	2.60	2.80	3.00	3.75	4.25	4.75
2014. 11. 22	0.35	2.35	2.55	2.75	3.35	4.00	--
2015. 03. 01	0.35	2.10	2.30	2.50	3.10	3.75	--
2015. 05. 11	0.35	1.85	2.05	2.25	2.85	3.50	--
2015. 06. 28	0.35	1.60	1.80	2.00	2.60	3.25	--
2015. 08. 26	0.35	1.35	1.55	1.75	2.35	3.00	--
2015. 10. 24	0.35	1.10	1.30	1.50	2.10	2.75	--

注：自2014年11月22日起，人民银行不再公布金融机构人民币五年期定期存款基准利率。
Note: Since November 22,2015,the central bank will not announce the official interest rate of time deposits for 5 years of financial institutions.

6-21 金融机构人民币法定贷款利率
Official Interest Rates of Loans of Financial Institutions

单位:年利率 % (% p.a.)

调整时间 Adjustment time	6个月以内 (含六个月) within 6 months (include 6 months)	六个月至一年 (含一年) 6 months−1 year (include 1 year)	一至三年 (含三年) 1−3years (include 3 years)	三至五年 (含五年) 3−5years (include 5 years)	五年以上 above 5 years
1996. 05. 01	9.72	10.98	13.14	14.94	15.12
1996. 08. 23	9.18	10.08	10.98	11.70	12.42
1997. 10. 23	7.65	8.64	9.36	9.90	10.53
1998. 03. 25	7.02	7.92	9.00	9.72	10.35
1998. 07. 01	6.57	6.93	7.11	7.65	8.01
1998. 12. 07	6.12	6.39	6.66	7.20	7.56
1999. 06. 10	5.58	5.85	5.94	6.03	6.21
2002. 02. 21	5.04	5.31	5.49	5.58	5.76
2004. 10. 29	5.22	5.58	5.76	5.85	6.12
2006. 04. 28	5.40	5.85	6.03	6.12	6.39
2006. 08. 19	5.58	6.12	6.30	6.48	6.84
2007. 03. 18	5.67	6.39	6.57	6.75	7.11
2007. 05. 19	5.85	6.57	6.75	6.93	7.20
2007. 07. 21	6.03	6.84	7.02	7.20	7.38
2007. 08. 22	6.21	7.02	7.20	7.38	7.56
2007. 09. 15	6.48	7.29	7.47	7.65	7.83
2007. 12. 21	6.57	7.47	7.56	7.74	7.83
2008. 09. 16	6.21	7.20	7.29	7.56	7.74
2008. 10. 09	6.12	6.93	7.02	7.29	7.47
2008. 10. 30	6.03	6.66	6.75	7.02	7.20
2008. 11. 27	5.04	5.58	5.67	5.94	6.12
2008. 12. 23	4.86	5.31	5.40	5.76	5.94
2010. 10. 20	5.10	5.56	5.60	5.96	6.14
2010. 12. 26	5.35	5.81	5.85	6.22	6.40
2011. 02. 09	5.60	6.06	6.10	6.45	6.60
2011. 04. 06	5.85	6.31	6.40	6.65	6.80
2011. 07. 07	6.10	6.56	6.65	6.90	7.05
2012. 06. 08	5.85	6.31	6.40	6.65	6.80
2012. 07. 06	5.60	6.00	6.15	6.40	6.55
2014. 11. 22		5.60		6.00	6.15
2015. 03. 01		5.35		5.75	5.90
2015. 05. 11		5.10		5.50	5.65
2015. 06. 28		4.85		5.25	5.40
2015. 08. 26		4.60		5.00	5.15
2015. 10. 24		4.35		4.75	4.90

注：自2014年11月22日起，金融机构人民币贷款基准利率期限档次简并为一年以内(含一年)、一至五年(含五年)和五年以上三个档次。

Note: Since Novemeber 22nd, 2014, the brackets of official interest rates of loans of financial institutions have changed into three brackets: one year (include one year), one to five years(include five years) and five years above.

【财政收入】是国家财政参与社会产品分配所取得的收入，是实现国家职能的财力保证。财政收入所包括的内容几经变化，目前主要包括：

(1)各项税收：包括增值税、营业税、消费税、土地增值税、城市维护建设税、资源税、城市土地使用税、印花税、个人所得税、企业所得税、关税、农牧业税和耕地占用税等。

(2)专项收入：包括征收排污费收入、征收城市水资源费收入、教育费附加收入等。

(3)其他收入：包括基本建设贷款归还收入、基本建设收入、捐赠收入等。

(4)国有企业亏损补贴：这项为负收入，冲减财政收入。

【财政支出】国家财政将筹集起来的资金进行分配使用，以满足经济建设和各项事业的需要，主要包括一般公共服务、公共安全支出、教育支出、科学技术支出、文化体育传媒支出、社会保障和就业支出、医疗卫生支出、环境保护支出、城乡社区事务支出、农林水利支出、交通运输支出、工业商业金融等事务费、其他支出等科目。

【原保险保费收入】原保险是保险人与投保人之间直接签订保险合同而建立保险关系的一种保险。在原保险关系中，保险需求者将其风险转嫁给保险人，当保险标的遭受保险责任范围内的损失时，保险人直接对被保险人承担赔偿责任。原保费收入主要是与再保险保费收入进行区分的，国家规定保险公司必须按照一定比例进行分保，接受保险分出的公司收取的保费就是再保费收入，而由公司自己做的业务得到保费收入就是原保费收入。

【保险赔款及给付】指保险事故发生后，经查证确属保险责任范围以内的保险标的损失，保险人根据保险合同的规定履行赔偿义务，给予被保险人(或投保人指定的受益人)的款项。

【Government Revenue】 refers to the revenue of the government finance by means of participating in the distribution of the social products,which is the financial resources for ensuring the government to function.The contents of government revenue have been changed several times.Now it includes the following main items:

(1)Various tax revenues,including value added tax,business tax, consumption tax,land value added tax,tax on city maintenance and construction,resources tax,tax on use of urban land,stamp tax, personal income tax,enterprise income tax,tariff,tax on agriculture and animal husbandry and tax on occupancy of cultivated land,etc.

(2)Special revenues,including revenue collected from imposing fee on sewage treatment,revenue collected from imposing fee on urban water resources,and extra -charges for education,etc.

(3)Other revenues,including revenue from the repayment of capital construction loan,revenue from capital construction projects, and donations and grants.

(4)Planned subsidies for the losses of the state-owned enterprises. This is an item of negative revenue,used to eat up part of the government revenue.

【Government Expenditure】 refers to the distribution and use of the funds the government finance has raised,so as to meet the needs of economic construction and various causes.It mainly includes expenditure for general public services; public safety; education; science and technology; cultural 、sports and media, social security and employment;medical and health;environmental protection;urban and rural community affairs;farming, forestry, water,conservancy; transport; operating expenses of the departments of industry, commerce and financial; and other expenditures.

【Premium of Primary Insurance】 Premium of Primary Insurance is directly to the insurance contract between the underwriter and policy-holder and insurance relationship of a kind Insurance, In the Premium of Primary Insurance relationship, demanders will risk shifting to the insurer, as insurance mark insurance liability within the scope of the losses, the underwriter directly to the insured shall bear the liability for compensation. Premium of Primary Insurance income is primarily and reinsurance premium income to distinguish, regulations of the state, the insurance company must be conducted in accordance with certain proportion reinsurance, accept the ceding insurance company to charge premium is the premium income again, and do your own business by the company for premium income is Premium of Primary Insurance.

【Insurance Indemnity】 is the compensation paid by the in-surer for an accident happening to the insured property or the insu-rance value paid for an accident happening to a person who has in-sured his/her life.

第七篇 CHAPTER 7

价格指数
PRICE INDICES

第七篇　价格指数

一、本篇资料反映生产、消费等环节的价格变动情况。

二、本篇资料由国家统计局广州调查队提供。

三、居民消费价格指数采用抽样调查方法编制，按照大中小兼顾以及地区分布合理的原则，采用划类选择法抽选价格调查点以及消费量较大，价格变动有代表性的商品和服务项目作为样本，对市场价格进行经常性调查，以样本推断总体。

四、工业生产者出厂价格指数和工业生产者购进价格指数均采用重点调查与典型调查相结合的调查方法，采用主观选择和随机抽样的方法选择调查企业。

五、固定资产投资价格指数采用重点调查与典型调查相结合的方法，数据采集使用企业报表与调查员实地采价相结合的方式。

六、新建住宅销售价格统计的采集渠道为部门统计，数据取自市住房和城乡建设委员会的房地产交易管理平台网签成交情况；二手住宅销售价格调查为非全面调查，采用重点调查与典型调查相结合的方法，数据来源于房地产经纪机构。

7 Price Indices

I. The data on the price indices in this chapter show the changing trend and the changing rates in production and consumption.

II. The data in this chapter are prepared and provided by Guangzhou Survey Team of National Bureau of Statistics.

Ⅲ. The data for the calculation of the consumer price indices of resident are collected with the stratified sampling method. Areas distributed in different economic regions in the districts and counties of Guangzhou are selected as the sample areas and the commodities with more consumption and the representative commodities and service item are selected as the samples. Regular surveys are conducted to collect the data on the market prices. The data on the population are estimated on the basis of the sam1pe.

IV. The data for the calculation of the industrial producer and industrial producers purchasing price indices are collected by key unit's survey and typical unit's survey under subjective choice and random sample.

V. The data for the calculation of price indices of fixed assets investment and price indices of real estate are collected by key unit's survey and typical unit's survey through enterprises reporting forms and investigators collecting prices on the spot.

Ⅵ. The data for sales prices of newly built residential buildings are department statistics, which are collected from the internet signed transaction situation on the Real Estate Transaction Management Platform of the Guangzhou Housing and Urban-Rural Construction Committee.The data for sales prices of second-hand residential buildings are collected from non-all round investigation by key unit's survey and typical unit's survey through real estate brokerage agencies.

7-1 主要年份城市居民消费价格指数
Urban Residents Consumer Price Indices in Main Years

年 份 Year	以上年价格为100 (preceding year=100)	以1978年价格为100 (1978=100)	以1952年价格为100 (1952=100)
1978	100.3		134.1
1979	104.0	104.0	172.7
1980	107.2	112.9	240.5
1985	121.5	168.1	370.8
1986	103.9	177.4	398.1
1987	113.7	212.2	465.6
1988	127.7	274.0	599.8
1989	121.6	339.6	729.3
1990	97.3	322.2	709.6
1991	103.0	329.2	711.9
1992	111.7	374.6	795.2
1993	125.0	472.4	1020.5
1994	120.0	575.4	1224.6
1995	113.5	653.1	1389.9
1996	108.2	706.7	1503.9
1997	102.2	722.2	1537.0
1998	97.7	705.6	1501.6
1999	98.5	695.0	1479.1
2000	102.8	714.5	1520.5
2001	98.9	706.6	1503.8
2002	97.6	689.6	1467.7
2003	100.1	690.3	1469.2
2004	101.7	702.0	1494.2
2005	101.5	712.5	1516.6
2006	102.3	728.9	1551.5
2007	103.4	753.7	1604.2
2008	105.9	798.2	1698.8
2009	97.5	778.2	1656.3
2010	103.2	803.1	1709.3
2011	105.5	847.3	1803.3
2012	103.0	872.7	1857.4
2013	102.6	895.4	1905.7
2014	102.3	916.0	1949.5
2015	101.7	931.6	1982.6
2016	102.7	956.8	2036.1

7-2 城市居民消费价格分类指数(2016年，上年=100)

Urban Residents Consumer Price Indices by Category (2016，Preceding Year=100)

项　　目	Item	2016
居民消费价格总指数	**Consumer Price Index**	**102.7**
消费品价格指数	Consumer Goods Price Index	102.7
服务价格指数	Service Price Index	102.8
一、食品烟酒	I. Food，Tobacoo and Liquor	104.4
# 食品	Food	104.4
# 粮　食	Grain	100.4
食用油	Cooking Oil	102.9
菜	Vegetables	115.5
# 鲜　菜	Fresh Vegetables	116.9
畜肉类	Meat Products	106.5
禽肉类	Poultry Products	104.3
水产品	Aquatic Products	104.6
蛋类	Eggs	96.9
烟　酒	Tobacoo and Liquors	101.6
二、衣　着	II. Clothing	105.9
三、居　住	III.Residence	102.9
四、生活用品及服务	IV. Household Articles and Services	99.6
# 家用器具	Household Appliances	91.2
五、交通和通信	V. Transportation and Communication	99.7
六、教育文化和娱乐	VI.Education, Culture and Recreation	101.3
七、医疗保健	VII. Health Care	102.7
# 医疗服务	Health Care Services	100.0
八、其他用品和服务	VIII.Other Articles and Services	104.0

注：2001年以来按照统计制度要求，我国CPI每五年进行一次基期轮换，2016年1月开始使用2015年作为新一轮的对比基期，国家统计局对CPI调查目录进行了调整，将以前的食品类、烟酒类合并为食品烟酒类，新增其他用品和服务类，其他六个类别所含内容也有所调整。

Note: Since 2001, in accordance with requirements of the statistical system, the survey of CPI take on sample rotation for every five years.In January 2016 a new round of comparative base has been taken on.The national bureau of statistics has adjusted the CPI investigation directory. The old type of food and the old type of smoke have been combined into the new type of food,smoke and wine. The other type of goods and services has been added.The other six categories have also been adjusted.

7-3 主要年份城市商品零售价格指数
Urban Retail Price Indices in Main Years

年 份 Year	以上年价格为100 (preceding year=100)	以1978年价格为100 (1978=100)	以1952年价格为100 (1952=100)
1978	100.3		
1979	104.5	104.5	184.6
1980	107.6	113.8	252.8
1985	122.5	171.4	400.4
1986	103.3	179.8	426.0
1987	114.3	218.0	507.6
1988	129.6	284.9	656.5
1989	121.6	351.7	798.2
1990	96.3	331.4	768.7
1991	102.0	338.2	784.1
1992	108.9	379.3	853.9
1993	125.1	480.0	1068.2
1994	116.6	559.7	1245.5
1995	109.7	614.0	1366.3
1996	104.3	640.4	1425.1
1997	99.4	636.6	1416.5
1998	96.3	613.0	1364.1
1999	96.8	593.4	1320.4
2000	99.4	589.8	1312.5
2001	97.4	574.5	1278.4
2002	97.4	559.6	1245.2
2003	99.1	554.5	1234.0
2004	102.1	566.1	1259.9
2005	101.6	575.2	1280.1
2006	101.2	582.1	1295.5
2007	102.9	599.0	1333.0
2008	105.7	633.1	1409.0
2009	96.8	612.8	1363.9
2010	103.2	632.4	1407.5
2011	105.1	664.7	1479.3
2012	101.9	677.3	1507.4
2013	100.5	680.7	1514.9
2014	101.5	690.9	1537.6
2015	99.1	684.7	1523.8
2016	101.2	692.9	1542.1

7-4 城市商品零售价格指数（上年=100）
Urban Retail Price Indices by Category (Preceding Year=100)

项 目	Item	2015	2016
商品零售价格指数	**Retail Price Index**	**99.1**	**101.2**
食 品	Food	102.5	104.4
饮料、烟酒	Beverages, Tobacco and Liquor	102.3	101.0
服装、鞋帽	Garments, Shoes and Hats	102.3	105.6
纺织品	Textiles	98.4	102.0
家用电器及音像器材	Household Appliances, Music and Video Equipment	91.3	90.1
文化办公用品	Cultural and Office Appliances	95.9	95.1
日用品	Articles for Daily Use	100.9	100.8
体育娱乐用品	Sports and Recreation Articles	102.4	100.2
交通、通信用品	Transportation and Communication Appliances	97.1	100.5
家 具	Furniture	99.1	104.0
化妆品	Cosmetics	101.2	100.3
金银饰品	Gold, Silver and Jewelry	92.4	109.3
中西药品及医疗保健用品	Traditional Chinese and Western Medicines & Health Care Articles	101.7	105.9
书报杂志及电子出版物	Books, Newspapers, Magazines and Electronic Publications	102.8	98.6
燃 料	Fuels	85.8	97.1
建筑材料及五金电料	Building Materials and Hardware	98.8	102.7

7-5 主要食品平均价格

Average Price of Major Food

单位:元/千克 (yuan/kg)

商品名称	Item	代表规格品	Standard and Rate	2015	2016
大　米	Rice	东北大米	Northeast Rice	5.37	5.26
优质米	High Quality Rice	油粘米	Glutinous Rice	6.30	6.28
黄　豆	Soybean	一级	First Rate	8.31	8.31
绿　豆	Mung Bean	一级	First Rate	14.64	14.90
花生油	Peanut Oil	纯净	Pure First Rate	24.27	25.77
大白菜	Cabbage	一级绍菜	First Rate nappa cabbage	4.27	4.74
西兰花	Broccoli	一级	First Rate	10.58	12.68
青　瓜	Green Cucumber	一级青瓜	First Rate	6.41	7.27
冬　瓜	wax gourd	一级青皮冬瓜	First Rate	3.91	4.56
西红柿	tomato	一级番茄	First Rate	7.38	8.66
萝　卜	radish	一级白萝卜	First Rate	3.39	3.84
空心菜	water spinach	一级通菜	First Rate	6.75	7.02
菜　心	Chinese flowering cabbage	一级	First Rate	8.37	10.06
豇　豆	cowpea	一级白豆角	First Rate asparagus bean	10.40	12.14
生　菜	lettuce	一级	First Rate	6.39	7.60
节　瓜	zucchini	一级	First Rate	7.37	8.40
西洋菜	watercress	一级	First Rate	6.78	8.43
猪　肉	Pork	上肉一级	Fresh High Quality Pork	28.14	30.51
牛　肉	Beef	净肉	Net Beef	77.46	78.56
鸡	Chicken	白条鸡(杂交开刀)	Pulled Chicken	30.29	33.07
鸡　蛋	Eggs	新鲜褐壳	Fresh Brown Eggs	10.29	9.81
带　鱼	Hairtail	冰鲜中等原条	Middling Iced Whole Hairtail	47.86	53.42
鳙　鱼	Variegated Carp	一级	First Rate	18.22	17.67
鲫　鱼	Crucian	一级	First Rate	18.75	20.48
草　鱼	Grass Carp	一级	First Rate	25.09	24.66
苹　果	Apple	红富士一级	First Rate of Red Fuji	14.23	12.65
雪　梨	Pear	一级	First Rate	9.00	8.52
香　蕉	Banana	黄熟一级	Ripe First Rate	5.37	5.25
葡　萄	Grape	加州红提	American Red Grape	28.37	28.63
西　瓜	Watermelon	黑美人一级	Ordinary First Rate	3.16	3.47

7-6 工业生产者出厂价格指数（上年＝100）
Producer Price Index for Manufactured Goods (Preceding Year=100)

项　　目	Item	2015	2016
工业生产者出厂价格指数	**Producer Price Index for Manufactured Goods**	**96.8**	**98.8**
轻工业	Light Industry	99.8	100.3
以农产品为原材料	Using Farm Produce as Raw Materials	98.8	99.7
以非农产品为原材料	Using Nonfarm Produce as Raw Materials	100.6	100.7
重工业	Heavy Industry	95.3	98.0
采掘工业	Mining and Quarrying Industry	100.2	
原料工业	Raw Materials Industry	91.5	94.6
加工工业	Manufacturing Industry	96.5	99.2
生产资料	Means of Production	94.6	97.6
采掘工业	Mining and Quarrying Industry	100.2	
原料工业	Raw Materials Industry	91.6	94.6
加工工业	Processing Industry	95.8	98.9
生活资料	Consumer Goods	99.6	100.3
食品类	Food	99.6	100.1
衣着类	Clothing	101.2	98.1
一般日用品类	Articles for Daily Use	99.9	100.6
耐用消费品类	Durable Consumer Goods	99.1	100.6

7-7 工业生产者购进价格指数(上年=100)
Purchasing Price Index for Industrial Producers (Preceding Year=100)

项　　目	Item	2015	2016
工业生产者购进价格指数	**Purchasing Price Index for Industrial Producers**	**93.7**	**98.5**
燃料、动力类	Fuels and Power	89.1	95.3
黑色金属材料类	Ferrous Metals	89.7	96.4
#钢　材	Steel	87.6	95.5
其　他	Others	97.0	99.7
有色金属材料和电线类	Nonferrous Metals and Wires	93.2	102.7
化工原料类	Raw Chemical Materials	93.9	99.2
木材及纸浆类	Timber and Paper Pulp	100.3	100.5
建筑材料及非金属矿类	Building Materials and Nonmetal Minerals	94.7	98.1
其他工业原料及半成品类	Raw Materials and Semi-finished Products of Other Industries	98.2	99.2
农副产品类	Agricultural Products	100.2	98.4
纺织原料类	Textile Raw Materials	97.6	100.3

7-8 固定资产投资价格指数（上年=100）

Prices Indices of Investment in Fixed Assets (Preceding Year=100)

项　　目	Item	2015	2016
固定资产投资价格指数	**Prices Indices of Investment in Fixed Assets**	**98.2**	**99.4**
建筑安装、装饰工程	Construction and Installation	97.6	99.2
人工费	Manpower	105.3	103.9
材料费	Materials	95.1	97.9
钢　材	Steel	91.3	96.6
木　材	Timber	101.3	99.7
水　泥	Cement	96.2	99.0
地方建筑材料	Local Building Materials	98.3	98.6
化工材料	Chemical Materials	96.5	97.1
电　料	Electical Materials and Appliances	100.6	100.0
其他材料	Other Materials	100.8	101.1
机械使用费	Machinery	100.1	99.7
设备、工器具购置	Purchase of Equipment, Tools and Installation	99.3	99.0
其他费用	Others	99.6	100.1

7-9 住宅销售价格指数（上年=100）
Sales Prices Indices of Residence Buildings (Preceding Year=100)

项　　目	Item	2015	2016
新建住宅销售价格指数	**Newly Built Residential Buildings**	**99.8**	**119.1**
新建商品住宅	Newly Built Commodity Residential Buildings	99.8	119.3
90平方米及以下	90 square meters and below	100.0	120.0
90-144平方米	90 - 144 square meters	100.0	118.8
144平方米以上	144 square meters and above	99.5	119.5
二手住宅销售价格指数	**Second-hand Residential Buildings**	**103.1**	**121.0**
90平方米及以下	90 square meters and below	103.0	121.2
90-144平方米	90 - 144 square meters	103.4	120.1
144平方米以上	144 square meters and above	103.0	122.5

7-10 分月住宅销售价格指数（2016年，上年同期=100）
Monthly Sales Prices Indices of Residence Buildings (2016，Preceding Year=100)

项　　目	Item	1月	2月	3月	4月	5月	6月
新建住宅销售价格指数	**Newly Built Residential Buildings**	**109.9**	**111.8**	**115.2**	**117.4**	**118.9**	**119.2**
新建商品住宅	Newly Built Commodity Residential Buildings	110.0	111.9	115.3	117.6	119.0	119.4
90平方米及以下	90 square meters and below	110.1	111.3	114.9	118.1	120.0	120.2
90-144平方米	90 - 144 square meters	109.9	111.9	115.0	117.1	118.3	118.8
144平方米以上	144 square meters and above	109.9	112.2	116.0	118.0	119.6	119.8
二手住宅销售价格指数	**Second-hand Residential Buildings**	**113.1**	**114.7**	**118.5**	**120.3**	**120.0**	**119.7**
90平方米及以下	90 square meters and below	113.9	115.4	118.9	120.9	120.5	120.1
90-144平方米	90 - 144 square meters	111.8	113.1	116.8	118.5	117.9	118.5
144平方米以上	144 square meters and above	114.3	116.7	122.0	123.5	123.9	121.7

7-10　续表　continued

项　　目	Item	7月	8月	9月	10月	11月	12月
新建住宅销售价格指数	**Newly Built Residential Buildings**	**119.4**	**121.1**	**123.0**	**123.6**	**124.0**	**124.1**
新建商品住宅	Newly Built Commodity Residential Buildings	119.5	121.2	123.2	123.8	124.2	124.3
90平方米及以下	90 square meters and below	120.7	122.3	125.0	124.7	125.2	125.4
90-144平方米	90 - 144 square meters	118.8	120.7	122.5	123.3	124.0	124.2
144平方米以上	144 square meters and above	119.9	121.5	123.3	124.2	124.1	123.9
二手住宅销售价格指数	**Second-hand Residential Buildings**	**119.9**	**122.1**	**124.7**	**125.4**	**125.5**	**125.9**
90平方米及以下	90 square meters and below	120.8	122.4	124.5	125.1	124.8	125.2
90-144平方米	90 - 144 square meters	118.3	121.3	124.4	125.5	126.3	127.3
144平方米以上	144 square meters and above	121.7	123.2	125.8	125.9	125.6	124.5

【商品零售价格指数】商品零售价格是商品在流通过程中最后一个环节的价格，主要包括：工业、商业、餐饮业和其他零售企业向城乡居民、机关团体出售生活消费品和办公用品的价格。商品零售价格调查任务是系统地调查、搜集和整理市场商品零售价格资料，编制商品零售价格指数，以反映市场商品零售价格的变动趋势和变动程度，为国家宏观调控和国民经济核算提供参考依据。

【城市居民消费价格指数】是度量消费商品及服务项目价格水平随着时间而变动的相对数，它反映城市居民家庭购买的生活消费品及服务价格水平的变动情况，是宏观经济调控、价格总水平监测以及国民经济核算的重要指标，其变动率在一定程度上反映了通货膨胀(或紧缩)的程度。

【工业生产者购进价格指数】是反映工业企业作为生产投入，从物资交易市场和能源、原材料生产企业购买原材料、燃料和动力产品时，所支付的价格水平变动趋势和程度的统计指标，是扣除工业企业物质消耗成本中的价格变动影响的重要依据。

【工业生产者出厂价格指数】是反映一定时期内全部工业产品出厂价格总水平的变动趋势和程度的相对数，包括工业企业售给本企业以外所有单位的各种产品和直接售给居民用于生活消费的产品。该指数可以观察出厂价格变动对工业总产值及增加值的影响。

【固定资产投资价格指数】是反映固定资产投资活动中所涉及的建筑安装工程、设备工器具购置和其他费用这三部分投资价格水平变动趋势和幅度的相对数。

【住宅销售价格指数】住宅销售价格指数分为新建住宅销售价格指数和二手住宅销售价格指数两部分。其中，新建住宅销售价格指数的统计范围是所有进入房地产市场第一次进行产权交易及网上签约的住宅交易价格，分为保障性住房和新建商品住宅两部分。二手住宅销售价格指数的统计范围是进入房屋市场进行交易，第二次及以上进行产权登记的住宅。

【Retail Price Index】 measures the relative trend and degree of changes in retail prices of commodities,reflecting the trend of changes in prices in the last link of circulation,i.e. prices of consumer goods and office appliances sold to households or organizations by enterprises of industry,commerce,catering services and other retail trades. It refects the changing trend and degree of retail prices of commodities.

It provides a reference for macroeconomic adjustment and control as well as national economic accounting.

【Urban Consumer Price Index】 reflects the trend and degree of changes in prices of consumer goods and services purchased by urban residents。It is an important indicator for macroeconomic analysis decision-making,regularization and control, supervision of general price level and national economic accounting.The rates of change are generally considered as an indicator of inflation or deflation.

【Purchasing Price Index for Industrial Producers】 reflects changes in the level and degree of prices paid by industrial enterprises when they purchase production input such as raw materials, fuels and power from the market or from other energy or raw materials producing enterprises. These indices provide important basis for measuring the material consumption of industrial enterprises after removing influence of price changes.

【Producer Price Index for Manufactured Goods】 Producer Price Index for Manufactured Goods reflects the trend and degree of changes in general ex-factory prices of all industrial products during a given period, including sales of industrial products by an industrial enterprise to all units outside the enterprise, as well as sales of consumer goods to residents. It can be used to analyze the impact of ex-factory prices on gross output value and value-added of the industrial sector.

【Prices Indices of Investment in Fixed Assets】 reflects the trend and extent of changes in the price level in the investment activities in fixed asset, which involve three parts: the construction and installation project, purchase of engineering equipment and instrument and other expenses.

【Sales Prices Indices of Residence Buildings】 Sales Prices Indices of Residence Buildings consists of Sales Prices Indices of Newly Built Residential Buildings and Sales Prices Indices of Second-hand Residential Buildings. The statistical range of Sales Prices Indices of Newly Built Residential Buildings covers the first-time transaction of real estates in the market and the internet signed price. The newly built residential buildings include the indemnificatory buildings and the newly built commercial buildings. The statistical range of Sales Prices Indices of Second-hand Residential Buildings covers the registration of residential buildings for the second time and above in the real estate market.

第八篇 CHAPTER 8

人民生活
PEOPLE'S LIVELIHOOD

第八篇　人民生活

一、本篇资料反映广州城乡居民生活状况，包括家庭基本情况、居民收支、消费水平、住房及主要消费品消费量和拥有量等基本情况。

二、本篇资料由广州市统计局和国家统计局广州调查队共同提供。

三、根据国家统计局广东调查总队要求，2014年起，城乡一体化住户调查收支数据绝对值以新口径公布使用。新口径是指不论户口性质和户口登记地、不论以家庭形式居住还是集体形式居住、不论居住在城市、农村还是城乡结合部，只要是常住地为广州的住户均纳入调查范围；旧口径是指以城市区域有固定居所的常住户籍居民家庭为调查范围。

四、由于新旧调查方案在调查范围和对象、城乡划分标准、样本抽选方法、计算和汇总方式、指标名称和口径等方面变化较大，新旧口径指标数据不可以直接对比使用。其中，新口径“消费支出”比旧口径“消费性支出”增加了自有住房虚拟租金折算。

五、8-4表中“净收入”是指在相关获得收入中扣除投入成本、折旧和税费后得到净收入，因此部分指标为负。

8 People's Livelihood

Ⅰ. The data in this chapter show the basic conditions of the people's livelihood in the urban and rural areas of Guangzhou Municipality, including basic conditions of families, income and expenditure of the residents, level of consumption, housing condition, consumption possession of the major Consumer goods, etc.

Ⅱ. The data in this chapter are prepared and provided by Guangzhou Municipal Bureau of Statistics and Guangzhou Survey Team of National Bureau of Statistics.

Ⅲ. According to the requirement of Guangdong Survey Team of National Bureau of Statistics, the value of income and expenditures of urban and rural integrated households are published with new statistical standard. No matter what kind of the household register is or register place is, whether living as a family or collective form in urban, rural or rural-urban continuum, as long as it is for local residents in Guangzhou, is classified into the new statistical standard. The old statistical standard covers the families which have permanent household register and resident in urban areas.

Ⅳ. The investigation field and respondent, the standard of classifying urban and rural, the sample selection rule, the calculating and summarizing method, the name of index and the statistical standard are different between the new survey method and the old one. As a result, the data of old and new statistical standard are incomparable. the "Consumption Expenditures" in new standard includes the virtue rent of private housing.

Ⅴ. In table 8-4, "Net Income" refers to the related revenue deducts the input costs, depreciation and tax fees. As a result, some parts of "Net Income" can be negative.

8-1 城乡居民人均全年可支配收入和消费支出情况
Per Capita Annual Disposable Income and Expenditure for Consumption of Urban and Rural Residents

单位：元 (yuan)

项　目	Item	城市居民 Urban Residents 2015	2016年
可支配收入	Disposable Income	46735	50941
消费支出	Total Living Expenditures for Consumption	35753	38398
食品烟酒	Food,Tobacco and Liquor	11743	12595
衣着	Clothing	1995	2128
居住	Residence	8129	8535
生活用品及服务	Articles for Daily Use and Services	2213	2425
交通通信	Transportation and Communication	4356	4870
教育文化娱乐	Education, Cultural and Recreation	4640	5044
医疗保健	Health Care and Medical Services	1546	1585
其他用品和服务	Miscellaneous Articles for Use and Services	1132	1216

8-1 续表 continued

单位：元 (yuan)

项　目	Item	农村居民 Rural Residents 2015	2016
可支配收入	Disposable Income	19323	21449
消费支出	Total Living Expenditures for Consumption	15925	17595
食品烟酒	Food,Tobacco and Liquor	6278	6958
衣着	Clothing	663	747
居住	Residence	3307	3437
生活用品及服务	Articles for Daily Use and Services	913	1101
交通通信	Transportation and Communication	2158	2529
教育文化娱乐	Education, Cultural and Recreation	1482	1667
医疗保健	Health Care and Medical Services	739	806
其他用品和服务	Miscellaneous Articles for Use and Services	385	350

8-2 城乡居民家庭平均每百户年末耐用消费品拥有量
Ownership of Major Durable Consumer Goods per 100 Urban and Rural Households at Year-end

项 目		Item		城市居民 Urban Households		农村居民 Rural Households	
				2015	2016	2015	2016
家用汽车	(辆)	Automobile	(unit)	37	43	30	36
摩托车	(辆)	Motorcycle	(unit)	25	22	127	126
助力车	(辆)	Moped	(unit)	18	24	42	50
洗衣机	(台)	Washing Machine	(set)	98	100	98	102
电冰箱(柜)	(台)	Refrigerator	(set)	101	103	102	105
微波炉	(台)	Microwave Oven	(set)	66	67	34	35
彩色电视机	(台)	Color TV Set	(set)	128	131	137	141
# 接入有线电视	(台)	Cable TV	(set)	115	121	126	131
空调	(台)	Air Conditioner	(set)	226	235	163	184
热水器	(台)	Water Heater	(unit)	105	105	107	112
# 太阳能热水器	(台)	Solar Water Heater	(unit)	5	5	7	8
消毒碗柜	(台)	Disinfection Cabinet	(unit)	75	78	69	71
洗碗机	(台)	Dish-washing Machine	(unit)	3	2	3	3
排油烟机	(台)	Vacuum Cleaner	(unit)	88	88	58	63
固定电话	(部)	Telephone	(set)	78	65	67	52
移动电话	(台)	Mobile Telephone	(set)	251	258	298	313
# 接入互联网	(台)	Connected to the Internet	(set)	153	182	169	201
计算机	(台)	Computer	(set)	121	122	86	90
# 接入互联网	(台)	Connected to the Internet	(set)	107	111	73	75
摄像机	(架)	Video Camera	(set)	14	15	4	3
照相机	(架)	Camera	(set)	73	67	29	26
中高档乐器	(台)	Medium and High Grade Musical Instruments	(set)	10	12	4	4
健身器材	(台)	Health Equipment	(set)	17	17	4	7
组合音响	(台)	Hi-fi Stereo Component System	(set)	33	32	21	20

8-3 城市居民家庭基本情况（2016年）

Basic Conditions of Urban Households (2016)

单位：人 (person)

项　　目	Item	合　计 Total	低收入户 Low Income Households	中等偏下收入户 Lower Middle Income Households
一、调查户数　（户）	Number of Households Surveyed (household)	1200	240	240
二、家庭人口数	Number of Family Members	3638	857	799
平均每户人口数	Average Household Size	3.03	3.57	3.33
1. 就业者人数	Number of Employed Persons	2153	463	470
平均每户就业人数	Average Number of Employed Persons per Household	1.79	1.93	1.96
平均每一就业者负担人数	Number of Dependents per Employee	1.69	1.85	1.70
2. 离退休人数	Number of Retired Veterans and Persons	617	103	113

8-3　续表　continued

单位：人 (person)

项　　目	Item	中等收入户 Middle Income Households	中等偏上收入户 Upper Middle Income Households	高收入户 High Income Households
一、调查户数　（户）	Number of Households Surveyed (household)	240	240	240
二、家庭人口数	Number of Family Members	710	658	614
平均每户人口数	Average Household Size	2.96	2.74	2.56
1. 就业者人数	Number of Employed Persons	439	398	383
平均每户就业人数	Average Number of Employed Persons per Household	1.83	1.66	1.60
平均每一就业者负担人数	Number of Dependents per Employee	1.62	1.65	1.60
2. 离退休人数	Number of Retired Veterans and Persons	127	137	137

8-4 城市居民人均全年收支情况（2016年）

单位：元

项　　目	Item
可支配收入	Disposable Income
#工资性收入	Income from Wages and Salaries
#工资	Wages and Salaries
实物福利	Material Benefits
其他	Others
经营净收入	Net Business Income
#第一产业经营净收入	Net Business Income from Primary Industry
第二产业经营净收入	Net Business Income from Secondary Industry
第三产业经营净收入	Net Business Income from Tertiary Industry
财产净收入	Net Income from Property
#利息净收入	Net Income from Interest
红利收入	Income from Bonus
储蓄性保险净收益	Net Income from Savings Insurance
转让承包土地经营权租金净收入	Net Income from the Rent of Transferring the Right of Management of Contracted Land
出租房屋财产性收入	Income from Rental
出租机械、专利、版权等资产的收入	Income from Renting Machinery, Patent and Copyright
其他财产净收入	Other Net Income from Property
房屋虚拟租金	Virtual Rent
转移净收入	Net Income from Transfers
#转移性收入	Income from Transfers
总支出	Total Expenditures of Households
#消费支出	Consumption Expenditures
生产经营费用支出	Expenditures on Production and Management
#第一产业经营费用支出	Expenditures on Production and Management in Primary Industry
第二产业经营费用支出	Expenditures on Production and Management in Secondary Industry
第三产业经营费用支出	Expenditures on Production and Management in Tertiary Industry
财产性支出	Expenditures on Properties
#生活贷款利息支出	Expenditures on Interest of Maintenance Loans
其他财产性支出	Other Expenditures on Properties
转移性支出	Expenditures on Transfers
#个人所得税	Income Tax
社会保障支出	Social Security Expenditures
外来从业人员寄给家人的支出	Expenditures Mailed by the Migrant Employees to Their Families
赡养支出	Alimony Expenditures
其他转移性支出	Other Expenditures on Transfers
部分商业保险支出	Parts of Expenditures on Commercial Insurance
#意外伤害保险	Accident Insurance
商业医疗保险(含大病保险)	Commercial Medical Insurance (Including Critical Illness Insurance)
其他非储蓄性商业保险	Other Commercial Insurance, Excluding Savings Insurance
其他储蓄性商业保险	Other Commercial Savings Insurance
购置资产及非经常性转移支出	Expenditures on Acquisition of Assets and Non-recurring Expenditures on Transfers
#购置资产支出	Expenditures on Acquisition of Assets
非经常性转移支出	Non-recurring Expenditures on Transfers
借贷性支出	Expenditures on Loans
#存入储蓄款	Saving Deposits
借出款	Loaned Money
归还借款	Repayment of Loans
购买有价证券	Purchase of Portfolio
其他投资支出	Other Expenditures for Investment
归还住房贷款	Repayment of Loans for Housing
归还汽车贷款	Repayment of Loans for Automobile
归还教育贷款	Repayment of Loans for Education
归还其他贷款	Repayment of Loans for Other Payments
其他借贷支出	Other Expenditures on Loans

Conditions of Per Capita Cash Income and Expenditure of Urban Households (2016)

(yuan)

总平均 Average	低收入户 Low Income Households	中等偏下收入户 Lower Middle Income Households	中等收入户 Middle Income Households	中等偏上收入户 Upper Middle Income Households	高收入户 High Income Households
50940.70	28319.17	41201.64	50902.66	62639.34	88822.15
34814.82	19992.68	28451.80	34111.68	43807.84	58588.20
32551.04	18937.03	26930.12	32019.58	40682.67	54161.61
111.40	48.68	59.08	89.28	282.57	120.79
2152.38	1006.97	1462.60	2002.82	2842.60	4305.80
2776.19	1405.43	2178.31	1455.28	3315.84	6791.62
56.60	172.14	5.10	-3.55	56.64	41.01
175.66	41.85	109.95	154.78	189.96	479.90
2543.93	1191.44	2063.26	1304.05	3069.24	6270.71
8634.48	4899.35	7983.29	10754.16	9036.31	14473.36
62.82	11.54	93.72	106.16	-176.68	319.73
887.56	781.78	1224.34	1153.76	571.76	901.89
201.20	42.60	135.86	553.40	47.24	325.61
13.30	26.74	25.72		10.69	0.81
3447.12	1760.46	3296.68	4848.31	3688.84	5175.35
13.14		1.89	1.67		77.54
28.24	-7.22	21.97	59.33	-19.00	108.96
3981.10	2283.45	3183.11	4031.53	4913.46	7563.47
4715.21	2021.71	2588.24	4581.54	6479.35	8968.97
8255.44	3961.96	5296.61	8115.02	10531.99	14880.91
46255.69	28012.88	36385.91	45495.08	55714.47	75119.81
38398.20	23835.12	31203.79	37934.51	46949.61	59295.57
641.08	744.75	262.10	206.11	1285.66	805.50
29.49	96.46	6.46	5.02	9.64	16.27
77.55	260.74	2.34		26.53	66.26
534.04	387.55	253.30	201.09	1249.49	722.97
179.92	107.81	66.94	133.93	439.44	202.48
159.27	90.55	47.12	118.45	398.03	192.31
20.65	17.26	19.82	15.48	41.41	10.17
3474.13	1940.25	2708.36	3533.48	4052.64	5911.95
467.81	44.51	204.11	260.91	596.30	1501.41
2534.67	1578.17	2179.27	2918.51	2884.52	3504.65
7.00	0.51	3.07	2.92	13.33	19.10
396.97	306.49	287.12	270.18	481.20	722.66
67.68	10.57	34.79	80.96	77.29	164.13
207.25	122.64	213.37	195.12	164.19	376.86
22.55	23.77	12.96	21.73	20.12	36.92
151.76	89.27	158.52	146.78	94.78	296.46
12.44	3.82	9.53	16.21	10.04	26.38
20.50	5.78	32.36	10.40	39.25	17.10
2578.25	807.70	1572.68	2774.14	1496.91	7278.10
1437.48	4.61	639.17	1714.23	82.07	5598.45
1140.77	803.09	933.51	1059.91	1414.84	1679.65
776.86	454.61	358.67	717.79	1326.02	1249.35
165.78	195.28	165.47	142.90	108.92	212.83
2.62	2.90	0.19	3.80	6.36	
15.45	2.15	16.21	33.93	20.42	6.14
4.37	3.38	0.58		10.10	9.62
1.20			1.56		5.32
461.94	250.90	175.34	433.43	654.22	955.58
107.78			12.73	526.00	59.86
17.52			89.42		
0.20		0.88	0.02		

8-5 主要年份城市居民人均可支配收入及恩格尔系数

Per Capita Annual Disposable Income and Engel's Coefficient of Urban Households in Main Years

年 份 Year	城市居民人均可支配收入 Per Capita Annual Disposable Income of Urban Residents		恩格尔系数 (%) Engel's Coefficient of Urban Households (%)
	绝对数（元） Value (yuan)	指 数（上年=100） Index (preceding year=100)	
1980	606.12		70.4
1985	1099.77	125.2	62.5
1986	1299.64	118.2	61.3
1987	1500.99	115.5	60.7
1988	1857.30	123.7	61.8
1989	2492.63	134.2	60.4
1990	2748.95	110.3	60.6
1991	3124.07	113.6	58.9
1992	3966.76	127.0	56.1
1993	5260.00	132.6	51.5
1994	7571.00	143.9	50.1
1995	9038.16	119.4	50.2
1996	9905.31	109.6	50.4
1997	10444.60	105.4	49.1
1998	11255.70	107.8	44.7
1999	12018.52	106.8	44.0
2000	13966.53	116.2	42.6
2001	14694.00	105.2	40.0
2002	13380.47	104.9	41.0
2003	15002.59	112.1	38.9
2004	16884.16	112.5	38.3
2005	18287.24	108.3	37.3
2006	19850.66	108.5	37.0
2007	22469.22	113.2	32.8
2008	25316.72	112.7	33.7
2009	27609.59	109.1	33.2
2010	30658.49	111.0	33.3
2011	34438.08	112.3	34.0
2012	38053.52	111.4	34.0
2013	42049.14	110.5	33.9
2014(旧口径)(Old Standard)	45791.51	108.9	33.6
2014(新口径)(New Standard)	42954.60	108.9	32.9
2015	46734.60	108.8	32.8
2016	50940.70	109.0	32.8

8-6 城市居民人均全年消费支出（2016年）

Per Capita Annual Consumption Expenditures of Urban Households (2016)

单位：元　　(yuan)

项　目	Item	总平均 Average	低收入户 Low Income Households	中等偏下收入户 Lower Middle Income Households	中等收入户 Middle Income Households	中等偏上收入户 Upper Middle Income Households	高收入户 High Income Households
消费支出	**Total Consumption Expenditures**	**38398.20**	**23835.13**	**31203.79**	**37934.51**	**46949.61**	**59295.57**
食品烟酒	Food,Tobacco and Liquor	12594.62	9034.56	11259.55	13270.10	14701.93	17036.75
食品	Food	7562.98	6146.48	7016.86	7909.44	8453.34	9367.16
烟酒	Tobacco and Liquor	507.91	357.22	467.76	410.40	548.67	871.26
饮料	Beverage	332.77	197.06	258.31	320.99	388.68	593.17
饮食服务	Catering Services	4190.96	2333.80	3516.62	4629.27	5311.24	6205.16
衣着	Clothing	2128.62	1100.30	1596.28	2051.29	2544.31	3690.24
衣类	Clothing Materials	1580.51	791.65	1189.17	1506.36	1907.35	2769.96
鞋类	Shoes	548.11	308.65	407.11	544.93	636.96	920.28
居住	Residence	8535.06	5132.73	7085.16	8310.31	10065.26	13449.41
租赁房房租	Rental of Housing	362.59	187.44	352.18	390.22	554.78	367.58
住房维修及管理	Repair and Management	589.45	244.87	434.72	544.86	731.79	1146.54
水电燃料及其他	Water, Electricity, Fuels and Others	1286.23	1099.04	1140.44	1291.02	1433.03	1525.37
自有住房折算租金	Private Housing Imputed Rent	6296.79	3601.38	5157.82	6084.21	7345.66	10409.92
生活用品及服务	Articles for Daily Use and Services	2425.05	1407.34	1827.73	2415.03	3435.87	4616.87
家具及室内装饰品	Furnitures and Indoor Decorations	376.85	233.74	255.62	312.61	807.31	513.32
家用器具	Household Appliance	506.88	302.09	384.10	631.73	685.22	839.30
家用纺织品	Household Textile	261.23	139.02	196.52	296.38	321.23	525.62
家庭日用杂品	Household Articles for Daily Use	543.09	366.66	482.01	574.46	676.40	928.48
个人用品	Personal Articles for Daily Use	475.64	294.38	403.41	482.46	610.24	879.51
家庭服务	Household Services	261.36	71.45	106.07	117.39	335.47	930.64
交通通信	Transport and Communications	4869.93	2606.78	3782.85	4475.29	6488.80	8312.99
交通	Transport	3269.50	1461.07	2438.79	2814.04	4496.62	6184.36
通信	Communications	1600.43	1145.71	1344.06	1661.25	1992.18	2128.63
教育文化娱乐	Education, Cultural and Recreation	5043.71	2900.54	3524.03	4780.16	6336.44	7141.63
教育	Education	1717.94	1412.18	1401.95	1778.92	1982.11	1594.87
文化娱乐	Cultural and Recreation	3325.77	1488.36	2122.08	3001.24	4354.33	5546.76
医疗保健	Health Care and Medical Services	1585.51	1071.34	1242.32	1420.86	1846.86	2411.37
医疗器具及药品	Medical Apparatus and Medicines	743.43	379.45	527.83	763.26	887.09	1237.24
医疗服务	Medical Services	842.08	691.89	714.49	657.60	959.77	1174.13
其他用品和服务	Miscellaneous Articles for Use and Services	1215.70	581.54	885.87	1211.47	1530.14	2636.31
其他用品	Miscellaneous Goods	612.99	291.06	423.49	617.31	749.52	1378.69
其他服务	Miscellaneous Services	602.71	290.48	462.38	594.16	780.62	1257.62

8-7 城市居民家庭年末居住情况（2016年）
Housing Conditions of Urban Households at Year-end (2016)

项　　目	Item	调查户（户） Households Surveyed (household)
按居住空间样式分	**Grouped by Design of Residential Buildings**	**1200**
单栋楼房	Separate Residential Buildings	268
单栋平房	Separate Residential Terraces	48
四居室及以上单元房	Four-room and Above Apartments	86
三居室单元房	Three-room Apartments	383
二居室单元房	Two-room Apartments	341
一居室单元房	One-room Apartments	73
筒子楼或连片平房	Tube-shaped Apartments or Bungalows	1
其他	Others	
按主要建筑材料分	**Grouped by Main Building Materials**	1200
钢筋混凝土	Reinforced Concrete	1104
砖混材料	Brick and Reinforced Concrete	79
砖瓦砖木	Brick-tile and Brick-wood	17
竹草土坯	Bamboo Grass and Adobe	
其他	Others	
按房屋来源分	**Grouped by Source of Buildings**	1200
租赁公房	Public Apartments for Lease	23
租赁私房	Private Apartments for Lease	74
自建住房	Self-built	347
购买商品房	Purchase Commercial Residential Apartment	492
购买房改住房	Purchase Housing-reformation Apartment	223
购买保障性住房	Purchase Indemnificatory Apartment	4
拆迁安置房	Settlement Apartment for House Removal	6
继承或获赠住房	Inherited or Gifted	10
免费借用房	Borrow for Free	19
雇主提供免费住房	Employer-provided for Free	
其他来源	Others	2
按主要炊用能源状况分	**Grouped by Fuel for Cooking**	1200
柴草	Firewood	22
煤炭	Coal	
罐装液化石油气	Tanked LPG	515
管道液化石油气	Pipeline LPG Gas	42
管道煤气	Pipeline Gas	18
管道天然气	Pipeline Natural Gas	554
电	Electricity	48
燃料用油	Oil for Fuel	
沼气	Methane	
其他	Others	
无炊用行为	Without Cooking Behavior	1

8-8 主要年份农村居民家庭人均收支情况

Per Capita Income and Expenditure of Rural Households in Main Years

单位：元 (yuan)

年 份 Year	总收入 Total Income of Household	可支配收入 Disposable Income 绝对数（元）Value (yuan)	指数（上年=100）Index (preceding year =100)	总支出 Total Expenditure of Household	#家庭经营支出 Expenditure for Household Operations	消费支出 Consumer Expenditure	恩格尔系数(%) Engel's Coefficient of Rural Households (%)
1978	288.26	249.80		265.07	37.44	221.66	67.13
1979	294.78	250.95	100.46	283.25	42.27	237.08	65.13
1980	357.71	322.66	128.58	315.17	34.52	259.46	54.68
1985	1005.17	732.70	106.53	838.87	228.82	534.53	55.49
1986	1202.57	857.17	116.99	1052.33	285.06	671.37	51.76
1987	1668.84	1074.92	125.40	1422.75	540.48	783.22	52.70
1988	2096.67	1324.48	123.22	1940.54	711.36	1063.46	50.06
1989	2103.81	1524.80	115.12	1838.45	506.87	1175.80	50.06
1990	2141.00	1538.93	100.93	1867.79	509.15	1218.85	49.05
1991	2397.31	1735.57	112.78	1902.60	545.18	1224.92	51.59
1992	2856.37	2152.28	124.01	2050.69	605.78	1224.30	54.94
1993	3639.97	2661.34	123.65	3134.42	855.54	2002.89	48.72
1994	4617.42	3670.24	137.91	3752.30	797.11	2639.60	49.55
1995	5552.10	4482.51	122.13	4578.52	904.34	3307.61	46.33
1996	6482.42	5164.67	115.22	5145.01	1112.34	3530.62	44.96
1997	7269.41	5545.91	107.38	5645.20	1467.20	3602.21	47.37
1998	7120.09	5628.95	101.50	5829.06	1222.32	4143.55	42.62
1999	7181.00	5833.92	103.64	5106.16	1045.10	3634.66	48.54
2000	7080.42	6085.97	104.32	5515.70	671.49	4453.33	38.21
2001	7542.65	6445.72	105.91	5423.27	679.66	4388.39	43.77
2002(旧口径)	7918.81	6856.62	106.37	5506.95	711.37	4434.95	43.27
2002(新口径)	6888.84	5831.34		5272.93	762.60	4182.38	
2003	7032.36	6129.95	105.12	5217.68	734.44	4115.94	43.88
2004	7510.31	6625.16	108.08	5419.08	725.36	4353.18	43.75
2005	8380.25	7080.19	106.87	6741.70	1049.77	5395.58	43.22
2006	8982.66	7788.27	110.00	7008.43	1011.94	5628.86	42.60
2007	9997.12	8612.84	110.59	7934.08	1166.57	6341.51	42.82
2008	11107.23	9828.12	114.11	8409.80	1056.11	6837.67	42.33
2009	12303.11	11066.69	112.60	9338.02	1040.28	7742.20	43.95
2010	14249.13	12675.55	114.54	10891.68	1231.02	8987.06	45.91
2011	16191.16	14817.72	116.90	12145.71	1145.86	10100.86	44.71
2012	18398.47	16788.48	113.30	13368.63	1259.56	10964.52	44.50
2013	20670.14	18887.04	112.50	14477.13	1401.45	11688.20	44.21
2014	21814.24	17662.80	110.30	16783.29	822.46	12867.79	42.89
2015	23454.21	19323.10	109.40	20225.47	952.10	15924.85	39.42
2016	26016.14	21448.60	111.00	22079.20	1175.65	17595.07	39.54

注：1.自2014年起广州实施城乡一体化分市县住户调查制度，农村家庭居民收入数据以新口径公布，“人均可支配收入”指标代替“人均纯收入”指标，不再公布“人均收入”数据。本表收入指标2014年以前数据为“人均纯收入”数据，2014年指数按可支配收入同口径计算。

2.2015年起“消费支出”和“恩格尔系数”为新口径数据，本表2014年以前该两项指标数据为旧口径。

Note: I.The integrated household income and expenditure survey has been carried out in Guangzhou since since 2014. Therefore, the income of rural households is published accroding to a new statistical standard. "Per Capita Net Income" is no longer used and repalced by " Per Capita Disposable Income". In this table, " Per Capita Net Income " is preserved before 2014, but the index is calculated in the same standard of disposable income in 2014.

II."Consumer expenditure" and "Engel's coefficient " have been calculated arrcording to the new standard since 2015, and the data of these two indicators before that are calculated according to the prior standard.

8-9 农村居民家庭基本情况（2016年）

项　　目		Item		总平均 Average
调查户数	（户）	Number of Households Surveyed	(household)	450
各组比重	(%)	Proportion	(%)	100
调查户常住人口	（人）	Number of Permanent Residents in Households Surveyed	(person)	1746
平均每户常住人口	（人）	Average Number of Permanent Residents per Household	(person)	3.88
# 整半劳动力	（人）	Average Number of Full/Semi Labor Force per Household	(person)	2.98
从业人员数	（人）	Number of Employees	(person)	2.64
平均每个从业人员负担人口数	（人）	Average Number of Residents per Employee	(person)	1.47
平均每户生产性固定资产原值	（元）	Average Original Value of Fixed Assets per Household	(yuan)	10016.16
平均每人经营耕地面积	（亩）	Per Capita Cultivated Area	(mu)	0.20
平均每户居住面积	（平方米）	Net Living Space per Household	(sq.m)	193.00
平均每人居住面积	（平方米）	Per Capita Net Living Space	(sq.m)	49.74
平均每人全年消费		**Per Capita Annual Consumption**		
粮　食	（千克）	Grain	(kg)	115.70
谷 物	（千克）	Cereal	(kg)	108.63
薯 类	（千克）	Tubers	(kg)	1.23
豆 类	（千克）	Beans	(kg)	5.84
油脂类	（千克）	Oil and Fats	(kg)	10.99

Basic Conditions of Rural Households (2016)

低收入户 Low Income Households	中等偏下收入户 Lower Middle Income Households	中等收入户 Middle Income Households	中等偏上收入户 Upper Middle Income Households	高收入户 High Income Households
90	90	90	90	90
20	20	20	20	20
395	378	345	341	287
4.39	4.20	3.83	3.79	3.19
2.98	3.10	3.16	3.08	2.60
2.51	2.73	2.79	2.72	2.42
1.75	1.54	1.37	1.39	1.32
10824.81	16078.13	7581.69	4525.10	10925.36
0.27	0.17	0.15	0.30	0.11
170.41	174.98	196.89	204.06	218.68
38.85	41.72	51.36	53.78	68.52
96.22	115.35	122.76	127.21	120.75
90.28	106.67	115.44	121.13	113.37
0.66	1.29	1.63	1.08	1.63
5.28	7.39	5.69	5.00	5.75
8.01	11.18	11.14	11.99	13.46

8-9 续表

项　　目		Item		总平均 Average
蔬菜及其制品	（千克）	Vegetables and Processed Products	(kg)	112.42
# 鲜 菜	（千克）	Fresh Vegetables	(kg)	107.73
肉 类	（千克）	Meat	(kg)	39.43
# 猪 肉	（千克）	Pork	(kg)	33.32
禽 类	（千克）	Poultry	(kg)	26.20
# 鸡	（千克）	Chicken	(kg)	16.71
水产品	（千克）	Aquatic Products	(kg)	24.71
# 鱼	（千克）	Fish	(kg)	19.79
蛋类及蛋制品	（千克）	Eggs and Egg Products	(kg)	7.42
# 鲜 蛋	（千克）	Eggs	(kg)	6.82
奶及奶制品	（千克）	Milk and Milk Products	(kg)	6.63
# 鲜 奶	（千克）	Fresh Milk	(kg)	2.63
干鲜瓜果类	（千克）	Dried and Fresh Melons and Fruits	(kg)	39.08
# 鲜瓜果	（千克）	Fresh Melons and Fruits	(kg)	35.49
糖果糕点类	（千克）	Confectionery	(kg)	9.61
# 食 糖	（千克）	Sugar	(kg)	2.58
烟酒饮料类	（千克）	Tobacco, Liquor and Beverage	(kg)	42.11
烟草类	（千克）	Tobacco	(kg)	36.57
酒 类	（千克）	Liquor	(kg)	5.00
饮 料	（千克）	Beverage	(kg)	0.54

continued

低收入户 Low Income Households	中等偏下收入户 Lower Middle Income Households	中等收入户 Middle Income Households	中等偏上收入户 Upper Middle Income Households	高收入户 High Income Households
87.16	106.73	118.25	120.79	137.65
84.11	101.47	112.71	116.31	132.23
33.43	37.13	42.04	41.03	45.65
29.49	32.03	35.47	34.43	36.41
20.37	28.46	22.93	27.90	33.17
12.98	18.60	14.42	18.12	20.43
17.33	21.44	25.63	27.39	34.84
14.79	17.64	21.42	21.98	24.93
5.49	7.47	7.32	7.82	9.66
5.22	7.01	6.62	7.21	8.56
3.57	7.53	5.92	6.55	10.58
1.58	2.99	2.31	2.59	4.04
22.93	38.19	42.39	46.43	49.74
20.55	34.46	37.94	42.63	45.97
5.42	13.33	11.47	9.42	8.47
1.45	3.37	2.85	2.78	2.54
35.69	45.60	38.65	40.43	52.47
31.56	40.28	35.11	33.61	43.83
3.78	4.80	3.06	6.19	7.87
0.35	0.52	0.48	0.63	0.77

8-10 农村居民家庭人均收支情况（2016年）

单位：元

项目	Item	总平均 Average
全年总收入	Total Income of Households	26016.14
全年可支配收入	Annual Disposable Income	21448.60
工资性收入	Income from Wages and Salaries	15890.02
# 工资	Wages and Salaries	15060.12
实物福利	Material Benefits	48.94
经营净收入	Net Business Income	2467.98
# 第一产业经营净收入	Net Business Income from Primary Industry	855.09
财产净收入	Net Income from Property	1912.61
转移净收入	Net Income from Transfers	1177.99
全年总支出	Total Expenditures of Households	22079.20
消费支出	Consumption Expenditures	17595.07
食品烟酒消费支出	Food,Tobacco and Liquor	6957.63
食品	Food	5137.62
# 粮 食	Grain	588.32
食用油	Oil	216.07
蔬菜和食用菌	Vegetable and Edible Fungus	666.21
肉禽蛋奶及制品	Meat, Poultry, Eggs, Milk and Processed Products	2301.70
水产品及制品	Aquatic and Processed Products	604.44
干鲜瓜果类	Dried and Fresh Melons and Fruits	402.43
糖果糕点类	Confectionery	172.59
烟酒饮料类	Tobacco, Liquor and Beverage	652.90
饮食服务	Catering Services	1167.11
衣着消费支出	Clothing	747.28
居住消费支出	Residence	3437.01
生活用品及服务消费支出	Articles for Daily Use and Services	1101.52
交通通信消费支出	Transportation and Communication	2529.15
教育文化娱乐消费支出	Education, Cultural and Recreation	1666.58
医疗保健消费支出	Health Care and Medical Services	806.07
其他用品和服务消费支出	Miscellaneous Articles for Use and Services	349.83
家庭经营费用支出	Expenditures on Household Operation	1175.65
财产性支出	Expenditures on Properties	21.95
转移性支出	Expenditures on Transfers	1298.46
部分商业保险支出	Parts of Expenditures on Commercial Insurance	52.95
购置资产及非经常性转移支出	Expenditures on Acquisition of Assets and Non-recurring Expenditures on Transfers	1747.87
购置资产支出	Expenditures on Acquisition of Assets	463.51
非经常性转移支出	Non-recurring Expenditures on Transfers	1284.36
借贷性支出	Expenditures on Loans	187.25
全年现金总收入	Total Monetary Income	25487.98
# 第一产业经营现金收入	Monetary Income from Primary Industry	1805.26
非收入现金所得	Monetary Income Excluding Wage and Salary	1260.44
借贷性现金所得	Monetary Income From Loan	559.55
全年现金总支出	Total Monetary Expenditures	19496.53
# 现金消费支出	Monetary Expenditures on Consumption	15016.99
家庭经营费用现金支出	Monetary Expenditures on Household Operation	1171.06

Per Capita Annual Income and Expenditure of Rural Households (2016)

(yuan)

低收入户 Low Income Households	中等偏下收入户 Lower Middle Income Households	中等收入户 Middle Income Households	中等偏上收入户 Upper Middle Income Households	高收入户 High Income Households
14885.68	19253.57	23749.19	30696.82	48406.54
11857.57	16457.12	20246.50	25280.82	40214.21
10210.35	13696.26	15331.34	18267.73	25155.95
9563.26	12978.82	14809.11	17294.23	23656.47
21.37	26.28	52.67	93.50	54.74
805.18	1015.11	2152.35	2958.17	5466.61
240.94	260.95	1251.68	1059.24	1759.79
607.54	720.25	1124.95	2211.89	6092.65
234.50	1025.50	1637.86	1843.03	3499.00
14943.71	17351.02	20069.74	26221.04	37408.19
11404.43	14752.26	16928.02	20598.90	27300.27
4491.93	6003.03	7401.08	8127.31	9767.48
3501.14	4458.56	5520.53	6010.29	6850.89
446.06	510.80	633.81	678.34	731.38
159.31	173.10	229.87	243.06	303.76
476.60	558.14	753.38	773.46	844.88
1646.17	2077.17	2498.81	2570.03	2961.49
330.86	472.53	625.44	768.88	946.46
220.90	352.92	415.02	510.59	582.48
111.66	158.96	184.81	212.02	216.14
451.79	518.00	716.96	695.82	979.69
539.00	1026.47	1163.59	1421.20	1936.90
404.10	635.50	770.37	836.40	1237.12
2131.16	2726.50	2865.83	4071.04	6146.10
619.67	849.98	1190.14	1412.62	1643.64
1384.50	1867.47	2374.84	3092.66	4529.43
1642.16	1359.50	1345.61	1768.45	2376.01
610.62	1079.98	611.24	824.48	930.23
120.29	230.30	368.91	465.94	670.26
1696.16	303.18	591.92	1296.14	3585.43
1.58	14.25	16.44	71.57	10.19
889.79	919.56	1158.33	1965.77	1800.88
28.43	12.12	11.52	76.38	115.55
816.48	1330.59	1311.30	1754.89	4196.04
72.70	168.51	346.66	163.53	1923.39
743.78	1162.08	964.64	1591.36	2272.65
106.84	19.06	52.21	457.39	399.83
14606.24	18913.47	23373.48	30385.57	47280.06
1782.73	412.97	1571.25	2170.61	3674.15
1310.81	967.56	851.22	1657.17	1689.11
274.73	303.08	348.93	344.25	1846.85
13617.30	15368.73	18197.85	23097.61	32026.20
10041.61	12776.09	15064.41	17477.52	21918.42
1691.33	297.06	583.63	1294.09	3585.29

【可支配收入】指住户在调查期内获得的、可用于最终消费支出和储蓄的总和，即调查户可以用来自由支配的收入。按照收入的来源，可支配收入包含四项，分别为：工资性收入、经营净收入、财产净收入和转移净收入。

【工资性收入】指就业人员通过各种途径得到的全部劳动报酬和各种福利，包括受雇于单位或个人、从事各种自由职业、兼职和零星劳动得到的全部劳动报酬和福利。

【经营净收入】指住户或住户成员从事生产经营活动所获得的净收入，是全部经营收入中扣除经营费用、生产性固定资产折旧和生产税之后得到的净收入。计算公式具体为：

经营净收入=经营收入-经营费用-生产性固定资产折旧-生产税

【财产净收入】指住户或住户成员将其所拥有的金融资产、住房等非金融资产和自然资源交由其他机构单位、住户或个人支配而获得的回报并扣除相关的费用之后得到的净收入。财产净收入包括利息净收入、红利收入、储蓄性保险净收益、转让承包土地经营权租金净收入、出租房屋净收入、出租其他资产净收入和自有住房折算租金等。财产净收入不包括转让资产所有权的溢价所得，这应该计入“非收入所得”。计算公式具体为：

财产净收入=财产性收入-财产性支出

【转移净收入】指国家、单位、社会团体对住户的各种经常性转移支付和住户之间的经常性收入转移扣除调查户对国家、单位、住户或个人的经常性或义务性转移支付之后得到的净收入。包括国家、单位、社会团体对住户转移的养老金或退休金、社会救济和补助、政策性生活补贴、救灾款、经常性捐赠和赔偿、政策性生产补贴以及报销医疗费等，住户之间的赡养收入、住户非常住成员寄回带回的收入等，在扣除缴纳的税款、各项社会保障支出、赡养支出、经常性捐赠和赔偿支出以及其他经常转移支出等的净收入。计算公式具体为：

转移净收入=转移性收入-转移性支出

【实物福利】指单位或雇主免费或低价提供给员工的各种实物产品和服务折价。

【消费支出】指住户用于满足家庭日常生活消费需要的全部支出，包括用于消费品的支出和用于服务性消费的支出。根据用途不同，消费支出可划分为食品烟酒、衣着、居住、生活用品及服务、交通通信、教育文化娱乐、医疗保健、其他用品及服务八大类。根据来源不同，消费支出可划分为现金消费支出、实物消费支出（含自产自用、来自单位和个人、来自政府和其他社会组织）。

【部分商业保险支出】包括意外伤害保险、商业医疗保险（含大病保险）、其他非储蓄型商业保险和其他储蓄性商业保险等。

【购置资产支出】包括构建住房支出、购买住房支出以及购置第一、二、三产业生产性固定资产支出。

【非经常性转移支出】包括博彩支出、婚丧嫁娶礼金支出、一次性赔偿支出、一次性馈赠支出和其他非经常性转移支出。

【非收入现金所得】主要包括出售资产所得、非经常性转移所得及其他非收入所得，此指标统计口径有所调整，不包含借贷性所得部分。

【Disposable Income】 refers to the sum of the household income gained during the period of investigation that can be used as final consumption expenditure and deposit. It means the discretionary income of the households. According to the source of income, disposable income contains four parts: income from wages and salaries, net business income, net income from property and net income from transfers.

【Income from Wages and Salaries】 refers to the labor remuneration and benefits obtained by the employments through various means, including all the labor remuneration and benefits in the employ of enterprises or individual, self-employed and part-time jobs.

【Net Business Income】 refers to the net income of residents or resident members obtained in the production and business operation activities. It means the operating income deducts operating costs, productive fixed assets depreciation and production taxes. Calculation:

Net business income = operating income – operating costs – productive fixed assets depreciation – production taxes

【Net Income from Property】 means that the residents or resident members give the financial assets,Non-financial assets(such as housing)and natural resources they owned to other enterprises, residents or individual to manage, then they receive the net income after deducting the related expenses of the return. Net income from property includes net income from interest, income from bonus, net income from savings insurance, net income from the rent of transferring the right of management of contracted land, income from rental, income from renting other assets and virtual rent. Net income from property does not include the premium income of transferring the ownership of assets, and this premium income should be accounted into gain. Calculation:

Net income from property = Income from property – Expenditure of property

【Net Income from Transfers】 refers the transfer income from country, institutions and social organizations to the residents minus the transfer expenditures from investigated residents to country, institutions ,residents or personal. Income from transfers includes pension or retirement pay, social relief and assistance, policy allowance, relief, regular donations, policy production subsidies and medical reimbursement that country, institutions, social organizations transfer to residents. It also includes alimony, the revenue sent back by the non-permanent residents. Net income means that all the income mentioned above should deduct the payment of taxes, the social security expenditure, alimony expenditure, regular donations, compensation expenditure and other regular expenditure on transfers. Calculation:

Net income from transfers = Income from transfers – Expenditure on transfers

【Material Benefits】 refers to the physical products and discounted services that enterprises or employers provide employees for free or at a low price.

【Expenditure for Consumption】 refers to all the expenditures paid by urban households for consumption in daily life, including expenditure for customer goods and services. According to the different purposes, expenditure for consumption can be divided into eight categories: Food, tobacco and liquor, Clothing, Residence, Household facilities, articles and services, Transportation and communication services, Education, cultural and recreation services, Health care and medical services, Miscellaneous commodities and services. According to the different sources, expenditure for consumption divided into monetary expenditure for consumption and material expenditure for consumption (including self-produced and self-used, from institutions and person, from government and other social organizations).

【Parts of Expenditures on Commercial Insurance】 includes accident insurance, commercial medical insurance (including critical illness insurance), other commercial insurance excluding savings insurance and other commercial savings insurance.

【Expenditures on Acquisition of Assets】 includes expenditures on building houses, purchasing houses and purchasing productive fixed assets of primary, secondary and tertiary industry.

【Non-recurring Expenditures on Transfers】includes expenditures on gambling, funeral, wedding gifts, one-time compensation, one-time gift and other non-recurring expenditures on transfers.

【Monetary Income Excluding Wage and Salary】mainly includes income from selling assets, non-recurring transfers, and other income excluding wage and salary. But it does not contain income from loan.

第九篇 CHAPTER 9

城市建设
CITY CONSTRUCTION

第九篇　城市建设

一、本篇资料反映广州市城市建设和公用事业的规模、速度、效益及综合水平等基本情况。

二、本篇资料由广州市统计局固定资产投资统计处整理提供。

三、本篇资料依据国家住房和城乡建设部制定的《城市（县城）建设统计报表制度》编制。统计数据由广州市住房和城乡建设委员会、广州市统计局、广州市国土资源和规划委员会、广州市城市管理委员会以及广州市林业和园林局等单位提供。

9 City Construction

I. The data in this chapter show the basic conditions of scale, speed, mileage and comprehensive level of the city construction and utilities in Guangzhou.

II. The data in this chapter are prepared and provided by the Division of Investment and Construction Statistics of Guangzhou Municipal Bureau of Statistics.

III. The data in this chapter are collected and tabulated in accordance with the statistical survey scheme of Construction of cities and Counties stipulated by Ministry of Housing and Urban-Rural Development of the People's Republic of China, all of which are provided by Guangzhou Housing and Urban-Rural Construction Committee, Guangzhou Municipal Bureau of Statistics, Guangzhou Land Resource and Urban Planning Committee, Guangzhou City Management Committee, Administration of Forestry and Gardening of Guangzhou Municipality.

9-1 城市市政设施
Public Facilities in Urban Districts

项　　目		Item		2015	2016
道路长度	(公里)	Length of Roads	(1000 m)	7462.26	7559.02
# 快速路		Expressways		104.78	104.78
主干路		Main Roads		834.32	864.78
道路面积	(万平方米)	Area of Roads	(10000 sq.m)	11230.41	11525.40
# 人行道		Pavement		2161.32	2232.32
人均城市道路面积	(平方米)	Per Capita Area of Roads	(sq.m)	9.01	8.64
桥梁座数	(座)	Number of Bridges	(unit)	1400	1419
# 立交桥		Crossroads		189	193
道路照明灯盏数	(千盏)	Number of Street Lights	(1000 units)	282.63	333.92
排水管道长度	(公里)	Length of Sewer Pipelines	(1000 m)	10204	10369
建成区排水管道密度	(公里/平方公里)	Density of Sewer Pipelines	(1000 m/sq.km)	8.25	8.30
污水排放量	(万立方米)	Sewage Discharge Quantity	(10000 cubic metres)	149182	150865
污水处理厂	(座)	Sewage Treatment Plant	(unit)	48	49
污水处理厂处理能力	(万立方米/日)	Sewage Treatment Capacity	(10000 cubic metres/day)	499	529
污水处理厂处理量	(万立方米)	Quantity of Sewage Treatment	(10000 cubic metres)	153174	158389
污水处理率	(%)	Sewage Treatment Rate	(%)	93.2	94.2
# 污水处理厂集中处理率	(%)	Concentrated Sewage Treatment Rate	(%)	93.2	94.2

注：1. 本表数据为全市(11区)口径；
2. 本表数据由广州市住房和城乡建设委员会汇总相关单位数据后提供，具体数据由相关单位负责解释。

Note: I. The coverage in this table includes 11 districts.

II.The data in this table are collected by Guangzhou Housing and Urban-Rural Construction Committee from the related sectors. The responsibility to interpret the data shall be remained with the related sectors.

9-2 城市供水

Water Supply in Urban Districts

项目	Item	2015	2016
综合生产能力 (万立方米/日)	Overall Production Capacity (10000 cu.m/day)	749.80	777.80
供水管道长度 (公里)	Length of Water Supply Pipelines (1000 m)	21915.59	22266.20
供水总量 (万立方米)	Total Volume of Water Supply (10000 cu.m)	221710.02	228850.42
# 售水量	Sales Volume of Tap Water	188328.54	190163.14
生产运营用水	For Production Use	35999.16	35516.44
公共服务用水	For Public Services	41230.14	43441.69
居民家庭用水	For Household Use	105515.63	105128.39
其他用水	Others	5637.59	6076.62
用水户数 (户)	Number of Households with Access to Tap Water (unit)	2717352	2780187
# 家庭用户	Number of Families with Access to Tap Water	2455558	2492531
用水人口 (万人)	Number of Residents with Access to Tap Water (10000 persons)	1648.51	1759.49
人均日生活用水量 (升)	Per Capita Daily Consumption of Tap Water for Residential Use (liter)	253.23	240.80
用水普及率 (%)	Coverage Rate of Urban Population with Access to Tap Water (%)	100.00	100.00

注：1.本表数据为全市(11区)口径；
2.本表资料不包企业自建设施供水；
3.本表数据由广州市住房和城乡建设委员会汇总相关单位数据后提供，具体数据由相关单位负责解释。

Note: I. The coverage in this table includes 11 districts.
II. The data in this table exclude the water supply by self-built facilities of corporations.
III. The data in this table are collected by Guangzhou Housing and Urban-Rural Construction Committee from the related sectors. The responsibility to interpret the data shall be remained with the related sectors.

9-3 城市燃气供应

Gas Supply in Urban Districts

项　目		Item		2015	2016
液化石油气		**Liquefied Petroleum Gas**			
储气能力	(吨)	Storage Capacity	(ton)	40992.49	38088.49
供气管道长度	(公里)	Length of Gas Supply Pipelines	(1000 m)	12.44	7.20
供气总量	(吨)	Total Supply of Gas	(ton)	970633.99	857673.99
销售气量		Sales Volume of Gas		970581.46	857548.69
# 居民家庭		Households		468498.98	365564.94
用气户数	(户)	Number of Households	(unit)	3703881	3501112
# 家庭用户		Families		3007761	2530105
用气人口	(万人)	Number of Residents with Access to Gas	(10000 persons)	635.54	697.01
天然气		**Natural Gas**			
储气能力	(万立方米)	Storage Capacity	(10000 cu.m)	664.42	667.34
供气管道长度	(公里)	Length of Gas Supply Pipelines	(1000 m)	8598.62	7776.33
供气总量	(万立方米)	Total Supply of Gas	(10000 cu.m)	174628.92	191674.18
# 销售气量		Sales Volume of Gas		168742.21	144997.22
# 居民家庭		Households		28785.15	31021.06
用气户数	(户)	Number of Households	(unit)	2035193	2107114
# 家庭用户		Families		2022062	2094265
用气人口	(万人)	Number of Residents with Access to Gas	(10000 persons)	608.17	634.46
燃气普及率	(%)	Coverage Rate of Urban Population with Access to Gas	(%)	99.75	99.80

注：1.本表数据为全市(11区)口径；
　　2.本表数据由广州市城市管理委员会提供。

Note: I. The coverage in this table includes 11 districts.
　　II. The data in this table are provided by City Administrative Committee of Guangzhou Municipal.

9-4 城市市政公用设施建设固定资产投资额

Investment in Fixed Assets in Public Facilities in Urban Districts

单位：万元　　　　(10000 yuan)

项　目	Item	2015	2016
本年完成投资	Investment Completed in Current Year	2759638	3336569
供　水	Water Supply	17764	142001
燃　气	Gas Supply	22322	21624
轨道交通	Rail Traffic	1694899	2148033
道路桥梁	Roads and Bridges	523202	425505
排　水	Drainage	107668	274104
# 污水处理及其再生利用	Sewerage Disposal and Reutilization	106839	273682
园林绿化	Parks and Green Areas	39564	26537
其　他	Others	354219	298765

注：1.本表数据为全市(11区)口径；
　　2.本表数据由广州市住房和城乡建设委员会汇总相关单位数据后提供，具体数据由相关单位负责解释。

Note: I. The coverage in this table includes 11 districts.
　　II.The data in this table are collected by Guangzhou Housing and Urban-Rural Construction Committee from the related sectors. The responsibility to interpret the data shall be remained with the related sectors.

9-5 城市维护建设资金(财政性资金)收支情况

Statistics on Revenue and Expenditure in City Maintenance

单位：万元 (10000 yuan)

项 目	Item	2015	2016
维护建设资金收入	Revenue of Maintenance and Construction	3276471	3041464
维护建设资金支出	Expenditure of Maintenance and Construction	3219043	2964699
# 维护支出	For Maintenance	3045675	2731345

注：1.本表数据为全市(11区)口径；

2.本表数据由广州市住房和城乡建设委员会汇总相关单位数据后提供，具体数据由相关单位负责解释。

Note: I. The coverage in this table includes 11 districts.

II. The data in this table are collected by Guangzhou Housing and Urban-Rural Construction Committee from the related sectors. The responsibility to interpret the data shall be remained with the related sectors.

9-6 城市园林绿化

Parks, Gardens and Green Areas in Urban Districts

项 目		Item		2015	2016
绿化覆盖面积	(公顷)	Coverage Area of Afforestation	(hectare)	152942	154142
# 建成区		Developed Areas		51464	52207
建成区绿化覆盖率	(%)	Green Coverage Rate in Developed Areas	(%)	41.60	41.80
绿地面积	(公顷)	Area of Green Areas	(hectare)	141041	144524
# 建成区		Developed Areas		44611	45837
建成区绿地率	(%)	Rate of Green Areas in Developed Areas	(%)	36.06	36.70
公园绿地面积	(公顷)	Area of Gardens	(hectare)	27200	29473
人均公园绿地面积	(平方米)	Per Capita Garden	(sq.m)	16.50	16.80
公园个数	(个)	Number of Parks	(unit)	246	247
公园面积	(公顷)	Area of Parks	(hectare)	5193	5198
建成区面积	(平方公里)	Developed Areas	(sq.km)	1237.25	1249.11

注：1.本表数据为全市(11区)口径；

2.本表数据由广州市林业和园林局提供。

Note: I. The coverage in this table includes 11 districts.

II. The data in this table are provided by Administration of Forestry and Gardening of Guangzhou Municipality.

9-7 城市市容环境卫生

City Appearance and Environmental Sanitation

项　　目	Item	2015	2016
道路清扫保洁面积　(万平方米)	Area of Roads under Cleaning Program　(10000 sq.m)	19469	22357
# 机械化	By Mechanization	6105	7685
城镇生活垃圾清运量　(万吨)	Volume of Living Garbage Disposal　(10000 tons)	455.84	504.35
城镇生活垃圾处理量　(万吨)	Garbage Treatment　(10000 tons)	455.84	504.35
城镇生活垃圾无害化处理厂(场)数　(座)	Number of Garbage Harmless Disposal Factories　(unit)	7	7
城镇生活垃圾无害化处理量　(万吨)	Volume of Garbage Harmless Disposal　(10000 tons)	434.15	484.67
城镇生活垃圾无害化处理率　(%)	Rate of Garbage Harmless Disposal　(%)	95.24	96.10
粪便处理量　(万吨)	Volume of Excrement and Urine Disposal　(10000 tons)	24.55	23.66
公共厕所　(座)	Number of Public Lavatories　(unit)	1186	1251
市容环卫专用车辆设备总数　(辆)	Number of Special Vehicles for Environmental Sanitation　(unit)	4335	4550

注：1.本表数据为全市(11区)口径；

2.本表数据由广州市城市管理委员会提供。

Note: I. The coverage in this table includes 11 districts.

II. The data in this table are provided by City Administrative Committee of Guangzhou Municipal.

【道路长度】指道路长度和与道路相通的桥梁、隧道的长度，按车行道中心线计算。

【供水总量】指报告期供水企业（单位）供出的全部水量，包括有效供水量和漏损水量。有效供水量指水厂将水供出厂外后，各类用户实际使用到的水量，包括售水量和免费供水量。漏损水量指在供水过程中由于管道及附属设施破损而造成的漏水量、失窃水量以及水表失灵少计算的水量。

【售水量】指报告期供水企业(单位)收费供应的水量，只包括本地售水量，不包括销往本区域外的售水量。

【生产运营用水】指在城市范围内生产、运营的农、林、牧、渔业、工业、建筑业、交通运输业等单位在生产、运营过程中的用水。

【公共服务用水】指为城市社会公共生活服务的用水。包括行政事业单位、部队营区和公共设施服务、社会服务业、批发零售贸易业、旅馆饮食业以及社会服务业等单位的用水。

【居民家庭用水】指城市范围内所有居民家庭的日常生活用水。包括城市居民、农民家庭、公共供水站用水。

【绿地面积】指报告期末用作园林和绿化的各种绿地面积。包括公园绿地、生产绿地、防护绿地、附属绿地和其他绿地的面积。

【公园绿地面积】指城市中向公众开放的、以游憩为主要功能，有一定的游憩设施和服务设施，同时兼有健全生态、美化景观、防灾减灾等综合作用的绿化用地。它是城市建设用地、城市绿地系统和城市市政公用设施的重要组成部分。

【Length of Roads】refers to the length of roads and of the bridges and tunnels connected to the roads, calculated by the center line of the roads.

【Annual Volume of Water Supply】refers to the total volume of water supplied by water-works(units) during the reference period, including both the effective water supply and loss during the water supply.

【Volume of Sold Water】refers to the total volume of paid water supplied by water-works(units) during the reference period, only including the volume of paid water sold to local region, not including the volume of paid water sold to other regions.

【Volume of Water for Production】refers to water consumption for urban production of enterprises of farming, forestry, animal husbandry and fishery, industry, construction, transport, and so on.

【Water Consumption of Public Service】refers to water consumption for urban public services, including the consumption of government agencies and public institutions. Military barracks, public facilities, wholesale and retail outlets, restaurants, hotels, and other units providing public services.

【Household Water Consumption】refers to consumption of water for daily life of all households within the boundary of cities, including water consumption of urban residents and farmers, and public water supply stations.

【Area of Urban Greenbelt】refers to the total area occupied for green projects at the end of the reference period, including park green land, production green land, protection green land, green land attached to institutions, and other greenbelt.

【Park Green Areas】refers to green areas open to the public for amusement and rest with the facilities of amusement, rest and services, Its function includes perfecting ecology, beautifying landscape, and preventing and reducing disaster. It is an important component of urban construction sites, urban green area system and public facilities in urban districts.

第十篇 CHAPTER 10

农业
AGRICULTURE

第十篇　农 业

一、本篇资料反映广州市农业生产和农村社会经济的基本情况。

二、本篇资料由广州市统计局农村统计处整理提供。

三、本篇资料中农村经济收益分配表由广州市农业局提供。

四、本篇资料主要来源于广州市农村统计报表制度。农村统计报表制度的统计范围包括各区的各种经济类型的全部农林牧渔业生产单位。

10 Agriculture

I. The data in this chapter show the basic conditions of agricultural production and rural economy in Guangzhou.

II. The data in this chapter are prepared and provided by the Division of Rural Statistics of Guangzhou Municipal Bureau of Statistics.

III. The data on rural economic income distribution are provided by Guangzhou Agriculture Bureau.

IV. The data in this chapter mainly come from the statistical reporting summary tables on rural area of Guangzhou Municipality. The statistical coverage of the statistical reporting summary scheme includes all the productive units of farming, forestry, animal husbandry and fishery and those related nonagricultural affiliated units with various ownership in every district in Guangzhou Municipality.

10-1 农业主要指标
Major Indicators of Agriculture

项目		Item		2015	2016
乡镇户数	（户）	Number of Rural Households	(household)	1574187	1615460
乡镇人口	（人）	Rural Population	(person)	5362176	5486608
乡镇从业人员	（人）	Number of Rural Employed Persons	(person)	3375559	3405798
农、林、牧、渔业从业人员	（人）	Number of Rural Employed Persons in Agriculture, Forestry, Animal Husbandry and Fishery	(person)	655938	647604
常用耕地面积	（公顷）	Area of Cultivated Land	(hectare)	95411	95188
有效灌溉面积	（公顷）	Irrigated Area	(hectare)	78867	78752
农业机械总动力	（万瓦）	Total Power of Agricultural Machinery	(10000 w)	201328	162306
化肥施用量(折纯)	（吨）	Consumption of Chemical Fertilizers (100 percent effective content equivalent)	(ton)	114196	114157
农药使用量	（吨）	Consumption of Pesticides	(ton)	3270	3341
农村用电量	（万千瓦·时）	Electricity Consumed in Rural Area	(10000 kwh)	1884236	1889945
农、林、牧、渔业总产值	（万元）	Gross Output Value of Agriculture, Forestry, Animal Husbandry and Fishery	(10000 yuan)	4134562	4366530
农、林、牧、渔业增加值	（万元）	Value-added of Agriculture, Forestry, Animal Husbandry and Fishery	(10000 yuan)	2459204	2597126
农、林、牧、渔业商品产值率	（%）	Rate of Commodity Output Value of Agriculture, Forestry, Animal Husbandry and Fishery	(%)	91.89	92.86
主要农产品产量		Output of Major Agricultural Products			
粮　食	（吨）	Grain	(ton)	440898	436500
花　生	（吨）	Peanuts	(ton)	18824	18828
糖　蔗	（吨）	Sugarcane	(ton)	5370	4885
蔬　菜	（吨）	Vegetables	(ton)	3690969	3740161
园林水果	（吨）	Fruits	(ton)	485817	494768
肉　类	（吨）	Meat	(ton)	228552	218285
水产品	（吨）	Aquatic Products	(ton)	483925	482515
农业产业化生产单位	（个）	Number of Township Enterprises	(unit)	1677	1072
都市农业从业人员	（万人）	Employed Persons in Urban Agriculture	(10000 person)	211	215
都市农业总收入	（万元）	Total Income of Urban Agriculture	(10000 yuan)	18363184	19031687
农村经济总收入	（万元）	Gross Income of Rural Economy	(10000 yuan)	23307499	24903855
农村居民人均可支配收入	（元）	Per Capita Disposable Income of Rural Residents	(yuan)	19323	21449

注：自2014年起广州实施城乡一体化分市县住户调查制度，农村家庭居民收入数据以新口径公布，“人均可支配收入”指标代替“人均纯收入”指标，不再公布“人均纯收入”数据。

Note: Guangzhou started an integrated household income and expenditure survey in 2014 and the income of rural households is published with new statistical standard. The "Per Capita Net Income" is no longer used and the "Per Capita Disposable Income" takes the place of it.

10-2 主要年份年末耕地面积
Area of Cultivated Land at Year-end in Main Years

单位：公顷 (hectare)

年 份 Year	常用耕地面积 Area of Cultivated Land	水(旱)田 Paddy Fields	旱 地 Dry Fields	平均每个农业人口拥有耕地 Cultivated Area Per Rural Person	平均每个农业从业人员拥有耕地 Cultivated Area Per Rural Employee
1978	249479	221451	28028	0.09	0.21
1980	248260	220258	28002	0.11	0.23
1985	234171	207431	26740	0.09	0.24
1990	221138	196266	24872	0.09	0.24
1995	177892	158849	19043	0.07	0.20
1996	172179	153332	18847	0.07	0.19
1997	169700	151631	18069	0.07	0.19
1998	168491	150843	17648	0.07	0.19
1999	164816	147455	17361	0.07	0.19
2000	159115	142220	16895	0.05	0.17
2001	154941	137628	17313	0.05	0.17
2002	146311	128888	17423	0.05	0.16
2003	134934	115565	19369	0.06	0.15
2004	131954	116943	15011	0.06	0.16
2005	130094	111700	18394	0.06	0.15
2006	106579	88971	17608	0.05	0.13
2007	104500	84747	19753	0.05	0.13
2008	102155	85064	17091	0.04	0.13
2009	100784	84992	15792	0.03	0.13
2010	100647	87516	13131	0.03	0.13
2011	99552	85267	14285	0.03	0.15
2012	99086	85522	13564	0.03	0.15
2013	98148	84495	13653	0.03	0.14
2014	96398	82719	13679	0.03	0.15
2015	95411	81742	13669	0.03	0.15
2016	95188	80820	14368	0.03	0.15

注：2002年及以前年份的常用耕地面积数按国家新口径进行了换算。

Note: The data of the area of cultivated land in 2002 and before have been converted to the new statistical standard.

10-3 耕地面积及变动情况（2016年）

Statistics on Area of Cultivated Land and Its Changes (2016)

单位:公顷 (hectare)

项　目	Item	全 市 Total	荔湾区 Liwan	海珠区 Haizhu	天河区 Tianhe	白云区 Baiyun	黄埔区 Huangpu
年初耕地总资源	Total Resources of Cultivated Land at Year-beginning	96998	521	159	228	9437	2388
年末耕地总资源	Total Resources of Cultivated Land at Year-end	96652	615	159	274	9356	2315
# 常用耕地面积	Area of Cultivated Land	95188	615	159	274	9295	2154
# 水　田	Paddy Fields	80820	53		160	7924	1584
当年增加耕地面积	Area of Increased Cultivated Land in Current Year	1264	165		89	4	44
# 园地改为耕地	Area of Cultivated Land Adapted from Garden Land	285			87		
当年减少耕地面积	Area of Decreased Cultivated Land in Current Year	1610	71		43	85	117
# 国家基建占用	Occupied by Capital Construction	676			7	13	115
其他基建占用	Occupied by Other Construction	417	8		35	71	1
粮食占用耕地面积	Area of Cultivated Land Occupied by Grain	42206				2885	1470
蔬菜占用耕地面积	Area of Cultivated Land Occupied by Vegetables	23237	43	132	138	4704	696

10-3 续表 continued

单位：公顷 (hectare)

项　目	Item	番禺区 Panyu	花都区 Huadu	南沙区 Nansha	从化区 Conghua	增城区 Zengcheng
年初耕地总资源	Total Resources of Cultivated Land at Year-beginning	7431	11337	18363	20646	26488
年末耕地总资源	Total Resources of Cultivated Land at Year-end	7298	11215	18124	20642	26654
# 常用耕地面积	Area of Cultivated Land	7150	11087	17710	20192	26552
# 水　田	Paddy Fields	5202	9781	17696	16926	21494
当年增加耕地面积	Area of Increased Cultivated Land in Current Year	37	200	283		442
# 园地改为耕地	Area of Cultivated Land Adapted from Garden Land		197	1		
当年减少耕地面积	Area of Decreased Cultivated Land in Current Year	170	322	522	4	276
# 国家基建占用	Occupied by Capital Construction	151	85	25	4	276
其他基建占用	Occupied by Other Construction	6	227	67		2
粮食占用耕地面积	Area of Cultivated Land Occupied by Grain	1194	6706	2836	11743	15372
蔬菜占用耕地面积	Area of Cultivated Land Occupied by Vegetables	1419	2529	3166	2529	7881

10-4 农村基层基本情况（2016年）

项目		Item		全市 Total
农村基层组织	（个）	Rural Grassroots Units	(unit)	
镇政府		Number of Town Governments		35
村(居)民委员会		Number of Villagers' Committees		1240
农村人口状况		Statistics on Rural Population		
乡镇户数	（户）	Number of Rural Households	(household)	1615460
乡镇人口	（人）	Rural Population	(person)	5486608
农村社会基础设施	（个）	Number of Rural Infrastructure	(unit)	
自来水受益村		Number of Villages Benefiting from Tap Water		1240
通有线电视村		Number of Villages Available for Cable Television		1239
通宽带村		Number of Villages Available for Broadband Internet		1239
农村劳动力资源总数	（人）	Total Number of Rural Labor Force	(person)	3794072
# 本地劳动力		Local Labor Force		1985484
# 劳动年龄内的人口数		Number of Population within Labor Age		3695217
农村从业人员合计	（人）	Total Number of Rural Employed Persons	(person)	3405798
# 劳动年龄内		Within Labor Age		3279548
农、林、牧、渔业从业人员		Number of Rural Employed Persons in Agriculture, Forestry, Animal Husbandry and Fishery		621426
农业		Agriculture		514650
林业		Forestry		7371
畜牧业		Animal Husbandry		31802
渔业		Fishery		44104
农、林、牧、渔服务业		Service Industry for Agriculture		23499
工　业		Industry		1596634
建筑业		Construction		226156
批发和零售业		Wholesale and Retail Trade		264908
交通运输、仓储和邮电业		Transport, Storage and Post		137199
住宿和餐饮业		Hotels and Catering Services		206866
信息传输、软件和信息技术服务业		Information Transmission, Software and Information Technology Services		76069
其他行业		Others		276540

Basic Statistics on Rural Grassroots Units (2016)

白云区 Baiyun	黄埔区 Huangpu	番禺区 Panyu	花都区 Huadu	南沙区 Nansha	从化区 Conghua	增城区 Zengcheng
4	1	6	6	6	5	7
137	31	194	201	140	234	303
201506	25677	506894	219172	251123	138392	272696
840666	107366	1480890	871407	679327	531301	975651
137	31	194	201	140	234	303
137	31	194	201	140	233	303
137	31	194	201	140	233	303
556859	68330	1082600	588101	501071	339597	657514
280494	54540	332283	301260	231183	306617	479107
539850	66064	1066509	580251	490941	315432	636170
494580	65428	952593	551930	462586	288778	589903
473813	62032	932094	541108	449197	258851	562453
75043	22913	52476	99591	83935	126078	161390
67425	17624	37826	87766	72343	105491	126175
250	1463	103	827	164	2213	2351
1761	1117	2470	2807	879	10561	12207
3750	1456	10523	6891	8173	3355	9956
1857	1253	1554	1300	2376	4458	10701
221379	17280	478802	326952	234768	78697	238756
30906	6588	67763	27699	34203	20991	38006
38520	3440	113311	32665	29971	13881	33120
22016	2323	44685	20595	18750	8781	20049
30197	4262	80687	21287	24739	19349	26345
12333	1181	36805	5398	7961	5341	7050
64186	7441	78064	17743	28259	15660	65187

10-5 农林牧渔业生产经营户及从业人员情况(2016年)

项　　目	Item
从事农、林、牧、渔业生产经营户 (户)	Number of Households Engaging in Agriculture, Forestry, Animal Husbandry and Fishery (household)
农、林、牧、渔业从业人员数 (人)	Number of Rural Employed Persons in Agriculture, Forestry, Animal Husbandry and Fishery (person)
农业	Agriculture
林业	Forestry
畜牧业	Animal Husbandry
渔业	Fishery
农、林、牧、渔服务业	Service Industry for Agriculture

10-5 续表

项　　目	Item
从事农、林、牧、渔业生产经营户 (户)	Number of Households Engaging in Agriculture, Forestry, Animal Husbandry and Fishery (household)
农、林、牧、渔业从业人员数 (人)	Number of Rural Employed Persons in Agriculture, Forestry, Animal Husbandry and Fishery (person)
农业	Agriculture
林业	Forestry
畜牧业	Animal Husbandry
渔业	Fishery
农、林、牧、渔服务业	Service Industry for Agriculture

Number of Households and Laborers Engaging in Agriculture, Forestry, Animal Husbandry and Fishery (2016)

全 市 Total	荔湾区 Liwan	海珠区 Haizhu	天河区 Tianhe	白云区 Baiyun	黄埔区 Huangpu
394436	2838	2135	712	39330	16144
647604	7023	2855	1804	79209	30342
536524	6720	2850	1597	71296	23915
7527			13	250	1546
32814			10	1761	1287
46615	281	3	31	3874	2163
24124	22	2	153	2028	1431

continued

番禺区 Panyu	花都区 Huadu	南沙区 Nansha	从化区 Conghua	增城区 Zengcheng
21671	58272	45847	103657	103830
52476	99591	86620	126294	161390
37826	87766	72711	105668	126175
103	827	214	2223	2351
2470	2807	1704	10568	12207
10523	6891	9526	3367	9956
1554	1300	2465	4468	10701

10-6 主要年份农林牧渔业总产值

Gross Output Value of Agriculture, Forestry, Animal Husbandry and Fishery in Main Years

单位：万元 (10000 yuan)

年 份 Year	合 计 Total	农业 Agriculture	林业 Forestry	畜牧业 Animal Husbandry	渔业 Fishery
1978	79940	62212	1367	11018	3551
1980	89465	69534	2316	11730	3650
1985	180163	117429	2312	43583	9530
1986	207553	133272	2921	48420	12630
1987	259437	171381	3534	58134	15286
1988	374875	235199	4210	100127	22571
1989	410575	258918	5325	105375	25131
1990	439322	280156	5011	110313	28142
1991	489080	311918	4809	124979	32183
1992	590289	359850	8004	165373	42635
1993	773560	415462	9442	220827	108282
1994	1034215	562429	8198	315842	125140
1995	1268076	673678	10672	369589	185396
1996	1429078	701636	11152	429758	247883
1997	1508110	748281	12706	449656	254502
1998	1540244	770438	12643	439267	265520
1999	1600738	818349	12683	433928	280155
2000	1630468	823477	13224	430589	296503
2001	1670518	878086	13344	406407	304442
2002	1750598	942935	11577	404566	321379
2003	1806678	978410	12823	388590	332774
2004	2014423	1055554	36602	401247	358246
2005	2208105	1126688	38424	477025	376560
2006	2178394	1140576	18192	421336	406265
2007	2544675	1349965	18284	519306	432804
2008	2913008	1445324	19898	639605	526876
2009	2956200	1500816	21683	612002	536132
2010	3221258	1662415	26613	641581	583252
2011	3506065	1783512	34286	721893	627707
2012	3667902	1872361	32169	766839	637314
2013	3899763	2027062	39615	758607	677539
2014	3983015	2141475	40369	648663	732958
2015	4134562	2260493	42178	618008	751349
2016	4366530	2407531	38691	657981	767014

10-7 主要年份农林牧渔业总产值指数

Indices of Gross Output Value of Agriculture, Forestry, Animal Husbandry and Fishery in Main Years

上年=100 (preceding year=100)

年 份 Year	合 计 Total	农业 Agriculture	林业 Forestry	畜牧业 Animal Husbandry	渔业 Fishery
1978	103.2	101.5	124.9	113.4	102.4
1980	108.2	107.1	230.1	98.1	127.9
1985	108.1	103.8	110.8	125.1	112.9
1986	105.2	101.9	113.1	110.4	113.0
1987	104.4	104.8	120.6	103.0	103.2
1988	105.7	101.0	86.2	120.1	114.6
1989	101.4	100.5	138.3	98.7	101.2
1990	106.3	106.1	62.3	109.3	109.5
1991	111.1	111.8	98.5	113.0	106.3
1992	114.0	109.4	182.1	123.3	121.7
1993	99.1	81.2	75.2	119.3	160.8
1994	117.4	118.6	83.9	114.8	122.3
1995	109.3	106.0	106.1	104.5	126.9
1996	106.6	97.1	107.2	106.9	128.0
1997	106.6	107.4	97.5	105.3	106.3
1998	104.6	100.1	97.2	103.7	112.1
1999	109.5	118.0	110.5	99.9	106.3
2000	102.0	98.9	108.4	101.8	104.8
2001	101.6	103.6	92.9	95.2	107.1
2002	109.1	123.5	96.1	97.4	101.7
2003	100.7	94.5	73.4	98.5	108.5
2004	105.1	112.6	120.5	97.5	101.9
2005	104.1	102.3	103.7	108.4	101.2
2006	98.1	100.7	47.1	87.9	107.3
2007	103.1	102.2	90.2	103.1	101.3
2008	103.4	97.3	104.0	110.0	109.1
2009	103.9	103.0	109.0	104.9	105.2
2010	103.1	103.3	96.6	102.1	102.9
2011	102.6	103.6	122.0	98.3	102.5
2012	102.8	103.5	93.1	100.3	104.4
2013	102.9	102.4	120.7	98.2	106.5
2014	100.1	104.7	98.0	84.0	102.4
2015	102.2	103.8	104.2	91.8	103.1
2016	100.7	101.1	100.4	96.1	101.1

注：农林牧渔业总产值指数按可比价计算。

Note: The indices of gross output value of farming, forestry, animal husbandry and fishery are calculated by constant price.

10-8 农林牧渔业总产值、增加值和商品产值（2016年）

单位:万元

项　　目	Item	全　市 Total
农、林、牧、渔业总产值(当年价格)	**Gross Output Value of Agriculture, Forestry, Animal Husbandry and Fishery (at current prices)**	**4366530**
农业	Agriculture	2407531
林业	Forestry	38691
畜牧业	Animal Husbandry	657981
渔业	Fishery	767014
农、林、牧、渔服务业	Service Industry for Agriculture	495313
农、林、牧、渔业总产值构成　(%)	**Composition of Gross Output Value of Agriculture, Forestry, Animal Husbandry and Fishery　(%)**	**100.00**
农业	Agriculture	55.13
林业	Forestry	0.89
畜牧业	Animal Husbandry	15.07
渔业	Fishery	17.57
农、林、牧、渔服务业	Service Industry for Agriculture	11.34
农、林、牧、渔业增加值	**Value-added of Agriculture, Forestry, Animal Husbandry and Fishery**	**2597126**
农业	Agriculture	1664326
林业	Forestry	26641
畜牧业	Animal Husbandry	268324
渔业	Fishery	433518
农、林、牧、渔服务业	Service Industry for Agriculture	204317
农、林、牧、渔业增加值构成　(%)	**Composition of Value-added of Agriculture, Forestry, Animal Husbandry and Fishery　(%)**	**100.00**
农业	Agriculture	64.08
林业	Forestry	1.03
畜牧业	Animal Husbandry	10.33
渔业	Fishery	16.69
农、林、牧、渔服务业	Service Industry for Agriculture	7.87
农、林、牧、渔业商品产值	**Commodity Output Value of Agriculture, Forestry, Animal Husbandry and Fishery**	**4054805**
农业	Agriculture	2190685
林业	Forestry	36050
畜牧业	Animal Husbandry	626319
渔业	Fishery	706439
农、林、牧、渔服务业	Service Industry for Agriculture	495312
农、林、牧、渔业商品率　(%)	**Rate of Commodity Output Value of Agriculture, Forestry, Animal Husbandry and Fishery　(%)**	**92.86**
农业	Agriculture	90.99
林业	Forestry	93.17
畜牧业	Animal Husbandry	95.19
渔业	Fishery	92.10
农、林、牧、渔服务业	Service Industry for Agriculture	100.00

Gross Output Value, Value-added and Commodity Output Value of Agriculture, Forestry, Animal Husbandry and Fishery (2016)

(10000 yuan)

荔湾区 Liwan	海珠区 Haizhu	天河区 Tianhe	白云区 Baiyun	黄埔区 Huangpu	番禺区 Panyu	花都区 Huadu	南沙区 Nansha	从化区 Conghua	增城区 Zengcheng
79339	**14494**	**53071**	**664729**	**146124**	**530261**	**605185**	**844309**	**461957**	**967061**
68756	9064	6085	414871	59501	208820	299521	457486	291324	592103
		24	454	2391	124	1971	2	13966	19759
		3396	123586	50188	48641	174711	64810	89964	102685
6183	2706	381	35960	9230	250332	77966	311209	9595	63452
4400	2724	43185	89858	24814	22344	51016	10802	57108	189062
100.00	**100.00**	**100.00**	**100.00**	**100.00**	**100.00**	**100.00**	**100.00**	**100.00**	**100.00**
86.66	62.54	11.47	62.41	40.72	39.38	49.49	54.18	63.06	61.23
		0.05	0.07	1.64	0.03	0.33	0.01	3.02	2.04
		6.39	18.60	34.34	9.17	28.87	7.68	19.48	10.62
7.79	18.67	0.72	5.41	6.32	47.21	12.88	36.85	2.08	6.56
5.55	18.79	81.37	13.51	16.98	4.21	8.43	1.28	12.36	19.55
52841	**8919**	**23637**	**394902**	**78699**	**314983**	**344774**	**523042**	**276676**	**578653**
47531	6266	4206	286801	41133	144357	207059	316260	201392	409321
		16	313	1646	85	1357	1	9617	13606
		1385	50398	20467	19836	71247	26429	36687	41875
3495	1529	216	20324	5217	141488	44067	175896	5423	35863
1815	1124	17814	37066	10236	9217	21044	4456	23557	77988
100.00	**100.00**	**100.00**	**100.00**	**100.00**	**100.00**	**100.00**	**100.00**	**100.00**	**100.00**
89.95	70.25	17.79	72.62	52.27	45.83	60.06	60.47	72.79	70.73
		0.07	0.08	2.09	0.03	0.39		3.48	2.35
		5.86	12.76	26.00	6.30	20.66	5.05	13.26	7.24
6.61	17.14	0.92	5.15	6.63	44.92	12.78	33.63	1.96	6.20
3.44	12.61	75.36	9.39	13.01	2.92	6.11	0.85	8.51	13.48
78929	**14438**	**53069**	**637800**	**138689**	**474272**	**577632**	**766656**	**461772**	**851548**
68346	9064	6084	390996	54082	192739	284631	404037	291276	489430
		24	361	2228	124	1831	2	13966	17514
		3394	121829	49370	39308	165347	60671	89828	96572
6183	2650	382	34756	8195	219757	74807	291144	9595	58970
4400	2724	43185	89858	24814	22344	51016	10802	57107	189062
99.48	**99.62**	**100.00**	**95.95**	**94.91**	**89.44**	**95.45**	**90.80**	**99.96**	**88.06**
99.40	100.00	100.00	94.25	90.89	92.30	95.30	88.32	99.98	82.66
		99.44	79.38	93.18	99.88	92.88	100.00	100.00	88.64
		99.96	98.58	98.37	80.81	94.64	96.61	99.85	94.05
100.00	97.95	100.00	96.65	88.79	87.79	95.95	93.55	100.00	92.94
100.00	100.00	100.00	100.00	100.00	100.00	100.00	100.00	100.00	100.00

10-9 按历史时期分农林牧渔业总产值

Gross Output Value of Agriculture, Forestry, Animal Husbandry and Fishery by History Period

时期	Period	合计 Total	农业 Agriculture	林业 Forestry	畜牧业 Animal Husbandry	渔业 Fishery
按现行价格计算(万元)	**Current Price (10000 yuan)**					
“六五”时期	6th Five-year Plan Period	658543	455112	8949	135454	34854
“七五”时期	7th Five-year Plan Period	1691762	1078926	21001	422369	103760
“八五”时期	8th Five-year Plan Period	4155220	2323337	41125	1196610	493636
“九五”时期	9th Five-year Plan Period	7708638	3862181	62408	2183198	1344563
“十五”时期	10th Five-year Plan Period	9450322	4981673	112770	2077835	1693401
“十一五”时期	11th Five-year Plan Period	13813535	7099096	104670	2833830	2485329
“十二五”时期	12th Five-year Plan Period	19191307	10084903	188617	3514011	3426867
“十三五”时期	13th Five-year Plan Period	4366530	2407530	38691	657981	767015
1979-2016	1979-2016	61207075	32426475	581548	13044824	10355930
1991-2016	1991-2016	58685552	30758720	548281	12463465	10210811
2001-2016	2001-2016	46821694	24573202	444748	9083657	8372612
平均增长速度 (%)	**Average Speed of Growth (%)**					
“六五”时期	6th Five-year Plan Period	6.2	3.3	-5.8	17.9	15.5
“七五”时期	7th Five-year Plan Period	4.6	2.8	0.3	8.1	8.2
“八五”时期	8th Five-year Plan Period	10.0	4.6	3.7	14.8	26.4
“九五”时期	9th Five-year Plan Period	5.9	4.0	4.0	3.5	11.2
“十五”时期	10th Five-year Plan Period	5.8	7.8	-3.2	1.2	4.8
“十一五”时期	11th Five-year Plan Period	2.3	1.3	-14.2	1.3	5.1
“十二五”时期	12th Five-year Plan Period	2.1	3.6	6.9	-5.7	3.8
“十三五”时期	13th Five-year Plan Period	0.7	1.1	0.4	-3.9	1.1
1979-2016	1979-2016	5.0	3.8	…	4.9	9.6
1991-2016	1991-2016	4.8	3.9	-0.8	2.2	9.4
2001-2016	2001-2016	2.9	3.7	-3.7	-1.9	4.1

10-10 渔业生产情况（2016年）

Statistics on Fishery Production (2016)

项　　目	Item	全　市 Total	荔湾区 Liwan	海珠区 Haizhu	天河区 Tianhe	白云区 Baiyun	黄埔区 Huangpu
水产品养殖总面积（公顷）	**Total Cultured Area of Aquatic Products (hectare)**	**27993**	**36**		**28**	**2719**	**712**
# 淡水养殖	Freshwater Artificially Cultured	24316	36		28	2689	712
# 鱼　塘	Fish Pond	22295	36		28	2641	655
水产品总产量（吨）	**Total Aquatic Products (ton)**	**482515**	**2686**	**982**	**384**	**40563**	**8341**
按作业分	Grouped by Production						
海洋捕捞	Marine Fishing	20970		588			194
海水养殖	Mariculture	60906	1840	262			
淡水捕捞	Freshwater Fishing	43785	12	132		131	
淡水养殖	Freshwater Aquaculture	356854	834		384	40432	8147
按种类分	Grouped by Species						
鱼　类	Fish	428996	1852	554	384	40183	8307
甲壳类	Shrimps, Prawns and Crabs	22941		403			28
贝　类	Shell-fish	27405					6
其他水产类	Other Aquatic Products	3173	834	25		380	

10-10 续表 continued

项　　目	Item	番禺区 Panyu	花都区 Huadu	南沙区 Nansha	从化区 Conghua	增城区 Zengcheng
水产品养殖总面积（公顷）	**Total Cultured Area of Aquatic Products (hectare)**	**4406**	**5603**	**8020**	**1928**	**4541**
# 淡水养殖	Freshwater Artificially Cultured	2520	5591	6343	1893	4540
# 鱼　塘	Fish Pond	2490	5303	6343	965	3870
水产品总产量(吨)	**Total Aquatic Products (ton)**	**151033**	**68585**	**141379**	**10475**	**58087**
按作业分	Grouped by Production					
海洋捕捞	Marine Fishing	14933		4740		515
海水养殖	Mariculture	36189		22615		
淡水捕捞	Freshwater Fishing	36532	112	3922		2944
淡水养殖	Freshwater Aquaculture	63379	68473	110102	10475	54628
按种类分	Grouped by Species					
鱼　类	Fish	119784	68238	124085	10431	55178
甲壳类	Shrimps, Prawns and Crabs	5124	27	16856		503
贝　类	Shell-fish	26123		380		896
其他水产类	Other Aquatic Products	2	320	58	44	1510

10-11 畜牧业生产情况（2016年）

项　　目		Item		全　市 Total
年末牛存栏量	（头）	Number of Farm Cattle on Hand at Year-end	(head)	32178
役用牛		Draft Cattle		4672
肉用牛		Beef Cattle		9879
奶　牛		Cow		17627
牛奶产量	（吨）	Output of Milk	(ton)	49725
牛出栏量	（头）	Number of Slaughtered Cattle	(head)	10553
牛肉产量	（吨）	Output of Beef	(ton)	1396
生猪饲养量	（头）	Total Number of Hogs Raised	(head)	1413941
年末生猪存栏量	（头）	Number of Hogs on Hand at Year-end	(head)	444028
# 能繁殖的母猪		Female Hogs		44350
生猪出栏量	（头）	Number of Slaughtered Fattened Hogs	(head)	969913
猪肉产量	（吨）	Output of Pork	(ton)	72656
年末羊存栏量	（头）	Number of Sheep and Goats on Hand at Year-end	(head)	7630
羊出栏量	（头）	Number of Slaughtered Sheep and Goats	(head)	7705
羊肉产量	（吨）	Output of Mutton	(ton)	135
年末兔存栏量	（只）	Number of Rabbits on Hand at Year-end	(unit)	19338
兔出栏量	（只）	Number of Slaughtered Rabbits	(unit)	66162
兔肉产量	（吨）	Output of Rabbit Meat	(ton)	98
年末家禽存栏量	（万只）	Number of Poultry on Hand at Year-end	(10000 units)	2625
# 三　鸟		Chickens, Ducks and Gooses		2097
# 鸡		Chickens		1453
家禽出栏量	（万只）	Number of Slaughtered Poultry	(10000 units)	11048
# 三　鸟		Chickens, Ducks and Gooses		8855
# 鸡		Chickens		5679
禽肉产量	（吨）	Output of Poultry Meat	(ton)	143358
禽蛋产量	（吨）	Output of Poultry Eggs	(ton)	25114
肉类总产量	（吨）	Output of Meat	(ton)	218285
蜂蜜产量	（吨）	Output of Honey	(ton)	1349

Statistics on Animal Husbandry Production (2016)

天河区 Tianhe	白云区 Baiyun	黄埔区 Huangpu	番禺区 Panyu	花都区 Huadu	南沙区 Nansha	从化区 Conghua	增城区 Zengcheng
996	1435	1384	1420	3455	2144	4930	16414
	66	295	236	249	126	480	3220
		183		25		289	9382
996	1369	906	1184	3181	2018	4161	3812
3886	3589	2370	2068	9560	6847	10515	10890
4	274	166	192	195	525	1314	7883
1	36	22	25	26	69	174	1043
	129484	239720	6488	410614	215549	381377	30709
	42834	75485	2954	95230	77346	139110	11069
	4740	8410		9069	6407	15394	330
	86650	164235	3534	315384	138203	242267	19640
	6491	12303	265	23625	10353	18148	1471
	357	574		330	117	1237	5015
	294	918		317	127	1013	5036
	5	16		6	2	18	88
	122		300	4324		12900	1692
	80		170	10662		46300	8950
			1	24		50	23
	653	162	240	415	140	291	724
	560	114	232	346	127	267	451
	477	112	68	163	37	233	363
	2924	505	764	2666	762	808	2619
	2593	314	741	2546	759	692	1210
	2139	308	151	1375	148	567	991
	36598	4352	16161	40825	14094	9683	21645
	1435	1554	5248	2714	579	3288	10296
1	43140	16693	16455	64753	24537	28274	24432
	100	1	15	3		579	651

10-12 农村电力、化肥用量和农田水利建设情况（2016年）

项目	Item	全市 Total
农村电气化	**Rural Electrification**	
农村用电量 （万千瓦·时）	Electricity Consumed in Rural Areas (10000 kilowatt/hour)	1889945
农村小水电站个数 （个）	Number of Small Hydropower Stations in Rural Areas (unit)	188
农村小水电站装机容量 （千瓦）	Installed Capacity of Small Hydropower Stations in Rural Areas (kilowatt)	140684
农村小水电站发电量（万千瓦·时）	Generated Energy of Small Hydropower Stations in Rural Areas (10000 kilowatts/hour)	44114
农村化学化	**Rural Chemicalizing**	
化肥施用量 （实物量、吨）	Consumption of Chemical Fertilizers (gross weight) (ton)	311402
化肥施用量 （折纯量、吨）	Consumption of Chemical Fertilizers (effective weight) (ton)	114157
农用薄膜使用量 （吨）	Consumption of Plastic Film in Agriculture (ton)	2725
农药施用量 （吨）	Consumption of Agricultural Pesticide (ton)	3341
农用柴油使用量 （吨）	Consumption of Diesel Oil in Agriculture (ton)	65003
农田水利建设	**Construction of Water Conservancy Works**	
有效灌溉面积 （公顷）	Irrigated Area (hectare)	78753
有效灌溉面积占耕地比重 （%）	As Percentage of Total Cultivated Land (%)	82.73
旱涝保收面积 （公顷）	Drought and Flooded Area under Control and Ensuring Stable Yields (hectare)	68340
旱涝保收面积占耕地比重 （%）	As Percentage of Total Cultivated Land (%)	71.79
机电排灌面积 （公顷）	Area with Motorized Drainage and Irrigation Facilities (hectare)	49943
机电排灌面积占耕地比重 （%）	As Percentage of Total Cultivated Land (%)	52.47

Statistics on Electricity, Chemical Fertilizer Consumption and Construction of Water Conservancy Works in Rural Areas (2016)

荔湾区 Fangcun	海珠区 Haizhu	天河区 Tianhe	白云区 Baiyun	黄埔区 Huangpu	番禺区 Panyu	花都区 Huadu	南沙区 Nansha	从化区 Conghua	增城区 Zengcheng
26300	48657	22690	262751	131418	415644	227148	282965	21286	451086
			1	3		17		151	16
			2000	1110		6510		104314	26750
				69		884		37373	5788
415	1071	432	43759	12328	13191	43200	112267	33419	51320
156	361	157	16909	4373	4805	16066	40553	11766	19011
230	5	3	102	51	283	540	568	283	660
4	11	1	442	405	349	260	570	687	612
282	808	10	18841	2509	1997	13321	9088	11527	6620
252	155	235	7429	2140	6539	10009	16254	18278	17462
40.92	96.95	86.06	79.92	99.36	91.46	90.27	91.78	90.52	65.76
252	155	235	7407	2120	5784	9933	16234	12154	14066
40.92	96.95	85.77	79.69	98.4	80.9	89.59	91.67	60.2	52.98
188	155	198	6013	1896	5784	6974	13795	3133	11807
30.53	96.95	72.25	64.7	88.02	80.9	62.9	77.89	15.52	44.47

10-13 农业机械总动力和拥有量（2016年）

项　　目		Item		全　市 Total
农业机械总动力	**（千瓦）**	**Total Power of Agricultural Machinery**	**(kilowatt)**	1623058
柴油发动机动力		Power of Diesel Engines		953039
汽油发动机动力		Power of Gasoline Engines		222575
电动机动力		Power of Electric Motors		447444
主要农业机械拥有量		**Possession of Major Agricultural Machinery**		
大中型拖拉机	（台）	Number of Large and Medium Tractors	(unit)	351
小型拖拉机	（台）	Number of Mini-Tractors	(unit)	3750
大中型拖拉机配套农具	（台）	Number of Large and Medium Tractor Accessory Farm Machinery	(unit)	915
小型拖拉机配套农具	（台）	Number of Mini-Tractor Towing Farm Machinery	(unit)	5684
农用排灌柴油机	（台）	Diesel Engines for Agricultural Use	(unit)	29537
农用排灌电动机	（台）	Electric Motors for Agricultural Use	(unit)	17556
农用水泵	（台）	Water Pumps for Agricultural Use	(unit)	45082
节水灌溉机械	（套）	Irrigation Machinery of Saving Water	(set)	26789
联合收割机	（台）	Combine Harvesters	(unit)	189
机动脱粒机	（台）	Motorized Threshers	(unit)	14250
渔用机动船	（艘）	Motorized Fishing Boats	(unit)	2493
农用运输车	（辆）	Number of Trucks for Agricultural Use	(unit)	7489

Total Power and Possession of Major Agricultural Machinery (2016)

荔湾区 Liwan	海珠区 Haizhu	天河区 Tianhe	白云区 Baiyun	黄埔区 Huangpu	番禺区 Panyu	花都区 Huadu	南沙区 Nansha	从化区 Conghua	增城区 Zengcheng
1333	17940	3832	82300	21518	184800	201165	492000	235540	382630
143	15879	2978	15836	17437	92400	103145	294000	188021	223200
	1168		33804	1157	14784	30476	76000	12256	52930
1190	893	854	32660	2924	77616	67544	122000	35263	106500
			13	14	30	13	50	63	168
			61	18	410	410	450	1021	1380
			13	19	31	18	500	136	198
			61	10	411	575	700	1704	2223
			639	487	3075	3462	18000	2349	1525
		5	903	175	4658	2246	7000	312	2257
	41	5	3211	543	8223	10637	15000	3612	3810
			432		2949	433	21000	1960	15
			1	4	3	12	40	82	47
			181		42	732		5035	8260
15	229	8	76	59	1032	54	932	4	84
				29	1031	817	1950	1645	2017

10-14 主要农作物及水果种植面积和产量（2016年）

项 目	Item	全 市 Total	荔湾区 Fangcun	海珠区 Haizhu
农作物总播种面积 （公顷）	**Total Sown Area of Farm Crops (hectare)**	**270711**	**2261**	**793**
粮食作物	Grain Crops	88865		
#稻 谷	Rice	58044		
大 豆	Soybeans	1579		
经济作物	Economic Crops	34331	1968	6
#甘 蔗	Sugarcane	7139		
花 生	Peanuts	6916		
木 薯	Cassava	70		
花 卉	Flowers	18666	1968	6
其他作物	Other Farm Crops	147515	293	787
#蔬 菜	Vegetables	145848	293	787
果用瓜	Melon-fruits	394		
园林水果年末面积 （公顷）	**Planting Area of Fruits at Year-end (hectare)**	**62547**		**933**
#柑桔橙	Citrus	3543		
香(大)蕉	Bananas and Plantains	5058		21
荔 枝	Lychees	30432		31
龙 眼	Longans	7745		321
主要农作物产量 （吨）	**Yield of Major Farm Crops (ton)**			
粮食作物	Grain Crops	436500		
#稻 谷	Rice	300200		
大 豆	Soybeans	5580		
经济作物	Economic Crops			
#甘 蔗	Sugarcane	875741		
花 生	Peanuts	18828		
木 薯	Cassava	1319		
花 卉 （万元）	Flowers (10000 yuan)	435105	66709	15
其他作物	Other Farm Crops			
#蔬 菜	Vegetables	3740161	4319	15294
果用瓜	Melon-fruits	7744		
园林水果总产量 （吨）	**Gross Output of Fruits (ton)**	**494768**		**5470**
#柑桔橙	Citrus	54470		
香(大)蕉	Bananas and Plantains	182152		906
荔 枝	Lychees	56833		292
龙 眼	Longans	37793		567

Sown Area and Output of Major Farm Crops and Fruits (2016)

天河区 Tianhe	白云区 Baiyun	黄埔区 Huangpu	番禺区 Panyu	花都区 Huadu	南沙区 Nansha	从化区 Conghua	增城区 Zengcheng
823	**45492**	**8257**	**18728**	**32247**	**35912**	**44471**	**81727**
	6300	2941	2672	14489	6457	23285	32721
	3580	1740	110	5607	1214	20599	25194
	30	1	56	318	666	279	229
57	1360	947	7338	3700	8972	5338	4645
	58	27	21	103	6375	86	469
	372	101	1	1185	45	3215	1997
						61	9
57	929	803	7317	1891	2552	1791	1352
766	37832	4369	8718	14059	20483	15847	44361
763	37781	4339	8698	13193	20420	15783	43791
3	51	22	20	132	63	10	93
81	**1676**	**3128**	**579**	**3572**	**5140**	**25581**	**21857**
	48	48		57	52	1996	1342
1	40	265	159	155	2880	107	1430
30	739	1809	14	1709	953	13598	11549
26	496	638	111	1277	195	2071	2610
	31399	13103	13871	72928	34168	115802	155229
	18607	8579	603	31578	6473	103769	130591
	117	1	237	982	2930	747	546
	5674	2314	1914	10054	814015	5254	36516
	939	301	3	3293	191	8843	5258
					3	1125	191
61	23258	14298	115875	106836	35477	46317	26259
12906	858345	74754	182391	334378	620728	369902	1267144
3	976	457	197	3097	1494	61	1459
212	**6804**	**11504**	**14247**	**20772**	**167708**	**103328**	**164723**
	282	533		365	1064	18364	33862
3	1383	3950	4979	3001	121147	1155	45628
60	1756	2550	74	6404	3499	35043	7155
47	1474	1376	1602	6719	2160	13489	10359

10-15 主要农产品产量与建国以来最高年份比较（2016年）

Output of Major Farm Products in Comparison with that of Peak Year since 1949 (2016)

项　　目	Item	2016	建国以来最高年份（不含当年）Peak Year since 1949 (excluding current year)		2016年为建国以来最高年(%) 2016 as Percentage of Peak Year (%)
			年　份 Year	产　量 Output	
农产品总产量　（吨）	**Total Yield of Farm Products　(ton)**				
粮　食	Grain	436500	1984	1259928	34.64
#稻　谷	Rice	300200	1984	1242982	24.15
花　生	Peanuts	18828	1982	56397	33.38
糖　蔗	Sugarcane	4885	1985	2395941	0.20
蔬　菜	Vegetables	3740161	2016	3740161	100.00
水　果　（含果用瓜）	Fruits	502512	2004	553819	90.74
单位播种面积产量（千克/公顷）	**Yield per Unit Sowed Area (kilogram/hectare)**				
粮　食	Grain	4912	2000	5758	85.31
#稻　谷	Rice	5172	2000	5952	86.90
花　生	Peanuts	2723	2016	2723	100.00
糖　蔗	Sugarcane	97053	1991	121120	80.13
蔬　菜	Vegetables	25644	2016	25644	100.00
水　果	Fruits	7984	1992	8420	94.82
禽畜产品产量　（吨）	**Total Output of Poultry and Animal Husbandry Products　(ton)**				
肉类总产量	Output of Meat	218285	2000	327702	66.61
#猪　肉	Pork	72656	2010	174778	41.57
牛羊肉	Beef and Mutton	1531	2003	1973	77.60
家禽肉	Poultry Meat	143358	2002	184134	77.86
牛　奶	Milk	49725	2010	61530	80.81
鲜　蛋	Eggs	25114	1994	37321	67.29
水产品总产量　（吨）	**Total Output of Aquatic Products　(ton)**				
海水产品	Seawater Aquatic Products	81876	2014	87255	93.84
淡水产品	Freshwater Aquatic Products	400639	2016	400639	100.00

10-16 农牧渔业生产水平

Production Level of Agriculture, Animal Husbandry and Fishery

单位：千克 (kg)

项　　目		Item		2015	2016
平均每个农业户生产		**Average Production per Household**			
粮　食		Grain		1126	1107
#稻　谷		Rice		792	761
花　生		Peanuts		48	48
甘　蔗		Sugarcane		2160	2220
蔬　菜		Vegetables		9426	9482
水　果		Fruits		1262	1274
花　卉	(元)	Flowers	(yuan)	10549	11031
生　猪	(头)	Hogs	(head)	3	2
家　禽	(只)	Poultry	(head)	281	280
#鸡		Chickens		143	144
禽　蛋		Eggs of Poultry		65	64
水产品		Aquatic Products		1236	1223
#鱼　类		Fish		1072	1088
平均每个农业从业人员生产		**Average Production per Employed Person Engaging in Farming**			
粮　食		Grain		813	814
#稻　谷		Rice		572	560
花　生		Peanuts		35	35
甘　蔗		Sugarcane		1559	1632
蔬　菜		Vegetables		6803	6971
水　果		Fruits		911	937
花　卉	(元)	Flowers	(yuan)	7614	8110
平均每个畜牧业从业人员生产		**Average Production per Employed Person Engaging in Animal Husbandry**			
肉类总产量		Output of Meat		6831	6652
#猪　肉		Pork		2490	2214
牛羊肉		Beef and Mutton		43	47
禽　肉		Meat of Poultry		4275	4369
禽　蛋		Eggs of Poultry		763	765
平均每个渔业从业人员生产		**Average Production per Employed Person Engaging in Fishery**			
水产品		Aquatic Products		10103	10351
#鱼　类		Fish		8766	9203

10-17 农村经济效益主要指标

Main Indicators of Rural Economic Returns

项　目		Item		2015	2016
农、林、牧、渔业劳动生产率	**（元/人）**	**Labor Productivity of Agriculture, Forestry, Animal Husbandry and Fishery**	**(yuan/person)**	37491	40104
农业		Agriculture		28804	31021
林业		Forestry		38322	35396
畜牧业		Animal Husbandry		75328	81771
渔业		Fishery		88656	92999
农村经济净收入分配率	**(%)**	**Distribution Rate of Rural Economic Net Income**	**(%)**	100.00	100.00
国家		State		9.00	7.93
集体		Collective		10.68	10.75
个人		Individual		71.22	75.39
其他		Others		9.10	5.93
森林覆盖率	(%)	Rate of Land Covered by Forestry	(%)	42.03	42.14
耕地水利化程度	(%)	Rate of Cultivated Land under Irrigation	(%)	81.32	81.48
农、林、牧、渔业劳动机械化程度	(%)	Rate of Labor Mechanization of Farming, Forestry, Animal Husbandry and Fishery	(%)	9.64	9.23
每百元农村总收入提供国家税收	(元)	Taxes Created by per 100 yuan Rural Income	(yuan)	2.26	2.15
每百元费用提供农村净收入	(元)	Net Rural Income Created by per 100 yuan Expenditure	(yuan)	27.90	30.44

10-18　农村经济收益分配
Distribution of Rural Economic Returns

单位：万元 (10000 yuan)

项　　目	Item	2015	2016
农村经济总收入	**Total Income of Rural Economy**	**23307498**	**24903855**
农、林、牧、渔业	Agriculture, Forestry, Animal Husbandry and Fishery	2708453	2829825
农业	Agriculture	1647610	1738078
#种植业	Grain Farming	1501514	1580617
林业	Forestry	62287	71984
畜牧业	Animal Husbandry	464182	466308
渔业	Fishery	534374	553455
工业	Industry	11359055	11981725
建筑业	Construction	1850213	1963617
交通运输业	Transport	1042054	1126485
商业饮食业	Trade and Catering Services	1836418	1959704
服务业	Social Services	1507302	1696420
其他	Others	3004003	3346079
总费用	Total Expenditure	17932479	19091726
#生产费用	Expenditure for Production	12118390	12665841
净收入	Net Income	5375019	5812129
可分配净收入总额	**Total Disposable Net Income**	**6287686**	**6796823**
#国家税金	Taxes Paid to State	506779	536584
上交国家有关部门	Taxes Paid to Related Departments	5422	2699
乡村集体所得	Taxes Owned by Rural Collective	642013	730443
农民经营所得	Taxes Owned by Farmers' Operation	4715324	5124067
农民所得总额	Total Income of Farmers	5303073	5743671

10-19 建制镇社会经济发展基本情况（2016年）

乡镇名称	Name of Towns	乡镇行政区域面积（公顷）Area of Administrative Division (hectare)	常住人口（人）Permanent Population (Person)	公共财政收入（万元）Public Government Revenue (10000 yuan)	工业总产值（万元）Gross Industrial Output Value (10000 yuan)	建筑业总产值（万元）Construction Industry Output Value (10000 yuan)	住宿餐饮业企业数（个）Number of Enterprises in Wholesale, Retail Trades, Hotels and Catering Services (unit)
白云区	**Baiyun**						
人和镇	Renhe Town	7444	183578	34747	835852	44825	41
太和镇	Taihe Town	15537	385472	42991	1385751	125820	22
钟落潭镇	Zhongluotan Town	16900	219155	24101	1293861	24563	22
江高镇	Jianggao Town	10228	196271	39855	4573806	56534	19
番禺区	**Panyu**						
南村镇	Nancun Town	4700	308992	39619	2122813	228473	138
新造镇	Xinzao Town	1400	28014	10303	668772	259	3
化龙镇	Hualong Town	5373	79587	27599	5185036	1100	6
石楼镇	Shilou Town	12600	144230	49147	1973703	11939	35
沙湾镇	Shawan Town	3745	113815	30611	1161943	7396	42
石基镇	Shiji Town	4703	108057	32350	1350178	7068	12
花都区	**Huadu**						
梯面镇	Timian Town	9128	10156	2502	89332	1496	1
花山镇	Huashan Town	11640	116895	12792	953955	5022	9
花东镇	Huadong Town	20844	159076	126874	1090297	30022	22
炭步镇	Tanbu Town	11330	69305	17417	594901	2735	5
赤坭镇	Chini Town	16040	56143	12040	152524	82140	6
狮岭镇	Shiling Town	13631	279551	27945	1570066	135467	41
南沙区	**Nansha**						
万顷沙镇	Wanqingsha Town	14285	46355	16119	2463803	2988	2
横沥镇	Hengli Town	5413	37104	17561	1207329		2
黄阁镇	Huangge Town	7650	54344	32687	12478500	320301	4
东涌镇	Dongyong Town	9200	187010	76996	2856635	8100	11
大岗镇	Dagang Town	9007	122838	6990	1824221	236	16
榄核镇	Lanhe Town	7450	85603	51924	1307394	4913	4
黄埔区	**Huangpu**						
九龙镇	Jiulong Town	17942	102924	50066	702425	21182	9
从化区	**Conghua**						
温泉镇	Wenquan Town	21224	56178	13286	307420		25
良口镇	Liangkou Town	43915	43348	5496	17676		8
吕田镇	Liangtian Town	39300	29981	7185	75964	500	2
太平镇	Taiping Town	21033	106272	9783	662985	11538	13
鳌头镇	Aotou Town	41000	158940	15211	1092015	5262	2
增城区	**Zengcheng**						
新塘镇	Xintang Town	8632	374236	53718	4987237	448097	74
石滩镇	Shitan Town	17097	150826	54547	2015082		6
中新镇	Zhongxin Town	23237	89883	54980	1599100		10
正果镇	Zhengguo Town	23941	39921	7311	49100		3
派潭镇	Paitan Town	28900	70219	23086	19900		10
小楼镇	Xiaolou Town	13600	36853	5992	50919		1
仙村镇	Xiancun Town	5665	59904	8310	1000000		1

Basic Statistics on Social and Economic Development of Towns（2016）

社会消费品零售总额（万元）Total Retail Sales of Consumer Goods (10000 yuan)	小学在校学生数（人）Number of Enolled Primary School Students (person)	幼儿园托儿所数（个）Number of Kindergartens (unit)	医疗卫生机构床位数（床）Hospital Beds (bed)	城乡居民基本医疗保险参保人数(人) Number of Persons Participating in Basic Medical Care Insurance for Urban and Rural Residents(person)	城乡居民基本养老保险参保人数(人) Number of Persons Participating in Basic Pension Insurance for Urban and Rural Residents(person)	城镇建成区面积（公顷）Area of Developed Areas in Urban Units (hectare)	城镇建成区总人口（人）Total Population of Developed Areas in Urban Units (person)
354319	9175	32	280	51574	57309	640	5150
1152511	15617	52	369	23167	49481	880	2921
263479	10771	28	499	39572	83398	650	11000
339014	11570	26	1300	18362	53433	1600	23560
1557398	14901	35	782	15399	51253	1857	84413
65248	1565	5	81	3623	8865	117	6625
2800	2913	8	70	11438	28057	225	3005
348966	8063	21	620	19982	45988	1146	68867
298735	9539	21	120	4381	43874	1814	84222
429862	7944	21	300	23731	32863	1569	21080
8372	765	1	13	3961	7314	160	1562
115184	7754	19	91	35826	64966	700	11446
231268	10254	19	211	45578	95111	2980	14299
19810	2890	5	88	22709	37796	690	39656
68991	2779	2	100	24388	42636	540	9094
762039	20348	49	374	19572	51102	2747	87311
141463	2238	10	117	10713	26971	300	8000
39431	1203	10	280	9536	20366	460	1329
197157	3517	12	125	12252	29743	600	6988
316012	9359	21	260	25634	73828	544	19849
168328	5889	30	301	24358	45869	1430	81795
59147	6570	16	150	30746	39288	890	17889
5494529	6093	9	453	33207	76463	816	14280
65770	2592	7	79	23162	32243	715	5748
63200	3001	4	46	15353	29898	198	4461
28973	1380	3	96	17886	27529	73	3107
137566	6404	21	115	51282	60368	400	12984
148162	9550	17	183	79880	120720	1068	14369
1393947	24883	52	933	47853	75361	4442	95975
228003	9691	33	127	50239	86346	370	7976
211900	4321	11	140	29515	61216	1698	11843
2522	1741	2	75	24732	40328	160	5130
92079	3252	4	108	39023	63358	150	7200
45398	1678	2	40	18280	38010	100	3605
230	2423	5	49	16642	34875	220	6366

10-20 全市村委会社会经济基本情况(2016年)

项　　目		Item		全市 Total
一、基本情况		Basic Information		
村委会数	(个)	Number of Village Committees	(unit)	1113
行政区域面积	(公顷)	Area of Administrative Region	(hectare)	570639
自然村数	(个)	Number of Villages	(unit)	6478
通公共交通村数	(个)	Number of Villages Available for Public Transport	(unit)	963
通宽带互联网村数	(个)	Number of Villages Available for Broadband Internet	(unit)	1113
完成改厕村数	(个)	Number of Villages with Improved Toilets	(unit)	1113
垃圾集中处理村数	(个)	Number of Villages with Centralized Garbage Disposal	(unit)	1111
污水集中处理村数	(个)	Number of Villages with Centralized Sewage Treatment	(unit)	813
有电子商务配送站点村数	(个)	Number of Villages with E-Commerce Distribution Centre	(unit)	505
二、人口情况		Population		
户籍户数	(户)	Registered Households	(household)	829483
户籍人口	(人)	Registered Population	(person)	2771829
全家外出人口	(人)	Number of outflow population of migrant households	(person)	52992
常住户数	(户)	Permanent Households	(household)	1418464
常住人口	(人)	Permanent Population	(person)	4809143

Social and Economic Information of Village Committees (2016)

白云区 Baiyun	黄埔区 Huangpu	番禺区 Panyu	花都区 Huadu	南沙区 Nansha	从化区 Conghua	增城区 Zengcheng
118	28	156	187	128	220	276
44700	17514	40578	86018	53820	180179	147830
596	214	256	1331	243	1728	2110
118	28	156	138	127	153	243
118	28	156	187	128	220	276
118	28	156	187	128	220	276
118	28	156	185	128	220	276
52	5	110	121	128	158	239
51	2	126	37	127	79	83
120711	18293	143840	150925	107667	109602	178445
433713	84690	365610	486292	296040	463604	641880
5841	647	7552	12689	3033	5475	17755
220702	21000	399088	235163	208698	111521	222292
884984	96597	1103232	868536	555074	466435	834285

10-20 续表

项　　目		Item	
三、社保及社会服务情况		**Social Insurance and Social Service**	
新型农村合作医疗参保人数	(人)	Number of Persons Participating in New Rural Cooperative Medical System	(person)
城乡居民基本养老保险参保人数	(人)	Number of Persons Participating in Persion Insurance for Urban and Rural Residents	(person)
农村居民最低生活保障人数	(人)	Number of Persons List in A Minimum Standard of Living for Rural Residents	(person)
农村五保供养人数	(人)	Number of Persons list in Five Guarantees	(person)
小学校数	(个)	Number of Primary Schools	(unit)
幼儿园、托儿所数	(个)	Number of Kindergartens and Nurseries	(unit)
体育健身场所数	(个)	Number of Gymnasia and Stadium	(unit)
图书室(馆)、文化站数	(个)	Number of Liberaries and Cultural Stations	(unit)
卫生室数	(个)	Number of Health Stations	(unit)
四、土地流转和非农业用地情况		**Land Transfer and Non-Agraiculture land**	
村集体流出的农业用地总面积	(亩)	Area of Agraiculture Land of Village Collectives	(mu)
# 流出的耕地面积	(亩)	Area of Cultivated land of Village Collectives contracted or subcontrancted to others	(mu)
村集体经营性建设用地面积	(亩)	Area of Rural Collective Construction Land	(mu)
全村宅基地面积	(亩)	Area of Homestead of the Whole Village	(mu)
五、村务情况		**Village Administrative Affairs**	
全年村集体收入	(万元)	Annual Income of Village Collectives	(10000 yuan)
# 经营收入	(万元)	Operating Income	(10000 yuan)
补助收入	(万元)	Subsidy	(10000 yuan)
年末村集体资产总额	(万元)	Total Assets of Village Collectives at Year-end	(10000 yuan)
村干部人数	(人)	Number of Village Cadres	(person)

continued

全市 Total	白云区 Baiyun	黄埔区 Huangpu	番禺区 Panyu	花都区 Huadu	南沙区 Nansha	从化区 Conghua	增城区 Zengcheng
1998447	232795	58774	257048	395530	214609	334403	505288
953668	89457	28563	97731	164393	98813	190727	283984
28025	2775	1083	1111	4398	2184	9143	7331
4118	100	31	156	826	427	1031	1547
440	65	14	84	96	54	52	75
720	126	9	206	117	103	66	93
2508	461	27	278	456	165	448	673
1153	126	31	158	177	127	226	308
1076	142	23	109	197	118	210	277
590406	66122	17300	134048	144342	56623	29378	142592
432046	58569	8332	118545	85031	40782	15699	105088
126932	23991	643	41511	20594	18541	1696	19956
423111	39292	13358	67449	76619	58209	22866	145319
512321	79495	4544	219851	69456	55383	14008	69584
306099	43103	659	160181	46907	35916	4506	14828
38067	1313	609	5714	4771	1351	4784	19525
4009380	403415	197897	1132735	1105590	749399	125489	294855
7794	812	237	1062	1225	808	1593	2057

10-21 都市农业主要指标

Main Economic Indicators of Urban Agriculture

指标		Item		2015	2016
都市农业总收入	(万元)	Total Income of Urban Agriculture	(10000 yuan)	18363184	19031687
# 农林牧渔业收入	(万元)	Income of Agriculture, Forestry, Animal Husbandry and Fishery	(10000 yuan)	3795149	4008010
加工本地农产品总收入	(万元)	Total Income of Processing of Local Agriculture Products	(10000 yuan)	9106815	9201618
运输本地农产品总收入	(万元)	Total Income of Transpot of Local Agriculture Products	(10000 yuan)	1022151	1140721
批发零售本地农产品总收入	(万元)	Total Income of Wholesale and Retail Trade of Local Agriculture Products	(10000 yuan)	4364422	4609212
观光休闲旅游农业企业总收入	(万元)	Total Income of Agricultural sightseeing Tourism Enterpises	(10000 yuan)	74647	72126
都市农业增加值	(万元)	Value-added of Urban Agriculture	(10000 yuan)	7583194	7839650
# 农林牧渔业增加值	(万元)	Value-added of Agriculture, Forestry, Animal Husbandry and Fishery	(10000 yuan)	2459200	2597100
加工本地农产品增加值	(万元)	Value-added of Processing of Local Agriculture Products	(10000 yuan)	2018981	1930029
运输本地农产品增加值	(万元)	Value-added of Transpot of Local Agriculture Products	(10000 yuan)	566885	632644
批发零售本地农产品增加值	(万元)	Value-added of Wholesale and Retail Trade of Local Agriculture Products	(10000 yuan)	2531365	2673343
观光休闲旅游农业增加值	(万元)	Value-added of Agricultural Sightseeing Tourism	(10000 yuan)	6763	6535
都市农业实现利润	(万元)	Total Profit of Urban Agriculture	(10000 yuan)	846844	862605
都市农业实现税金	(万元)	Total Pre-tax Profit of Urban Agriculture	(10000 yuan)	324257	340086
种子、种苗销售额	(万元)	Sales value of Seeds and Seedlings	(10000 yuan)	72660	82746
观光休闲旅游总收入	(万元)	Total Income of Agricultural Sightseeing Tourism	(10000 yuan)	74646	72126
接待观光休闲游客人次	(万人次)	Total Number of Agricultural Sightseeing Tourist	(10000 Person-times)	1478	6958
都市农业从业人员	(万人)	Employed Persons in Urban Agriculture	(10000 Person)	211	215
都市农业劳动生产率	(元/人)	Urban Agriculture Labor Productivity	(yuan/person)	35894	36468
农业产业化规模比重	(%)	Proportion of Industrialization of Agriculture	(%)	22.3	13.7
农业产业化企业(组织)幅射能力	(%)	Radiation Ability of Industrialization of Agriculture Enterprises (Organizations)	(%)	34.7	31.1
带动本地农户数	(户)	Numbers of Local Farmers Drived by Industrialization of Agriculture Enterprises	(unit)	135804	122695
绿色农产品个数	(个)	Numbers of Green Agricultural Products	(unit)	162	155
绿色农产品产值	(万元)	Output Value of Green Agricultural Products	(10000 yuan)	38001	34006
高新科技农产品个数	(个)	Numbers of High-tech Agricultural Products	(unit)	51	46
高新科技农产品产值	(万元)	Output Value of High-tech Agricultural Products	(10000 yuan)	173389	156807
农业产业化生产单位	(个)	Industrialization of Agriculture Enterprises	(unit)	1677	1072
# 农业龙头企业	(个)	Agriculture Leading Enterprises	(unit)	99	85
# 国家级	(个)	National	(unit)	8	8
省　级	(个)	Provincial	(unit)	24	22
市　级	(个)	Municipal	(unit)	63	55
农业生产基地(示范区)	(个)	Agricultural Production Bases (Demonstration Area)	(unit)	35	63
规模以上农业生产单位	(个)	Agricultural Enterprises above the Designcoted Size	(unit)	1114	888
农产品交易市场	(个)	Trade Markets of Agricultural Products	(unit)	42	41

注：1. 从2011年起“高新科技农产品个数”改用不重复计算的实际生产新产品个数。
2. 从2011年起“高新科技农产品产值”改为按生产新产品口径计算。

Note:I.From 2011, ‘Number of high-tech agricultural products ’ refers to non repetitive computation of actual production of new products.
II.From 2011,‘Output value of high-tech agricultural products’ is calculated according to that of new products.

【农林牧渔业总产值】是以货币表现的农林牧渔业的全部产品总量和对农林牧渔业生产活动进行的各种支持性服务活动的价值。它反映一定时期内农林牧渔业生产总规模和总成果，是观察农林牧渔业生产水平和发展速度，研究农林牧渔业内部比例关系、农林牧渔业与工业、农林牧渔业与国家建设、人民生活比例关系的重要指标，同时也是计算农林牧渔业劳动生产率和农林牧渔业增加值的基础资料。

农林牧渔业总产值的计算，一般采用“产品法”，即凡有产品产量的，都按单位产品价格乘产量的办法求得每种产品产量的产值，然后相加求得各业的产值，最后各业相加求出农林牧渔业总产值。

【常用耕地面积】是指可以用来种植各种农作物，经常进行耕锄的田地，包括熟地、当年新开荒地、连续撂荒未满三年的耕地和当年的休闲地(轮歇地)，还包括以种植农作物为主，并附带种植桑、茶、果树和其他林木的土地，以及沿海、沿湖地区已围垦利用的“海涂”、“湖田”等面积。但不包括专业性的桑园、茶园、果园、果木苗圃、林地、芦苇地、天然或人工草地面积。

【农作物播种面积】是指一定生产季节结束时实际播种或移植有农作物的面积。播种面积的统计年度，凡是能在本日历年度内(自1月1日至12月31日)收获的农作物(包括上年秋冬播和本年春播、夏播在本年收获的全部作物)播种面积，都包括在内。

【农业机械总动力】是指主要用于农、林、牧、渔业的各种动力机械的动力总和。包括耕作机械、农用排灌机械、收获机械、植保机械、林业机械、畜牧机械、渔业机械、农产品加工机械、农用运输机械、其他农业机械。

【都市农业】是指在城市化地区，利用田园景观、自然生态及环境资源，通过农林牧渔业生产、农业经营活动、农村文化及农家生活，为人们休闲旅游、体验农业、了解农村提供场所，集农业的生产、生活、生态等功能于一体的产业。

【绿色农业】是指以获得国家认证的绿色农产品生产基地为场所，实施绿色农业工程，开发无污染、安全、优质的绿色农产品、有机农产品的综合高效产业。

【都市农业总收入】是指都市农业统计地理区域内各生产经营单位当年农业生产、加工本地农产品的价值量以及运输、批发零售本地农产品和观光休闲旅游农业的总收入。它是由农业生产产值、加工本地农产品产值、运输本地农产品总收入、批发零售本地农产品总收入和观光休闲旅游农业企业总收入组成。

【农业产业化】农业产业化是以国内外市场为导向，以经济效益为中心，通过自身的组织形式和运行机制，把分散的农户与某组织联成一体，众多的农户在该组织的带动下按同一标准进行统一生产，使一种或一类产品的生产在一个较大的区域内连成一片，形成较大规模，实现了农业由家庭分工向区域分工和社会分工的转变，形成了农户生产的专业化、农业布局的区域化、农产品生产的标准化和农业经营的规模化，将农业的产前、产中、产后诸环节有机地联为一体的经济运行方式。

【农业龙头企业】是指由区级或县级以上政府部门认定的，以农副产品生产、加工或流通企业为龙头，用合同契约关系或产权联结等多种形式，带动当地农户从事专业生产的经营组织。

【自然村】是指在农村地域内由居民自然聚居而形成的村落，自然村一般都应该有自己的名称。自然村与行政村在地域上往往会相互重叠，如果一个自然村包括多个行政村，按一个自然村计算；如果一个行政村包括多个自然村的，按实际自然村个数计算。如果一个行政村的村民居住过于分散，没有明显的聚居现象，可将邻近的20户左右的住户组合成一个自然村。自然村的划分遵从当地的习惯划分方法。

【Gross Output Value of Agriculture】 refers to the total volume of products of farming,forestry,animal husbandry,and fishery and the value of various services supporting the production of farming,forestry,animal husbandry and fishery in monetary terms, which reflects the total scale and total results of farming, forestry, animal husbandry, and fishery production during a given period of time.It is an important indicator to observe the production level and development speed of farming,forestry, animal husbandry,and fishery,to study the internal structure of farming, forestry,animal husbandry,and fishery,and to review the relationship among farming, forestry, animal husbandry,and fishery and industry, national construction and people's life.It is also the basic data to calculate the labor productivity and value-added of farming,forestry, animal husbandry,and fishery.

Generally,the gross output value of farming,forestry,animal husbandry, and fishery is calculated with the production approach, i.e.the gross output value of each single product is obtained by multiplying the output of each product by its price.Then the output value of each sector is obtained.Finally,the sum of output value of all sectors is equal to the gross output value of farming, forestry, animal husbandry,and fishery.

【Area of Regularly Cultivated Land】 refers to farmland among the total land resources which is exclusively used for farming and is under regular cultivation with harvest in normal years. Included are currently cultivated land ,land that has been abandoned or put in idle for less than 3 years and could be re-used for cultivation at any time,and new-claimed land that has been put into cultivation for more than 3 years,Excluded are the land under temporary cultivation,land (large or small plots)that is claimed along river bends,lake sides or banks of reservoirs,as well as land that has been designated under the reen for Grainprograms of the state and provincial governments but is still temporarily under cultivation.

【Sown Area of Crops】 refers to area of land sown or transplanted crops at the end of a production season.

The statistical year of sown area refers to area of land sown during the year (from Jan.1 to Dec.31)with a harvest of crops (including all those sown in the autumn and winter of the preceding year).

【Total Power of Agricultural Machinery】 refers to total mechanical power of machinery used in agriculture, forestry, animal,husbandry and fishery,including machinery for ploughing,irrigation and darinage,harvesting,farm products process,transport,plant protection,animal husbandry,forestry and fishery and other agricultural machineries.

【Urban Agriculture】 refers to industry that integrates agricultural production, life and ecology in urbanized area. This industry utilizes countryside landscape, natural ecology and environmental resources to provide places for leisure traveling, agricultural experience and understanding through production of agriculture, forestry, animal husbandry and fishery, agricultural operating activities, rural culture and life experience.

【Green Agriculture】 refers to comprehensive efficient industry that implements green agriculture engineering and develops non-polluting, safe and high quality green agricultural products in the green agricultural production base that obtained national certification.

【Total Income of Urban Agriculture】 refers to the total income of production and business enterprises in the statistical geographic area of urban agriculture. The income includes agricultural production of the year, magnitude of value of processing local agriculture products, transporting, wholesaling and retailing local agriculture products and the income of agricultural sightseeing and tourism.

【Industrialization of Agriculture】 refers to an economical operation method that oriented by domestic and international market, and takes economic benefits as centre. This method unites the scattered farmer households to the organizations through its organizational forms and operating mechanism. The organizations lead numerous farmer households to product unified productions under the unified standard. The production of the same species can extend within a large region and have a large scale. This method achieves the agriculture transition from family division to regional division and social division. It forms a specialization of agricultural production, regionalization of agricultural distribution, standardization of agricultural products and scaled agricultural operation. This economical operation method dynamically links the agricultural pre-production, in-production and post-production to integration.

【Agriculture Leading Enterprises】 refers to the enterprises that recognized by governments above district-level or country-level. The enterprises producing, processing and circulating agricultural and sideline products are the leading enterprises, and they can encourage local farmer households to work on professional production through contract, agreement or property right connection.

【Village】 refers to a clustered human settlement in rural area, which normally owns its name. The area of village and administrative village often overlaps. If a village is divided into many administrative villages, it should be taken as a village. If an administrative village contains many villages, it should be taken as many villages. If the villagers of an administrative village live far from each other, 20 households nearby would be taken as a village. The division of a village should follow local customs.

第十一篇 CHAPTER 11

工业

INDUSTRY

简要说明

Brief Introduction

第十一篇　工 业

一、本篇资料反映广州市工业基本情况。

二、规模以上工业指年主营业务收入2000万元以上的工业企业。

三、本篇资料中工业行业分类按2011年《国民经济行业分类》（GB/T4754-2011）标准划分；企业规模按国家统计局《统计上大中小微企业划分办法》（国统字[2011]75号）标准执行。

四、本篇资料由广州市统计局工业交通处整理提供。

11 Industry

I. The data in this chapter reflect the statistics on industrial enterprises of Guangzhou.

II. The industrial enterprises above designated size refer to the industrial enterprises with an annual sales income of 20 million yuan and above.

III. The industrial sectors in this chapter are grouped in accordance with the National Economic Sector Grouping Standard of 2011 (GB/T4754-2011) , the industrial scale is grouped In accordance with the Grouping Way of Large, Medium, Small size and Micro-enterprise Standards (State Statistics [2011] No. 75).

IV. The data in this chapter are prepared and provided by the Division of Industry and Transportation Statistics of Guangzhou Municipal Bureau of Statistics.

11-1 工业总产值(2016年)
Gross Output Value of Industry (2016)

项目	Item	工业总产值（万元）Gross Output Value of Industry (10000 yuan)	工业总产值指数(%) Indices of Gross Output Value of Industry (%)
总计	**Total**	**211250630**	**105.8**
规模以上工业企业	**Industrial Enterprises above Designated Size**	**195704254**	**106.0**
按登记注册类型分	Grouped by Registration Status		
内资企业	Domestic Funded Enterprises	85852009	115.3
国有企业	State-owned Enterprises	1051056	132.1
集体企业	Collective-owned Enterprises	539631	92.9
股份合作企业	Cooperative Enterprises	174925	101.7
联营企业	Joint Ownership Enterprises	3860	50.4
国有联营企业	State Joint Ownership Enterprises		
集体联营企业	Collective Joint Ownership Enterprises		
国有与集体联营企业	Joint State-collective Enterprises	3860	101.5
其他联营企业	Other Joint Ownership Enterprise		
有限责任公司	Limited Liability Corporations	43730046	127.6
国有独资有限责任公司	Sole State Funded Corporations	25526729	135.2
其他有限责任公司	Other Limited Liability Corporations	18203317	118.3
股份有限公司	Share-holding Corporations Ltd.	10678441	98.1
私营企业	Private Enterprises	29648991	107.0
私营独资企业	Private-funded Enterprises	598566	70.2
私营合伙企业	Private Partnership Enterprises	193362	102.9
私营有限责任公司	Private Limited Liability Corporations	23675397	107.0
私营股份有限公司	Private Share Holding Corporations	5181666	114.0
其他企业	Other Enterprises	25059	55.5
港、澳、台商投资企业	Enterprises with Funds from Hong Kong, Macao and Taiwan	30562924	100.0
与港、澳、台商合资经营企业	Joint-venture Enterprises	8220120	102.2
与港、澳、台商合作经营企业	Cooperative Enterprises	2543583	102.9
港、澳、台商独资经营企业	Enterprises with Sole Funds	19536933	98.4
港、澳、台商投资股份有限公司	Share-holding Corporations Ltd.	235549	121.3
其他港澳台投资		26739	
外商投资企业	Foreign Funded Enterprises	79289321	99.7
中外合资经营企业	Joint-venture Enterprises	45606401	104.2
中外合作经营企业	Cooperative Enterprises	1479975	100.1
外资企业	Enterprises with Sole Foreign Funds	28029419	94.2
外商投资股份有限公司	Share-holding Corporations Ltd.	3783351	85.5
其他外商投资	Other Foreign Funded Enterprises	390175	240.2
按隶属关系分	Grouped by Administrative Relationship		
中央企业	Central Government	18384128	94.1
省属企业	Provincial Government	11096440	197.0
市属企业	Municipal Government	166223686	104.3
按轻重工业分	Grouped by Light & Heavy Industries		
轻工业	Light Industry	64665541	100.1
重工业	Heavy Industry	131038713	109.2
按生产规模分	Grouped by Size of Enterprises		
大型企业	Large Enterprises	116466094	106.2
中型企业	Medium Enterprises	34994333	103.6
小微型企业	Small and Micro Industrial Enterprises	44243827	107.7

注：2016年不含广东电网全口径工业总产值为20603.93亿元（以下各表同）.
Note: Gross Output Value of Industry of Guangzhou in 2016 excluding Guangdong Power Grid is 2060.39 billion yuan (The same as below).

11-1 续表 continue

项目	Item	工业总产值（万元）Gross Output Value of Industry (10000 yuan)	工业总产值指数(%) Indices of Gross Output Value of Industry (%)
按工业行业分	Grouped by Sector		
煤炭开采和洗选业	Mining and Washing of Coal		
石油和天然气开采业	Extraction of Petroleum and Natural Gas		
黑色金属矿采选业	Mining and Processing of Ferrous Metal Ores		
有色金属矿采选业	Mining and Processing of Non-Ferrous Metal Ores		
非金属矿采选业	Mining and Processing of Nonmetal Ores	29736	133.0
开采辅助活动	Mining Auxiliary Activities		
其他采矿业	Mining of Other Ores		
农副食品加工业	Processing of Food from Agricultural Products	5220930	107.8
食品制造业	Manufacture of Foods	4748271	100.0
酒、饮料和精制茶制造业	Manufacture of Wine ,Beverages and Refined Tea	3051979	104.8
烟草制品业	Manufacture of Tobacco	1988898	91.4
纺织业	Manufacture of Textile	2627013	100.5
纺织服装、服饰业	Manufacture of Textile Wearing Apparel,Clothing	4038270	98.1
皮革、毛皮、羽毛及其制品和制鞋业	Manufacture of Leather, Fur, Feather and Related Products and Footwear	2424863	84.2
木材加工和木、竹、藤、棕、草制品业	Processing of Timber, Manufacture of Wood, Bamboo,Rattan, Palm and Straw Products	343772	105.8
家具制造业	Manufacture of Furniture	2083827	115.3
造纸和纸制品业	Manufacture of Paper and Paper Products	1342281	101.4
印刷业和记录媒介复制业	Printing, Reproduction of Recording Media	1025763	103.7
文教、工美、体育和娱乐用品制造业	Manufacture of Culture and Education ,Arts and Crafts, Sports and Entertainment Supplies	3395039	103.3
石油加工、炼焦和核燃料加工业	Processing of Petroleum, Coking, Processing of Nuclear Fuel	4557943	103.3
化学原料和化学制品制造业	Manufacture of Raw Chemical Materials and Chemical Products	19349819	94.2
医药制造业	Manufacture of Medicines	2780458	111.0
化学纤维制造业	Manufacture of Chemical Fibers	69837	105.4
橡胶和塑料制品业	Manufacture of Rubber	4039641	104.7
非金属矿物制品业	Manufacture of Non-metallic Mineral Products	1843135	112.2
黑色金属冶炼和压延加工业	Smelting and Pressing of Ferrous Metals	4062434	110.0
有色金属冶炼和压延加工业	Smelting and Pressing of Non-Ferrous Metals	4249792	108.5
金属制品业	Manufacture of Metal Products	3564669	95.3
通用设备制造业	Manufacture of General Purpose Machinery	6225234	96.9
专用设备制造业	Manufacture of Special Purpose Machinery	2107414	103.7
汽车制造业	Manufacture of Automobile	44337200	112.4
铁路、船舶、航空航天和其他运输设备制造业	Manufacture of Railway, Ship, Aerospace and Other Transportation Equipment	6398486	95.9
电气机械及器材制造业	Manufacture of Electrical Machinery and Equipment	11471300	107.5
计算机、通信和其他电子设备制造业	Manufacture of Computers, Communications and Other Electronic Equipment	23100280	96.0
仪器仪表制造业	Manufacture of Instrument	761164	115.3
其他制造业	Other Manufacturing	205836	107.5
废弃资源综合利用业	Comprehensive Utilization of Waste Resources	131236	51.0
金属制品、机械和设备修理业	Metal Products, Machinery and Equipment Repair	569946	81.5
电力、热力的生产和供应业	Production and Supply of Electric Power and Heat Power	19247150	101.8
燃气生产和供应业	Production and Supply of Gas	3377455	123.3
水的生产和供应业	Production and Supply of Water	933183	105.6

11-2 主要年份工业总产值及工业总产值指数
Gross Output Value and Indices of Industry in Main Years

年份 Year	工业总产值（万元）Gross Output Value of Industry (10000 yuan)	轻工业 Light Industry	重工业 Heavy Industry	工业总产值指数（%）Indices of Gross Output Value of Industry (%)	轻工业 Light Industry	重工业 Heavy Industry
1978	753873	476737	277136	104.4	102.9	106.8
1980	881242	574239	307003	111.7	118.0	103.0
1985	1779333	1163704	615629	122.1	122.9	120.9
1986	1921490	1206778	714712	104.3	106.1	101.3
1987	2421760	1551033	870727	120.7	122.7	117.2
1988	3413107	2251117	1161990	125.6	128.4	120.4
1989	4071472	2598755	1472717	106.2	103.4	111.7
1990	4424437	2830366	1594071	110.1	113.6	103.7
1991	5794842	3588318	2206524	123.6	122.7	125.4
1992	7905237	4753211	3152026	132.2	129.9	136.7
1993	11422184	6595134	4827050	132.5	129.8	137.5
1994	14921455	8784293	6137162	122.4	126.0	116.2
1995(原规定) 1995 (original stipulation)	19353440	11263263	8090177	120.2	115.6	128.9
1995(新规定) 1995 (new stipulation)	17224948	10263515	6961433	120.2	115.6	128.9
1996	20685796	12641264	8044532	119.1	126.1	106.8
1997	23753915	14395602	9358313	117.9	116.8	120.2
1998	25127025	15661603	9465422	114.0	112.8	116.3
1999	27793652	16797164	10996488	114.3	111.3	120.1
2000	31000188	17622183	13378005	113.6	107.9	123.9
2001	33931904	18855507	15076397	114.9	110.6	121.9
2002	37889079	20185702	17703377	115.0	109.6	122.8
2003	47059104	23752778	23306326	126.5	119.5	135.5
2004	57666925	25977971	31688954	120.0	108.9	130.1
2005	67679563	28714137	38965426	115.4	110.1	118.8
2006	81123964	31875454	49248510	116.9	111.0	120.2
2007	98757886	37208718	61549168	120.1	114.8	124.3
2008	114684010	43536797	71147213	112.0	114.2	111.0
2009	123554645	46730599	76824046	111.7	109.8	112.8
2010	144389877	51073851	93316026	118.5	115.2	120.4
2011	166241771	61592119	104649652	111.6	116.8	108.8
2012	170901752	57926380	112975372	111.2	114.5	109.7
2013	182242642	66739903	115502739	113.0	112.6	113.1
2014	193898823	71047066	122851757	107.5	105.4	108.7
2015	198925099	72812543	126112556	106.0	102.7	107.8
2016	211250630	75372248	135878382	105.8	100.2	109.0

11-3 按历史时期分工业总产值
Gross Output Value of Industry by History Periods

时 期 Period	工业总产值（万元） Gross Output Value of Industry (10000 yuan)	轻工业 Light Industry	重工业 Heavy Industry	工业总产值年平均增长（%） Annual Average Growth Speed of Gross Output Value of Industry (%)	轻工业 Light Industry	重工业 Heavy Industry
"六五"时期 6th Five-year Plan Period	6447893	4209237	2238656	12.8	13.1	12.4
"七五"时期 7th Five-year Plan Period	16252266	10438049	5814217	13.1	14.5	10.6
"八五"时期 8th Five-year Plan Period	59397158	34984219	24412939	26.1	24.7	28.7
"九五"时期 9th Five-year Plan Period	128360576	77117816	51242760	15.7	14.8	17.3
"十五"时期 10th Five-year Plan Period	244226575	117486095	126740480	18.3	12.0	26.1
"十一五"时期 11th Five-year Plan Period	562510382	210425419	352084963	15.8	13.2	17.9
"十二五"时期 12th Five-year Plan Period	912210087	330118011	582092076	9.8	10.2	9.5
1979-2016	2142356573	861226452	1281130121	15.3	14.0	16.6
1991-2016	2117955408	845503808	1272451600	16.6	14.3	19.3
2001-2016	1930197674	733401773	1196795901	14.0	11.0	17.1
2011-2016	1123460717	405490259	717970458	9.1	8.4	9.4

11-4 规模以上工业企业单位数

Number of Industrial Enterprises

单位：个 (unit)

项　　目	Item	2015	2016
总　　计	**Total**	**4650**	**4662**
按登记注册类型分	Grouped by Registration Status		
内资企业	Domestic Funded Enterprises	3081	3190
国有企业	State-owned Enterprises	27	27
集体企业	Collective-owned Enterprises	26	22
股份合作企业	Cooperative Enterprises	15	15
联营企业	Joint Ownership Enterprises	3	1
国有联营企业	State Joint Ownership Enterprises		
集体联营企业	Collective Joint Ownership Enterprises		
国有与集体联营企业	Joint State-collective Enterprises	1	1
其他联营	Other Joint Ownership Enterprise	2	
有限责任公司	Limited Liability Corporations	550	594
国有独资有限责任公司	State Sole Funded Corporations	45	46
其他有限责任公司	Other Limited Liability Corporations	505	548
股份有限公司	Share-holding Corporations Ltd.	98	127
私营企业	Private Enterprises	2357	2401
私营独资企业	Private-funded Enterprises	129	89
私营合伙企业	Private Partnership Enterprises	30	26
私营有限责任公司	Private Limited Liability Corporations	2124	2204
私营股份有限公司	Private Share Holding Corporations	74	82
其他企业	Other Enterprises	5	3

11-4 续表 continued

单位:个 (unit)

项　　目	Item	2015	2016
港、澳、台商投资企业	Enterprises with Funds from Hong Kong, Macao and Taiwan	867	808
与港、澳、台商合资经营企业	Joint-venture Enterprises	157	148
与港、澳、台商合作经营企业	Cooperative Enterprises	49	44
港、澳、台商独资经营企业	Enterprises with Sole Funds	651	604
港、澳、台商投资股份有限公司	Share-holding Corporations Ltd.	10	11
其他港澳台投资	Other Enterprises		1
外商投资企业	Foreign Funded Enterprises	702	664
中外合资经营企业	Joint-venture Enterprises	192	185
中外合作经营企业	Cooperative Enterprises	20	18
外资企业	Enterprises with Sole Foreign Funds	474	445
外商投资股份有限公司	Share-holding Corporations Ltd.	9	9
其他外商投资	Other Foreign Funded Enterprises	7	7
按隶属关系分	Grouped by Administrative Relationship		
中央企业	Central Government	43	42
省属企业	Provincial Government	37	39
市属企业	Municipal Government	4570	4581
按轻重工业分	Grouped by Light & Heavy Industries		
轻工业	Light Industry	2582	2555
重工业	Heavy Industry	2068	2107
按生产规模分	Grouped by Size of Enterprises		
大型企业	Large Enterprises	187	194
中型企业	Medium Enterprises	722	681
小微型企业	Small and Micro Industrial Enterprises	3741	3787

11-5 规模以上工业销售产值

Sales Value of Industrial Enterprises above Designated Size

单位：万元 (10000 yuan)

项　目	Item	2015	2016
总　计	**Total**	**181026853**	**191679472**
按登记注册类型分	**Grouped by Registration Status**		
国有企业	State-owned Industry	805903	1056168
集体企业	Collective-owned Industry	588252	541356
私营企业	Private Entreprises	27513267	29078672
港、澳、台商投资企业	Enterprises with Funds from Hong Kong, Macao and Taiwan	29207803	29296226
外商投资企业	Foreign Funded Enterprises	77374381	77825935
其他企业	Other Enterprises	45537247	53881115
按隶属关系分	**Grouped by Administrative Relationship**		
中央企业	Central Governments	20189020	18940893
省属企业	Provincial Governments	5644084	11019817
市属企业	Municipal Government	155193749	161718762
按轻重工业分	**Grouped by Light & Heavy Industries**		
轻工业	Light Industry	62302562	62863549
重工业	Heavy Industry	118724291	128815923
按生产规模分	**Grouped by Size of Enterprises**		
大中型企业	Large and Medium Industrial Enterprises	140378711	148332329
小微型企业	Small and Micro Industrial Enterprises	40648142	43347143

11-6　主要年份规模以上工业企业出口交货值及比重

Delivery Value of Exports and Proportion of Industrial Enterprises above Designated Size in Main Years

单位：万元　　(10000 yuan)

年　份 Year	工业销售产值 Sale Output Value of Industry	出口交货值 Delivery Value of Exports	出口交货值比重(%) Proportion of Exports Delivery Value (%)
2001	27171297	6502235	23.93
2002	31156870	7881230	25.30
2003	39241536	9599697	24.46
2004	50207200	12824023	25.54
2005	59120813	14945688	25.28
2006	71756225	17218091	24.00
2007	87657013	19543878	22.30
2008	103134403	22092456	21.42
2009	111566225	22173771	19.87
2010	136078573	27646009	20.32
2011	153296007	31114440	20.30
2012	158508246	28472183	17.96
2013	169212664	30641635	18.11
2014	176986490	31591443	17.85
2015	181026853	30656076	16.93
2016	191679472	30048026	15.68

11-7 规模以上工业企业出口交货值（2016年）

Delivery Value of Exports of Industrial Enterprises above Designated Size (2016)

单位:万元 (10000 yuan)

项　　目	Item	出口产品交货值 Delivery Value of Exports
总　　计	**Total**	**30048026**
按登记注册类型分	Grouped by Registration Status	
国有企业	State-owned Industry	10719
集体企业	Collective-owned Industry	441744
其他企业	Others	29595563
按隶属关系分	Grouped by Administrative Relationship	
中央企业、省属企业	Central and Provincial Governments	1605615
市属企业	Municipal Government	28442411
按轻重工业分	Grouped by Light & Heavy Industries	
轻工业	Light Industry	12587692
重工业	Heavy Industry	17460334
按生产规模分	Grouped by Size of Enterprises	
大中型企业	Large and Medium Enterprises	25509927
小微型企业	Small and Micro Industrial Enterprises	4538099
按工业行业分	Grouped by Sector	
煤炭开采和洗选业	Mining and Washing of Coal	
石油和天然气开采业	Extraction of Petroleum and Natural Gas	
黑色金属矿采选业	Mining and Processing of Ferrous Metal Ores	
有色金属矿采选业	Mining and Processing of Non-Ferrous Metal Ores	
非金属矿采选业	Mining and Processing of Nonmetal Ores	
开采辅助活动	Mining Auxiliary Activities	
其他采矿业	Mining of Other Ores	
农副食品加工业	Processing of Food from Agricultural Products	55042
食品制造业	Manufacture of Foods	162279
酒、饮料和精制茶制造业	Manufacture of wine,Beverages and Refined Tea	2671
烟草制品业	Manufacture of Tobacco	10062
纺织业	Manufacture of Textile	945947
纺织服装、服饰业	Manufacture of Textile Wearing Apparel,Clothing	449681
皮革、毛皮、羽毛及其制品和制鞋业	Manufacture of Leather,Fur,Feather and Related Products and Footwear	1094300

11-7 续表 continued

单位：万元 (10000 yuan)

项　　目	Item	出口产品交货值 Delivery Value of Exports
木材加工和木、竹、藤、棕、草制品业	Processing of Timber,Manufacture of Wood, Bamboo, Rattan, Plam and Straw Products	85599
家具制造业	Manufacture of Furniture	198176
造纸和纸制品业	Manufacture of Paper and Paper Products	79412
印刷业和记录媒介复制业	Printing, Reproduction of Recording Media	355052
文教、工美、体育和娱乐用品制造业	Manufacture of Culture and Education ,Arts and Crafts, Sports and Entertainment Supplies	1979337
石油加工、炼焦和核燃料加工业	Processing of Petroleum, Coking, Processing of Nuclear Fuel	13629
化学原料和化学制品制造业	Manufacture of Raw Chemical Materials and Chemical Products	1177592
医药制造业	Manufacture of Medicines	161691
化学纤维制造业	Manufacture of Chemical Fibers	8007
橡胶和塑料制品业	Manufacture of Rubber	1019905
非金属矿物制品业	Manufacture of Non-metallic Mineral Products	211293
黑色金属冶炼和压延加工业	Smelting and Pressing of Ferrous Metals	484839
有色金属冶炼和压延加工业	Smelting and Pressing of Non-Ferrous Metals	108629
金属制品业	Manufacture of Metal Products	836301
通用设备制造业	Manufacture of General Purpose Machinery	710285
专用设备制造业	Manufacture of Special Purpose Machinery	371517
汽车制造业	Manufacture of Automobile	1674681
铁路、船舶、航空航天和其他运输设备制造业	Manufacture of Railway, Ship, Aerospace and Other Transportation Equipment	2476301
电气机械及器材制造业	Manufacture of Electrical Machinery and Equipment	2760938
计算机、通信和其他电子设备制造业	Manufacture of Computers, Communications and Other Electronic Equipment	12262540
仪器仪表制造业	Manufacture of Instrument	250090
其他制造业	Other Manufacturing	32874
废弃资源综合利用业	Comprehensive Utilization of Waste Resources	
金属制品、机械和设备修理业	Metal Products, Machinery and Equipment Repair	69356
电力、热力的生产和供应业	Production and Supply of Electric Power and Heat Power	
燃气生产和供应业	Production and Supply of Gas	
水的生产和供应业	Production and Supply of Water	

11-8 工业三大支柱产业主要指标(2016年)
Major Indicators of Three Pillar Industrial Industries (2016)

行 业	Sector	单位数(个) Number of Units (unit)	从业人员(万人) Employed Persons (10000 persons)	工业总产值(亿元) Gross Output Value of Industry (100 million yuan)
合 计	**Total**	**1136**	**43.26**	**9228.17**
汽车制造业	Automobile Manufacturing	290	14.56	4433.72
#汽车零部件制造业	Auto Parts Manufacturing	272	9.42	1248.54
电子产品制造业	Electronic Appliance Manufacturing	446	21.12	2427.24
石油化工制造业	Petrochemical Manufacturing	400	7.58	2367.21
三大支柱产业占全市比重 (%)	Three Pillar Industries Proportion of All Industrial Enterprises (%)	24.37	31.91	47.15

注：本表统计范围为规模以上工业企业。
Note:The data in this table cover the industrial enterprises above designated size.

11-8 续表 continued

行 业	Sector	主营业务收入(亿元) Revenue from Principal Business (100 million yuan)	利润总额(亿元) Total Profits (100 million yuan)	税金总额(亿元) Total Pre-tax Profits (100 million yuan)
合 计	**Total**	**8659.92**	**637.39**	**478.79**
汽车制造业	Automobile Manufacturing	4245.87	352.77	243.07
#汽车零部件制造业	Auto Parts Manufacturing	1225.68	119.67	45.77
电子产品制造业	Electronic Appliance Manufacturing	2248.85	126.38	26.47
石油化工制造业	Petrochemical Manufacturing	2165.20	158.24	209.25
三大支柱产业占全市比重(%)	Three Pillar Industries Proportion of All Industrial Enterprises (%)	47.43	51.75	53.40

11-9 主要工业产品产量(2016年)

Output of Major Industrial Products (2016)

产品名称		Name of Products		2015	2016
食用植物油	(吨)	Edible Vegetable Oil	(ton)	1728225	1448165
乳制品	(吨)	Dairy Products	(ton)	278344	280885
罐　头	(吨)	Canned Food	(ton)	18172	18673
饮料酒(混合量)	(千升)	Alcoholic Beverages (mixed)	(1000 litre)	853142	852949
#啤　酒	(千升)	Beer	(1000 litre)	853103	852743
饲　料	(吨)	Fodder	(ton)	5038473	5903102
卷　烟	(万支)	Cigarettes	(10000 piece)	6655000	6405000
纱	(吨)	Yarn	(ton)	13386	14482
布	(万米)	Cloth	(10000 meters)	62746	54755
印染布	(吨)	Dyeing cloth	(ton)	54830	48433
服　装	(万件)	Garments	(10000 units)	58409	58352
皮革鞋靴	(万双)	Leather Shoes	(10000 pairs)	7750	5855
手提包(袋)、背包	(万个)	Handbag, Backpack	(10000unit)	3302	3250
人造板	(立方米)	Artificial Boards	(cu.m)	372796	449780
家　具	(万件)	Furniture	(10000 units)	1127	1133
机制纸及纸板	(吨)	Machine-made Paper and Paperboards	(ton)	1067590	893065
#新闻纸		Newsprint		439192	403685
纸制品	(吨)	Paper Products	(ton)	1046394	993906
化学试剂	(吨)	Chemical Reagent	(ton)	130370	118081
涂　料	(吨)	Coating	(ton)	478819	630654
初级形态的塑料	(吨)	Plastics	(ton)	2342055	2797329
橡胶轮胎外胎	(条)	Tires	(unit)	16510328	18146272
塑料制品	(吨)	Plastic Products	(ton)	1088268	1132567
合成洗涤剂	(吨)	Synthetic Detergents	(ton)	3913809	3813594

注：本表部分产品2015年产量因企业变动或口径改变有所调整。

Note:Some annual outputs are changed because of change of enterprises or statistical scale in this table.

11-9 续表 1 continued

产品名称		Name of Products		2015	2016
化学药品原药	（吨）	Chemical Medicines	(ton)	19702	18979
中成药	（吨）	Traditional Chinese Medicine	(ton)	72350	68847
发电量	（亿千瓦·时）	Electricity	(100 million kwh)	419	424
原油加工量	（吨）	Crude Oil Processing	(ton)	12100039	12236445
汽　油	（吨）	Gasoline	(ton)	2490175	2602155
煤　油	（吨）	Kerosene	(ton)	1776484	1798500
柴　油	（吨）	Diesel Oil	(ton)	3727655	3785048
燃料油	（吨）	Fuel Oil	(ton)	285339	267259
粗　钢	（吨）	Steel	(ton)	1014444	1439602
钢　材	（吨）	Steel Products	(ton)	6583688	10252985
交流电动机	（千瓦）	AC Motors	(kw)	607960	745999
发动机生产量	（万千瓦）	Internal Combustion Engines	(10000 kw)	18442	16847
自动柜员机(ATM机)	（台）	Automated Teller Machines	(set)	44878	38811
工业机器人	（套）	Industrial Robot	(set)	1737	2287
工业自动调节仪表与控制系统	（套）	Industrial Automatic Regulating Instrument and Control System	(set)	301711	435681
电　梯	（台）	Elevators & Escalators	(unit)	79170	78740
医疗仪器设备及器械	（台）	Medical Equipment and Instruments	(set)	1044	976
钟	（只）	Clocks	(unit)	5091660	4453577
自行车	（辆）	Bicycles	(unit)	1613938	1481869
摩托车整车	（辆）	Motorcycles	(unit)	3637688	2914178
汽　车	（辆）	Motor Vehicles	(unit)	2209897	2628831
其中：乘用车	（辆）	Sedans	(unit)	2206096	2625845
其中：运动型多用途乘用车(SUV)	（辆）	Sports Utility Vehicle	(unit)	668066	1093906
新能源汽车	（辆）	New Energy Automobile	(unit)	2613	4869

11-9 续表 2 continued

产品名称		Name of Products		2015	2016
变压器	(千伏安)	Transformers	(1000 volt-amperes)	32609724	30904644
原电池及原电池组(折R20标准只)	(万只)	Batteries	(10000 units)	22635	28729
家用电冰箱	(台)	Household Refrigerators	(set)	3497353	3735037
家用电风扇	(台)	Electric Fans	(set)	518720	406984
房间空气调节器	(台)	Air Conditioners	(set)	11542343	12442193
电饭锅	(个)	Electric Rice Cooker	(unit)	1214106	1256353
家用吸排油烟机	(台)	Extractor Hoods	(set)	644945	173992
家用燃气灶具	(台)	Gas Appliances	(unit)	2765214	2317559
电光源	(万只)	Bulbs	(10000 units)	12913	13842
电话单机	(部)	Telephone Sets	(unit)	1392212	1155477
移动通信手持机	(台)	Mobile Telecommunication Handset	(unit)	5771792	3011361
微型电子计算机	(台)	Micro-computers	(unit)	187908	138309
其中：平板电脑	(台)	Tablet Personal Computer	(unit)	106358	5841
彩色电视机	(台)	Color TV Sets	(set)	6940684	9358455
其中：智能电视	(台)	Smart TV	(set)	5681004	6124337
移动通信基站设备	(信道)	Mobile Communication Base Station Equipment	(Signal Channel)	5143	6017
光缆	(芯千米)	Optical Cable	(Core Km)	13960	19962
锂离子电池	(万只)	Lithium Ion Battery	(10000unit)	11757	14634
光电子器件	(万只)	Optoelectronic Device	(10000unit)	284469	677364
其中：液晶显示屏	(万片)	LED	(10000unit)	6145	6805
数字激光音、视盘机	(台)	Digital Video Player	(set)	146884	187985
显示器	(台)	Displayer	(set)	3316105	2003019
其中：平板显示器	(台)	Flat-panel Displayer	(set)	3316105	1972664

11-10 主要年份规模以上工业企业全员劳动生产率

Overall Labor Productivity of Industrial Enterprises above Designated Size in Main Years

单位：元/人 (yuan/person)

年 份 Year	合 计 Total	国有企业 State-owned Enterprises	集体企业 Collective-owned Enterprises	“三资”企业 Foreign Funded Enterprises	其他企业 Other Enterprises
1997	51764	58637	24861	59509	45207
1998	53499	64347	27238	56952	46688
1999	60087	81519	30910	58846	47523
2000	60342	108088	32429	61748	48220
2001	69917	89566	40058	72400	67034
2002	76324	103186	40514	76773	79963
2003	89991	126215	36475	97733	83382
2004	96845	168409	30129	107890	70332
2005	115051	231185	31305	125912	86735
2006	132200	300403	31106	145278	97882
2007	156811	392930	32447	170755	116857
2008	175472	242679	25413	193910	153715
2009	181874	170356	31688	213960	142523
2010	214972	224214	44324	254371	165119
2011	259100	263492	55373	291514	218851
2012	272724	750301	47742	285933	227791
2013	289951	230952	93367	317224	262868
2014	322896	259265	94184	325220	330959
2015	343152	226904	129102	349101	344765
2016	361278	297301	137011	338364	394322

注：本表数据按工业增加值计算，以下劳动生产率表同。

Note:The data in this table are calculated on basis of the value-added of industry. The same as in the following tables.

11-11 规模以上工业企业全员劳动生产率(2016年，按行业分)

单位：元/人

行　　业	Sector
合　计	**Total**
煤炭开采和洗选业	Mining and Washing of Coal
石油和天然气开采业	Extraction of Petroleum and Natural Gas
黑色金属矿采选业	Mining and Processing of Ferrous Metal Ores
有色金属矿采选业	Mining and Processing of Non-Ferrous Metal Ores
非金属矿采选业	Mining and Processing of Nonmetal Ores
开采辅助活动	Mining Auxiliary Activities
其他采矿业	Mining of Other Ores
农副食品加工业	Processing of Food from Agricultural Products
食品制造业	Manufacture of Foods
酒、饮料和精制茶制造业	Manufacture of Wine ,Beverages and Refined Tea
烟草制品业	Manufacture of Tobacco
纺织业	Manufacture of Textile
纺织服装、服饰业	Manufacture of Textile Wearing Apparel,Clothing
皮革、毛皮、羽毛及其制品和制鞋业	Manufacture of Leather, Fur, Feather and Related Products and Footwear
木材加工和木、竹、藤、棕、草制品业	Processing of Timber, Manufacture of Wood, Bamboo,Rattan,Palm and Straw Products
家具制造业	Manufacture of Furniture
造纸和纸制品业	Manufacture of Paper and Paper Products
印刷业和记录媒介复制业	Printing, Reproduction of Recording Media
文教、工美、体育和娱乐用品制造业	Manufacture of Culture and Education ,Arts and Crafts, Sports and Entertainment Supplies
石油加工、炼焦和核燃料加工业	Processing of Petroleum, Coking, Processing of Nuclear Fuel
化学原料和化学制品制造业	Manufacture of Raw Chemical Materials and Chemical Products
医药制造业	Manufacture of Medicines
化学纤维制造业	Manufacture of Chemical Fibers
橡胶和塑料制品业	Manufacture of Rubber
非金属矿物制品业	Manufacture of Non-metallic Mineral Products
黑色金属冶炼和压延加工业	Smelting and Pressing of Ferrous Metals
有色金属冶炼和压延加工业	Smelting and Pressing of Non-Ferrous Metals
金属制品业	Manufacture of Metal Products
通用设备制造业	Manufacture of General Purpose Machinery
专用设备制造业	Manufacture of Special Purpose Machinery
汽车制造业	Manufacture of Automobile
铁路、船舶、航空航天和其他运输设备制造业	Manufacture of Railway, Ship, Aerospace and Other Transportation Equipment
电气机械及器材制造业	Manufacture of Electrical Machinery and Equipment
计算机、通信和其他电子设备制造业	Manufacture of Computers, Communications and Other Electronic Equipment
仪器仪表制造业	Manufacture of Instrument
其他制造业	Other Manufacturing
废弃资源综合利用业	Comprehensive Utilization of Waste Resources
金属制品、机械和设备修理业	Metal Products, Machinery and Equipment Repair
电力、热力的生产和供应业	Production and Supply of Electric Power and Heat Power
燃气生产和供应业	Production and Supply of Gas
水的生产和供应业	Production and Supply of Water

Overall Labor Productivity of Industrial Enterprises above Designated Size(2016, by Sector)

(yuan/person)

全　　市 Total	国有企业 State-owned Enterprises	集体企业 Collective-owned Enterprises	“三资”企业 Foreign Funded Enterprises	其他企业 Other Enterprises
361278	**297301**	**137011**	**338364**	**394322**
491484				491484
262809	416360		313561	247955
371563	130457		439492	229219
736310	890768		364510	1889611
4805343				4805343
132685			142907	120443
124375	87011		100941	135948
89075		39624	88717	90148
167267			187229	158410
192295			135226	221179
218024		136421	287736	163664
143377	156710		135216	158182
161596			170301	138106
3563780			1426810	3671221
573311	133294	181321	735438	361750
263760	56878		285351	263143
216339			245613	179330
177191	377089		191401	161760
194549		141016	224754	178718
334800	31545		355688	240487
560308	88550		499585	624071
155163	209387		157802	150916
253452		95781	318860	196115
211214			264111	179073
713632	229648		788959	402802
229605	70286	50362	248592	227788
222596		27644	184130	256333
174718		144751	185555	156302
164414			163278	166036
113853			71843	124381
232561			174880	237594
180309	201702		196028	111262
3383958	1384484		2018607	3488067
992012			1512290	672810
556585	356354	293059	584544	846321

11-12 主要年份规模以上工业企业主要经济指标

单位：万元

项 目	Item	2000	2005	2006
企业单位数 （个）	Number of Enterprises (unit)	4531	5240	5188
# 亏损企业	Number of Loss-making Enterprises	954	1092	1032
营业收入	Busmess Revenue			
主营业务收入	Revenue from Principal Business	25342544	59946778	72493321
# 主营业务成本	Cost of Principal Business	20560789	48703725	59529969
主营业务税金及附加	Taxes and Other Charges on Principal Business	462801	799087	1256139
盈利企业的盈利总额	Total Profits of Profitable Enterprises	1577983	4491749	6008538
亏损企业的亏损总额	Total Losses of Loss-making Enterprises	393740	443444	620087
盈亏相抵后的利润总额	Total Profits of All Enterprises	1184243	4048305	5388451
应交所得税	Income Tax Payable	160118	574968	676932
应交增值税	Value-added Tax Payable	919339	2035382	2643027
流动资产年末合计	Total Working Capitals at the Year-end	15082653	26379483	31365356
# 存 货	Inventory	4301980	7197758	8145761
# 产成品存货	Inventory of Finished Goods	1528452	2327257	2478717
固定资产原价年末数	Original Value of Fixed Assets at the Year-end	17672981	26651389	33587396
年末资产合计	Total Assets at the Year-end	30861594	48338355	69036123
年末负债合计	Total Liabilities at the Year-end	18249287	26158379	33474848
年末所有者权益合计	Total Owners' Equity at the Year-end	12612306	22179976	35561275
# 实收资本	Capital Hold	8458358	13634945	20776240
# 国家资本	State Capital	1375635	1183871	6936604
外商资本	Foreign Capital	3578053	7427607	7759689
本年应付职工薪酬	Wages Payable	1623490	3679734	4184674
全部从业人员年平均人数 （人）	Annual Average Number of Staff and Workers (person)	1173960	1410335	1490877
工业总产值 （当年价格）	Gross Industrial Output Value (at current prices)	25685694	60320463	72820564
工业增加值 （当年价格）	Value-added of Industry (at current prices)	7083953	16226063	19709445

Main Indicators of Industrial Enterprises above Designated Size in Main Years

(10000 yuan)

2007	2008	2009	2010	2011	2012	2013	2014	2015	2016
4988	7442	7023	6969	4437	4373	4812	4774	4650	4662
886	1725	1407	1060	689	744	652	676	757	628
				155253526	160103135	168367739	174162507	174280858	186584492
88630531	104244867	112140930	136246497	152702405	157283477	165067607	170773477	171050610	182567070
72210640	84647623	90316538	110733636	126083338	129613672	135511005	140533545	141198777	150794562
1873470	2549525	3249519	3427818	3215979	3287339	3651929	3655250	3865985	3788058
8044372	8003202	8584412	10910868	10629334	9666882	11721003	11707720	11919417	12885022
513225	1072933	793247	598124	1044071	1410834	667252	827867	933685	568663
7531147	6930269	7791165	10312744	9585263	8256048	11053751	10879853	10985732	12316359
861833	983288	1138346	1440506	1616771	1473553	1902197	2005738	2190998	2232541
3199893	4520708	3843777	4696284	4545000	4354268	5125516	4882891	5386846	5177392
37716223	43871519	50733991	60871184	65179319	64593607	74129378	74764969	80408497	88188186
9334080	11054940	11529881	14111012	15232168	14522684	16005082	17037284	17158817	18033526
2960730	3751238	3761104	4694208	5213396	5427243	5540642	5958356	5632484	6056731
37780990	45244307	47978199	52094111	53921739	55980684	62689307	68562811	76523257	78525615
80412681	91648730	99655278	112655080	118306012	121573804	135540623	140934954	155333696	167377121
40571015	49694345	55020064	63320448	66428322	64458098	73585807	76229825	82261928	86779985
39841666	41954385	44631180	49334632	51877690	57115706	61954816	64705129	73071768	80597136
22730283	26272164	27564197	28796044	29125022	30434735	32278772	33859432	36002643	39035369
7035569	7510952	4533428	4529442	3763637	1692610	4011019	4419667	11612683	12734788
8286574	5586787	5940516	5915409	6476297	6874272	7019315	7711786	6920908	7226057
5216279	8089617	8159771	8634171	7650769	8148319	9441451	10920005	11495875	11694022
1540930	1719873	1615692	1662226	1547037	1499914	1534434	1462674	1418883	1355635
89104386	105149110	113767645	138312477	157127151	160664335	171987181	181935543	186842162	195704254
24163424	27875000	29385200	35733200	40083754	40906208	44491105	47229177	48689258	48976125

11-13 规模以上工业企业主要经济指标（2016年）

单位：万元

项　　目	Item
企业单位数 （个）	Number of Enterprises (unit)
#亏损企业	Number of Loss-making Enterprises
主营业务收入	Revenue from Principal Business
#主营业务成本	Cost of Principal Business
主营业务税金及附加	Taxes and Other Charges on Principal Business
盈利企业的盈利总额	Total Profits of Profitable Enterprises
亏损企业的亏损总额	Total Losses of Loss-making Enterprises
盈亏相抵后的利润总额	Total Profits of All Enterprises
应交所得税	Income Tax Payable
应交增值税	Value-added Tax Payable
流动资产年末合计	Total Working Capitals at the Year-end
#应收账款	Accounts Receivable
#存　货	Inventory
#产成品存货	Inventory of Finished Goods
固定资产原价年末数	Original Value of Fixed Assets at the Year-end
累计折旧	Accumulated Depreciation
固定资产净值	Net Value of Fixed Assets
年末资产合计	Total Assets at the Year-end
年末负债合计	Total Liabilities at the Year-end
年末所有者权益合计	Total Owners' Equity at the Year-end
#实收资本	Capital Hold
#国家资本	State Capital
外商资本	Foreign Capital
本年应付职工薪酬	Wages Payable
全部从业人员年平均人数 （人）	Annual Average Number of Staff and Workers (person)
工业总产值 （当年价格）	Gross Industrial Output Value (at current prices)
工业增加值 （当年价格）	Value-added of Industry (at current prices)

Main Indicators of Industrial Enterprises above Designated Size (2016)

(10000 yuan)

全 市 Total	# 市 属 Managed by Municipal Government	# 国有及国有控股工业企业 State-owned and State-holding Enterprises	# 市 属 Managed by Municipal Government
4662	4581	262	191
628	612	42	27
182567070	154045327	59487193	32338645
150794562	126925629	49346473	26673171
3788058	1633763	3098893	947745
12885022	11098436	4650919	2912417
568663	504655	155536	96175
12316359	10593781	4495383	2816242
2232541	1945525	796550	514374
5177392	4108673	2251582	1100593
88188186	74740529	26428348	14632827
22971022	21683521	3343530	2192833
18033526	13816632	6058902	2487127
6056731	5726423	1544113	1283823
78525615	51797438	43339995	17656512
37806231	24642623	19953702	7120908
40719384	27154815	23386293	10535604
167377121	121098461	75126665	32067828
86779985	66342250	36746423	18327218
80597136	54756211	38380242	13740610
39035369	27970014	16857290	6593053
12734788	2600058	11702739	2222319
7226057	7152059	1045202	977805
11694022	10143474	3004277	1741390
1355635	1272624	199013	126048
195704254	166223686	61451448	33566098
48976125	36631947	19878218	7784885

11-14　规模以上工业企业主要经济指标(2016年，按轻重工业分)

单位：万元

项　　目		Item	
企业单位数	(个)	Number of Enterprises	(unit)
#亏损企业		Number of Loss-making Enterprises	
主营业务收入		Revenue from Principal Business	
#主营业务成本		Cost of Principal Business	
主营业务税金及附加		Taxes and Other Charges on Principal Business	
盈利企业的盈利总额		Total Profits of Profitable Enterprises	
亏损企业的亏损总额		Total Losses of Loss-making Enterprises	
盈亏相抵后的利润总额		Total Profits of All Enterprises	
应交所得税		Income Tax Payable	
应交增值税		Value-added Tax Payable	
流动资产年末合计		Total Working Capitals at the Year-end	
#应收账款		Accounts Receivable	
#存　货		Inventory	
#产成品存货		Inventory of Finished Goods	
固定资产原价年末数		Original Value of Fixed Assets at the Year-end	
累计折旧		Accumulated Depreciation	
固定资产净值		Net Value of Fixed Assets	
年末资产合计		Total Assets at the Year-end	
年末负债合计		Total Liabilities at the Year-end	
年末所有者权益合计		Total Owners' Equity at the Year-end	
#实收资本		Capital Hold	
#国家资本		State Capital	
外商资本		Foreign Capital	
本年应付职工薪酬		Wages Payable	
全部从业人员年平均人数	(人)	Annual Average Number of Staff and Workers	(person)
工业总产值	(当年价格)	Gross Industrial Output Value	(at current prices)
工业增加值	(当年价格)	Value-added of Industry	(at current prices)

Main Indicators of Industrial Enterprises above Designated Size (2016, by Light and Heavy Industry)

(10000 yuan)

全市 Total		# 市属 Managed by Municipal Government	
轻工业 Light Industry	重工业 Heavy Industry	轻工业 Light Industry	重工业 Heavy Industry
2556	2106	2533	2048
330	298	327	285
59289742	123277328	56866664	97178663
45990008	104804554	45055545	81870084
1253336	2534722	302320	1331443
4239481	8645541	3968057	7130379
159355	409308	158803	345852
4080126	8236233	3809254	6784527
807412	1425129	749664	1195861
1939284	3238108	1699916	2408757
30100392	58087794	27541104	47199425
7069996	15901026	6823971	14859550
7259554	10773972	5413500	8403132
2425550	3631181	2271471	3454952
17431511	61094104	16423802	35373636
8655578	29150653	8114287	16528336
8775933	31943451	8309515	18845300
47242675	120134446	43153225	77945236
22825543	63954442	21520773	44821477
24417132	56180004	21632452	33123759
12552765	26482604	11462747	16507267
1857525	10877263	1040181	1559877
2041677	5184380	2033127	5118932
5157595	6536427	4979313	5164161
711018	644617	700342	572282
64684045	131020209	62074621	104149065
16931988	32044137	15269717	21362230

11-15 规模以上工业企业主要经济指标(2016年，按经济类型分)

单位:万元

项目		Item	
企业单位数	(个)	Number of Enterprises	(unit)
# 亏损企业		Number of Loss-making Enterprises	
主营业务收入		Revenue from Principal Business	
# 主营业务成本		Cost of Principal Business	
主营业务税金及附加		Taxes and Other Charges on Principal Business	
盈利企业的盈利总额		Total Profits of Profitable Enterprises	
亏损企业的亏损总额		Total Losses of Loss-making Enterprises	
盈亏相抵后的利润总额		Total Profits of All Enterprises	
应交所得税		Income Tax Payable	
应交增值税		Value-added Tax Payable	
流动资产年末合计		Total Working Capitals at the Year-end	
# 应收账款		Accounts Receivable	
# 存　货		Inventory	
# 产成品存货		Inventory of Finished Goods	
固定资产原价年末数		Original Value of Fixed Assets at the Year-end	
累计折旧		Accumulated Depreciation	
固定资产净值		Net Value of Fixed Assets	
年末资产合计		Total Assets at the Year-end	
年末负债合计		Total Liabilities at the Year-end	
年末所有者权益合计		Total Owners' Equity at the Year-end	
# 实收资本		Capital Hold	
# 国家资本		State Capital	
外商资本		Foreign Capital	
本年应付职工薪酬		Wage Payable	
全部从业人员年平均人数	(人)	Annual Average Number of Staff and Workers	(person)
工业总产值	(当年价格)	Gross Industrial Output Value	(at current prices)
工业增加值	(当年价格)	Value Added of Industry	(at current prices)

Main Indicators of Industrial Enterprises above Designated Size
(2016, by Type of Ownership)

(10000 yuan)

全 市 Total	国有企业 State-owned Enterprises	集体企业 Collective-owned Enterprises	“三资”企业 Foreign Funded Enterprises	其他企业 Other Enterprises	# 国有及国有控股工业企业 State-owned and State-holding Enterprises
4662	27	22	1472	3141	262
628	6	3	275	344	42
182567070	1162571	536174	100918156	79950169	59487193
150794562	984696	478898	82177987	67152981	49346473
3788058	7238	597	1244348	2535875	3098893
12885022	73675	10298	7657147	5143902	4650919
568663	4267	1276	322103	241017	155536
12316359	69408	9022	7335044	4902885	4495383
2232541	8925	1904	1468707	753005	796550
5177392	25967	2692	2836299	2312434	2251582
88188186	759777	88259	46049450	41290700	26428348
22971022	146272	16031	14173158	8635561	3343530
18033526	127981	10296	7807230	10088019	6058902
6056731	74399	4620	3150798	2826914	1544113
78525615	2175138	115142	32970750	43264585	43339995
37806231	925577	90714	17914635	18875305	19953702
40719384	1249561	24428	15056115	24389280	23386293
167377121	2385941	152742	68186673	96651765	75126665
86779985	1277586	78062	38293593	47130744	36746423
80597136	1108355	74680	29893080	49521021	38380242
39035369	221544	7716	16594691	22211418	16857290
12734788	195183	20	1311659	11227926	11702739
7226057			7170348	55709	1045202
11694022	168751	101568	6317791	5105912	3004277
1355635	12133	16915	701707	624880	199013
195704254	1051056	539631	109852245	84261322	61451448
48976125	360715	231754	23743242	24640414	19878218

11-16 规模以上工业企业主要经济指标(2016年，按企业规模分)

单位：万元

项 目		Item	
企业单位数	(个)	Number of Enterprises	(unit)
#亏损企业		Number of Loss-making Enterprises	
主营业务收入		Revenue from Principal Business	
#主营业务成本		Cost of Principal Business	
主营业务税金及附加		Taxes and Other Charges on Principal Business	
盈利企业的盈利总额		Total Profits of Profitable Enterprises	
亏损企业的亏损总额		Total Losses of Loss-making Enterprises	
盈亏相抵后的利润总额		Total Profits of All Enterprises	
应交所得税		Income Tax Payable	
应交增值税		Value-added Tax Payable	
流动资产年末合计		Total Working Capitals at the Year-end	
#应收账款		Accounts Receivable	
#存 货		Inventory	
#产成品存货		Inventory of Finished Goods	
固定资产原价年末数		Original Value of Fixed Assets at the Year-end	
累计折旧		Accumulated Depreciation	
固定资产净值		Net Value of Fixed Assets	
年末资产合计		Total Assets at the Year-end	
年末负债合计		Total Liabilities at the Year-end	
年末所有者权益合计		Total Owners' Equity at the Year-end	
#实收资本		Capital Hold	
#国家资本		State Capital	
外商资本		Foreign Capital	
本年应付职工薪酬		Wages Payable	
全部从业人员年平均人数	(人)	Annual Average Number of Staff and Workers	(person)
工业总产值	(当年价格)	Gross Industrial Output Value	(at current prices)
工业增加值	(当年价格)	Value-added of Industry	(at current prices)

Main Indicators of Industrial Enterprises above Designated Size (2016, by Size of Enterprises)

(10000 yuan)

全　市 Total			# 国有及国有控股工业企业 State-owned and State-holding Enterprises		
大　型 Large Enterprises	中　型 Medium Enterprises	小微型 Small and Micro Industrial Enterprises	大　型 Large Enterprises	中　型 Medium Enterprises	小微型 Small and Micro Industrial Enterprises
194	681	3787	44	60	158
15	85	528	4	11	27
108896695	30509771	43160604	49886581	3743547	5857065
88489301	24997711	37307550	40969541	3111587	5265345
3428168	172004	187886	3058539	19672	20682
8076834	2402580	2405608	3833291	414241	403387
128536	139962	300165	86514	47875	21147
7948298	2262618	2105443	3746777	366366	382240
1365039	437248	430254	651368	72670	72512
3332528	916813	928051	1934719	169478	147385
47101820	18545332	22541034	20619446	3423447	2385455
10151431	5711080	7108511	1925809	939776	477945
9385570	3983070	4664886	4801286	762748	494868
2717420	1659299	1680012	1017449	317190	209474
51197435	13105542	14222638	35006453	3685096	4648446
24632485	6278566	6895180	16108490	1490905	2354307
26564950	6826976	7327458	18897963	2194191	2294139
101626664	30159905	35590552	61506216	7098210	6522239
52092398	15734874	18952713	29302848	4199074	3244501
49534266	14425031	16637839	32203368	2899136	3277738
19152441	8379872	11503056	12652689	2251765	1952836
10618123	964076	1152589	9749802	909691	1043246
2552493	2584157	2089407	650048	355108	40046
6252971	2838114	2602937	2410574	389243	204460
541394	385710	428531	143868	35265	19880
116466094	34994333	44243827	52203935	3856225	5391288
31987806	7955922	9032397	18088403	946009	843806

11-17 规模以上工业企业主要经济指标(2016年，按行业分)

单位:万元

行 业	Sector
合 计	**Total**
煤炭开采和洗选业	Mining and Washing of Coal
石油和天然气开采业	Extraction of Petroleum and Natural Gas
黑色金属矿采选业	Mining and Processing of Ferrous Metal Ores
有色金属矿采选业	Mining and Processing of Nonferrous Metal Ores
非金属矿采选业	Mining and Processing of Nonmetal Ores
开采辅助活动	Mining Auxiliary Activities
其他矿采选业	Mining of Other Ores
农副食品加工业	Processing of Food from Agricultural Products
食品制造业	Manufacturing of Foods
酒、饮料和精制茶制造业	Manufacture of Wine ,Beverages and Refined Tea
烟草制品业	Manufacturing of Tobacco
纺织业	Textile Industry
纺织服装、服饰业	Manufacture of Textile Wearing Apparel,Clothing
皮革、毛皮、羽毛及其制品和制鞋业	Manufacture of Leather, Fur, Feather and Related Products and Footwear
木材加工及木、竹、藤、棕、草制品业	Processing of Timber, Manufacture of Wood, Bamboo,Rattan,Palm and Straw Products
家具制造业	Manufacturing of Furniture
造纸及纸制品业	Manufacturing of Paper and Paper Products
印刷和记录媒介复制业	Printing and Record Media Duplication Industry
文教、工美、体育和娱乐用品制造业	Manufacture of Culture and Education ,Arts and Crafts, Sports and Entertainment Supplies
石油加工、炼焦和核燃料加工业	Processing of Petroleum, Coking, Processing of Nuclear
化学原料及化学制品制造业	Manufacturing of Raw Chemical Material and Chemical Products
医药制造业	Manufacturing of Medical and Pharmaceutical Products
化学纤维制造业	Manufacturing of Chemical Fiber
橡胶和塑料制品业	Manufacture of Rubber and Plastic
非金属矿物制品业	Manufacturing of Non-metallic Mineral Products
黑色金属冶炼和压延加工业	Smelting and Pressing of Ferrous Metals
有色金属冶炼和压延加工业	Smelting and Pressing of Non-ferrous Metals
金属制品业	Manufacturing of Metal Products
通用设备制造业	Manufacturing of General Purpose Equipment
专用设备制造业	Manufacturing of Special Purpose Equipment
汽车制造业	Manufacture of Automobile
铁路、船舶、航空航天和其他运输设备制造业	Manufacture of Railway, Ship, Aerospace and Other Transportation Equipment
电气机械及器材制造业	Manufacturing of Electric Machinery and Equipment
计算机、通信和其他电子设备制造业	Manufacture of Computers, Communications and Other Electronic Equipment
仪器仪表制造业	Manufacture of Instrument
其他制造业	Other Manufacturing
废弃资源综合利用业	Comprehensive Utilization of Waste Resources
金属制品、机械和设备修理业	Metal Products, Machinery and Equipment Repair
电力、热力的生产和供应业	Production and Supply of Electric Power and Heat Power
燃气生产和供应业	Production and Supply of Gas
水的生产和供应业	Production and Supply of Water

Main Indicators of Industrial Enterprises above Designated Size (2016, by Sector)

(10000 yuan)

单位数（个）Number of Enterprises (unit)	# 亏损企业 Loss-making Enterprises	工业总产值 Gross Output Value of Industry	工业增加值 Value-added of Industry	工业销售产值 Sales Value of Industry	主营业务收入 Revenue from Principal Business	# 主营业务成本 Cost of Principal Business	# 主营业务税金及附加 Taxes and Charges on Core Business
4662	**628**	**195704254**	**48976125**	**191679472**	**182567070**	**150794562**	**3788058**
2		29736	7716	29736	27559	23816	640
106	13	5220930	375739	5091769	4657399	4257642	5195
130	13	4748271	1619348	4597607	4646361	2758142	34530
24	8	3051979	1160498	2743760	2385630	1563042	32216
1		1988898	1488695	2518743	1875444	569172	946465
195	21	2627013	481117	2602449	2395465	2182610	9157
490	49	4038270	1317750	3997453	3947939	3520836	19162
284	36	2424863	719228	2393863	2412641	2171356	9960
45	8	343772	93887	324630	317969	281816	2518
90	10	2083827	645440	2034709	1966925	1488405	11078
90	13	1342281	295553	1321259	1326250	1165537	6293
89	13	1025763	333524	1011550	938199	789999	3250
152	30	3395039	1020643	3333351	3450088	3105716	8949
12	2	4557943	2158938	4620836	4646461	2957704	1140966
395	55	19349819	4049352	18386824	17218169	12763293	107647
77	8	2780458	942020	2524025	2523014	1362875	22262
7	1	69837	21504	70344	67197	57238	694
307	33	4039641	976232	3963568	3944654	3310505	16875
179	27	1843135	385869	1833995	1808248	1534514	10761
37	5	4062434	253611	3958511	3560651	3319605	9981
54	9	4249792	521423	3899005	3487103	3340826	5505
222	34	3564669	791550	3515535	3297210	2818973	15644
240	35	6225234	1624269	6033841	6086046	4661007	36229
175	26	2107414	593639	2031050	2046060	1571665	11951
290	35	44337200	10388413	43915011	42458704	35804064	1090755
84	22	6398486	1177348	6326328	5452996	4922470	17170
326	38	11471300	2176947	11264010	9641444	8083773	70255
390	62	23100280	3472274	22260536	21432870	18087029	46090
50	9	761164	274112	750718	769914	576017	4246
16	2	205832	29712	186932	186643	170829	550
9	1	131240	33907	123464	131314	98436	815
16	3	569946	274160	567045	543733	461507	7227
30	2	19247150	8235199	19231757	18874037	17452651	65873
15	1	3377455	516045	3283005	3125329	2935306	5369
33	4	933183	520463	932253	917404	626186	11780

11-17 续表 1

单位:万元

行　　业	Sector
合　计	**Total**
煤炭开采和洗选业	Mining and Washing of Coal
石油和天然气开采业	Extraction of Petroleum and Natural Gas
黑色金属矿采选业	Mining and Processing of Ferrous Metal Ores
有色金属矿采选业	Mining and Processing of Nonferrous Metal Ores
非金属矿采选业	Mining and Processing of Nonmetal Ores
开采辅助活动	Mining Auxiliary Activities
其他矿采选业	Mining of Other Ores
农副食品加工业	Processing of Food from Agricultural Products
食品制造业	Manufacturing of Foods
酒、饮料和精制茶制造业	Manufacture of Wine ,Beverages and Refined Tea
烟草制品业	Manufacturing of Tobacco
纺织业	Textile Industry
纺织服装、服饰业	Manufacture of Textile Wearing Apparel,Clothing
皮革、毛皮、羽毛及其制品和制鞋业	Manufacture of Leather, Fur, Feather and Related Products and Footwear
木材加工及木、竹、藤、棕、草制品业	Processing of Timber, Manufacture of Wood, Bamboo,Rattan,Palm and Straw Products
家具制造业	Manufacturing of Furniture
造纸和纸制品业	Manufacture of Paper and Paper Products
印刷和记录媒介复制业	Printing and Record Media Duplication Industry
文教、工美、体育和娱乐用品制造业	Manufacture of Culture and Education ,Arts and Crafts, Sports and Entertainment Supplies
石油加工、炼焦和核燃料加工业	Processing of Petroleum, Coking, Processing of Nuclear
化学原料及化学制品制造业	Manufacturing of Raw Chemical Material and Chemical Products
医药制造业	Manufacturing of Medical and Pharmaceutical Products
化学纤维制造业	Manufacturing of Chemical Fiber
橡胶和塑料制品业	Manufacture of Rubber and Plastic
非金属矿物制品业	Manufacturing of Non-metallic Mineral Products
黑色金属冶炼和压延加工业	Smelting and Pressing of Ferrous Metals
有色金属冶炼和压延加工业	Smelting and Pressing of Non-ferrous Metals
金属制品业	Manufacturing of Metal Products
通用设备制造业	Manufacturing of General Purpose Equipment
专用设备制造业	Manufacturing of Special Purpose Equipment
汽车制造业	Manufacture of Automobile
铁路、船舶、航空航天和其他运输设备制造业	Manufacture of Railway, Ship, Aerospace and Other Transportation Equipment
电气机械及器材制造业	Manufacturing of Electric Machinery and Equipment
计算机、通信和其他电子设备制造业	Manufacture of Computers, Communications and Other Electronic Equipment
仪器仪表制造业	Manufacture of Instrument
其他制造业	Other Manufacturing
废弃资源综合利用业	Comprehensive Utilization of Waste Resources
金属制品、机械和设备修理业	Metal Products, Machinery and Equipment Repair
电力、热力的生产和供应业	Production and Supply of Electric Power and Heat Power
燃气生产和供应业	Production and Supply of Gas
水的生产和供应业	Production and Supply of Water

continued

(10000 yuan)

利润总额 Total Profits	利税总额 Total Pre-tax Profits	应交所得税 Income Tax Payable	应交增值税 Value-added Tax Payable	流动资产年末合计 Total Working Capitals at the Year-end	# 应收账款 Accounts Receivable	# 存货 Inventory	# 产成品存货 Inventory of Finished Goods
12316359	**21281809**	**2232541**	**5177392**	**88188186**	**22971022**	**18033526**	**6056731**
509	1367		218	3763	999	170	63
251119	279424	20877	23110	1937006	315004	343936	107022
607012	933463	138519	291921	2380819	443859	386458	227071
192427	338613	51820	113970	1050632	165223	134075	78586
207596	1370798	50444	216737	1970604	121260	1706593	75289
84037	118233	16053	25039	1017945	296951	298295	72886
88466	195772	19106	88144	1387381	333100	376976	183547
43785	87732	8588	33987	1135282	332151	264450	90442
18990	29955	4518	8447	314614	51230	62967	25728
193782	284795	27332	79935	1050808	130227	176441	61325
230672	330370	56209	93405	1169591	331512	120425	36545
33756	60166	8462	23160	420270	174619	98413	31294
101013	193155	20877	83193	987985	245939	369170	169108
356510	1811788	90578	314312	1585834	152822	381040	51972
1264486	1911766	283053	539633	7922178	2337512	1286918	510021
405303	587949	50843	160384	3286694	577037	558390	228473
-1028	519	299	853	38681	11234	8503	4306
208634	321212	37787	95703	2036236	634532	489196	199901
66645	128992	14529	51586	1237999	557836	182930	70258
50377	81991	4976	21633	1223424	263848	404670	175336
10212	36470	5193	20753	1249585	287747	306151	136068
129802	205130	27664	59684	2023172	597648	521380	155193
589973	842063	95977	215861	4959790	1454724	1075024	533158
160419	233136	29722	60766	1867602	646655	570736	246248
3527720	5958447	629306	1339972	15422909	4466115	2176330	882595
81792	66766	12057	-32196	5001304	767820	1713504	95530
626470	939695	122509	242970	4967352	1767578	1264363	494727
1119773	1339434	170644	173571	12043505	4560702	2192705	926910
73659	100213	9664	22308	718204	224385	184531	63754
4269	6625	904	1806	63071	5678	22683	13425
16006	23431	2744	6610	239213	18626	19146	15081
5299	49118	3417	36592	531306	198634	121197	46026
1362056	2039751	186543	611822	5091859	309949	156986	16405
88352	182745	20791	89024	766250	89478	44012	31899
116466	190725	10536	62479	1085318	98388	14762	539

11-17 续表 2

单位：万元

行　　业	Sector
合　计	**Total**
煤炭开采和洗选业	Mining and Washing of Coal
石油和天然气开采业	Extraction of Petroleum and Natural Gas
黑色金属矿采选业	Mining and Processing of Ferrous Metal Ores
有色金属矿采选业	Mining and Processing of Nonferrous Metal Ores
非金属矿采选业	Mining and Processing of Nonmetal Ores
开采辅助活动	Mining Auxiliary Activities
其他矿采选业	Mining of Other Ores
农副食品加工业	Processing of Food from Agricultural Products
食品制造业	Manufacturing of Foods
酒、饮料和精制茶制造业	Manufacture of Wine ,Beverages and Refined Tea
烟草制品业	Manufacturing of Tobacco
纺织业	Textile Industry
纺织服装、服饰业	Manufacture of Textile Wearing Apparel,Clothing
皮革、毛皮、羽毛及其制品和制鞋业	Manufacture of Leather, Fur, Feather and Related Products and Footwear
木材加工及木、竹、藤、棕、草制品业	Processing of Timber, Manufacture of Wood, Bamboo,Rattan,Palm and Straw Products
家具制造业	Manufacturing of Furniture
造纸及纸制品业	Manufacturing of Paper and Paper Products
印刷和记录媒介复制业	Manufacture of Leather, Fur, Feather and Related Products and Footwear
文教、工美、体育和娱乐用品制造业	Manufacture of Culture and Education ,Arts and Crafts, Sports and Entertainment Supplies
石油加工、炼焦和核燃料加工业	Processing of Petroleum, Coking, Processing of Nuclear
化学原料及化学制品制造业	Manufacturing of Raw Chemical Material and Chemical Products
医药制造业	Manufacturing of Medical and Pharmaceutical Products
化学纤维制造业	Manufacturing of Chemical Fiber
橡胶和塑料制品业	Manufacture of Rubber and Plastic
非金属矿物制品业	Manufacturing of Non-metallic Mineral Products
黑色金属冶炼和压延加工业	Smelting and Pressing of Ferrous Metals
有色金属冶炼和压延加工业	Smelting and Pressing of Non-ferrous Metals
金属制品业	Manufacturing of Metal Products
通用设备制造业	Manufacturing of General Purpose Equipment
专用设备制造业	Manufacturing of Special Purpose Equipment
汽车制造业	Manufacture of Automobile
铁路、船舶、航空航天和其他运输设备制造业	Manufacture of Railway, Ship, Aerospace and Other Transportation Equipment
电气机械及器材制造业	Manufacturing of Electric Machinery and Equipment
计算机、通信和其他电子设备制造业	Manufacture of Computers, Communications and Other Electronic Equipment
仪器仪表制造业	Manufacture of Instrument
其他制造业	Other Manufacturing
废弃资源综合利用业	Comprehensive Utilization of Waste Resources
金属制品、机械和设备修理业	Metal Products, Machinery and Equipment Repair
电力、热力的生产和供应业	Production and Supply of Electric Power and Heat Power
燃气生产和供应业	Production and Supply of Gas
水的生产和供应业	Production and Supply of Water

continued

(10000 yuan)

固定资产原价年末数 Original Value of Fixed Assets at the Year-end	累计折旧 Accumulated Depreciation	固定资产净值 Net Value of Fixed Value	年末资产合计 Total Assets at the Year-end	年末负债合计 Total Liabilities at the Year-end	年末所有者权益合计 Total Owners' Equity at the Year-end	全部从业人员年平均人数（人） Average Number of Employed Persons (person)
78525615	**37806231**	**40719384**	**167377121**	**86779985**	**80597136**	**1355635**
1241	517	724	4548	1437	3111	157
667367	311995	355372	3178305	1481806	1696499	14297
1664549	779731	884818	3841642	1682072	2159570	43582
1053924	505585	548339	1805266	1031111	774155	15761
667715	377037	290678	2612530	734956	1877574	3098
857829	522996	334833	1513818	653788	860030	36260
478549	234815	243734	1768922	1069367	699555	105950
333715	207532	126183	1413362	864323	549039	80744
76272	40500	35772	432173	165307	266866	5613
356482	126742	229740	1717338	758286	959052	33565
486241	190322	295919	1803025	1036065	766960	13556
533748	304058	229690	738220	398074	340146	23262
782937	430512	352425	1593434	676033	917401	63160
2311263	1515746	795517	2431516	1740066	691450	6058
4113705	2143923	1969782	12215712	6008543	6207169	70631
1309811	568569	741242	5404678	1731061	3673617	35715
60406	33090	27316	92854	20848	72006	994
1817217	941890	875327	3273806	1694368	1579138	55095
830076	494784	335292	1954655	1051491	903164	19834
2103837	826280	1277557	2947915	2245904	702011	7575
761494	184933	576561	2035287	1605615	429672	9306
1030647	526477	504170	2842016	1526533	1315483	51014
2017824	1042640	975184	7223708	3357138	3866570	64086
714787	314615	400172	2674468	1262784	1411684	28106
11920997	6220294	5700703	23319342	14572790	8746552	145571
2211107	861848	1349259	7149390	5541879	1607511	51277
2381703	1111051	1270652	7091518	3358815	3732703	97798
5029921	2637155	2392766	18151327	10350453	7800874	198736
257478	138690	118788	943901	353456	590445	16672
33652	15371	18281	86530	55325	31205	2610
59248	28029	31219	315095	211865	103230	1458
541877	223256	318621	971983	528187	443796	15205
24156970	12002655	12154315	34866015	13051535	21814480	24336
1356497	298581	1057916	2358251	1518261	839990	5202
5544529	1644012	3900517	6604571	4440443	2164128	9351

11-18 规模以上大中型工业企业主要经济指标（2016年，按轻重工业分）

单位：万元

项　　目		Item	
企业单位数	（个）	Number of Enterprises	(unit)
#亏损企业		Number of Loss-making Enterprises	
主营业务收入		Revenue from Principal Business	
#主营业务成本		Cost of Principal Business	
主营业务税金及附加		Taxes and Other Charges on Principal Business	
盈利企业的盈利总额		Total Profits of Profitable Enterprises	
亏损企业的亏损总额		Total Losses of Loss-making Enterprises	
盈亏相抵后的利润总额		Total Profits of All Enterprises	
应交所得税		Income Tax Payable	
应交增值税		Value-added Tax Payable	
流动资产年末合计		Total Working Capitals at the Year-end	
#应收账款		Accounts Receivable	
#存　货		Inventory	
#产成品存货		Inventory of Finished Goods	
固定资产原价年末数		Original Value of Fixed Assets at the Year-end	
累计折旧		Accumulated Depreciation	
固定资产净值		Net Value of Fixed Assets	
年末资产合计		Total Assets at the Year-end	
年末负债合计		Total Liabilities at the Year-end	
年末所有者权益合计		Total Owners' Equity at the Year-end	
#实收资本		Capital Hold	
#国家资本		State Capital	
外商资本		Foreign Capital	
本年应付职工薪酬		Wages Payable	
全部从业人员年平均人数	（人）	Annual Average Number of Staff and Workers	(person)
工业总产值	（当年价格）	Gross Industrial Output Value	(at current prices)
工业增加值	（当年价格）	Value-added of Industry	(at current prices)

Major Indicators of Large and Medium-sized Industrial Enterprises above Designated Size (2016，by Light and Heavy Industry)

(10000 yuan)

全 市 Total		# 市 属 Managed by Municipal Government	
轻工业 Light Industry	重工业 Heavy Industry	轻工业 Light Industry	重工业 Heavy Industry
473	402	467	375
59	41	59	34
40542026	98864440	38300017	73502040
29845709	83641303	29038893	61298859
1172253	2427919	222302	1229305
3322009	7157405	3079577	5747439
68321	200177	68321	141390
3253688	6957228	3011256	5606049
652610	1149677	597684	939063
1558223	2691118	1325872	1894253
21623632	44023520	19203430	33560413
4514696	11347815	4293247	10392553
5278747	8089893	3458647	5825845
1724396	2652323	1583920	2495501
13005708	51297269	12110683	26785646
6528892	24382159	6064604	12282090
6476816	26915110	6046079	14503556
34390374	97396195	30627710	56456947
16362167	51465105	15118992	32851217
18028207	45931090	15508718	23605730
6909876	20622437	5970425	11212292
1611736	9970463	802668	1052199
1292853	3843797	1287903	3795612
3859311	5231774	3697813	3903077
468499	458605	459668	389851
46313162	105147265	43902177	79051470
12445568	27498160	10834059	17010436

11-19 规模以上大中型工业企业主要经济指标（2016年，按经济类型分）

单位:万元

项 目		Item	
企业单位数	（个）	Number of Enterprises	(unit)
# 亏损企业		Number of Loss-making Enterprises	
主营业务收入		Revenue from Principal Business	
# 主营业务成本		Cost of Principal Business	
主营业务税金及附加		Taxes and Other Charges on Principal Business	
盈利企业的盈利总额		Total Profits of Profitable Enterprises	
亏损企业的亏损总额		Total Losses of Loss-making Enterprises	
盈亏相抵后的利润总额		Total Profits of All Enterprises	
应交所得税		Income Tax Payable	
应交增值税		Value-added Tax Payable	
流动资产年末合计		Total Working Capitals at the Year-end	
# 应收账款		Accounts Receivable	
# 存 货		Inventory	
# 产成品存货		Inventory of Finished Goods	
固定资产原价年末数		Original Value of Fixed Assets at the Year-end	
累计折旧		Accumulated Depreciation	
固定资产净值		Net Value of Fixed Assets	
年末资产合计		Total Assets at the Year-end	
年末负债合计		Total Liabilities at the Year-end	
年末所有者权益合计		Total Owners' Equity at the Year-end	
# 实收资本		Capital Hold	
# 国家资本		State Capital	
外商资本		Foreign Capital	
本年应付职工薪酬		Wages Payable	
全部从业人员年平均人数	（人）	Annual Average Number of Staff and Workers	(person)
工业总产值	（当年价格）	Gross Industrial Output Value	(at current prices)
工业增加值	（当年价格）	Value-added of Industry	(at current prices)

Major Indicators of Large and Medium-sized Industrial Enterprises above Designated Size (2016, by Type of Ownership)

(10000 yuan)

合　计 Total	国有企业 State-owned Enterprises	集体企业 Collective-owned Enterprises	“三资”企业 Foreign Funded Enterprises	其他企业 Other Enterprises
875	8	8	486	373
100	2	1	61	36
139406466	555046	429597	83522573	54899250
113487012	436789	388945	67442593	45218685
3600172	6188	22	1158438	2435524
10479414	31968	2336	6396231	4048879
268498	2914	36	131445	134103
10210916	29054	2300	6264786	3914776
1802287	428	459	1213907	587493
4249341	20390	2	2410792	1818157
65647152	518368	34728	36062611	29031445
15862511	109616	3440	11060109	4689346
13368640	70883	257	5960250	7337250
4376719	40724	257	2485402	1850336
64302977	1996022	32942	25899362	36374651
30911051	826512	21632	14216467	15846440
33391926	1169510	11310	11682895	20528211
131786569	1996142	52304	53264880	76473243
67827272	1109549	18593	30885697	35813433
63959297	886593	33711	22379183	40659810
27532313	118100	693	11586192	15827328
11582199	114188		1055619	10412392
5136650			5106442	30208
9091085	146103	92155	5321772	3531055
927104	10108	15239	569384	332373
151460427	546913	436149	91001944	59475421
39943728	263570	207561	20214580	19258017

11-20 规模以上工业企业主要经济效益指标（2016年）

项　　　目		Item	
工业经济效益综合指数	(%)	Industrial Economic Benefit Synthetic	(%)
总资产贡献率	(%)	Ratio of Total Assets to Industrial Output Value	(%)
资本保值增值率	(%)	Ratio of Capital Maintenance and Appreciation	(%)
资产负债率	(%)	Assets-Liability Ratio	(%)
流动资产周转率	（次）	Number of Times of Annual of Turnover Working Capitals	(times)
工业成本费用利润率	(%)	Ratio of Profits to Industrial Cost	(%)
工业全员劳动生产率	（元/人）	Overall Labor Productivity	(yuan/person)
工业产品销售率	(%)	Proportion of Products Sold	(%)
工业资金利税率	(%)	Ratio of Pre-tax Profits to Total Capital	(%)
主营业务收入利润率	(%)	Main Business Revenue Profit Margin	(%)
每百元主营业务收入中的成本	（元）	The Cost of Operating Income per 100 yuan	(yuan)
工业增加值率	(%)	Ratio of Value-added to Gross Industrial Output Value	(%)
企业亏损面	(%)	Ratio of Loss-making Enterprises to Total Industrial Enterprises	(%)
工业产成品存货可供销售天数	（天）	Days for Sale of Inventory of Finished Products	(day)
每百元资金提供的总产值	（元）	Output Value Created by per 100 yuan	(yuan)
每百元资金提供的利税	（元）	Pre-tax Profits Created by per 100 Yuan	(yuan)
每百元固定资产原价提供利税	（元）	Pre-tax Profits Created by per 100 yuan Original Value of Fixed Assets	(yuan)
每百元固定资产原价提供总产值	（元）	Output Value Created by per 100 yuan Original Value of Fixed Assets	(yuan)
每百元固定资产净值提供利税	（元）	Pre-tax Profits Created by per 100 yuan Net Value of Fixed Assets	(yuan)
每百元固定资产净值提供总产值	（元）	Output Value Created by per 100 yuan Net Value of Fixed Assets	(yuan)
每百元总产值实现利税	（元）	Pre-tax Profits Created by per 100 yuan Output Value	(yuan)
每百元总产值占用全部资产	（元）	Total Assets Used by per 100 yuan Output Value	(yuan)
平均每个职工拥有全部资产	（元）	Average Assets Owned by per Staff and Worker	(yuan)
平均每个职工提供利税	（元）	Average Pre-tax Profits Created by per Staff and Worker	(yuan)

Main Indicators on Economic Benefit of Industrial Enterprises above Designated Size (2016)

全　市 Total	# 市　属 Managed by Municipal Government	# 国有及国有控股工业企业 State-owned and State-holding Enterprises	# 市　属 Managed by Municipal Government
332.85	289.51	726.29	504.31
13.88	14.57	14.36	16.92
109.78	108.29	111.38	120.26
51.85	54.78	48.91	57.15
2.07	2.06	2.25	2.21
7.32	7.39	8.37	9.37
361278	287846	998840	617613
97.94	97.29	99.36	97.24
16.51	16.03	19.76	19.33
6.75	6.88	7.56	8.71
82.60	82.39	82.95	82.48
25.03	22.04	32.35	23.19
13.47	13.36	24.05	14.14
11.94	13.38	9.34	14.29
151.82	163.13	123.36	133.37
16.51	16.03	19.76	19.33
27.10	31.54	22.72	27.55
249.22	320.91	141.79	190.11
52.26	60.16	42.10	46.17
480.62	612.13	262.77	318.60
10.87	9.83	16.02	14.49
85.53	72.85	122.25	95.54
1234677	951565	3774963	2544097
156988	128366	494734	385931

11-21 规模以上工业企业主要经济效益指标（2016年，按轻重工业分）

项 目		Item	
工业经济效益综合指数	(%)	Industrial Economic Benefit Synthetic	(%)
总资产贡献率	(%)	Ratio of Total Assets to Industrial Output Value	(%)
资本保值增值率	(%)	Ratio of Capital Maintenance and Appreciation	(%)
资产负债率	(%)	Assets-Liability Ratio	(%)
流动资产周转率	(次)	Number of Times of Annual of Turnover Working Capitals	(times)
工业成本费用利润率	(%)	Ratio of Profits to Industrial Cost	(%)
工业全员劳动生产率	(元/人)	Overall Labor Productivity	(yuan/person)
工业产品销售率	(%)	Proportion of Products Sold	(%)
工业资金利税率	(%)	Ratio of Pre-tax Profits to Total Capital	(%)
主营业务收入利润率	(%)	Main Business Revenue Profit Margin	(%)
每百元主营业务收入中的成本	(元)	The Cost of Operating Income per 100 yuan	(yuan)
工业增加值率	(%)	Ratio of Value-added to Gross Industrial Output Value	(%)
企业亏损面	(%)	Ratio of Loss-making Enterprises to Total Industrial Enterprises	(%)
工业产成品存货可供销售天数	(天)	Days for Sale of Inventory of Finished Products	(day)
每百元资金提供的总产值	(元)	Output Value Created by per 100 yuan	(yuan)
每百元资金提供的利税	(元)	Pre-tax Profits Created by per 100 Yuan	(yuan)
每百元固定资产原价提供利税	(元)	Pre-tax Profits Created by per 100 yuan Original Value of Fixed Assets	(yuan)
每百元固定资产原价提供总产值	(元)	Output Value Created by per 100 yuan Original Value of Fixed Assets	(yuan)
每百元固定资产净值提供利税	(元)	Pre-tax Profits Created by per 100 yuan Net Value of Fixed Assets	(yuan)
每百元固定资产净值提供总产值	(元)	Output Value Created by per 100 yuan Net Value of Fixed Assets	(yuan)
每百元总产值实现利税	(元)	Pre-tax Profits Created by per 100 yuan Output Value	(yuan)
每百元总产值占用全部资产	(元)	Total Assets Used by per 100 yuan Output Value	(yuan)
平均每个职工拥有全部资产	(元)	Average Assets Owned by per Staff and Worker	(yuan)
平均每个职工提供利税	(元)	Average Pre-tax Profits Created by per Staff and Worker	(yuan)

Main Indicators on Economic Benefit of Industrial Enterprises above Designated Size (2016, by Light and Heavy Industry)

全 市 Total		#市 属 Managed by Municipal Government	
轻工业 Light Industry	重工业 Heavy Industry	轻工业 Light Industry	重工业 Heavy Industry
262.28	413.67	245.81	342.13
16.49	12.86	14.43	14.65
110.92	109.30	110.98	106.64
48.32	53.24	49.87	57.50
1.97	2.12	2.06	2.06
7.35	7.30	7.03	7.61
238137	497104	218032	373282
97.21	98.30	96.31	97.88
18.71	15.56	16.21	15.94
6.88	6.68	6.70	6.98
77.57	85.02	79.23	84.25
26.18	24.46	24.60	20.51
12.91	14.15	12.91	13.92
14.73	10.60	14.38	12.80
166.38	145.53	173.15	157.69
18.71	15.56	16.21	15.94
41.72	22.93	35.38	29.75
371.08	214.46	377.96	294.43
82.87	43.86	69.94	55.85
737.06	410.16	747.03	552.65
11.24	10.69	9.36	10.11
73.04	91.69	69.52	74.84
664437	1863656	616174	1362007
102286	217324	82981	183908

11-22 规模以上工业企业主要经济效益指标（2016年，按经济类型分）

项　　目		Item	
工业经济效益综合指数	(%)	Industrial Economic Benefit Synthetic	(%)
总资产贡献率	(%)	Ratio of Total Assets to Industrial Output Value	(%)
资本保值增值率	(%)	Ratio of Capital Maintenance and Appreciation	(%)
资产负债率	(%)	Assets-Liability Ratio	(%)
流动资产周转率	(次)	Number of Times of Annual of Turnover Working Capitals	(times)
工业成本费用利润率	(%)	Ratio of Profits to Industrial Cost	(%)
工业全员劳动生产率	(元/人)	Overall Labor Productivity	(yuan/person)
工业产品销售率	(%)	Proportion of Products Sold	(%)
工业资金利税率	(%)	Ratio of Pre-tax Profits to Total Capital	(%)
主营业务收入利润率	(%)	Main Business Revenue Profit Margin	(%)
每百元主营业务收入中的成本	(元)	The Cost of Operating Income per 100 yuan	(yuan)
工业增加值率	(%)	Ratio of Value-added to Gross Industrial Output Value	(%)
企业亏损面	(%)	Ratio of Loss-making Enterprises to Total Industrial Enterprises	(%)
工业产成品存货可供销售天数	(天)	Days for Sale of Inventory of Finished Products	(day)
每百元资金提供的总产值	(元)	Output Value Created by per 100 yuan	(yuan)
每百元资金提供的利税	(元)	Pre-tax Profits Created by per 100 Yuan	(yuan)
每百元固定资产原价提供利税	(元)	Pre-tax Profits Created by per 100 yuan Original Value of Fixed Assets	(yuan)
每百元固定资产原价提供总产值	(元)	Output Value Created by per 100 yuan Original Value of Fixed Assets	(yuan)
每百元固定资产净值提供利税	(元)	Pre-tax Profits Created by per 100 yuan Net Value of Fixed Assets	(yuan)
每百元固定资产净值提供总产值	(元)	Output Value Created by per 100 yuan Net Value of Fixed Assets	(yuan)
每百元总产值实现利税	(元)	Pre-tax Profits Created by per 100 yuan Output Value	(yuan)
每百元总产值占用全部资产	(元)	Total Assets Used by per 100 yuan Output Value	(yuan)
平均每个职工拥有全部资产	(元)	Average Assets Owned by per Staff and Worker	(yuan)
平均每个职工提供利税	(元)	Average Pre-tax Profits Created by per Staff and Worker	(yuan)

Main Indicators on Economic Benefit of Industrial Enterprises above Designated Size (2016, by Type of Ownership)

全 市 Total	国有企业 State-owned Enterprises	集体企业 Collective-owned Enterprises	"三资"企业 Foreign Funded Enterprises	其他企业 Other Enterprises	# 国有及国有控股工业企业 State-owned and State-holding Enterprises
332.85	270.44	203.09	327.40	345.54	726.29
13.88	5.86	8.80	17.21	11.61	14.36
109.78	113.13	86.72	100.38	116.36	111.38
51.85	53.55	51.11	56.16	48.76	48.91
2.07	1.53	6.08	2.19	1.94	2.25
7.32	6.23	1.71	7.94	6.59	8.37
361278	297301	137011	338364	394322	998840
97.94	100.49	100.32	97.51	98.46	99.36
16.51	5.11	10.93	18.68	14.85	19.76
6.75	5.97	1.68	7.27	6.13	7.56
82.60	84.70	89.32	81.43	83.99	82.95
25.03	34.32	42.95	21.61	29.24	32.35
13.47	22.22	13.64	18.68	10.95	24.05
11.94	23.04	3.10	11.24	12.73	9.34
151.82	52.31	478.88	179.77	128.29	123.36
16.51	5.11	10.93	18.68	14.85	19.76
27.10	4.72	10.69	34.62	22.54	22.72
249.22	48.32	468.66	333.18	194.76	141.79
52.26	8.21	50.40	75.82	39.98	42.10
480.62	84.11	2209.07	729.62	345.49	262.77
10.87	9.76	2.28	10.39	11.57	16.02
85.53	227.00	28.30	62.07	114.70	122.25
1234677	1966489	90300	971726	1546725	3774963
156988	84573	7279	162685	156049	494734

11-23 规模以上工业企业主要经济效益指标（2016年，按企业规模分）

项　　目		Item	
工业经济效益综合指数	(%)	Industrial Economic Benefit Synthetic	(%)
总资产贡献率	(%)	Ratio of Total Assets to Industrial Output Value	(%)
资本保值增值率	(%)	Ratio of Capital Maintenance and Appreciation	(%)
资产负债率	(%)	Assets-Liability Ratio	(%)
流动资产周转率	(次)	Number of Times of Annual of Turnover Working Capitals	(times)
工业成本费用利润率	(%)	Ratio of Profits to Industrial Cost	(%)
工业全员劳动生产率	(元/人)	Overall Labor Productivity	(yuan/person)
工业产品销售率	(%)	Proportion of Products Sold	(%)
工业资金利税率	(%)	Ratio of Pre-tax Profits to Total Capital	(%)
主营业务收入利润率	(%)	Main Business Revenue Profit Margin	(%)
每百元主营业务收入中的成本	(元)	The Cost of Operating Income per 100 yuan	(yuan)
工业增加值率	(%)	Ratio of Value-added to Gross Industrial Output Value	(%)
企业亏损面	(%)	Ratio of Loss-making Enterprises to Total Industrial Enterprises	(%)
工业产成品存货可供销售天数	(天)	Days for Sale of Inventory of Finished Products	(day)
每百元资金提供的总产值	(元)	Output Value Created by per 100 yuan	(yuan)
每百元资金提供的利税	(元)	Pre-tax Profits Created by per 100 Yuan	(yuan)
每百元固定资产原价提供利税	(元)	Pre-tax Profits Created by per 100 yuan Original Value of Fixed Assets	(yuan)
每百元固定资产原价提供总产值	(元)	Output Value Created by per 100 yuan Original Value of Fixed Assets	(yuan)
每百元固定资产净值提供利税	(元)	Pre-tax Profits Created by per 100 yuan Net Value of Fixed Assets	(yuan)
每百元固定资产净值提供总产值	(元)	Output Value Created by per 100 yuan Net Value of Fixed Assets	(yuan)
每百元总产值实现利税	(元)	Pre-tax Profits Created by per 100 yuan Output Value	(yuan)
每百元总产值占用全部资产	(元)	Total Assets Used by per 100 yuan Output Value	(yuan)
平均每个职工拥有全部资产	(元)	Average Assets Owned by per Staff and Worker	(yuan)
平均每个职工提供利税	(元)	Average Pre-tax Profits Created by per Staff and Worker	(yuan)

Main Indicators on Economic Benefit of Industrial Enterprises above Designated Size (2016, by Size of Enterprises)

全 市 Total			# 国有及国有控股工业企业 State-owned and State-holding Enterprises		
大 型 Large Enterprises	中 型 Medium Enterprises	小微型 Small and Micro Industrial Enterprises	大 型 Large Enterprises	中 型 Medium Enterprises	小微型 Small and Micro Industrial Enterprises
480.82	233.51	224.63	887.67	269.13	368.15
15.74	12.17	10.18	15.70	9.06	10.14
110.59	109.95	108.16	113.54	120.02	123.36
51.26	52.17	53.25	47.64	59.16	49.75
2.31	1.65	1.91	2.42	1.09	2.46
8.06	7.91	5.12	8.42	10.12	6.88
590842	206267	210776	1257292	268257	424450
98.62	95.67	97.97	99.92	93.58	97.99
19.97	13.21	10.79	22.12	9.89	11.76
7.30	7.42	4.88	7.51	9.79	6.53
81.26	81.93	86.44	82.13	83.12	89.90
27.47	22.73	20.42	34.65	24.53	15.65
7.73	12.48	13.94	9.09	18.33	17.09
8.98	19.58	14.01	7.34	30.50	12.88
158.10	137.92	148.13	132.10	68.64	115.21
19.97	13.21	10.79	22.12	9.89	11.76
28.73	25.57	22.65	24.97	15.07	11.84
227.48	267.02	311.08	149.13	104.64	115.98
55.37	49.09	43.96	46.25	25.32	23.99
438.42	512.59	603.81	276.24	175.75	235.00
12.63	9.58	7.28	16.74	14.41	10.21
87.26	86.19	80.44	117.82	184.07	120.98
1877129	781932	830525	4275184	2012820	3280805
271687	86890	75173	607504	157526	276814

11-24 规模以上工业企业分组主要指标（2016年）

Major Indicators of Industrial Enterprises above Designated Size by Group (2016)

单位：万元 (10000 yuan)

项　目	Item	企业单位数（个）Number of Enterprises (unit)	盈亏相抵后利润总额 Total Profits of All Enterprises	固定资产原价年末数 Original Value of Fixed Assets at the Year-end	工业增加值 Value-added of Industry	工业总产值 Gross Industrial Output Value	从业人员年平均人数（人）Annual Average Employed Persons (person)
总　计	**Total**	**4662**	**12316359**	**78525615**	**48976125**	**195704254**	**1355635**
按总产值分组	Grouped by Gross Output Value						
1亿元及以上	100 million yuan and above	1699	11979801	74105924	45158990	181191655	1025389
5000万元-9999万元	50-99.99 million yuan	1251	229659	2539952	2359922	8964750	173697
4999万元及以下	49.99 million yuan and below	1712	106899	1879739	1457213	5547849	156549
按固定资产原价分组	Grouped by Original Value of Fixed Assets						
1亿元及以上	100 million yuan and above	699	10533188	71989263	38224226	150811046	696455
5000万元-9999万元	50-99.99 million yuan	406	671012	2870073	2482145	10039680	135116
4999万元及以下	49.99 million yuan and below	3557	1112159	3666279	8269754	34853528	524064
按利税总额分组	Grouped by Pre-tax Profits						
1亿元及以上	100 million yuan and above	268	10583594	56606618	34260901	122320762	425018
5000万元-9999万元	50-99.99 million yuan	165	839650	5006729	2652227	12212637	119544
4999万元及以下	49.99 million yuan and below	4229	893115	16912268	12062997	61170855	811073
按从业人员人数分组	Grouped by Staff and Workers						
2000人及以上	2000 Persons and above	100	6046703	41234827	26955008	90319334	415260
500人-1999人	500-1999 Persons	411	3402350	17595746	9910185	45979269	379585
499人及以下	499 Persons and below	4151	2867306	19695042	12110932	59405651	560790

【工业】 指从事自然资源的开采，对采掘品和农产品进行加工和再加工的物质生产部门。具体包括：

(1)对自然资源的开采，如采矿、晒盐、森林采伐等(但不包括禽兽捕猎和水产捕捞)；

(2)对农副产品的加工、再加工，如粮油加工、食品加工、轧花、缫丝、纺织、制革等；

(3)对采掘品的加工、再加工，如炼铁、炼钢、化工生产、石油加工、机器制造、木材加工等，以及电力、自来水、煤气的生产和供应等；

(4)对工业品的修理、翻新，如机器设备的修理、交通运输工具(包括小卧车)的修理等。

1984年以前农村的村及村以下办工业归属农业，1984年以后划归工业。

【轻工业】 指主要提供生活消费品和制作手工工具的工业。按其所使用的原料不同，可分为两大类：

(1)以农产品为原料的轻工业，是指直接或间接以农产品为基本原料的轻工业。主要包括食品制造、饮料制造、烟草加工、纺织、缝纫、皮革和毛皮制作、造纸以及印刷等工业；

(2)以非农产品为原料的轻工业，是指以工业品为原料的轻工业。主要包括文教体育用品、化学药品制造、合成纤维制造、日用化学制品、日用玻璃制品、日用金属制品、手工工具制造、医疗器械制造、文化和办公用机械制造等工业。

【重工业】 是指为国民经济各部门提供物质技术基础的主要生产资料的工业。按其生产性质和产品用途，可分为下列三类：

(1)采掘(伐)工业，是指对自然资源的开采，包括石油开采、煤炭开采、金属矿开采、非金属矿开采和木材采伐等工业；

(2)原材料工业，指向国民经济各部门提供基本材料、动力和燃料的工业。包括金属冶炼及加工、炼焦及焦炭化学、化工原料、水泥、人造板以及电力、石油和煤炭加工等工业；

(3)加工工业，是指对工业原材料进行再加工制造的工业。包括装备国民经济各部门的机械设备制造工业、金属结构、水泥制品等工业，以及为农业提供的生产资料如化肥、农药等工业。

根据上述划分原则，修理业中以重工业产品为修理作业对象的划为重工业，反之划为轻工业。

【工业总产值】 是以货币表现的工业企业在一定时期内生产的已出售或可供出售工业产品总量，它反映一定时间内工业生产的总规模和总水平。它包括：在本企业内不再进行加工，经检验、包装入库(规定不需包装的产品除外)的成品价值，对外加工费收入，自制半成品、在产品期末期初差额价值。工业总产值采用"工厂法"计算，即以工业企业作为一个整体，按企业工业生产活动的最终成果来计算，企业内部不允许重复计算，不能把企业内部各个车间(分厂)生产的成果相加。但在企业之间、行业之间、地区之间存在着重复计算。

轻重工业总产值的划分也是按"工厂法"计算的，即一个工业企业在正常情况下生产的主要产品的性质属于轻工业，则该企业的全部总产值作为轻工业总产值；一个工业企业生产的主要产品的性质属于重工业，则该企业的全部总产值作为重工业总产值。

【工业增加值】 是指工业行业在报告期内以货币表现的工业生产活动的最终成果，是企业全部生产活自动的总成果扣除了在生产过程中消耗或转移的物质产品和劳务价值后的余额，是企业生产过程中新增加的价值。

【资产合计】 指企业拥有或控制的能以货币计量的经济资源。包括各种财产、债权和其他权利。资产按其流动性划分为流动资产、长期投资、固定资产、无形及递延资产和其他资产。

(1)流动资产 指企业可以在一年内或者超过一年的一个生产周期内变现或者耗用的资产合计，包括现金及各种存款、短期投资、应收及预付款项、存货等。

(2)固定资产 指企业固定资产净值、固定资产清理、在建工程、待处理固定资产损失所占用的资金合计。

(3)无形资产 指企业长期使用而没有实物形态的资产。包括专利权、非专利技术、商标权、著作权、土地使用权、商誉等。

【负债合计】 指企业承担的能以货币计量，将以资产或劳务偿付的债务。负债一般按偿还期长短分为流动负债和长期负债、递延税项等。

(1)流动负债 指企业在一年内或者超过一年的一个营业周期内需要偿还的债务合计，其中包括短期借款、应付及预收款项、应付工资、应交税金和应交利润等。

(2)非流动负债合计 指流动负债之外的负债。包括长期借款、应付债券等。根据会计“资产负债表”中“非流动负债合计”项目的期末余额数填报。

【所有者权益】 指企业投资人对企业净资产的所有权。企业净资产等于企业全部资产减去全部负债后的余额，其中包括投资者对企业的最初投入，以及资本公积金、盈余公积金和未分配利润，对股份制企业即为股东权益。

【固定资产原价】 指企业在建造、购置、安装、政建、扩建、技术改造某项固定资产时所支出的全部货币总额。它一般包括买价、包装费、运杂费和安装费等。

【主营业务收入】 指企业在销售商品、提供劳务等日常活动中所产生的收入总额。

【主营业务成本】 指企业在销售商品、提供劳务等主要经营业务的实际成本。

【主营业务税金及附加】 指企业在销售商品、提供劳务等主要经营业务应负担的城市维护建设税、消费税、资源税和教育费附加等。

【利润总额】 指企业生产经营过程中各种收入扣除各种耗费后的盈余，反映企业在报告期内实现的盈亏总额。

【应交增值税】 指企业在报告期内应交纳的增值税额。

【总资产贡献率】 该指标反映企业全部资产的获利能力，是企业经营业绩和管理水平的集中体现，是评价和考核企业盈利能力的核心指标。计算公式为:

总资产贡献率(%) = (利润总额+税金总额+利息支出) / 平均资产总额 × 100%

其中:税金总额为产品销售税金及附加与应交增值税之和；平均资产总额为期初、期末资产总计的算术平均值。

【资产负债率】 该指标既反映企业经营风险的大小，也反映企业利用债权人提供的资金从事经营活动的能力。计算公式为:

资产负债率(%) = 负债总额 / 资产总额 × 100%

资产及负债均为报告期期末数。

【流动资产周转率】 指一定时期内流动资产完成的周转次数，反映投入工业企业流动资金的周转速度。计算公式为:

流动资产周转率(%)=销售收入/流动资产平均余额×100%

【成本费用利润率】 反映工业投入的生产成本及费用的经济效益，同时也反映企业降低成本所取得的经济效益。计算公式为:

成本费用利润率(%) = 利润总额 / 成本费用总额 × 100%

其中:成本费用总额为产品销售成本、销售费用、管理费用、财务费用之和。

【全员劳动生产率】 该指标反映企业的生产效率和劳动投入的经济效益。计算公式为:

全员劳动生产率(%) = 工业增加值 / 平均用工人数×100%

由于工业增加值是按现行价格计算的，而用工人数不含价格因素，因此应将增加值价格因素予以消除。具体方法可采用总产值价格变动系数消除价格影响。

【产品销售率】 该指标反映工业产品已实现销售的程度，是分析工业产销衔接情况、研究工业产品满足社会需求的指标。计算公式为:

产品销售率(%) = 报告期现价工业销售产值 / 报告期工业总产值×100%

【Industry】 refers to the material production sector which is engaged in extraction of natural resources and processing and reprocessing of minerals and agricultural products, including

(1)Extraction of natural resources,such as mining,salt production,logging(but not including hunting and fishing);

(2)Processing and reprocessing of farm and sideline products, such as rice husking,flour milling,wine making,oil pressing, cotton ginning,silk reeling,spinning and weaving,and leather making;

(3)Manufacture of industrial products,such as steel making, iron smelting, chemicals manufacturing,petroleum processing, machine building,timber processing; water and gas production and electricity generation and supply;

(4)Repairing of industrial products such as the repairing of machinery and means of transport (including cars).

Prior to 1984,the rural industry run by villages and cooperative organizations under village was classified into agriculture. Since 1984, it has been grouped into industry.

【Light Industry】 refers to industry which produces consumer goods and hand tools.It consists of two categories depending on the materiais used:

(1)Industries using farm products as raw materials.These are branches of light industry which directly or indirectly use farm products as basic raw materials,including the manufacture of food and beverages,tobacco processing,textile,clothing,fur and leather manufacturing ,paper making, printing,etc.

(2)Industries using nonfarm products as raw materials.These are branches of light industry which use manufactured goods as raw materials, including the manufacture of cultural,educational articles and sports goods,chemicals,synthetic fiber,chemical products for daily use,glass products for daily use,metal products machinery,etc.

【Heavy Industry】 refers to the industry which produces capital goods,and provides various sectors of the national economy with necesary material and technical basis.It consists of the following three branches according to the purpose of production or the use of products:

(1)Mining,quarrying and logging industry refers to the industry that extracts natural resources,including extraction of petroleum, coal,metal and nonmetalores and logging.

(2)Raw materials industry refers to the industry that provides various sectors of the national economy with raw materials,fuels and power.It inc1udes smelting and processing of metals,coking and coke chemistry, chemical materials and building materials such as cement,plywood,and power,petroleum refining and coal dressing.

(3)Manufacturing industry refers to the industry that processes raw materials.It includes machine building industry which equips sectors of the national economy,industry of metal structure and cement products, industries producing means of agricultural production,such as chemical fertilizers and pesticides.

According to the above principle of classification,the repairing trades which are engaged primarily in repairing products of heavy industry are classified into heavy industry while these engaged in repairing products of light industry are classified into light industry.

【Gross Industrial Output Value】 is the total volume of industrial products sold or available for sale in value terms which reflects the total achievements and overall scale of industrial production during a given period.It includes the value of the finished products, which are not to be further processed in the enterprises and have been inspected,packed and put in storage,the value of industrial services rendered to other units,and the changes in the valued the semi-finished products and products in process between the beginning and closing of the period.The gross industrial output value is calculated with the factory method.No double calculations are to be made within the same enterprise.However, double counting does occur mong different enterprises.

Output value of light and heavy industries is also classified with the factory method.Under normal conditions,if the major products of an industrial enterprise belong to light industry products, the gross output valued of that enterprise is classified wholly into light industry; the same principle applies to heavy industry.

【Value-added of Industry】 refers to the final results of industrial production of the industrial trade in money terms during the reference period.

【Total Assets】 refer to all assets which are owned or controlled by enterprises,including circulating assets,long-term investment,fixed assets,intangible assets and deferred assets,other long-term assets,and deferred taxes,etc.The summation of above items is equal to total assets shown in the balance sheets of the enterprises.

(1)Circulating assets(working capital)refer to assets which can be cashed in or spent or consumed in an operating cycle of one year or over one year, including cash, all kinds of deposits,short-term investment, receivables,advance payment and stock,etc.

(2)Fixed assets refer to the net value of fixed assets,clearance of fixed assets,project under construction,fixed assets losses in suspense.These are corporations' funds holdings.

(3)Intangible assets refer to the assets without material form used by enterprises over a long time,such as patents,nonpatent technologies, trade marks,copyright ,land use right and business reputation,etc.

【Total Liabilities】 refer to the debts that enterprises are responsible for repayment,including liquid liabilities,long-term liabilities and deferred taxes,etc.Total liabilities correspond to the summation item of liabilities shown in the balance sheets of the enterprise.

(1)Liquid liabilities (also called quick liabilities or immediate liabilities)refer to enterprises total debt payable within an opera-ting cycle of one year or over one year,including short term loans, payables and advance payments,wages payable,taxes payable and profit payable,etc.

(2) Non-current liabilities refer to the liabilities other than current liabilities. Including long-term loans and bonds payable. Furnished according to the number of accounting "balance sheet" and " non-current liabilities Total ending balance of the project.

【Creditors' Equity】 refers to investors' ownership of net assets of the enterprise.It is equal to the total assets of the enterprise minus its total liabilities,including the primary input from investors,capital accumulation fund,surplus accumulation fund and undistributed profit.It is the stock holders' equity in stock companies.

【Original Value of Fixed Assets】 refers to the original value of all fixed assets owned by industrial enterprise,calculated at the cost paid at the time of purchase, installation, reconstruction, expansion, and technical innovation and transformation of the said assets,which includes expenses on purchase, package, transportation, and installation,etc.

【Net Value of Fixed Assets】 is obtained by deducting depreciation over years from the original value of fixed assets.

【Core Operating Revenue】 refers to the revenue from the sales of products by industrial enterprises and the revenue from services provided,etc.

【Core Operating Cost】 refers to the actual cost of pro-ducts of industrial enterprises and industrial services provided,etc.

【Core Operating Tax and Extra Charges】 refer to the tax on city maintenance and construction,consumption tax,resources tax and extra charges for education,which should be borne by the enterprises in selling products and providing industrial services.

【Total Profits】 refers to all kinds of income surplus of enterprises after the deduction of the various cost in the process of production, to reflect the realized total profit and loss of the enterprise in the reporting period.

【Value Added Tax Payable】 refers to the amount of the value added tax which should be paid by the enterprises in the reporting period.

【Rate of Return on Total Assets】 reflects the state of return on total assets of an enterprise.It epitomizes the business achievements and administrative level of an enterprise.It is also used as a key index in assessing the economic efficiency of an enterprise. Its calculating formula is:

Rate of Return on Total Assets (%) = (Total Profit + Total Taxes + Interest Exchange) / Average Total Assets × 100%

Total taxes are the sum of sales tax and additional Plus added-value tax to be paid; Average total assets are the arithmetic average value of the total assets at the beginning and end of the reporting period.

【Asset-Debt Ratio】 reflects the risks an enterprise take while in operation.It also indicates the enterprise's capability in utilizing the fund provided by creditors.Its calculating formula is:

Asset-Debt ratio (%)=total liabilities/total assets ×100%.Both liabilities and assets are the figures at the end of the reporting period

【Turnover of Current Assets】 refers to the turnover time of current assets in a certain period of time,reflecting the turnover speed of current assets in an industrial enterprise.Its calculating formula is:

Turnover of Current Assets (%) = Sales Revenue / Average Ba - lance of Liquid Liabilities × 100%

【Cost-Profit Ratio】 reflects the economic returns on industrial prodution cost and expenses.It also shows the economic benefits an enterprise gains by reducing production cost. Its calculating formula is:

Cost-Profit ratio (%) = total profits / total cost and expenses × 100%.

Total cost and expenses refer to the sum of cost of goods sold,distribution cost,administrative expenses and finance cost

【Labor productivity of Total Workers】 reflects the production efficiency of an enterprise and the economic returns of its labor investment.Its calculating formular is:

Labor Productivity of Total Workers (%) = Industrial Added - Value/Average Number of Workers and Staff ×100%

Since industrial added-value is calculated at the current price while the average number of workers and staff doesn't invol-ve price factor, coefficient of price changes should be adopted in calculating industrial added-value.

【Product Sales Ratio】 reflects how many industrial products have been sold.It is the index to analyze the situation of market and industrial production and relations between demand and supply.

$$\text{Product Sales Ratio(\%)} = \frac{\text{Sales Value of Industry}}{\text{Total Output Value of Industry}} \times 100\%$$

第十二篇 CHAPTER 12

建筑业
CONSTRUCTION

第十二篇　建筑业

一、本篇资料反映广州市建筑业概况和发展情况。主要包括资质以上建筑业企业生产经营和资质以上劳务分包建筑企业经营资料。

二、本篇资料由广州市统计局固定资产投资统计处整理提供。

三、本篇资料是依据国家统计局和广东省统计局制定的“建筑业统计报表制度”规定收集的年报资料，其统计范围包括：广州市境内各种登记注册类型（个体户除外）的具有建筑业资质的所有独立核算建筑业企业（包括没有工作量的建筑业企业）及所属产业活动单位。

12 Construction

I.The data in this chapter show the general situation and the development of the construction industry of Guangzhou Municipality. They cover mainly the situation of production and management of the grade enterprises of construction.

II.The data in this chapter are prepared and provided by the Division of Investment and Construction Statistics of Guangzhou Municipal Bureau of Statistics.

III.The data in this chapter are collected in accordance with the Reporting Scheme of Construction Statistics stipulated by the National Bureau of Statistics and Guangdong Provincia1 Bureau of Statistics. The coverage of construction statistics includes the various registration types (except the self-employed) with the construction industry qualified independent accounting construction enterprises (including the workload of construction enterprises) and their respective industrial units of Guangzhou Municipality.

12-1 资质以上建筑业企业主要经济指标

Major Indicators of Grade Construction Enterprises

项　　目	Item	2015	2016
建筑企业个数 (个)	Number of Construction Enterprises (unit)	818	824
年末从业人员 (人)	Number of Employed Persons at Year-end (person)	402127	404908
固定资产原价 (亿元)	Original Value of Fixed Assets (100 million yuan)	423	460
固定资产净值 (亿元)	Net Value of Fixed Assets (100 million yuan)	306	306
建筑业总产值 (万元)	Gross Output Value of Construction (10000 yuan)	24898087	27653341
# 建筑工程	Output Value of Construction	20851201	23463009
安装工程	Output Value of Installation	3196216	3361134
房屋建筑施工面积 (万平方米)	Floor Space of Buildings under Construction (10000 sq.m)	15159.70	16289.56
# 新开工	Floor Space Started in Current Year	3473.80	4284.01
房屋建筑竣工面积 (万平方米)	Floor Space of Buildings Completed (10000 sq.m)	2861.93	2805.16
# 住　宅	Residential Buildings	1988.93	2013.68
主营业务收入 (万元)	Income on Projects Settlement Account (10000 yuan)	33068856	34522314
主营业务成本 (万元)	Cost on Projects Settlement Account (10000 yuan)	30217369	31866742
利润总额 (万元)	Total Profits (10000 yuan)	958676	1065252

12-2 主要年份建筑业主要指标

Major Indicators of Construction Sector in Main Years

年 份 Year	建筑业总产值 (万元) Gross Output Value (10000 yuan)	房屋建筑施工面积 (万平方米) Floor Space of Buildings under Construction (10000 sq.m)	房屋建筑竣工面积 (万平方米) Floor Space of Buildings Completed (10000 sq.m)
1978	30673	247.42	138.52
1980	46450	351.89	159.95
1985	153489	674.77	285.22
1986	176960	773.88	300.17
1987	184390	772.38	330.14
1988	287655	1076.05	408.85
1989	368755	1094.90	489.88
1990	355333	876.08	439.08
1991	425798	909.09	377.71
1992	668171	1257.61	487.95
1993	1031846	1680.21	605.50
1994	1516519	2268.99	734.75
1995	1816133	2708.58	890.81
1996	1893478	2983.56	1043.26
1997	1965269	2764.64	941.10
1998	2287004	3086.95	1054.71
1999	2470523	3136.47	1187.02
2000	2561326	3161.25	1150.36
2001	3403870	3490.22	1205.79
2002	3733922	3522.67	1334.43
2003	4785787	4291.55	1398.91
2004	5459314	4727.78	1596.21
2005	6331382	5311.14	1598.79
2006	6870406	5502.47	1520.25
2007	7507109	5951.92	1623.36
2008	8754491	6156.62	1719.79
2009	10134050	6190.86	1500.35
2010	12805288	7135.48	1509.20
2011	15613171	8439.12	1596.98
2012	17417072	9119.66	2859.31
2013	21828895	15055.70	2556.74
2014	23339417	16398.88	2674.22
2015	24898087	15159.70	2861.93
2016	27653341	16289.56	2805.16

注： 2004年及以后年份统计数据口径为资质以上建筑业企业。
Note: Since 2004 the statistical coverage of all data in this table is all grade construction enterprises.

12-3 资质以上建筑业企业签订合同情况(2016年)

Statistics on Construction Contracts of Grade Construction Enterprises (2016)

单位：万元 (10000 yuan)

项 目	Item	签订合同额 Value of Signed Contracts	上年结转合同额 Value of Contracts Balanced from Preceding Year	本年新签合同额 Value of Contracts Newly Signed in Current Year
总 计	**Total**	**92430850**	**46182862**	**46247988**
按地区分	**Grouped by District**			
荔湾区	Liwan	2182708	1044864	1137844
越秀区	Yuexiu	17773054	9489905	8283149
海珠区	Haizhu	16124918	7448848	8676070
天河区	Tianhe	36593542	17527931	19065611
白云区	Baiyun	993264	424298	568966
黄埔区	Huangpu	9062761	4926775	4135986
番禺区	Panyu	2140235	1190194	950041
花都区	Huadu	1661847	690792	971055
南沙区	Nansha	1240442	567026	673416
从化区	Conghua	484034	161638	322396
增城区	Zengcheng	4174045	2710591	1463454
按隶属关系分	**Grouped by Administrative Relationship**			
中央属企业	Central Government	47954395	22153451	25800944
省属企业	Provincial Government	17911398	10611040	7300358
市属企业	Municipal Government	13521844	7011935	6509909
区属企业	District or County Governments	1076826	548410	528416
其他企业	Others	11966387	5858026	6108361
按登记注册类型分	**Grouped by Registration Status**			
内资企业	Domestic Funded Enterprises	92153295	46088229	46065066
国有企业	State-owned Enterprises	5265892	2395545	2870347
集体企业	Collective-owned Enterprises	267307	188330	78977
股份合作企业	Share-holding Cooperative Enterprises	267571	188179	79392
联营企业	Joint Ownership Enterprises	62565	49603	12962
#国有联营企业	State Joint Ownership Enterprises	62565	49603	12962
集体联营企业	Collective Joint Ownership Enterprises			
国有与集体联营企业	Joint State-collective Enterprises			
有限责任公司	Limited Liability Corporations	68905099	34232851	34672248
#国有独资公司	State Sole Funded Corporations	41235977	19306556	21929421
股份有限公司	Share-holding Corporations Ltd.	9615447	5689780	3925667
私营企业	Private Enterprises	7769414	3343941	4425473
其他企业	Other Enterprises			
港、澳、台商投资企业	Enterprises with Funds from Hong Kong, Macao and Taiwan	260858	88883	171975
#与港、澳、台商合资经营企业	Joint-venture Enterprises	173037	47773	125264
与港、澳、台商合作经营企业	Cooperative Enterprises	46854	18236	28618
港、澳、台商独资经营企业	Enterprises with Sole Funds	1910		1910
港、澳、台商投资股份有限公司	Share-holding Corporations Ltd.	39057	22874	16183
外商投资企业	Foreign Funded Enterprises	16697	5750	10947
#中外合资经营企业	Joint-venture Enterprises	9301	2944	6357
中外合作经营企业	Cooperative Enterprises			
外资企业	Enterprises with Sole Foreign Funds	7396	2806	4590
外商投资股份有限公司	Share-holding Corporations Ltd.			

12-4 资质以上建筑业企业生产情况(2016年)

项　　目	Item	企业数(个) Number of Construction Enterprises (unit)
总　计	**Total**	**824**
按地区分	**Grouped by District**	
荔湾区	Liwan	37
越秀区	Yuexiu	177
海珠区	Haizhu	110
天河区	Tianhe	195
白云区	Baiyun	65
黄埔区	Huangpu	56
番禺区	Panyu	100
花都区	Huadu	29
南沙区	Nansha	11
从化区	Conghua	23
增城区	Zengcheng	21
按隶属关系分	**Grouped by Administrative Relationship**	
中央属企业	Central Government	32
省属企业	Provincial Government	81
市属企业	Municipal Government	94
区属企业	District or County Governments	61
其他企业	Others	556
按登记注册类型分	**Grouped by Registration Status**	
内资企业	Domestic Funded Enterprises	810
国有企业	State-owned Enterprises	40
集体企业	Collective-owned Enterprises	30
股份合作企业	Share-holding Cooperative Enterprises	2
联营企业	Joint Ownership Enterprises	1
#国有联营企业	State Joint Ownership Enterprises	1
集体联营企业	Collective Joint Ownership Enterprises	
国有与集体联营企业	Joint State-collective Enterprises	
有限责任公司	Limited Liability Corporations	275
#国有独资公司	State Sole Funded Corporations	38
股份有限公司	Share-holding Corporations Ltd.	23
私营企业	Private Enterprises	439
其他企业	Other Enterprises	
港、澳、台商投资企业	Enterprises with Funds from Hong Kong, Macao and Taiwan	12
与港、澳、台商合资经营企业	Joint-venture Enterprises	8
与港、澳、台商合作经营企业	Cooperative Enterprises	2
港、澳、台商独资经营企业	Enterprises with Sole Funds	1
港、澳、台商投资股份有限公司	Share-holding Corporations Ltd.	1
外商投资企业	Foreign Funded Enterprises	2
中外合资经营企业	Joint-venture Enterprises	1
中外合作经营企业	Cooperative Enterprises	
外资企业	Enterprises with Sole Foreign Funds	1
外商投资股份有限公司	Share-holding Corporations Ltd.	

Statistics on Production of Grade Construction Enterprises (2016)

建筑业总产值 (万元) Gross Output Value of Construction (10000 yuan)				竣工产值 (万元) Output Value of Completed Projects (10000 yuan)	竣工率 (%) Ratio of Floor Space of Buildings Completed (%)
	建筑工程 Output Value of Construction	安装工程 Output Value of Installation	其 他 Others		
27653341	**23463009**	**3361134**	**829198**	**12152195**	**43.94**
781702	337130	418421	26151	405837	51.92
4493368	3653172	729884	110312	3343216	74.40
5082904	4837010	202706	43188	3500813	68.87
10938027	9888843	523337	525847	3240844	29.63
458493	267617	165392	25484	193727	42.25
2976042	2059726	873732	42584	549116	18.45
845433	719202	117922	8309	138016	16.32
604770	552821	45544	6405	201421	33.31
453936	398691	54424	821	64294	14.16
339310	216626	122685	-1	109170	32.17
679356	532171	107087	40098	405741	59.72
12264751	10815891	1361110	87750	4805418	39.18
6028725	5190343	585379	253003	2229062	36.97
2872448	2359253	370414	142781	2126769	74.04
472941	428495	34142	10304	388947	82.24
6014476	4669027	1010089	335360	2601999	43.26
27495297	23357302	3308906	829089	12104481	44.02
1665013	1329977	256883	78153	1001380	60.14
110108	102705	1935	5468	86619	78.67
87662	87662			139239	158.84
56924	55950	974		14456	25.40
56924	55950	974		14456	25.40
18667132	16001546	2197009	468577	7146339	38.28
7533075	6939952	548790	44333	3633993	48.24
2722786	2539515	83090	100181	1535266	56.39
4185672	3239947	769015	176710	2181182	52.11
147775	96406	51369		47714	32.29
95209	92171	3038		10989	11.54
26441	2325	24116		26441	100.00
1910	1910			1910	100.00
24215		24215		8374	34.58
10269	9301	859	109		
9301	9301				
968		859	109		

12-4 续表

项　　目	Item	房屋建筑施工面积（平方米）Floor Space of Buildings under Construction (sq.m)
总　　计	**Total**	**162895555**
按地区分	**Grouped by District**	
荔湾区	Liwan	2389439
越秀区	Yuexiu	32351452
海珠区	Haizhu	46305941
天河区	Tianhe	70192298
白云区	Baiyun	1574571
黄埔区	Huangpu	2305756
番禺区	Panyu	732771
花都区	Huadu	2668704
南沙区	Nansha	285230
从化区	Conghua	1129516
增城区	Zengcheng	2959877
按隶属关系分	**Grouped by Administrative Relationship**	
中央属企业	Central Government	95255399
省属企业	Provincial Government	10529142
市属企业	Municipal Government	34309595
区属企业	District or County Governments	4244830
其他企业	Others	18556589
按登记注册类型分	**Grouped by Registration Status**	
内资企业	Domestic Funded Enterprises	162873459
国有企业	State-owned Enterprises	7189298
集体企业	Collective-owned Enterprises	2092522
股份合作企业	Share-holding Cooperative Enterprises	938000
联营企业	Joint Ownership Enterprises	
#国有联营企业	State Joint Ownership Enterprises	
集体联营企业	Collective Joint Ownership Enterprises	
国有与集体联营企业	Joint State-collective Enterprises	
有限责任公司	Limited Liability Corporations	91157927
#国有独资公司	State Sole Funded Corporations	70820588
股份有限公司	Share-holding Corporations Ltd.	44888166
私营企业	Private Enterprises	16607546
其他企业	Other Enterprises	
港、澳、台商投资企业	Enterprises with Funds from Hong Kong, Macao and Taiwan	22096
与港、澳、台商合资经营企业	Joint-venture Enterprises	3000
与港、澳、台商合作经营企业	Cooperative Enterprises	
港、澳、台商独资经营企业	Enterprises with Sole Funds	19096
港、澳、台商投资股份有限公司	Share-holding Corporations Ltd.	
外商投资企业	Foreign Funded Enterprises	
中外合资经营企业	Joint-venture Enterprises	
中外合作经营企业	Cooperative Enterprises	
外资企业	Enterprises with Sole Foreign Funds	
外商投资股份有限公司	Share-holding Corporations Ltd.	

continued

		房屋建筑竣工面积（平方米）Floor Space of Buildings Completed (sq.m)		年平均人数（人）Average Annual Employed Persons (person)
# 本年新开工 Floor Space Started in Current Year	# 实行投标承包 Floor Space through Bidding		# 住 宅 Residential Buildings	
42840082	**102246662**	**28051607**	**20136767**	**420868**
1233807	1832551	595445	264213	11951
7963931	25707133	5170306	2728307	87236
12512994	6750332	9023689	8306968	32909
17950417	61463969	9785859	7398869	159353
332462	1231799	537816	346630	9523
625041	1973765	775826	208229	53879
226678	219907	292507	40077	12399
658313	600400	716752	408921	12022
262120	284230	49520	5500	10249
387716	412690	360677	192881	18366
686603	1769886	743210	236172	12981
22879060	57486159	11186557	11019439	140680
3362539	8763339	1818309	1141619	48239
8301820	28064472	6123499	3307882	55473
1229578	1369492	1487764	685926	20287
7067085	6563200	7435478	3981901	156189
42839408	102245988	28050933	20136767	418498
1680656	1443675	836393	104982	18738
420362	97172	533014	290534	5915
200958	938000	469527	184619	1413
				295
				295
21520225	87089115	11433966	8084321	248002
15332304	69580346	6589460	5317739	127569
12450270	7100386	7872082	7605415	13284
6566937	5577640	6905951	3866896	130851
674	674	674		2274
				1349
				510
674	674	674		197
				218
				96
				75
				21

12-5 资质以上建筑业企业承包工程完成情况(2016年)

单位：万元

项　　目	Item
总　计	**Total**
按地区分	**Grouped by District**
荔湾区	Liwan
越秀区	Yuexiu
海珠区	Haizhu
天河区	Tianhe
白云区	Baiyun
黄埔区	Huangpu
番禺区	Panyu
花都区	Huadu
南沙区	Nansha
从化区	Conghua
增城区	Zengcheng
按隶属关系分	**Grouped by Administrative Relationship**
中央属企业	Central Government
省属企业	Provincial Government
市属企业	Municipal Government
区属企业	District or County Governments
其他企业	Others
按登记注册类型分	**Grouped by Registration Status**
内资企业	Domestic Funded Enterprises
国有企业	State-owned Enterprises
集体企业	Collective-owned Enterprises
股份合作企业	Share-holding Cooperative Enterprises
联营企业	Joint Ownership Enterprises
#国有联营企业	State Joint Ownership Enterprises
集体联营企业	Collective Joint Ownership Enterprises
国有与集体联营企业	Joint State-collective Enterprises
有限责任公司	Limited Liability Corporations
#国有独资公司	State Sole Funded Corporations
股份有限公司	Share-holding Corporations Ltd.
私营企业	Private Enterprises
其他企业	Other Enterprises
港、澳、台商投资企业	Enterprises with Funds from Hong Kong, Macao and Taiwan
与港、澳、台商合资经营企业	Joint-venture Enterprises
与港、澳、台商合作经营企业	Cooperative Enterprises
港、澳、台商独资经营企业	Enterprises with Sole Funds
港、澳、台商投资股份有限公司	Share-holding Corporations Ltd.
外商投资企业	Foreign Funded Enterprises
中外合资经营企业	Joint-venture Enterprises
中外合作经营企业	Cooperative Enterprises
外资企业	Enterprises with Sole Foreign Funds
外商投资股份有限公司	Share-holding Corporations Ltd.

Statistics on Contracted Projects of Grade Construction Enterprises (2016)

(10000 yuan)

直接从建设单位承揽工程完成的产值 Output Value of Completed Projects Directly Contracted with Construction Units	自行完成施工产值 Output Value of Projects Completed by Oneself	分包出去工程产值 Output Value of Projects Subcontracted	从建设单位以外承揽工程完成的产值 Output Value of Completed Projects Contracted with Other Units
33033470	**25998392**	**7035078**	**1654949**
861080	506745	354335	274957
6828938	4087660	2741278	405708
6960415	4596146	2364269	486758
11423735	10714077	709658	223950
532673	425338	107335	33155
2924258	2792753	131505	183289
877902	840885	37017	4548
604770	604770		
414970	411352	3618	42584
343321	339310	4011	
1261408	679356	582052	
13846642	11493834	2352808	770917
7243349	5597787	1645562	430938
5242093	2740341	2501752	132107
477087	459941	17146	13000
6224299	5706489	517810	307987
32860807	25840696	7020111	1654601
2380642	1581749	798893	83264
108910	108910		1198
88365	87316	1049	346
56924	56924		
56924	56924		
22528114	17323566	5204548	1343566
10848553	7197332	3651221	335743
3333675	2720209	613466	2577
4364177	3962022	402155	223650
162394	147427	14967	348
109828	94861	14967	348
26441	26441		
1910	1910		
24215	24215		
10269	10269		
9301	9301		
968	968		

12-6 资质以上建筑业企业财务指标(2016年)

单位：万元

项　　目	Item	资产总计 Total Assets
总　计	**Total**	**42373940**
按地区分	**Grouped by District**	
荔湾区	Liwan	2315610
越秀区	Yuexiu	10554979
海珠区	Haizhu	8147724
天河区	Tianhe	11401053
白云区	Baiyun	811529
黄埔区	Huangpu	3590895
番禺区	Panyu	1853389
花都区	Huadu	909804
南沙区	Nansha	512622
从化区	Conghua	361503
增城区	Zengcheng	1914832
按隶属关系分	**Grouped by Administrative Relationship**	
中央属企业	Central Government	16363083
省属企业	Provincial Government	8499459
市属企业	Municipal Government	6433460
区属企业	District or County Governments	764246
其他企业	Others	10313692
按登记注册类型分	**Grouped by Registration Status**	
内资企业	Domestic Funded Enterprises	42089012
国有企业	State-owned Enterprises	1458311
集体企业	Collective-owned Enterprises	141808
股份合作企业	Share-holding Cooperative Enterprises	59594
联营企业	Joint Ownership Enterprises	9048
#国有联营企业	State Joint Ownership Enterprises	9048
集体联营企业	Collective Joint Ownership Enterprises	
国有与集体联营企业	Joint State-collective Enterprises	
有限责任公司	Limited Liability Corporations	29265990
#国有独资公司	State Sole Funded Corporations	12153309
股份有限公司	Share-holding Corporations Ltd.	5285608
私营企业	Private Enterprises	5868653
其他企业	Other Enterprises	
港、澳、台商投资企业	Enterprises with Funds from Hong Kong, Macao and Taiwan	270146
与港、澳、台商合资经营企业	Joint-venture Enterprises	162344
与港、澳、台商合作经营企业	Cooperative Enterprises	13430
港、澳、台商独资经营企业	Enterprises with Sole Funds	897
港、澳、台商投资股份有限公司	Share-holding Corporations Ltd.	93475
外商投资企业	Foreign Funded Enterprises	14782
中外合资经营企业	Joint-venture Enterprises	9330
中外合作经营企业	Cooperative Enterprises	
外资企业	Enterprises with Sole Foreign Funds	5452
外商投资股份有限公司	Share-holding Corporations Ltd.	

Financial Indicators of Grade Construction Enterprises (2016)

(10000 yuan)

负债合计 Total Liabilities	所有者权益 Owners' Equity	# 实收资本 Paid-in Capitals	# 国家资本 State Capital
31996165	**10377775**	**5681764**	**1802052**
1731073	584537	480776	378704
8749751	1805228	1060610	274455
5763169	2384555	1388699	550941
8287162	3113891	1434841	181510
468730	342799	201030	10457
2618949	971946	525909	315160
1404145	449244	251646	14387
766074	143730	80005	15952
454595	58027	42305	22000
248577	112926	66529	nono
1503940	410892	149414	38485
13043551	3319532	1926037	933477
5988457	2511002	1075818	597573
5066769	1366691	739917	210222
547978	216268	107633	10843
7349410	2964282	1832359	nono
31765224	10323788	5638903	nono
1090700	367611	244203	188305
103163	38645	28439	620
40093	19501	14000	
5718	3330	1000	1000
5718	3330	1000	1000
22653291	6612699	3652154	1542689
9565591	2587718	1538237	1044294
4073093	1212515	375299	64292
3799166	2069487	1323808	nono
222237	47909	39993	1096
121204	41140	35046	1096
11361	2069	1712	
-154	1051	1035	
89826	3649	2200	
8704	6078	2868	
5739	3591	1600	
2965	2487	1268	

12-6 续表 1

单位:万元

项　　目	Item	营业收入 Income of Business
总　　计	**Total**	**34881644**
按地区分	**Grouped by District**	
荔湾区	Liwan	1572736
越秀区	Yuexiu	8124656
海珠区	Haizhu	6958429
天河区	Tianhe	10767261
白云区	Baiyun	577513
黄埔区	Huangpu	3117489
番禺区	Panyu	1191374
花都区	Huadu	505282
南沙区	Nansha	359919
从化区	Conghua	431891
增城区	Zengcheng	1275094
按隶属关系分	**Grouped by Administrative Relationship**	
中央属企业	Central Government	13618694
省属企业	Provincial Government	7371404
市属企业	Municipal Government	5633055
区属企业	District or County Governments	1050879
其他企业	Others	7207612
按登记注册类型分	**Grouped by Registration Status**	
内资企业	Domestic Funded Enterprises	34701019
国有企业	State-owned Enterprises	1458320
集体企业	Collective-owned Enterprises	124364
股份合作企业	Share-holding Cooperative Enterprises	86728
联营企业	Joint Ownership Enterprises	31521
#国有联营企业	State Joint Ownership Enterprises	31521
集体联营企业	Collective Joint Ownership Enterprises	
国有与集体联营企业	Joint State-collective Enterprises	
有限责任公司	Limited Liability Corporations	23599388
#国有独资公司	State Sole Funded Corporations	10852477
股份有限公司	Share-holding Corporations Ltd.	4349813
私营企业	Private Enterprises	5050885
其他企业	Other Enterprises	
港、澳、台商投资企业	Enterprises with Funds from Hong Kong, Macao and Taiwan	167860
与港、澳、台商合资经营企业	Joint-venture Enterprises	123672
与港、澳、台商合作经营企业	Cooperative Enterprises	26441
港、澳、台商独资经营企业	Enterprises with Sole Funds	2353
港、澳、台商投资股份有限公司	Share-holding Corporations Ltd.	15394
外商投资企业	Foreign Funded Enterprises	12765
中外合资经营企业	Joint-venture Enterprises	6526
中外合作经营企业	Cooperative Enterprises	
外资企业	Enterprises with Sole Foreign Funds	6239
外商投资股份有限公司	Share-holding Corporations Ltd.	

continued

(10000 yuan)

#主营业务收入 Revenue from Principal Business	主营业务成本 Cost of Principal Business	其他业务利润 Other Operational Profit
34522314	**31866742**	**75905**
1561625	1509549	3587
8093207	7579888	12425
6831524	6347400	28342
10684566	9817103	10875
557367	486418	6846
3051754	2786364	5173
1183544	1019326	1052
494397	457533	6054
359316	329173	20
431248	365004	508
1273766	1168984	1023
13451364	12595637	30628
7312676	6732214	10496
5601668	5279978	18706
1040796	951885	4165
7115810	6307028	11910
34343136	31705156	75862
1447454	1348935	6603
122652	114371	512
85911	80566	795
31521	29871	
31521	29871	
23328402	21603905	58527
10810642	10248685	9779
4337692	4094619	2418
4989504	4432889	7007
166438	152431	21
122445	113097	21
26441	24566	
2353	2235	
15199	12533	
12740	9155	22
6526	4782	
6214	4372	22

12-6 续表 2

单位：万元

项 目	Item	管理费用 Management Cost
总 计	**Total**	**1228174**
按地区分	**Grouped by District**	
荔湾区	Liwan	50993
越秀区	Yuexiu	283381
海珠区	Haizhu	227652
天河区	Tianhe	337336
白云区	Baiyun	40550
黄埔区	Huangpu	155420
番禺区	Panyu	49860
花都区	Huadu	19897
南沙区	Nansha	16740
从化区	Conghua	17218
增城区	Zengcheng	29127
按隶属关系分	**Grouped by Administrative Relationship**	
中央属企业	Central Government	398606
省属企业	Provincial Government	288489
市属企业	Municipal Government	187243
区属企业	District or County Governments	30691
其他企业	Others	323145
按登记注册类型分	**Grouped by Registration Status**	
内资企业	Domestic Funded Enterprises	1209039
国有企业	State-owned Enterprises	58359
集体企业	Collective-owned Enterprises	4546
股份合作企业	Share-holding Cooperative Enterprises	4580
联营企业	Joint Ownership Enterprises	932
# 国有联营企业	State Joint Ownership Enterprises	932
集体联营企业	Collective Joint Ownership Enterprises	
国有与集体联营企业	Joint State-collective Enterprises	
有限责任公司	Limited Liability Corporations	834119
# 国有独资公司	State Sole Funded Corporations	288723
股份有限公司	Share-holding Corporations Ltd.	91504
私营企业	Private Enterprises	214999
其他企业	Other Enterprises	
港、澳、台商投资企业	Enterprises with Funds from Hong Kong, Macao and Taiwan	17342
与港、澳、台商合资经营企业	Joint-venture Enterprises	13533
与港、澳、台商合作经营企业	Cooperative Enterprises	1596
港、澳、台商独资经营企业	Enterprises with Sole Funds	77
港、澳、台商投资股份有限公司	Share-holding Corporations Ltd.	2136
外商投资企业	Foreign Funded Enterprises	1793
中外合资经营企业	Joint-venture Enterprises	793
中外合作经营企业	Cooperative Enterprises	
外资企业	Enterprises with Sole Foreign Funds	1001
外商投资股份有限公司	Share-holding Corporations Ltd.	

continued

(10000 yuan)

财务费用 Financial Cost	营业利润 Business Profits	利润总额 Total Profits	产值利润率(%) Rate of Profits to Output (%)
198428	**1057389**	**1065252**	**3.85**
16443	-25598	-27191	
10828	134487	137690	3.06
29712	322480	317879	6.25
70883	369587	373539	3.42
1692	24809	24891	5.43
18913	70298	72955	2.45
9936	91839	92513	10.94
3011	14149	13947	2.31
1586	5294	5565	1.23
2641	20832	20941	6.17
32783	29212	32523	4.79
87917	422369	421952	3.44
61321	198609	203627	3.38
6458	98971	100553	3.50
-2426	34625	34806	7.36
45158	302815	304314	5.06
198485	1055260	1062916	3.87
-374	25141	26115	1.57
8	1764	2082	1.89
113	674	578	0.66
-27	255	250	0.44
-27	255	250	0.44
134823	731882	734241	3.93
73438	245980	248614	3.30
34675	107240	110571	4.06
29267	188304	189079	4.52
-104	1044	1286	0.87
-509	981	1018	1.07
	106	106	0.40
-2	10	11	0.58
407	-53	151	0.62
47	1085	1050	10.22
-2	943	904	9.72
50	142	146	15.08

12-7 资质以上建筑业企业盈亏情况(2016年)

单位:个、万元

项　　目	Item
总　计	**Total**
按地区分	**Grouped by District**
荔湾区	Liwan
越秀区	Yuexiu
海珠区	Haizhu
天河区	Tianhe
白云区	Baiyun
黄埔区	Huangpu
番禺区	Panyu
花都区	Huadu
南沙区	Nansha
从化区	Conghua
增城区	Zengcheng
按隶属关系分	**Grouped by Administrative Relationship**
中央属企业	Central Government
省属企业	Provincial Government
市属企业	Municipal Government
区属企业	District or County Governments
其他企业	Others
按登记注册类型分	**Grouped by Registration Status**
内资企业	Domestic Funded Enterprises
国有企业	Stateowned Enterprises
集体企业	Collectiveowned Enterprises
股份合作企业	Shareholding Cooperative Enterprises
联营企业	Joint Ownership Enterprises
# 国有联营企业	State Joint Ownership Enterprises
集体联营企业	Collective Joint Ownership Enterprises
国有与集体联营企业	Joint Statecollective Enterprises
有限责任公司	Limited Liability Corporations
# 国有独资公司	State Sole Funded Corporations
股份有限公司	Shareholding Corporations Ltd.
私营企业	Private Enterprises
其他企业	Other Enterprises
港、澳、台商投资企业	Enterprises with Funds from Hong Kong, Macao and Taiwan
与港、澳、台商合资经营企业	Jointventure Enterprises
与港、澳、台商合作经营企业	Cooperative Enterprises
港、澳、台商独资经营企业	Enterprises with Sole Funds
港、澳、台商投资股份有限公司	Shareholding Corporations Ltd.
外商投资企业	Foreign Funded Enterprises
中外合资经营企业	Jointventure Enterprises
中外合作经营企业	Cooperative Enterprises
外资企业	Enterprises with Sole Foreign Funds
外商投资股份有限公司	Shareholding Corporations Ltd.

Statistics on Profits and Losses of Grade Construction Enterprises (2016)

(unit, 10000 yuan)

企业数 Number of Construction Enterprises	盈余 Profits		亏损 Losses	
	企业数 Number of Enterprises	金额 Value	企业数 Number of Enterprises	金额 Value
824	**668**	**1184107**	**156**	**118855**
37	32	14049	5	41240
177	150	144542	27	6852
110	88	324647	22	6768
195	161	421245	34	47706
65	49	27707	16	2816
56	46	77446	10	4491
100	74	95899	26	3386
29	24	14937	5	990
11	10	7260	1	1695
23	19	20956	4	15
21	15	35419	6	2896
32	30	463790	2	41838
81	67	244658	14	41031
94	82	103851	12	3298
61	49	38140	12	3334
556	440	333668	116	29354
810	657	1180883	153	117967
40	36	26197	4	82
30	21	2626	9	544
2	2	578		
1	1	250		
1	1	250		
275	237	823542	38	89301
38	31	326314	7	77700
23	18	116783	5	6212
439	342	210907	97	21828
12	9	2174	3	888
8	5	1906	3	888
2	2	106		
1	1	11		
1	1	151		
2	2	1050		
1	1	904		
1	1	146		

12-8 资质以上劳务分包建筑企业生产经营情况(2016年)

单位：万元

项　　目	Item	企业数(个) Number of Construction Enterprises (unit)
总　计	**Total**	**57**
按地区分	**Grouped by District**	
荔湾区	Liwan	8
越秀区	Yuexiu	6
海珠区	Haizhu	6
天河区	Tianhe	10
白云区	Baiyun	9
黄埔区	Huangpu	4
番禺区	Panyu	12
花都区	Huadu	
南沙区	Nansha	
从化区	Conghua	1
增城区	Zengcheng	1
按隶属关系分	**Grouped by Administrative Relationship**	
中央属企业	Central Government	
省属企业	Provincial Government	
市属企业	Municipal Government	3
区属企业	District or County Governments	1
其他企业	Others	53
按登记注册类型分	**Grouped by Registration Status**	
内资企业	Domestic Funded Enterprises	57
国有企业	State-owned Enterprises	
集体企业	Collective-owned Enterprises	
股份合作企业	Share-holding Cooperative Enterprises	
联营企业	Joint Ownership Enterprises	
# 国有联营企业	State Joint Ownership Enterprises	
集体联营企业	Collective Joint Ownership Enterprises	
国有与集体联营企业	Joint State-collective Enterprises	
有限责任公司	Limited Liability Corporations	14
# 国有独资公司	State Sole Funded Corporations	1
股份有限公司	Share-holding Corporations Ltd.	
私营企业	Private Enterprises	43
其他企业	Other Enterprises	
港、澳、台商投资企业	Enterprises with Funds from Hong Kong, Macao and Taiwan	
与港、澳、台商合资经营企业	Joint-venture Enterprises	
与港、澳、台商合作经营企业	Cooperative Enterprises	
港、澳、台商独资经营企业	Enterprises with Sole Funds	
港、澳、台商投资股份有限公司	Share-holding Corporations Ltd.	
外商投资企业	Foreign Funded Enterprises	
中外合资经营企业	Joint-venture Enterprises	
中外合作经营企业	Cooperative Enterprises	
外资企业	Enterprises with Sole Foreign Funds	
外商投资股份有限公司	Share-holding Corporations Ltd.	

Statistics on Grade Construction Enterprises of Work Subcontractors (2016)

(10000 yuan)

	营业收入合计 Business Revenue	# 主营业务收入 Core Business Revenue	利润总额 Total Profits	从业人员平均人数(人) Average of Employed Persons	应付职工薪酬 Benefits Payable of the Employee
	620411	**613849**	**5315**	**77884**	**310622**
	70297	68661	133	2651	12329
	84368	79520	192	2127	9741
	183039	182981	1227	37392	144541
	64529	64529	1306	8838	36658
	133762	133762	787	24225	88114
	37781	37781	452	903	8465
	38013	38003	947	1641	9594
	4654	4644	128	74	1167
	3968	3968	143	33	13
	49078	49078	403	3236	21293
	499	499		28	118
	570834	564272	4912	74620	289211
	620411	613849	5315	77884	310622
	251386	251302	1722	27909	102261
	67505	67505	623	10500	44334
	369025	362547	3593	49975	208361

【建筑业总产值】指以货币表现的建筑业企业在一定时期内生产的建筑业产品和服务的总和。建筑业总产值包括三部分内容:

(1)建筑工程产值:指列入建筑工程预算内的各种工程价值。

(2)设备安装工程产值:指设备安装工程价值。

(3)其他产值:建筑业总产值中除建筑工程、安装工程以外的产值。包括房屋构筑物修理产值、非标准设备制造产值、总包企业向分包企业收取的管理费以及不能明确划分的施工活动所完成的产值。

a.房屋构筑物修理产值：指房屋和构筑物的修理所完成的产值，但不包括被修理房屋、构筑物的本身价值和生产设备的本身的价值。

b.非标准设备制造产值：指加工制造没有定型的非标准生产设备的加工费和原材料价值以及附属加工厂为本企业承建工程制作的非标准设备的价值。

【房屋建筑面积】指房屋全部平面面积的总和。它从房屋的外墙线算起，包括可供使用的有效面积和墙柱等结构占用面积。多层房屋按各层(包括地下室)面积总和计算。旧房加层或改造，只计算增加的建筑面积；旧房拆除重建，计算其全部面积；临时房屋不计算建筑面积。

【主营业务收入】指企业确认的销售商品、提供劳务等主营业务的收入。根据会计“主营业务收入”科目的期末贷方余额填报。执行《企业会计准则》或《小企业会计准则》的企业，如未设置该科目，以“营业收入”代替填报。

【营业收入】指企业经营主要业务和其他业务所确认的收入总额。营业收入合计包括“主营业务收入”和“其他业务收入”。根据会计“利润表”中“营业收入”项目的本期金额数填报，即：

营业收入 =主营业务收入 +其他业务收入

【Gross Output Value of Construction】refers to total Volume of construction products and services, expressed in monetary terms, completed by construction and installation enterprises during a given period of time. It includes:

(1)Output value of construction projects, that is the value of projects covered by the project budgets;

(2)Output value of installation projects, that is the value of the installation of equipment;

(3)Other output values, that is the values excluding output value of construction projects and output value of installation projects, including output value of repair of buildings and structures, output value of manufactured non-standard equipment, management expenses received by head enterprises from subcontract enterprises and output value of construction activities completed but unclassified.

a.Output value of repair of buildings and structures, that is the value created through the repairs of buildings or structures, but does not include the value of buildings or structures being repaired and the value of the repair of production equipment.

b.Output value of manufactured non-standard equipment, that is the value of non-standard production equipment (including raw materials and manufacturing cost) made for the construction project, and equipment manufactured by subsidiary workshops.

【Floor Space of Buildings under Construction】refers to the sum of all of the surface area of the housing. Counting from the housing exterior lines, including the availability of effective area and wall and column structure occupied the area. The floor space of multi-storey housing is the sum of area of all layers (including basement). The additional layer or transformation of existing homes, only the increase in construction area; old house demolition and reconstruction, to calculate the total area; temporary housing does not calculate the building area.

【Main business income】refers to the enterprise recognizes sales of goods and services, and other main business income. Furnished according to the final credit balances of accounting, the main business income subject. The implementation of Accounting Standards for Enterprises or The implementation of Accounting Standards for Small Enterprises, if without a set of the subjects, operating income instead.

【Operating income】refers to the total income of the business recognized by business and other business. Total operating revenue includes the main business income and other operating income. Fill in the number of business income project accounting income statement for the current amount, .its calculating formula is:

Operating income = the main business income + other operating income

第十三篇 CHAPTER 13

运输和邮电

TRANSPORT，POSTAL AND TELECOMMUNICATION SERVICES

第十三篇　运输和邮电

一、本篇资料反映广州市运输、邮电通信业发展的基本状况。 交通运输业资料主要包括：五种运输方式的线路里程、运输设备拥有量、各种运输方式完成的货物运输量和旅客运输量、港口设备拥有量、港口货物吞吐量等。

邮电通信业资料主要包括：邮电业务量、邮电通信工具、邮电通信网、邮电通信水平等。

二、本篇资料由广州市统计局服务业统计处整理提供。

三、资料分别来源于民航、铁路、公路、水运、港口、公安、邮电等部门。管道运输资料由有关管道运输企业提供。

13 Transport,Postal and Telecommunication Services

I.The data in this chapter cover mainly the basis conditions of the development of transport, posts and telecommunications in Guangzhou. The data on transport cover mainly the length of the routes of five means of transportation, the owner-ship of the transport equipment, the freight traffic and passenger traffic accomplished by various means of transportation, the ownership of the port equipment and the cargo handled at ports, etc. The data on posts and telecommunications cover mainly the postal and telecommunication services, means of post and telecommunications, network of post and telecommunications, main financial of indicators of postal and telecommunication enterprises and the level of the development of the postal and telecommunication services, etc.

II.The data in this chapter are prepared and provided by the Division of Service Industries Statistics of Guangzhou Municipal Bureau of Statistics.

III.The data in this chapter come respectively from Guangzhou municipal departments of railways, transportation, post and telecommunications, etc. The data on the pipeline transport are provided by related pipeline enterprises.

13-1 运输邮电主要指标

Basic Statistics of Transport and Post

项　　目	Item	2015	2016
民用车辆拥有量（辆）	Civilian Vehicle (unit)	2438611	2424109
#汽车	Automobile	2237782	2300405
货运量（万吨）	Freight Traffic (10000 tons)	100124	112507
#铁　路	Railways	4811	4884
公　路	Highways	71284	76375
水　路	Waterways	23007	30212
民　航	Civil Aviation	116	125
货物周转量（万吨公里）	Freight Ton-kilometers (10000 ton-km)	90504153	154664095
#铁　路	Railways	1775247	1748212
公　路	Highways	8434446	9047912
水　路	Waterways	79776595	143301809
民　航	Civil Aviation	513028	561377
客运量（万人次）	Passenger Traffic (10000 person-times)	106082	113321
铁　路	Railways	13647	14348
公　路	Highways	85109	91323
水　路	Waterways	281	246
民　航	Civil Aviation	7045	7404
旅客周转量（万人公里）	Passenger-kilometers (10000 passenger-km)	26681268	28535023
铁　路	Railways	4508677	4532231
公　路	Highways	8604785	9247147
水　路	Waterways	19239	17506
民　航	Civil Aviation	13548567	14738139
港口货物吞吐量（万吨）	Volume of Freight Handled in Coastal Ports (10000 tons) (10000 tons)	52096	54437
进　港	Import	30833	32007
出　港	Export	21263	22430
白云国际机场货邮行吞吐量（万吨）	Volume of Freight and Post Handled in Baiyun International Airport (10000 tons)	200	216
白云国际机场旅客吞吐量（万人次）	Volume of Passengers Handled in Baiyun International Airport (10000 person-times)	5521	5974
邮电业务收入（万元）	Revenue of Postal and Telecommunication Services (10000 yuan)	5400082	6489220
电话交换机总容量（万门）	Total Capacity of Telephone Exchanges (10000 gates)	636	535
报纸发行量（万份）	Newspapers Issued (10000 copies)	145380	132038
杂志发行量（万份）	Magazines Issued (10000 copies)	5110	6066
固定电话用户（万户）	Number of Fixed-line Telephone (10000 subscribes)	467.64	434.33
移动电话用户（万户）	Number of Mobile Telephone Subscribers (10000 subscribes)	3219	2828
国际互联网用户数（万户）	Number of Internet Subscribers (10000 subscribes)	539.26	613.31
城市电话普及率（含移动电话）（部/百人）	Popularity Rate of Urban Telephones (Including Mobile Telephones) (set/100 persons)	431.59	374.78
#移动电话	Mobile Telephones	376.85	324.88

13-2 公路和航道线路基本情况
Basic Statisics on Highways and Waterways

项　　目		Item		2015	2016
公路里程	**（公里）**	**Length of Highways**	**(kilometer)**	**9320**	**9336**
#晴雨通车里程		Length of Highways in Any Weathers		9320	9336
等级公路		Expressway and Class I to IV Highways		8222	8392
高　速		Expressway		954	960
一　级		First Class		1058	1042
二　级		Second Class		912	915
三　级		Third Class		1434	1462
四　级		Fourth Class		3864	4013
等外公路		Highways below Class IV		1098	944
有路面里程		Paved Highways		8065	8301
沥青混凝土		High Class		1745	1834
水泥混凝土		Second High Class		6320	6468
简易铺路面		Medium Class		77	77
未铺装路面		Low Class		1178	958
桥　梁		**Bridges**			
座	（座）	Number	(unit)	3222	3003
长　度	（米）	Length	(meter)	560795	503601
永久式桥梁		**Permanent Bridges**			
座	（座）	Number	(unit)	3222	3003
长　度	（米）	Length	(meter)	560795	503601
渡　口	**（个）**	**Ferries**	**(unit)**	**2**	**2**
内河航道里程	**（公里）**	**Length of Navigable Inland Waterways**	**(kilometer)**	**855**	**855**
#等级航道里程		Standand Waterways	(kilometer)	361	361

13-3 民用车辆拥有量（2016年）
Possession of Civil Vehicles (2016)

单位：辆 (unit)

项目	Item	全市 Total	# 私人 Private
合计	**Total**	**2424109**	**1949934**
汽车	Civil Automobile	2300405	1848973
载客汽车	Passenger Vehicles	1997431	1718299
大型	Large	36160	1219
中型	Medium	16993	6899
小型	Small	1934271	1705087
微型	Minicar	10007	5094
载货汽车	Trucks	292223	126878
重型	Heavy	50524	2945
中型	Medium	22346	3936
轻型	Light	213909	115130
微型	Mini	5444	4867
其他汽车	Others	10751	3796
电车	Trolleybuses and Trams	245	
无轨	Trolleybuses	245	
有轨	Trams		
摩托车	Motorcycle	103624	100591
普通	Ordinary	103618	100585
轻便	Light	6	6
挂车	Trailers	19824	370
其他类型车	Other Kinds of Vehicles	11	

注：本表资料由广州市公安局交警支队提供。
Note: The data in this table is provided by the transportation policy branch of Guangzhou policy bureau.

13-4 营业性民用运输轮驳船拥有量
Possession of Business Civil Transport Vessels

项　　目		Item		2015	2016
机动船		**Motor Vessels**			
艘数	(艘)	Number of Motor Vessels	(unit)	1479	1588
# 客船	(艘)	Passenger Vessels	(unit)	87	84
货船	(艘)	Cargo Vessels	(unit)	1384	1495
载客量	(客位)	Passenger Capacity	(seat)	23635	22210
净载重量	(吨位)	Dead Weight Tonnage	(ton)	16064725	26028971
总功率	(千瓦)	Total Power	(kw)	3018585	4454918
驳　船		**Barges**			
艘数	(艘)	Number of Barges	(unit)	4	3
净载重量	(吨位)	Dead Weight Tonnage	(ton)	5000	3000

注：本表资料由广州港务局等单位提供。

Note: This table is provided by Guangzhou port authority.

13-5 主要年份客货运输(吞吐量)和邮电业务收入

Total Passenger and Freight Traffic and Revenue of Postal and Telecommunication Services in Main Years

年 份 Year	客运量 (万人次) Passenger Traffic (10000 persontimes)	旅客周转量 (万人公里) Passenger-kilometers (10000 passengerkm)	货运量 (万吨) Freight Traffic (10000 tons)	货物周转量 (万吨公里) Freight Tonkilometers (10000 ton-km)	港口旅客吞吐量 (万人次) Volume of Passenger Handled in Coastal Ports (10000 persontimes)
1978					433
1980					489
1985	11653	1017045	18233	15653824	514
1986	10985	1090054	15439	16584196	788
1987	9152	1158152	18947	17143674	742
1988	10290	1340611	21390	18968882	765
1989	9051	1269994	18397	20193670	610
1990	9461	1340608	17842	21417482	531
1991	9996	1574625	19535	26703071	485
1992	12459	1897547	22562	28156518	484
1993	15988	2198885	24818	29564344	447
1994	17307	2202816	26461	35696673	406
1995	16107	2227019	26992	39618131	343
1996	15638	2066438	23315	30739572	233
1997	17725	2417966	23768	30573646	134
1998	19587	2563072	24443	26210641	91
1999	22007	2799796	24238	20924658	153
2000	26097	4533805	27972	22660161	134
2001	27461	4986901	28248	23370862	135
2002	30084	5570611	28496	22346711	135
2003	30546	5408605	29309	25104134	112
2004	36941	8557982	35700	27833246	119
2005	40524	9750755	38153	27240509	99
2006	43777	10915614	42759	27954630	98
2007	51180	12906006	45852	24706845	111
2008	55385	13752318	49586	24620645	90
2009	57053	14538626	52525	21762287	78
2010	62595	16936472	57369	24508491	79
2011	67756	18790926	64929	28611908	80
2012	76070	20746062	76100	49383911	75
2013	89269	22776307	89099	68224384	77
2014	98062	24996168	96553	86335522	71
2015	106082	26681268	100124	90504153	61
2016	113321	28535023	112507	154664095	87

13-5 续表 continued

年 份 Year	港口货物吞吐量（万吨） Volume of Freight Handled (10000 tons)	# 集装箱 Container	机场旅客吞吐量（万人次） Volume of Passenger Handled in Airport (10000 persontimes)	机场货邮行吞吐量（万吨） Volume of Freight Mail and Luggage Handled in Airport (10000 tons)	邮电业务收入（万元） Revenue of Postal and Telecommunication Services (10000 yuan)
1978	1950		66		2357
1980	2107		131	3	3631
1985	3700		290	6	9927
1986	3954		389	7	12744
1987	4561		505	10	19822
1988	5115	115	542	11	28482
1989	5106	103	485	11	38605
1990	5099	107	605	12	55960
1991	5657	161	745	15	79642
1992	6477	168	902	17	121473
1993	7610	177	927	19	180606
1994	8121	231	1070	23	270330
1995	8340	440	1257	28	380323
1996	8510	485	1264	32	528343
1997	8390	599	1251	35	687781
1998	8716	789	1241	41	841107
1999	11336	1355	1190	45	981527
2000	12455	1699	1279	49	1384846
2001	13539	2633	1384	53	1515282
2002	16772	3255	1601	59	1751392
2003	19200	4161	1501	54	1851326
2004	23887	4734	2033	63	2108788
2005	27283	6672	2340	75	2220589
2006	32816	9493	2622	82	2307436
2007	37053	13298	3096	90	2478199
2008	36954	15172	3344	93	2663183
2009	37549	15383	3705	122	2680007
2010	42526	18070	4098	145	2900942
2011	44770	20682	4504	153	3123440
2012	45125	21338	4831	163	3373039
2013	47267	23053	5246	173	4585063
2014	50097	24297	5479	190	5052592
2015	52096	26026	5521	200	5400082
2016	54437	27799	5974	216	6489220

注：本表根据铁路、民航统计口径变化，对2000年～2004年的相关数据作了调整。
Note: The data in this table from 2000 to 2004 was adjusted in accordance with the new statistical coverage of railway and civil aviation.

13-6 民航运输主要指标
Main Indicators on Civil Aviation

项　　目		Item		2015	2016
客运量	（万人次）	Passenger Traffic	(10000 person-times)	7045	7404
国际航线		International Routes		956	1106
国内航线		Domestic Routes		6089	6298
# 地区航线		Regional Routes		120	111
旅客周转量	（万人公里）	Passenger-kilometers	(10000 person-km)	13548567	14738139
国际航线		International Routes		4136654	4947966
国内航线		Domestic Routes		9411913	9790173
# 地区航线		Regional Routes		203840	180568
货邮运量	（吨）	Freight Traffic	(ton)	1163981	1250385
国际航线		International Routes		450396	490287
国内航线		Domestic Routes		713585	760098
# 地区航线		Regional Routes		12932	12877
货邮周转量	（万吨公里）	Freight Ton-kilometers	(10000 ton-km)	513028	561377
国际航线		International Routes		393594	433814
国内航线		Domestic Routes		119434	127563
# 地区航线		Regional Routes		1553	1517
总周转量	（万吨公里）	Total Air Traffic Ton-kilometers	(10000 ton-km)	1708137	1859889
国际航线		International Routes		757735	868605
国内航线		Domestic Routes		950402	991284
# 地区航线		Regional Routes		19452	17356
飞行班次	（班次）	Flying Times of General Aviation	(time)	587596	600599
国际航线		International Routes		74257	83534
国内航线		Domestic Routes		513339	517065
# 地区航线		Regional Routes		8644	7990
飞行时间	（小时）	Flying Time of General Aviation	(hr)	1522325	1616477
运输飞行		Transportation Flying		1513128	1605549
专业飞行		Flying for Special Purpose		9197	10928

13-7 民航航线及飞机年末数
Number of Civil Aviation Routes and Civil Aircraft at Year-end

指标名称	Item	2015	2016
定期航班航线条数（条）	Number of Scheduled Flights Routes (line)	666	690
国际航线	International Routes	164	175
国内航线	Domestic Routes	502	515
# 地区航线	Regional Routes	19	19
定期航班航线里程（公里）	Length of Scheduled Flights Routes (km)	1659449	1882511
国际航线	International Routes	674407	765664
国内航线	Domestic Routes	985042	1116847
# 地区航线	Regional Routes	33396	33396
民航飞机期末架数（架）	Number of Civil Aircraft (unit)	467	485
运输飞机	Aero Transport	443	460
大中型飞机	Large and Medium Sized Aircraft	423	440
小型飞机	Puddle-jumper	20	20
通用航空飞机	General Aviation Aircraft	24	25
国外通航国家和地区（个）	Foreign Countries and Regions Linked with Civil Aviation Routes (unit)	41	40
通航城市（个）	Cities Linked with Civil Aviation Routes (unit)	228	264
# 国外通航城市	Foreign Cities Linked with Civil Aviation Routes	73	76

13-8 白云国际机场吞吐量
Volume Handled in Baiyun International Airport

项　目	Item	2015	2016
飞机起降架次 （万次）	Number of Aircrafts Taking off and Landing (10000 times)	40.97	43.52
进　港	Landing	20.48	21.76
出　港	Taking off	20.49	21.76
旅客吞吐量 （万人次）	Volume of Passengers Handled (10000 person-times)	5521	5974
进　港	Landing	2730	2949
出　港	Taking off	2791	3025
货邮行吞吐量 （万吨）	Volume of Freight Handled (10000 ton)	200.24	215.92
进　港	Landing	88.44	96.36
出　港	Taking off	111.80	119.56
航线条数 （条）	Number of Civil Aviation Routes (line)	235	245
国际航线	International Routes	82	87
国内航线	Domestic Routes	153	158
# 地区航线	Regional Routes	4	4
国外通航国家和地区 （个）	Foreign Countries and Regions Linked with Civil Aviation Routes (unit)	38	42
通航城市	Cities Linked with Civil Aviation Routes	192	201
# 国外通航城市	Foreign Cities Linked with Civil Aviation Routes	69	76

13-9 输油(气)管道基本情况(2016年)
Basic Statistics on Pipelines (2016)

项目	Item	合计 Total	#输成品油管道 Refined Oil Pipelines	#输其他气体管道 Others Gas Pipelines
条数 (条)	Number Of Pipelines (unit)	30	25	4
输油(气)里程 (公里)	Length Of Pipelines (km)	121.89	101.29	17.20
延展长度 (公里)	Extension Length of Pipelines (km)	121.89	101.29	17.20
输油(气)能力 (万吨/年、千万立方米/年)	Capacity of Pipeline Traffic (10000 ton/year, 10 million cu.m/year)	5030.76	4731.76	279.00
输油(气)量 (万吨)	Pipeline Traffic (10000 tons)	910.56	856.60	49.82
输油(气)周转量 (万吨公里)	Ton-kilometers (10000 ton-km)	4785	4545	226

13-10 港口码头泊位数
Number of Berths in Ports

项目	Item	2015	2016
总计	**Total**		
码头长度 (米)	Length of Quay Line (m)	70240	70229
泊位 (个)	Number of Berths (unit)	870	807
#万吨级	10000 Ton Class	74	76
泊位年通过能力	Berths Capacity		
#货物 (万吨)	Cargo (10000 tons)	35722	37445
集装箱 (万TEU)	Containers (10000 TEU)	1291	1576
旅客 (万人)	Passengers (10000 persons)	3217	2862
汽车 (万辆)	Automobile (10000 units)	1034	1034
生产用	**For Productive Use**		
码头长度 (米)	Length of Quay Line (m)	58506	58535
泊位 (个)	Number of Berths (unit)	692	631
#万吨级	10000 Ton Class	71	73

13-11 港口吞吐量及货物分类（2016年）
Volume Handled in Ports and Type of Freight (2016)

单位：万吨 (10000 tons)

项目	Item	合计 Total	出港 Import	进港 Export	# 沿海港口 Coastal Harbour	出港 Import	进港 Export
货物吞吐量	**Volume of Freight Handled**	**54437.45**	**22430.59**	**32006.86**	**52253.82**	**22020.27**	**30233.55**
外贸	Foreign Trade	12722.48	4539.81	8182.67	12596.03	4486.19	8109.84
内贸	Inland Trade	41714.97	17890.78	23824.19	39657.79	17534.08	22123.71
货物分类	**Type of Freight**						
煤炭及制品	Coal and Related Products	7771.04	2759.70	5011.34	7334.84	2759.70	4575.14
石油、天然气及制品	Petroleum, Natural Gas and Related Products	2352.76	856.08	1496.68	2170.95	815.86	1355.09
# 原油	Crude Oil	71.95	35.98	35.98	71.95	35.98	35.98
金属矿石	Metal Ores	888.10	108.53	779.57	887.99	108.53	779.45
钢铁	Steel and Iron	2825.36	696.69	2128.68	2815.69	696.64	2119.06
矿建材料	Mineral Building Materials	3092.25	606.13	2486.13	2510.99	524.76	1986.23
水泥	Cement	223.43	172.16	51.27	45.97	21.14	24.83
木材	Timber	430.39	139.95	290.44	430.39	139.95	290.44
非金属矿石	Nonmetal Ores	258.26	101.45	156.81	179.13	101.45	77.68
化肥及农药	Chemical Fertilizers and Pesticides	15.12	5.38	9.75	10.98	5.38	5.61
盐	Salt	3.34	0.28	3.06	3.34	0.28	3.06
粮食	Grain	2312.19	693.47	1618.72	2098.53	693.47	1405.06
机械、设备、电器	Machinery, Equipment and Electric Appliance	3757.25	1905.15	1852.09	3749.59	1905.11	1844.48
化工原料及制品	Chemical Raw Materials and Related Products	885.74	132.46	753.27	652.67	126.51	526.15
有色金属	Nonferrous Metals	51.46	24.26	27.20	51.46	24.26	27.20
轻工、医药产品	Light Industry, Medical and Pharmaceastical Products	794.60	327.49	467.11	767.88	315.84	452.04
农林牧渔业产品	Agricultural, Forestry, Animal Husbandry and Fishery Products	245.37	34.81	210.56	235.64	28.20	207.44
其他	Others	28530.79	13866.60	14664.18	28307.78	13753.19	14554.59

13-12 港口标准集装箱吞吐量(2016年)

Cargo Handled in International Standard Containers (2016)

项　目	Item	合 计 Total	出 港 Import	进 港 Export
箱数合计 （万箱）	Total Containers (10000 units)	1885.77	963.16	922.61
重量合计 （万吨）	Total Weight (10000 tons)	27799.06	13241.60	14557.46
国内小计	National Total			
箱　数 （万箱）	Number of Containers (10000 units)	1139.54	583.71	555.83
重　量 （万吨）	Weight (10000 tons)	19747.26	9119.14	10628.12
国际小计	International Total			
箱　数 （万箱）	Number of Containers (10000 units)	746.23	379.45	366.78
#中国香港	Hong Kong, China	312.50	169.46	143.04
马来西亚	Malaysia	29.98	20.13	9.85
新加坡	Singapore	26.92	10.22	16.70
阿拉伯联合酋长国	The United Arab Emirates	13.66	0.54	13.12
韩　国	Korea, Rep.	11.37	2.38	8.99
南　非	South Africa	9.86	1.04	8.82
尼日利亚	Nigeria	8.71	6.99	1.72
印　度	India	6.81	5.92	0.89
重　量 （万吨）	Weight (10000 tons)	8051.80	4122.46	3929.34
#中国香港	Hong Kong, China	3928.79	1904.16	2024.63
马来西亚	Malaysia	411.44	296.37	115.07
新加坡	Singapore	336.77	146.11	190.66
阿拉伯联合酋长国	The United Arab Emirates	106.00	8.44	97.56
韩　国	Korea, Rep.	143.43	18.31	125.12
南　非	South Africa	41.13	10.17	30.96
尼日利亚	Nigeria	121.90	103.19	18.71
印　度	India	88.59	83.67	4.92

13-13 邮政电信网
Network of Postal and Telecommunication Services

项　目		Item		2015	2016
邮政网	(个)	Post Network	(unit)	243	243
自办邮政网点		Post Office Owned by Itself		176	179
代办网点		Commission Office		67	64
邮政储蓄所	(个)	Postal Savings Office	(unit)	131	133
信箱、信筒	(个)	Mail Box	(unit)	963	964
电信网	(个)	Telecommunication Office	(unit)	16385	13951
自办电信网点		Telecommunication Office Owned by Itself		439	366
代办网点		Commission Office		15946	13585
邮政网络	(公里)	Postal Service Network	(km)		
邮路总长度		Total Length of Mail Routes		37575	37575
农村投递线路总长度		Length of Rural Delivery Routes		21784	21784

13-14 邮政业务主要指标
Main Indicators on Post

项　　目		Item		2015	2016
国内分类业务总量		**Category of Domestic Services**			
函　件	(万件)	Number of Letters	(10000 pcs)	12871	9692
包　裹	(万件)	Packages	(10000 pcs)	57	40
汇　兑	(万张)	Remittance	(10000 pcs)	355	168
订销报纸累计数	(万份)	Number of Newspapers Circulation	(10000 copies)	17246	15551
订销杂志累计数	(万份)	Number of Magazines Circulation	(10000 copies)	1853	1446
快　递	(万件)	Pieces of Express Mail Services	(10000 pcs)	190926	281098
邮政储蓄年末收储余额	(万元)	Postal Savings Deposits at Year-end	(10000 yuan)	2656566	2958143
国际及港澳分类业务		**Category of International and Hong Kong & Macao Service**			
函　件	(万件)	Number of Letters	(10000 pcs)	5578	8858
包　裹	(万件)	Packages	(10000 pcs)	6	5
快　递	(万件)	Pieces of Express Mail Services	(10000 pcs)	4282	5600

13-15 电信业务主要指标
Main Indicators on Telecommunication Services

项　　目		Item		2015	2016
通信业务量		**Business Volume of Telecommunications**			
移动电话用户	(万户)	Number of Mobile Telephone Subscribers	(10000 subscribers)	3218.58	2828.09
# 3G移动电话用户		3G Mobile Telephone Subscribers		820.17	223.36
4G移动电话用户		4G Mobile Telephone Subscribers		1207.21	1757.57
短信通信量	(亿条)	Volume Of Message Services		206.86	211.72
# 移动短信通信量		Short Message Services		80.40	58.04
固定电话用户	(万户)	Number of Fixed-line Telephone	(10000 subscribers)	467.64	434.33
公用电话	(万户)	Number of Public Telephones	(10000 subscribers)	43.88	42.16
国际互联网用户	(万户)	Number of Internet Subscribers	(10000 subscribers)	539.26	613.31
宽带用户		Broadband Users		424.54	495.85
窄带用户		Narrowband Users		28.84	29.30
上网卡用户		Card Users		85.88	88.16
电信主要通信能力		**Main Communication Capacity of Telecommunications**			
长途电话交换机容量	(万路端)	Capacity of Long-distance Telephone Exchanges	(10000 circuits)	66.69	67.90
电话交换机总容量	(万门)	Capacity of Telephone Exchanges	(10000 gates)	636.09	534.80
局用交换机容量		Capacity of Office Exchanges		239.57	152.87
接入网交换机容量		Capacity of Exchanges Linked-out		396.51	381.93
移动电话交换机容量	(万户)	Capacity of Mobile Telephone Exchanges	(10000 subscribers)	4932	4865
移动电话基站数	(个)	Number of Mobile phone Base Station	(unit)	66993	80457
互联网宽带接入端口	(个)	Broad Band Subscribers Post Of Internet	(unit)	5645368	8663668

13-16 邮电业务收入

Revenue of Postal and Telecommunication Services

单位：万元 (10000 yuan)

项　　目	Item	2015	2016
总　　计	**Total**	**5400082**	**6489220**
# 港澳及国际	Hong Kong, Macao and International	323429	394424
邮政收入	Revenue of Posts	2222763	3070185
# 港澳及国际	Hong Kong, Macao and International	297042	377168
函　　件	Letters	83162	128285
快　　递	Express Mail Services	1959861	2754616
汇　　兑	Remittance	3535	4417
包　　裹	Package	5177	4825
报　　刊	Newspapers and Magazines	8567	8289
其　　他	Others	162461	169753
电信收入	Revenue of Telecommunications	3177319	3419035
# 港澳及国际	Hong Kong, Macao and International	26387	17256
固定电话收入	Fixed-line Telephone	200322	185198
移动电话收入	Mobile Telephone	2023392	2140184
宽带收入	Broadband Network	362170	395307
其他收入	Other Revenue	591435	698346

13-17 城市公共交通（2016年）

Public Traffic in City (2016)

项　目		Item		合　计 Total	汽　车 Buses	电　车 Trolleys
营运车、船数	（辆、艘）	Number of Vehicles and Vessels	(unit)	38311	13795	279
营运车船客位数	（个）	Seat for Vehicles and Vessels for Business Transportation	(seat)	2013512	1351910	27342
营运线路条数	（条）	Lines Used by Public Traffic for Business Transportation	(line)	1207	1167	15
营运线路长度	（公里）	Length of Public Traffic	(km)	21170	20612	183
客运量	（万人次）	Number of Passenger Traffic	(10000 person-times)	556603	236128	5230
客运收入	（万元）	Revenue of Passenger Transport	(10000 yuan)	1507297	425398	8353
每辆汽、电车负担人数	（人）	Number of Passengers per Bus and Trolley	(person)	619		

13-17　续表　continued

项　目		Item		轮　渡 Ferries	出租汽车 Cabs	轨道交通 Track Traffic
营运车、船数	（辆、艘）	Number of Vehicles and Vessels	(unit)	48	22101	2088
营运车船客位数	（个）	Seat for Vehicles and Vessels for Business Transportation	(seat)	10685	88404	535171
营运线路条数	（条）	Lines Used by Public Traffic for Business Transportation	(line)	14		11
营运线路长度	（公里）	Length of Public Traffic	(km)	59		316
客运量	（万人次）	Number of Passenger Traffic	(10000 person-times)	1705	56421	257119
客运收入	（万元）	Revenue of Passenger Transport	(10000 yuan)	8225	627486	437835
每辆汽、电车负担人数	（人）	Number of Passengers per Bus and Trolley	(person)			

注：本表数据由广州市交通委员会提供(营运车船客位数按实际可乘坐人数计算)。

Note: The data in this table are provided by communications commission of Guangzhou municipality (seats of vehicles and vessels for business transportation are caculated by factual seats).

13-18 规模以上运输邮电企业财务指标（2016年）

单位：万元

项　目	Item	合　计 Total	按经济类型分 Grouped by Economic Type 1. 国有经济 State-owned Economy	2. 民营经济 Private Economy	3. 其他经济 Others
企业单位数　（个）	Number of Enterprises　(unit)	482	118	321	43
# 亏损企业	Loss-making Enterprises	92	25	58	9
固定资产原价合计	Total Original Value of Fixed Assets	70601554	63954201	1592654	5054700
本年折旧	Depreciation at Current Year	2989714	2594727	121110	273878
资产合计	Total Assets	124614867	115069917	5057082	4487869
负债合计	Total Liabilities	46725086	41904324	2013053	2807709
营业收入	Business Revenue	24309053	19881826	2422326	2004901
营业成本	Cost of Business	19903583	16799350	1997243	1106990
营业税金及附加	Taxes and Extra Charges on Business	109532	85153	11042	13338
销售费用	Cost of Sales	1191100	959153	111903	120044
管理费用	Cost of Management	1576000	1234184	239687	102129
财务费用	Cost of Finance	1188808	1052189	36490	100128
营业利润	Operation Profits	2157889	1352950	244470	560470
利润总额(亏损为-)	Total Profits ("-" indicates losses)	3404908	2507674	270170	627064
应付职工薪酬	Benefits Payable of the Employee	4858830	4145993	429124	283712
从业人员平均人数（人）	Average Employed Persons　(person)	382525	292893	64576	25056

Finance Indicators of Transport, Postal and Telecommunication Services Enterprises above Designated Size (2016)

(10000 yuan)

按行业类型分 Grouped by Sector Type					
1. 公路运输 Highway Transport	2. 水上运输 Waterway Transport	# 港口 Port	3. 民 航 Civil Aviation	4. 邮 电 Postal and Telecom-munication Services	5. 其 它 Others
349	65	17	7	57	4
65	13	3	4	7	3
22783024	10779588	2594053	19027085	10566899	7444958
711772	433613	122937	919629	785084	139617
50801348	17630354	4303177	17679702	24147779	14355685
21003090	9010423	1820427	13126533	-2600153	6185192
5253600	3333355	618612	8883414	5914575	924109
4127246	2821081	407895	7303547	4764525	887184
59001	12793	7546	10370	23452	3916
67114	23609	7282	476713	623134	531
475938	319515	82574	262400	501389	16758
515141	191145	69483	494660	-177256	165117
208101	285606	134934	402956	1410512	-149285
1075323	378076	134138	656772	1412178	-117441
1353865	535135	129608	1674050	1127889	167890
136290	31109	9208	87153	113935	14038

【货(客)运量】指运输业实际运送的货物(旅客)数量。货运按吨计算,客运按人计算。货物不论运输距离长短,货物类型,均按实际重量统计;旅客不论行程远近或票价多少,均按一人一次作为客运量统计。半价票、小孩票也按一人统计。货(客)运量反映运输业为国民经济和人民生活服务的数量,也是制定和检查运输生产计划,研究运输发展规模和速度的重要指标。

【货物(旅客)周转量】指运输业运送的货物(旅客)与其相应运输距离的乘积之和,通常以吨公里和人公里为计算单位。计算货物周转量通常按发出站与到达站之间的最短距离, 也就是计费距离计算。它是反映运输业生产总成果的重要指标,也是编制和检查运输生产计划,计算运输效率,劳动生产率以及核算运输单位成本的主要基础资料。

【移动电话用户】指在邮电部门登记,通过移动电话交换机进入移动电话网、占有移动电话号码的电话用户。计量单位为“户”。用户数字以实际办理登记手续进入邮电部门移动电话网的户数进行计算,一部或一台移动电话统计为一户。

【Freight (Passenger)Traffic】refers to the volume of freight (passenger)transported with various means.Freight transport is calculated in tons and passenger traffic is calculated in the number of persons. Despite the type of freight and traveling distance, the freight transport is calculated in the actual weight of the goods; and despite the traveling distance and ticket price,the passenger traffic is calculated by the principle that one person can be counted only once in one travel.The passenger who travels with a half price ticket or a child ticket is also calculated as one person.The freight (passenger)traffic provides a quantitative measure to show how the transport industry serves the national economy and people,and is also an important indicator for planning how the transport industry serves the national economy and people,and is also an important indicator for planning the transport industry and for studying the development scale and speed of the transport industry.

【Freight Ton-kilometers(Passenger-kilometers)】refer to the sum of the products of the volume of transported cargo (passengers)multiplying by the transport distance,usually using ton-kilometer and passenger -kilometer as units for measurement. Normally, the shortest distance between the departure station and the destination station (i.e.the payable distance)is the basis to calculate the freight ton kilometers.This is an important indicator to show the total results of the transport industry,to prepare and examine the transport plan and to measure the efficiency,the labor productivity and the unit cost of transport.

【Mobile Telephone Subscribers】refer to the persons who own mobile telephone number connected with the mobile telephone communication network and registered by postal and telecommunication organization.The number of subscribers is calculated only when the subscriber who has gone through all the register formalities and entered into the mobile telephone network.One mobile telephone is treated as a subscriber.

第十四篇 CHAPTER 14

国内贸易
DOMESTIC TRADE

第十四篇　国内贸易

一、本篇资料反映广州市国内市场发展的基本情况。

二、本篇资料由广州市统计局贸易外经统计处整理提供。

三、本篇资料主要根据国家统计局制定的批发和零售业、住宿和餐饮业统计报表制度，通过采取全面调查、抽样调查等方法，对基层数据汇总取得。

四、各表的调查范围：

社会消费品零售总额表的调查范围是各种经济类型的批发和零售业、住宿和餐饮业法人单位、产业活动单位及个体户。

批发和零售业商品购、销、存总额表的调查范围是各种经济类型的批发和零售业法人单位及个体户。

商品购、销、存类值表的调查范围是各种经济类型的限额以上批发和零售业的法人单位及个体户。

财务状况表的调查范围是各种经济类型的限额以上批发和零售业、住宿和餐饮法人单位。

五、关于历史数据调整问题

根据2008年第二次经济普查结果，我们对2006年-2007年社会消费品零售总额进行了调整，2008年使用的是经济普查数据。

14 Domestic Trade

I.The data in this chapter show the development of Guangzhou's domestic markets.

II.The data in this chapter are prepared and provided by the Division of Trade and External Economic Relations Statistics of Guangzhou Municipal Bureau of Statistics.

III.The data are obtained mainly in accordance with the Statistical Reporting Scheme on Wholesale and Retail Trade and Catering Services stipulated by the National Bureau of Statistics. The Methods used in data collection for enterprises (units) are complete enumeration and sample surveys, under which data are reported from lower to higher level statistical offices.

IV. The statistical coverage comes as follows:

The total retail sales of social consumer goods covered the retail value of the corporation units, economic active units and individual operators of all economic types of wholesale and retail trade, accommodation and catering industry.

The investigated objects of total purchases and sales and inventory of wholesale and retail trade come from corporation units and individual operators.

The investigated objects of commodity purchases, sales and inventory covered the corporation units and individual operators of wholesale and retail trade enterprises above the designated size.

The investigated objects of financial situation covered the corporation units of wholesale and retail trade, catering and accommodation above the designated size.

V. Based on results from the Second National Economic Census in 2008, adjustments were made for total retail sales consumer goods from year 2006 to 2007.The data of year 2008 are from the census in 2008.

14-1 主要年份社会消费品零售总额

Total Retail Sales of Consumer Goods in Main Years

单位：万元 (10000 yuan)

年 份 Year	总 计 Total	按行业分 By Sector			
		批发和零售业 Wholesale and Retail Trades	住宿和餐饮业 Hotels and Catering Services	其他行业 Others	# 制造业 Manufacturing
1978	176300	148378	16242	11680	7327
1980	287127	224457	23307	39363	24261
1985	749841	499571	115750	134520	64827
1986	802044	536172	107943	157929	69972
1987	952332	622077	134437	195818	67362
1988	1303688	833448	175891	294349	86936
1989	1442483	910670	234931	296882	90114
1990	1477826	945047	239607	293172	74574
1991	1701215	1062833	286924	351458	83978
1992	2095177	1330726	340871	423580	106090
1993	3030090	1878281	550956	600853	163413
1994	4481850	2781693	803059	897098	274554
1995	5499678	3437585	962855	1099238	331749
1996	6864426	4549455	1193692	1121279	370657
1997	8025887	5329267	1387026	1309594	509907
1998	9045719	6010638	1583833	1451248	561812
1999	10006848	6661555	1820957	1524336	605225
2000	11211340	7839516	2081458	1290366	589711
2001	12482848	8803979	2399208	1279661	571027
2002	13706815	9733195	2659750	1313870	476489
2003	14942742	11833760	2818533	290449	
2004	16777731	14030973	2636742	110016	
2005	19058398	16171817	2835312	51269	
2006	21991379	18921556	3069823		
2007	26242399	22841850	3400549		
2008	31873862	27953721	3920141		
2009	36157655	31565720	4591935		
2010	44763780	38835933	5927847		
2011	52430246	45444614	6985632		
2012	59772666	51685711	8086955		
2013	68828473	59858717	8969756		
2014	71444503	62306372	9138131		
2015	79879595	69845716	10033879		
2016	87064876	76255760	10809116		

注：根据国家统计局的要求，对2014年的数据进行了调整。
Note: The data of year 2014 has been adjusted according to National Bureau of Statistics of China.

14-2 主要年份社会消费品零售总额指数

Indices of Total Retail Sales of Consumer Goods in Main Years

上年=100 (preceding year=100)

年 份 Year	总 计 Total	按行业分 By Sector			
		批发和零售业 Wholesale and Retail Trades	住宿和餐饮业 Hotels and Catering Services	其他行业 Others	# 制造业 Manufacturing
1978	106.6	105.7	118.2	104.3	95.4
1980	136.1	130.5	121.6	198.2	181.9
1985	138.1	124.7	224.2	147.9	133.1
1986	107.0	107.3	93.3	117.4	107.9
1987	118.7	116.0	124.5	124.0	96.3
1988	136.9	134.0	130.8	150.3	129.1
1989	110.7	109.3	133.6	100.9	103.7
1990	102.5	103.8	102.0	98.8	82.8
1991	115.1	112.5	119.8	119.9	112.6
1992	123.2	125.2	118.8	120.5	126.3
1993	144.6	141.2	161.6	141.9	154.0
1994	147.9	148.1	145.8	149.3	168.0
1995	122.7	123.6	119.9	122.5	120.8
1996	118.3	124.0	117.5	91.3	111.7
1997	116.9	117.1	116.2	116.8	137.6
1998	112.7	112.8	114.2	110.8	110.2
1999	110.6	110.8	115.0	105.0	107.7
2000	112.0	117.7	114.3	84.7	97.4
2001	111.3	112.3	115.3	99.2	96.8
2002	109.8	110.6	110.9	102.7	83.4
2003	109.0	121.6	106.0	22.1	
2004	112.1	115.2	106.6	38.4	
2005	113.6	115.3	107.5	46.6	
2006	115.4	117.0	108.3		
2007	119.3	120.7	110.8		
2008	121.5	122.4	115.3		
2009	113.4	113.6	112.4		
2010	124.2	123.4	129.5		
2011	117.1	117.0	117.8		
2012	115.2	114.9	117.1		
2013	115.2	115.8	110.9		
2014	112.5	113.2	107.8		
2015	111.0	111.2	109.8		
2016	109.0	109.2	107.7		

注：当年指数按可比口径计算。

Note: The indices are calculated at the comparable coverage.

14-3 各时期社会消费品零售总额

Total Retail Sales of Consumer Goods in Different Periods

单位：万元 (10000 yuan)

时 期	Period	总 计 Total	按行业分 By Sector			
			批发和零售业 Wholesale and Retail Trades	住宿和餐饮业 Hotels and Catering Services	其他行业 Others	# 制造业 Manufacturing
全 市	**Total**					
"六五"时期	6th Five-year Plan Period	2459903	1775024	260620	424259	222331
"七五"时期	7th Five-year Plan Period	5978373	3847414	892809	1238150	388958
"八五"时期	8th Five-year Plan Period	16808010	10491118	2944665	3372227	959784
"九五"时期	9th Five-year Plan Period	45154220	30390431	8066966	6696823	2637312
"十五"时期	10th Five-year Plan Period	76968534	60573724	13349545	3045265	1047516
"十一五"时期	11th Five-year Plan Period	161029075	140118780	20910295		
"十二五"时期	12th Five-year Plan Period	332355483	289141130	43214353		
1979-2016	1979-2016	728316591	612989805	100490843	14835943	5293603

14-4 社会消费品零售总额
Total Retail Sales of Consumer Goods

单位:万元 (10000 yuan)

项 目	Item	2015	2016
社会消费品零售总额	**Total**	**79879595**	**87064876**
按行业分	**By Sector**		
批发和零售业	Wholesale and Retail Trades	69845716	76255760
限额以上	Enterprises above Designated Size	42812696	41317196
限额以下	Enterprises (Units) below Designated Size and Individuals	27033020	34938564
住宿和餐饮业	Hotels and Catering Services	10033879	10809116
限额以上	Enterprises above Designated Size	4019892	4055989
限额以下	Enterprises (Units) below Designated Size and Individuals	6013987	6753127

14-5 批发和零售业商品销售总额
Total Sales of Wholesale and Retail Trade

单位：万元 (10000 yuan)

项 目	Item	2015	2016
商品销售总额	Total Sales	509023780	559727457
批 发 业	Wholesale Trade	436746555	479960811
限额以上	Enterprises above Designated Size	232412855	235081640
限额以下	Enterprises (Units) below Designated Size and Individuals	204333700	244879171
零 售 业	Retail Trade	72277225	79766646
限额以上	Enterprises above Designated Size	38990550	39973400
限额以下	Enterprises (Units) below Designated Size and Individuals	33286675	39793246

14-6 限额以上批发和零售业法人企业商品分类销售总额(2016年)
Total Sales Value of Enterprises above Designated Size in Wholesale and Retail Trade by Category of Commodities (2016)

单位:万元 (10000 yuan)

项　　目	Item	销售总额 Total Sales Value	批发额 Wholesale Value	零售额 Retail Value
合　计	**Total**	**267446677**	**227073543**	**40373134**
粮油、食品类	Grain and Oil	12703135	9950357	2752778
# 肉禽蛋类	Meat, Poultry and Eggs	1487443	1144216	343227
饮料类	Beverages	2873744	2392704	481040
烟酒类	Tobacco and Liquor	2760490	2265008	495482
服装鞋帽、针、纺织品类	Garments, Footwear, Headgear, Knitwear and Textiles	27174677	23102139	4072538
服装类	Clothing	16794507	13521110	3273397
鞋帽类	Footwear and Headgear	2694038	2121039	572999
针、纺织品类	Knitwear and Textiles	7686132	7459990	226142
化妆品类	Cosmetics	2500293	1433242	1067051
金银珠宝类	Gold, Silver and Jewelry	2640719	1968349	672370
日用品类	Daily-Use Articles	11067544	9223864	1843680
# 儿童玩具类	Toys for children	344843	235267	109576
五金、电料类	Hardware and Electrical Materials	2562821	2084221	478600
体育、娱乐用品类	Sports and Recreation Articles	1265210	758210	507000
书报杂志类	Newspapers and Magazines	1064800	902631	162169
电子出版物及音像制品类	E-journal and Video Products	114103	99853	14250
家用电器和音像器材类	Household Appliances and Video Appliances	7065231	4392523	2672708
中西药品类	Traditional Chinese and Western Medicines	16076445	12258329	3818116
# 西　药	Western Medicines	11807248	8847056	2960192
中草药及中成药	Traditional Chinese Medicines	3242434	2798734	443700
文化办公用品类	Cultural and Office Goods	4817237	3661898	1155339
家具类	Furniture	2065096	1757435	307661
通讯器材类	Communication Appliances	7909615	5147945	2761670
煤炭及制品类	Coal and Related Products	4714842	4714842	
木材及制品类	Wood and Wooden Products	432929	432929	
石油及制品类	Petroleum and Related Products	34089603	30117360	3972243
化工材料及制品类	Chemical Materials and Related Products	18724444	18724444	
# 化肥类	Chemical Fertilizers	557549	557549	
金属材料类	Metal Materials	33473813	33473813	
建筑及装潢材料类	Building and Decoration Materials	3056239	2893165	163074
机电产品及设备类	Mechanical and Electrical Products	5763678	5492898	270780
# 农机类	Agricultural Machinery	14437	14437	
汽车类	Motor Vehicles	48172482	36342193	11830289
种子饲料类	Seeds and Feedstuff	1884375	1884375	
棉麻类	Cotton and Hemp	460261	460261	
其他类	Others	12012851	11138555	874296

14-7 限额以上批发业法人企业商品购、销、存总额(2016年)

单位：万元

项　　目	Item
合　计	**Wholesale Trade**
# 国有及国有控股	State-owned and State-controlled Enterprises
按登记注册类型分	**By Status of Registration**
内资企业	Domestic-funded Enterprises
国有企业	State-owned Enterprises
集体企业	Collective-owned Enterprises
股份合作企业	Cooperative Enterprises
联营企业	Joint Ownership Enterprises
国有联营企业	State Joint Ownership Enterprises
集体联营企业	Collective Joint Ownership Enterprises
国有与集体联营企业	Joint State-collective Enterprises
其他联营企业	Other Joint Ownership Enterprise
有限责任公司	Limited Liability Corporations
国有独资企业	State Sole Funded Corporations
其他有限责任公司	Other Limited Liability Corporations
股份有限公司	Share-holding Corporations Ltd.
私营企业	Private Enterprises
私营独资企业	Private-funded Enterprises
私营合伙企业	Private Partnership Enterprises
私营有限责任公司	Private Limited Liability Corporations
私营股份有限公司	Private Share-holding Corporations Ltd.
其他企业	Other Enterprises
港、澳、台商投资企业	Enterprises with Funds from Hong Kong, Macao and Taiwan
与港、澳、台商合资经营企业	Joint-venture Enterprises
与港、澳、台商合作经营企业	Cooperative Enterprises
港、澳、台商独资经营企业	Enterprises with Sole Funds
港、澳、台商投资股份有限公司	Share-holding Corporations Ltd.
其他港、澳、台投资企业	Other Enterprises with Funds from Hong Kong, Macao and Taiwan
外商投资企业	Foreign Funded Enterprises
中外合资经营企业	Joint-venture Enterprises
中外合作经营企业	Cooperative Enterprises
外资企业	Enterprises with Sole Foreign Funds
外商投资股份有限公司	Share-holding Corporations Ltd.
其他外商投资企业	Other Foreign Funded Enterprises
按国民经济行业分组	**By Economic Sector**
农、林、牧产品批发	Wholesale of Farming, Forestry, Animal Husbandry Products
食品、饮料及烟草制品批发	Wholesale of Food, Beverages and Tobacco Products
# 米、面制品及食用油批发	Wholesale of Rice, Flour and Edible Oil
烟草制品批发	Wholesale of Tobacco
纺织、服装及家庭用品批发	Wholesale of Textile, Clothing and Household Goods
# 服装批发	Wholesale of Garments
家用电器批发	Wholesale of Household Electrical Appliances
文化、体育用品及器材批发	Wholesale of Cultural, Sports Appliances and Equipment
医药及医疗器材批发	Wholesale of Medicine and Medical Appliances
矿产品、建材及化工产品批发	Wholesale of Mineral Products, Building Materials and Chemical Products
# 煤炭及制品批发	Wholesale of Coal and Related Products
石油及制品批发	Wholesale of Petroleum and Related Products
金属及金属矿批发	Wholesale of Metal Minerals
建材批发	Wholesale of Building Materials
化肥批发	Wholesale of Chemical Fertilizers
机械设备、五金产品及电子产品批发	Wholesale of Mechanical Equipment, Metal Products and Electronic Products
# 汽车批发	Wholesale of Automobile
汽车零配件批发	Wholesale of Automobile Accessories
摩托车及零配件批发	Wholesale of Motorcycles and Accessories
计算机、软件及辅助设备批发	Wholesale of Computers, Software and Assistant Equipments
贸易经纪与代理	Trade Broker and Agency
其他批发业	Wholesale of Other Trades

Total Purchases, Sales and Stock of Enterprises above Designated Size in Wholesale Trade (2016)

(10000 yuan)

购进总额 Total Purchase Value	#进口 Imports Value	销售总额 Total Sales Value	批发额 Wholesale Value	零售额 Retail Value	年末库存 Stock at Year-end
219483797	**13463871**	**228136865**	**221453523**	**6683342**	**11485875**
108676754	5243187	105328092	102001176	3326916	4784675
190673561	11132675	195916715	191069154	4847561	8721993
2447933	211643	2356841	2328989	27852	671692
88275		98126	97095	1031	7352
144054	3156	171944	171170	774	3357
21095		21862	20886	976	398
3354		3253	2277	976	198
17741		18609	18609		200
124861518	8593391	134417924	131271511	3146413	4623986
33747885	402289	35819010	35739050	79960	1083408
91113633	8191102	98598914	95532461	3066453	3540578
18456244	488245	9567858	9412628	155230	448679
44644355	1836240	49271466	47759193	1512273	2966442
772680		900582	900582		14527
8582		9172	9172		1587
41245799	1760264	45555622	44103444	1452178	2873567
2617294	75976	2806090	2745995	60095	76761
10087		10694	7682	3012	87
11865655	678717	13265219	12516228	748991	1749334
2130117	149624	2281731	2234052	47679	212199
36174		45585	45585		5498
9642450	517610	10861224	10159912	701312	1519489
46825	11483	63001	63001		11462
10089		13678	13678		686
16944581	1652479	18954931	17868141	1086790	1014548
5547096	588824	5656773	4657068	999705	415085
62931	62693	62931	62931		
9452992	1000307	11275532	11193933	81599	538636
1869072		1944575	1944575		59029
12490	655	15120	9634	5486	1798
2994393	592214	3241943	3204903	37040	275648
9633055	704727	11535076	11277272	257804	1251415
2393272	264788	2315023	2284990	30033	691428
1155785	16262	1604676	1597461	7215	55733
22418640	1052084	25967241	24630623	1336618	2093324
6611325	90086	7372120	6712361	659759	869056
2862415	15018	3151670	3037731	113939	244495
7556497	464511	9016375	8580723	435652	896548
16384747	802077	17522751	14806342	2716409	1660273
113355115	8205806	108615632	107722096	893536	3823381
5116721	428276	5128816	5127981	835	337371
53664939	4490890	45511136	44851154	659982	1181104
24316835	342522	25830589	25744987	85602	1202101
9172566	1565669	9637888	9573193	64695	328200
605739	61650	660589	660589		71370
42152267	1113101	46886589	45905238	981351	1140220
28049133	40769	31656712	30919900	736812	87149
2868582	327560	3052854	3001427	51427	169384
64921		85456	83138	2318	4471
3092447	221046	3171206	3130350	40856	254127
2486145	319565	2555308	2551074	4234	206474
2502938	209786	2795950	2775252	20698	138592

14-8 限额以上零售业法人企业商品购、销、存总额(2016年)

单位：万元

项　　目	Item
合　　计	**Retail Trade**
#国有及国有控股	State-owned and State-controlled Enterprises
按登记注册类型分	**By Status of Registration**
内资企业	Domestic-funded Enterprises
国有企业	State-owned Enterprises
集体企业	Collective-owned Enterprises
股份合作企业	Cooperative Enterprises
联营企业	Joint Ownership Enterprises
国有联营企业	State Joint Ownership Enterprises
集体联营企业	Collective Joint Ownership Enterprises
国有与集体联营企业	Joint State-collective Enterprises
其他联营企业	Other Joint Ownership Enterprise
有限责任公司	Limited Liability Corporations
国有独资企业	State Sole Funded Corporations
其他有限责任公司	Other Limited Liability Corporations
股份有限公司	Share-holding Corporations Ltd.
私营企业	Private Enterprises
私营独资企业	Private-funded Enterprises
私营合伙企业	Private Partnership Enterprises
私营有限责任公司	Private Limited Liability Corporations
私营股份有限公司	Private Share-holding Corporations Ltd.
其他企业	Other Enterprises
港、澳、台商投资企业	Enterprises with Funds from Hong Kong, Macao and Taiwan
与港、澳、台商合资经营企业	Joint-venture Enterprises
与港、澳、台商合作经营企业	Cooperative Enterprises
港、澳、台商独资经营企业	Enterprises with Sole Funds
港、澳、台商投资股份有限公司	Share-holding Corporations Ltd.
其他港、澳、台投资企业	Other Enterprises with Funds from Hong Kong, Macao and Taiwan
外商投资企业	Foreign Funded Enterprises
中外合资经营企业	Joint-venture Enterprises
中外合作经营企业	Cooperative Enterprises
外资企业	Enterprises with Sole Foreign Funds
外商投资股份有限公司	Share-holding Corporations Ltd.
其他外商投资企业	Other Foreign Funded Enterprises
按国民经济行业分组	**By Economic Sector**
综合零售	Comprehensive Retail Trade
#百货零售	Retail of General Merchandise
超级市场零售	Retail of Supermarket
食品、饮料及烟草制品专门零售	Retail of Food, Beverage and Tobacco
纺织、服装及日用品专门零售	Retail of Textile, Garments and Daily Articles Consumer
#服装零售	Retail of Garments
文化、体育用品及器材专门零售	Retail of Cultural, Sports Appliances and Equipment
#体育用品及器材零售	Retail of Sports Goods
图书、报刊零售	Retail of Books and Newspapers
医药及医疗器材专门零售	Retail of Medicine and Medical Appliances
#药品零售	Retail of Medicines
汽车、摩托车、燃料及零配件专门零售	Retail of Motor Vehicles, Motorcycles, Fuels and Parts
#汽车零售	Retail of Motor Vehicles
机动车燃料零售	Retail of Motor Vehicle Fuels
家用电器及电子产品专门零售	Retail of Household Electrical Appliances and Electronic Products
#家用视听设备零售	Retail of Household Audio and Video Equipment
日用家电设备零售	Retail of Household Electrical Appliances
计算机、软件及辅助设备零售	Retail of Computers, Software and Assistant Equipments
通信设备零售	Retail of Communication Equipments
五金、家具及室内装饰材料专门零售	Retail of Hardware, Furniture and Decoration Materials
货摊、无店铺及其他零售业	Retail of Booth and Others
#互联网零售	E-Retail

Total Purchases, Sales and Stock of Enterprises above Designated Size in Retail Trade (2016)

(10000 yuan)

购进总额 Total Purchase Value	#进口 Imports Value	销售总额 Total Sales	批发额 Wholesale Trade	零售额 Retail Trade	年末库存 Stock at Year-end
33414291	**1211474**	**39309812**	**5620020**	**33689792**	**2738208**
7839190	191567	10426170	2115470	8310700	491664
21793127	965995	26286453	5057478	21228975	2085281
121395		114532	16554	97978	50084
215052		254175	9414	244761	18934
38714		52508	23903	28605	3753
44161		53042	372	52670	2135
9825		13970		13970	259
10415		10852	221	10631	225
11926		13559	151	13408	398
11995		14661		14661	1253
8079861	524848	10934356	1205060	9729296	745165
346171	90539	378298	31294	347004	29941
7733690	434309	10556058	1173766	9382292	715224
4445037	2850	5064084	1803351	3260733	321697
8848128	438297	9813004	1998824	7814180	943468
40276		45703	8845	36858	3871
22247		23306	3663	19643	671
8679727	438297	9616227	1964470	7651757	933664
105878		127768	21846	105922	5262
779		752		752	45
2760636	134498	3550469	458942	3091527	309270
1382772	65907	1785482	215849	1569633	123428
37998		45273		45273	2588
1339866	68591	1719714	243093	1476621	183254
8860528	110981	9472890	103600	9369290	343657
1533680	33035	1835478	14308	1821170	116175
653285	3359	655992	6522	649470	35000
1261176	74587	1566442	82770	1483672	173847
34682		36085		36085	4749
5377705		5378893		5378893	13886
5281386	2175	6186607	219452	5967155	379131
2170470	896	2665220	29751	2635469	108423
2856485	1279	3192864	189657	3003207	251762
601528	8408	701621	118770	582851	84008
1249352	28205	2012019	524690	1487329	466337
801676	11862	1357371	394749	962622	322326
727138	1138	830159	371730	458429	89660
75817		97765	2969	94796	3445
212442	790	237763	46225	191538	28533
1308403	32369	1703690	546424	1157266	205048
1081632	13239	1413990	409323	1004667	167326
14404641	1090266	17503822	2487279	15016543	1128023
12550084	1076605	13264240	2058321	11205919	1051197
1601515		3970076	326446	3643630	42478
3252971	5979	3507856	1098401	2409455	261917
721634		795155	10480	784675	20361
912864	2559	980595	281075	699520	172787
215463		272183	101278	170905	20695
1293580		1328853	664842	664011	31885
443567	838	560121	214577	345544	52475
6145305	42096	6303917	38697	6265220	71609
6005909	30386	6143768	5060	6138708	57145

14-9 限额以上批发业法人企业财务状况(2016年)

单位：万元

项　　目	Item
总　　计	**Total**
按登记注册类型分	**Grouped by Registration Status**
内资企业	Domestic-funded Enterprises
国有企业	State-owned Enterprises
集体企业	Collective-owned Enterprises
股份合作企业	Share-holding Cooperative Enterprises
联营企业	Joint-opeartion Enterprises
国有联营企业	State-owned Joint-opeartion Enterprises
集体联营企业	Collective Joint-opeartion Enterprises
国有与集体联营企业	Joint State-collective Enterprises
其他联营企业	Other Joint Ownership Enterprises
有限责任公司	Limited Liability Corporations
国有独资公司	State Sole Investment Corporations
其他有限责任公司	Other Limited Liability Corporations
股份有限公司	Share-holding Corporations Ltd.
私营企业	Private Enterprises
私营独资企业	Private Sole Investment Enterprises
私营合伙企业	Private Partnership Enterprises
私营有限责任公司	Private Limited Liability Corporations
私营股份有限公司	Private Share-holding Corporations Ltd.
其他企业	Other Enterprises
港、澳、台商投资企业	Enterprises with Funds from Hong Kong, Macao and Taiwan
与港、澳、台商合资经营企业	Joint-venture Enterprises
与港、澳、台商合作经营企业	Cooperative Enterprises
港、澳、台商独资经营企业	Enterprises with Sole Funds
港、澳、台商投资股份有限公司	Share-holding Corporations Ltd.
其他港、澳、台投资企业	Other Enterprises with Funds from Hong Kong, Macao and Taiwan
外商投资企业	Foreign Funded Enterprises
中外合资经营企业	Joint-venture Enterprises
中外合作经营企业	Cooperative Enterprises
外资企业	Enterprises with Sole Foreign Funds
外商投资股份有限公司	Share-holding Corporations Ltd.
其他外商投资企业	Other Foreign Funded Enterprises
按行业分	**Grouped by Sector**
农、林、牧产品批发	Wholesale of Farming, Forestry, Animal Husbandry Products
食品、饮料及烟草制品批发	Wholesale of Food, Beverages and Tobacco Products
# 米、面制品及食用油批发	Wholesale of Rice, Flour and Edible Oil
烟草制品批发	Wholesale of Tobacco
纺织、服装及家庭用品批发	Wholesale of Textile, Garments and Daily Articles Consumer
# 服装批发	Wholesale of Garments
家用电器批发	Wholesale of Household Electrical Appliances
文化、体育用品及器材批发	Wholesale of Cultural, Sports Appliances and Equipment
医药及医疗器材批发	Wholesale of Medicine and Medical Appliances
矿产品、建材及化工产品批发	Wholesale of Mineral Products, Building Materials and Chemical Products
# 煤炭及制品批发	Wholesale of Coal and Related Products
石油及制品批发	Wholesale of Petroleum and Related Products
金属及金属矿批发	Wholesale of Metal Minerals
建材批发	Wholesale of Building Materials
化肥批发	Wholesale of Chemical Fertilizers
机械设备、五金产品及电子产品批发	Wholesale of Mechanical Equipment, Metal Products and Electronic Products
# 汽车批发	Wholesale of Automobile
汽车零配件批发	Wholesale of Automobile Accessories
摩托车及零配件批发	Wholesale of Motorcycles and Accessories
计算机、软件及辅助设备批发	Wholesale of Computers, Software and Assistant Appliances
贸易经纪与代理	Trade Broker and Agency
其他批发业	Other Wholesales Trades

Financial Situation of Enterprises above Designated Size in Wholesale Trade (2016)

(10000 yuan)

资产总计 Total Assets	# 固定资产原价 Original Value of Fixed Assets	负债合计 Total Liabilities	所有者权益 Owners' Equity	营业收入 Revenue from Principal Business
78156936	**5880019**	**57958315**	**20198621**	**200008421**
64010394	4986774	48669865	15340529	171931098
1854923	119911	1585782	269141	2193999
54202	7983	21862	32340	97139
31720	6144	23341	8379	155069
815	11	775	40	18047
646	9	771	-125	1602
169	2	4	165	16445
38334270	2552781	31591856	6742414	117055453
7578041	1600923	6029777	1548264	30993465
30756229	951858	25562079	5194150	86061988
6948496	1363216	3233807	3714689	8307264
16785512	936691	12212052	4573460	44094709
49246	3806	48381	865	772915
3231	82	3533	-302	7840
15917854	898663	11678107	4239747	40877176
815181	34140	482031	333150	2436778
456	37	390	66	9418
6577742	342928	4778559	1799183	11445867
1316628	75078	1062758	253870	1998997
12982	317	14918	-1936	38962
5189044	261618	3666429	1522615	9340003
56151	5800	32606	23545	56214
2937	115	1848	1089	11691
7568800	550317	4509891	3058909	16631456
2222552	295780	1530399	692153	4867161
16843	413	9187	7656	56143
4812783	105461	2742698	2070085	10029657
510430	148158	224027	286403	1664774
6192	505	3580	2612	13721
1212509	65024	801677	410832	2913195
7302858	553706	4479286	2823572	10228186
1840663	145842	1325649	515014	2139099
766978	69431	421341	345637	1381805
10543808	562454	7549084	2994724	23101240
3918775	139053	2745009	1173766	6660296
988031	32852	841339	146692	2793378
3381038	190378	2301695	1079343	8039312
7222600	202365	5704361	1518239	15315189
30946108	3783843	22699824	8246284	95036077
1616419	51064	1126272	490147	4615763
14591369	3203840	10663124	3928245	40086994
6958660	199932	5279636	1679024	22042496
2908303	89191	2510021	398282	8667956
370440	18106	282381	88059	601437
14855276	370851	12114223	2741053	40588935
5728218	45268	5280326	447892	27031574
1401387	41771	713658	687729	2733901
33131	1333	26603	6528	79579
3107135	53269	2873253	233882	2797812
935402	80730	797154	138248	2238471
1757337	70668	1511011	246326	2547816

14-9 续表 1

单位：万元

项　　目	Item
总　计	**Total**
按登记注册类型分	**Grouped by Registration Status**
内资企业	Domestic-funded Enterprises
国有企业	State-owned Enterprises
集体企业	Collective-owned Enterprises
股份合作企业	Share-holding Cooperative Enterprises
联营企业	Joint-opeartion Enterprises
国有联营企业	State-owned Joint-opeartion Enterprises
集体联营企业	Collective Joint-opeartion Enterprises
国有与集体联营企业	Joint State-collective Enterprises
其他联营企业	Other Joint Ownership Enterprises
有限责任公司	Limited Liability Corporations
国有独资公司	State Sole Investment Corporations
其他有限责任公司	Other Limited Liability Corporations
股份有限公司	Share-holding Corporations Ltd.
私营企业	Private Enterprises
私营独资企业	Private Sole Investment Enterprises
私营合伙企业	Private Partnership Enterprises
私营有限责任公司	Private Limited Liability Corporations
私营股份有限公司	Private Share-holding Corporations Ltd.
其他企业	Other Enterprises
港、澳、台商投资企业	Enterprises with Funds from Hong Kong, Macao and Taiwan
与港、澳、台商合资经营企业	Joint-venture Enterprises
与港、澳、台商合作经营企业	Cooperative Enterprises
港、澳、台商独资经营企业	Enterprises with Sole Funds
港、澳、台商投资股份有限公司	Share-holding Corporations Ltd.
其他港、澳、台投资企业	Other Enterprises with Funds from Hong Kong, Macao and Taiwan
外商投资企业	Foreign Funded Enterprises
中外合资经营企业	Joint-venture Enterprises
中外合作经营企业	Cooperative Enterprises
外资企业	Enterprises with Sole Foreign Funds
外商投资股份有限公司	Share-holding Corporations Ltd.
其他外商投资企业	Other Foreign Funded Enterprises
按行业分	**Grouped by Sector**
农、林、牧产品批发	Wholesale of Farming, Forestry, Animal Husbandry Products
食品、饮料及烟草制品批发	Wholesale of Food, Beverages and Tobacco Products
# 米、面制品及食用油批发	Wholesale of Rice, Flour and Edible Oil
烟草制品批发	Wholesale of Tobacco
纺织、服装及家庭用品批发	Wholesale of Textile, Garments and Daily Articles Consumer
# 服装批发	Wholesale of Garments
家用电器批发	Wholesale of Household Electrical Appliances
文化、体育用品及器材批发	Wholesale of Cultural, Sports Appliances and Equipment
医药及医疗器材批发	Wholesale of Medicine and Medical Appliances
矿产品、建材及化工产品批发	Wholesale of Mineral Products, Building Materials and Chemical Products
# 煤炭及制品批发	Wholesale of Coal and Related Products
石油及制品批发	Wholesale of Petroleum and Related Products
金属及金属矿批发	Wholesale of Metal Minerals
建材批发	Wholesale of Building Materials
化肥批发	Wholesale of Chemical Fertilizers
机械设备、五金产品及电子产品批发	Wholesale of Mechanical Equipment, Metal Products and Electronic Products
# 汽车批发	Wholesale of Automobile
汽车零配件批发	Wholesale of Automobile Accessories
摩托车及零配件批发	Wholesale of Motorcycles and Accessories
计算机、软件及辅助设备批发	Wholesale of Computers, Software and Assistant Appliances
贸易经纪与代理	Trade Broker and Agency
其他批发业	Other Wholesales Trades

continued

(10000 yuan)

主营业务收入 Revenue from Prmcipal Busmess	主营业务成本 Cose of Primcipal Busmess	主营业务税金及附加 Taxes and Other Charges on Prmcipal Busmess	其他业务利润 Profit from Other Business	销售费用 Operating Expenses
199093230	**185937981**	**559363**	**246540**	**6324796**
171426358	161074487	504106	115875	4743919
2175964	2098968	2704	9728	43218
95431	91510	84	578	1640
154035	135181	155	1327	3768
18047	17592	6		79
1602	1189	5		45
16445	16403	1		34
116757967	110647617	317157	134146	2943949
30965579	29700674	205653	28743	411096
85792388	80946943	111504	105403	2532853
8281097	7868970	13023	17227	303424
43934399	40205233	170976	-47131	1447796
772915	665654	21909		16894
7840	7805	10		146
40732123	37260360	146124	60766	1357914
2421521	2271414	2933	-107897	72842
9418	9416	1		45
11335767	9964051	30020	115646	806385
1987769	1753694	2996	-574	88092
38962	30918	117		7878
9241144	8131019	26595	116220	697591
56201	39123	267		12085
11691	9297	45		739
16331105	14899443	25237	15019	774492
4857890	4461454	4334	1514	145626
56143	53916	9		-1236
9782760	8832679	19919	13505	558233
1620591	1540097	947		71201
13721	11297	28		668
2909194	2764219	1468	5822	44753
10158657	8469207	211495	115408	748870
2128944	2034714	2263	6562	72583
1380640	985965	183091	979	17917
22999069	19795640	102796	47092	1521873
6626666	5579592	13599	22502	338410
2775407	2620724	3098	3292	125624
7727570	7068550	24464	25079	563758
15261708	14113793	23102	46035	519316
94852351	92201357	104232	-44655	1020792
4614479	4480268	4608	3782	61162
40013468	39028835	20996	8210	380639
21962312	21631734	7103	-87600	112129
8656472	8383994	52425	9240	64553
599663	570739	239	511	16148
40413036	36929379	86039	47113	1820895
26907545	24317437	65860	3035	1465289
2726616	2539696	3577	10883	64698
79577	73477	68		3367
2791718	2683190	2735	5463	52146
2236763	2201514	2332	1693	23602
2534882	2394322	3435	2953	60937

14-9 续表 2

单位：万元

项　　目	Item
总　计	**Total**
按登记注册类型分	**Grouped by Registration Status**
内资企业	Domestic-funded Enterprises
国有企业	State-owned Enterprises
集体企业	Collective-owned Enterprises
股份合作企业	Share-holding Cooperative Enterprises
联营企业	Joint-opeartion Enterprises
国有联营企业	State-owned Joint-opeartion Enterprises
集体联营企业	Collective Joint-opeartion Enterprises
国有与集体联营企业	Joint State-collective Enterprises
其他联营企业	Other Joint Ownership Enterprises
有限责任公司	Limited Liability Corporations
国有独资公司	State Sole Investment Corporations
其他有限责任公司	Other Limited Liability Corporations
股份有限公司	Share-holding Corporations Ltd.
私营企业	Private Enterprises
私营独资企业	Private Sole Investment Enterprises
私营合伙企业	Private Partnership Enterprises
私营有限责任公司	Private Limited Liability Corporations
私营股份有限公司	Private Share-holding Corporations Ltd.
其他企业	Other Enterprises
港、澳、台商投资企业	Enterprises with Funds from Hong Kong, Macao and Taiwan
与港、澳、台商合资经营企业	Joint-venture Enterprises
与港、澳、台商合作经营企业	Cooperative Enterprises
港、澳、台商独资经营企业	Enterprises with Sole Funds
港、澳、台商投资股份有限公司	Share-holding Corporations Ltd.
其他港、澳、台投资企业	Other Enterprises with Funds from Hong Kong, Macao and Taiwan
外商投资企业	Foreign Funded Enterprises
中外合资经营企业	Joint-venture Enterprises
中外合作经营企业	Cooperative Enterprises
外资企业	Enterprises with Sole Foreign Funds
外商投资股份有限公司	Share-holding Corporations Ltd.
其他外商投资企业	Other Foreign Funded Enterprises
按行业分	**Grouped by Sector**
农、林、牧产品批发	Wholesale of Farming, Forestry, Animal Husbandry Products
食品、饮料及烟草制品批发	Wholesale of Food, Beverages and Tobacco Products
# 米、面制品及食用油批发	Wholesale of Rice, Flour and Edible Oil
烟草制品批发	Wholesale of Tobacco
纺织、服装及家庭用品批发	Wholesale of Textile, Garments and Daily Articles Consumer
# 服装批发	Wholesale of Garments
家用电器批发	Wholesale of Household Electrical Appliances
文化、体育用品及器材批发	Wholesale of Cultural, Sports Appliances and Equipment
医药及医疗器材批发	Wholesale of Medicine and Medical Appliances
矿产品、建材及化工产品批发	Wholesale of Mineral Products, Building Materials and Chemical Products
# 煤炭及制品批发	Wholesale of Coal and Related Products
石油及制品批发	Wholesale of Petroleum and Related Products
金属及金属矿批发	Wholesale of Metal Minerals
建材批发	Wholesale of Building Materials
化肥批发	Wholesale of Chemical Fertilizers
机械设备、五金产品及电子产品批发	Wholesale of Mechanical Equipment, Metal Products and Electronic Products
# 汽车批发	Wholesale of Automobile
汽车零配件批发	Wholesale of Automobile Accessories
摩托车及零配件批发	Wholesale of Motorcycles and Accessories
计算机、软件及辅助设备批发	Wholesale of Computers, Software and Assistant Appliances
贸易经纪与代理	Trade Broker and Agency
其他批发业	Other Wholesales Trades

continued

(10000 yuan)

管理费用 Management Cost	营业利润 Business Profit	利润总额 Total Profits	本年应付职工薪酬 Total Wages Payable	本年应交增值税 Total Value-added Payable Tax
2979389	**3604089**	**3976820**	**2501712**	**2642488**
2259892	2890159	3221209	1840095	2216298
37515	-28176	-2656	37648	16201
3110	727	1280	1998	197
2895	12688	12667	2115	826
555	-130	-188	315	55
549	-131	-189	288	48
6	1	1	27	7
762356	2078980	2237188	916520	1286872
140098	510731	517461	181387	262617
622258	1568249	1719727	735133	1024255
161833	-7192	10757	127412	96271
1291618	833316	962215	754064	815869
10831	52186	52800	2180	100426
-59	-63	-63	166	82
1236715	739072	865657	710837	697514
44131	42121	43821	40881	17847
10	-54	-54	23	7
417171	165669	203178	394371	215387
69284	37196	36765	53364	52445
302	-274	-187	967	975
338844	131699	168683	331006	159277
7187	-3008	-2147	7606	2357
1554	56	64	1428	333
302326	548261	552433	267246	210803
50100	174259	177248	81597	45742
317	3199	3242	801	77
239095	374264	376956	177735	157318
11472	-3843	-5393	6462	7444
1342	382	380	651	222
34704	53221	70951	26167	16052
353989	432324	506794	356404	275716
30508	4403	49382	27081	11715
41626	166942	167264	44602	64807
1073582	578851	666643	794967	654440
487818	254270	256911	292463	202943
42209	-11399	12391	48394	55704
193321	169222	179744	213258	131266
339680	325621	382621	271463	347735
575616	795951	870878	438004	568105
30572	32487	34184	18161	28668
179094	303045	309496	157827	192261
98937	112398	117485	77869	116403
57400	85731	147136	39237	95943
9838	1037	4066	8100	3315
343518	1306321	1347049	347869	622354
38764	1069667	1113783	39480	460225
58542	84449	70321	58572	26643
2378	296	263	1523	325
40875	15142	18998	35205	23577
24056	-91058	-85674	15836	2822
40923	33636	37814	37744	23998

14-10 限额以上零售业法人企业财务状况(2016年)

单位：万元

项　　目	Item
总　　计	**Total**
按登记注册类型分	**Grouped by Registration Status**
内资企业	Domestic-funded Enterprises
国有企业	State-owned Enterprises
集体企业	Collective-owned Enterprises
股份合作企业	Share-holding Cooperative Enterprises
联营企业	Joint-opeartion Enterprises
国有联营企业	State-owned Joint-opeartion Enterprises
集体联营企业	Collective Joint-opeartion Enterprises
国有与集体联营企业	Joint State-collective Enterprises
其他联营企业	Other Joint Ownership Enterprises
有限责任公司	Limited Liability Corporations
国有独资公司	State Sole Investment Corporations
其他有限责任公司	Other Limited Liability Corporations
股份有限公司	Share-holding Corporations Ltd.
私营企业	Private Enterprises
私营独资企业	Private Sole Investment Enterprises
私营合伙企业	Private Partnership Enterprises
私营有限责任公司	Private Limited Liability Corporations
私营股份有限公司	Private Share-holding Corporations Ltd.
其他企业	Other Enterprises
港、澳、台商投资企业	Enterprises with Funds from Hong Kong, Macao and Taiwan
与港、澳、台商合资经营企业	Joint-venture Enterprises
与港、澳、台商合作经营企业	Cooperative Enterprises
港、澳、台商独资经营企业	Enterprises with Sole Funds
港、澳、台商投资股份有限公司	Share-holding Corporations Ltd.
其他港、澳、台投资企业	Other Enterprises with Funds from Hong Kong, Macao and Taiwan
外商投资企业	Foreign Funded Enterprises
中外合资经营企业	Joint-venture Enterprises
中外合作经营企业	Cooperative Enterprises
外资企业	Enterprises with Sole Foreign Funds
外商投资股份有限公司	Share-holding Corporations Ltd.
其他外商投资企业	Other Foreign Funded Enterprises
按行业分	**Grouped by Sector**
综合零售	Integrated Retail
# 百货零售	Retail of General Merchandise
超级市场零售	Retail of Supermarket
食品、饮料及烟草制品专门零售	Retail of Food, Beverage and Tobacco
纺织、服装及日用品专门零售	Retail of Textile, Garments and Daily Articles Consumer
# 服装零售	Retail of Garments
文化、体育用品及器材专门零售	Retail of Cultural, Sports Appliances and Equipment
# 体育用品及器材零售	Retail of Sporting Goods and Equipment
图书、报刊零售	Retail of Books and Newspapers
医药及医疗器材专门零售	Retail of Medicine and Medical Appliances
# 药品零售	Retail of Medicine
汽车、摩托车、燃料及零配件专门零售	Retail of Motor Vehicles, Motorcycles, Fuels and Parts
# 汽车零售	Retail of Motor Vehicles
机动车燃料零售	Retail of Fuels for Motor Vehicles
家用电器及电子产品专门零售	Retail of Household Electrical Appliances and Electronic Products
# 家用视听设备零售	Retail of Household Audio and Video Equipment
日用家电设备零售	Retail of Household Electrical Appliances
计算机、软件及辅助设备零售	Retail of Computers, Software and Assistant Equipment
通信设备零售	Retail of Communication Equipment
五金、家具及室内装饰材料专门零售	Retail of Hardware, Furniture and Decoration Materials
货摊、无店铺及其他零售业	Retail of Booth and Others
# 互联网零售	E-Retail

Financial Situation of Enterprises above Designated Size in Retail Trade (2016)

(10000 yuan)

资产总计 Total Assets	# 固定资产原价 Original Value of Fixed Assets	负债合计 Total Liabilities	所有者权益 Owners' Equity	营业收入 Revenue from Principal Business
16333155	**1839310**	**12104463**	**4228692**	**34497800**
12983690	1184204	9639160	3344530	22998696
91145	8961	67481	23664	105879
73777	11863	41229	32548	221781
17495	4981	8622	8873	47071
21031	4990	10777	10254	45880
3423	2101	1095	2328	11940
2209	909	1078	1131	9596
7459	1269	4578	2881	11726
7940	711	4026	3914	12618
6760531	531418	5076833	1683698	9377468
134673	43901	68377	66296	382633
6625858	487517	5008456	1617402	8994835
2140580	267076	1318312	822268	4360546
3878636	354902	3115432	763204	8839428
13300	1467	6455	6845	39622
7470	3605	5357	2113	20023
3809843	346273	3071064	738779	8662532
48023	3557	32556	15467	117251
495	13	474	21	643
1457619	234188	995839	461780	3198177
677282	103123	517513	159769	1630455
18808	5771	14991	3817	40730
761529	125294	463335	298194	1526992
1891846	420918	1469464	422382	8300927
577119	168781	329830	247289	1602115
272711	40747	250119	22592	599506
584332	151004	438115	146217	1389104
16978	6	17932	-954	32464
440706	60380	433468	7238	4677738
2829141	671528	2026610	802531	5549445
1541518	273804	804092	737426	2321847
1173313	364263	1092111	81202	2925887
278794	31777	119953	158841	637964
1531667	109468	973178	558489	1775545
1162840	64884	689483	473357	1186115
331798	75667	238525	93273	762906
38770	14051	17873	20897	84901
159265	44777	128674	30591	232133
768091	45663	564369	203722	1527655
586191	38263	455685	130506	1273485
8331020	730971	6348061	1982959	15327830
4043061	473702	3238311	804750	11700020
4196349	248246	3039076	1157273	3385792
1166741	70295	925484	241257	2872317
276497	6192	170632	105865	695375
457309	24405	418691	38618	668340
141420	5431	99836	41584	247657
215667	28435	185089	30578	1145038
251703	20799	171389	80314	500567
844200	83142	736894	107306	5543571
776078	76762	694017	82061	5378977

单位：万元

项目	Item
总计	**Total**
按登记注册类型分	**Grouped by Registration Status**
内资企业	Domestic-funded Enterprises
国有企业	State-owned Enterprises
集体企业	Collective-owned Enterprises
股份合作企业	Share-holding Cooperative Enterprises
联营企业	Joint-opeartion Enterprises
国有联营企业	State-owned Joint-opeartion Enterprises
集体联营企业	Collective Joint-opeartion Enterprises
国有与集体联营企业	Joint State-collective Enterprises
其他联营企业	Other Joint Ownership Enterprises
有限责任公司	Limited Liability Corporations
国有独资公司	State Sole Investment Corporations
其他有限责任公司	Other Limited Liability Corporations
股份有限公司	Share-holding Corporations Ltd.
私营企业	Private Enterprises
私营独资企业	Private Sole Investment Enterprises
私营合伙企业	Private Partnership Enterprises
私营有限责任公司	Private Limited Liability Corporations
私营股份有限公司	Private Share-holding Corporations Ltd.
其他企业	Other Enterprises
港、澳、台商投资企业	Enterprises with Funds from Hong Kong, Macao and Taiwan
与港、澳、台商合资经营企业	Joint-venture Enterprises
与港、澳、台商合作经营企业	Cooperative Enterprises
港、澳、台商独资经营企业	Enterprises with Sole Funds
港、澳、台商投资股份有限公司	Share-holding Corporations Ltd.
其他港、澳、台投资企业	Other Enterprises with Funds from Hong Kong, Macao and Taiwan
外商投资企业	Foreign Funded Enterprises
中外合资经营企业	Joint-venture Enterprises
中外合作经营企业	Cooperative Enterprises
外资企业	Enterprises with Sole Foreign Funds
外商投资股份有限公司	Share-holding Corporations Ltd.
其他外商投资企业	Other Foreign Funded Enterprises
按行业分	**Grouped by Sector**
综合零售	Integrated Retail
# 百货零售	Retail of General Merchandise
超级市场零售	Retail of Supermarket
食品、饮料及烟草制品专门零售	Retail of Food, Beverage and Tobacco
纺织、服装及日用品专门零售	Retail of Textile, Garments and Daily Articles Consumer
# 服装零售	Retail of Garments
文化、体育用品及器材专门零售	Retail of Cultural, Sports Appliances and Equipment
# 体育用品及器材零售	Retail of Sporting Goods and Equipment
图书、报刊零售	Retail of Books and Newspapers
医药及医疗器材专门零售	Retail of Medicine and Medical Appliances
# 药品零售	Retail of Medicine
汽车、摩托车、燃料及零配件专门零售	Retail of Motor Vehicles, Motorcycles, Fuels and Parts
# 汽车零售	Retail of Motor Vehicles
机动车燃料零售	Retail of Fuels for Motor Vehicles
家用电器及电子产品专门零售	Retail of Household Electrical Appliances and Electronic Products
# 家用视听设备零售	Retail of Household Audio and Video Equipment
日用家电设备零售	Retail of Household Electrical Appliances
计算机、软件及辅助设备零售	Retail of Computers, Software and Assistant Equipment
通信设备零售	Retail of Communication Equipment
五金、家具及室内装饰材料专门零售	Retail of Hardware, Furniture and Decoration Materials
货摊、无店铺及其他零售业	Retail of Booth and Others
# 互联网零售	E-Retail

continued

(10000 yuan)

主营业务收入 Revenue from Prmcipal Busmess	主营业务成本 Cose of Primcipal Busmess	主营业务税金及附加 Taxes and Other Charges on Prmcipal Busmess	其他业务利润 Profit from Other Business	销售费用 Operating Expenses
34068527	**30051575**	**97154**	**398781**	**2735857**
22756735	20410379	66788	215157	1423339
103801	86708	461	1457	10234
221518	174306	890	215	15109
46968	39380	133	496	3039
45859	34180	205	83	2268
11939	9002	59		633
9595	7405	34	83	616
11707	8407	66		641
12618	9366	46		378
9242875	8330042	27835	94426	625902
373553	332971	824	8888	15230
8869322	7997071	27011	85538	610672
4328584	3952775	13592	27397	233245
8766487	7792486	23668	91083	533478
39255	33883	326	194	2605
19926	17929	51	91	1026
8590909	7639215	22991	90798	525093
116397	101459	300		4754
643	502	4		64
3078544	2365438	13139	87159	505206
1542942	1205246	7021	56597	271782
38789	26523	312	1929	8245
1496813	1133669	5806	28633	225179
8233248	7275758	17227	96465	807312
1596406	1360892	4910	49145	172974
565796	524222	1524	33710	52240
1362175	1048328	4547	13414	239269
31133	29283	36	98	3577
4677738	4313033	6210	98	339252
5336301	4424856	31615	220718	827126
2249170	1857272	19962	64565	301115
2800518	2347215	10336	138007	464674
633880	514701	2566	2993	54035
1768848	1157973	8910	4198	409319
1182861	747714	5812	1138	308911
744336	652461	2451	17802	54614
84476	65448	332	418	14146
220113	180332	262	11624	24287
1500114	1265920	4574	29934	160645
1246659	1063755	3533	30428	140068
15207518	14096660	29122	107718	586158
11584187	10902404	19618	104951	410364
3381840	2976497	8865	2297	165914
2838877	2550062	5605	8768	170528
684166	631445	1045	4252	45943
651203	561879	2180	2501	72320
247304	195903	895	272	26433
1141440	1062826	1046	1646	20813
498945	388312	3336	1732	43957
5539708	5000630	8975	4918	429475
5376155	4872567	8256	4497	413040

单位：万元

项　　目	Item
总　计	**Total**
按登记注册类型分	**Grouped by Registration Status**
内资企业	Domestic-funded Enterprises
国有企业	State-owned Enterprises
集体企业	Collective-owned Enterprises
股份合作企业	Share-holding Cooperative Enterprises
联营企业	Joint-opeartion Enterprises
国有联营企业	State-owned Joint-opeartion Enterprises
集体联营企业	Collective Joint-opeartion Enterprises
国有与集体联营企业	Joint State-collective Enterprises
其他联营企业	Other Joint Ownership Enterprises
有限责任公司	Limited Liability Corporations
国有独资公司	State Sole Investment Corporations
其他有限责任公司	Other Limited Liability Corporations
股份有限公司	Share-holding Corporations Ltd.
私营企业	Private Enterprises
私营独资企业	Private Sole Investment Enterprises
私营合伙企业	Private Partnership Enterprises
私营有限责任公司	Private Limited Liability Corporations
私营股份有限公司	Private Share-holding Corporations Ltd.
其他企业	Other Enterprises
港、澳、台商投资企业	Enterprises with Funds from Hong Kong, Macao and Taiwan
与港、澳、台商合资经营企业	Joint-venture Enterprises
与港、澳、台商合作经营企业	Cooperative Enterprises
港、澳、台商独资经营企业	Enterprises with Sole Funds
港、澳、台商投资股份有限公司	Share-holding Corporations Ltd.
其他港、澳、台投资企业	Other Enterprises with Funds from Hong Kong, Macao and Taiwan
外商投资企业	Foreign Funded Enterprises
中外合资经营企业	Joint-venture Enterprises
中外合作经营企业	Cooperative Enterprises
外资企业	Enterprises with Sole Foreign Funds
外商投资股份有限公司	Share-holding Corporations Ltd.
其他外商投资企业	Other Foreign Funded Enterprises
按行业分	**Grouped by Sector**
综合零售	Integrated Retail
# 百货零售	Retail of General Merchandise
超级市场零售	Retail of Supermarket
食品、饮料及烟草制品专门零售	Retail of Food, Beverage and Tobacco
纺织、服装及日用品专门零售	Retail of Textile, Garments and Daily Articles Consumer
# 服装零售	Retail of Garments
文化、体育用品及器材专门零售	Retail of Cultural, Sports Appliances and Equipment
# 体育用品及器材零售	Retail of Sporting Goods and Equipment
图书、报刊零售	Retail of Books and Newspapers
医药及医疗器材专门零售	Retail of Medicine and Medical Appliances
# 药品零售	Retail of Medicine
汽车、摩托车、燃料及零配件专门零售	Retail of Motor Vehicles, Motorcycles, Fuels and Parts
# 汽车零售	Retail of Motor Vehicles
机动车燃料零售	Retail of Fuels for Motor Vehicles
家用电器及电子产品专门零售	Retail of Household Electrical Appliances and Electronic Products
# 家用视听设备零售	Retail of Household Audio and Video Equipment
日用家电设备零售	Retail of Household Electrical Appliances
计算机、软件及辅助设备零售	Retail of Computers, Software and Assistant Equipment
通信设备零售	Retail of Communication Equipment
五金、家具及室内装饰材料专门零售	Retail of Hardware, Furniture and Decoration Materials
货摊、无店铺及其他零售业	Retail of Booth and Others
# 互联网零售	E-Retail

continued

(10000 yuan)

管理费用 Management Cost	营业利润 Business Profit	利润总额 Total Profits	本年应付职工薪酬 Total Wages Payable	本年应交增值税 Total Value-added Payable Tax
936989	**604922**	**667373**	**1307738**	**652446**
630812	366061	397186	771848	428236
7986	181	6997	9696	1610
6504	20327	21063	9923	9570
2213	2304	2124	1891	1300
172	9047	9112	1219	1678
60	2163	2182	407	460
43	1538	1581	280	282
43	2554	2557	342	553
26	2792	2792	190	383
197790	165699	171405	298800	169544
12245	18931	20266	18258	5360
185545	146768	151139	280542	164184
71360	94454	101125	141757	49480
344729	74036	85346	308471	194855
1917	1065	910	2569	842
623	283	278	431	265
334048	70890	81761	300460	191563
8141	1798	2397	5011	2185
58	13	14	91	199
180410	131225	137890	249085	89217
91133	72186	73155	112903	52390
2756	2774	2688	3486	1928
86521	56265	62047	132696	34899
125767	107636	132297	286805	134993
22128	85804	88575	67657	27253
17335	2673	2620	20917	5881
64950	22296	34289	81112	53075
336	-2021	3013	1624	24
21018	-1116	3800	115495	48760
194569	147210	166529	337353	104987
69017	90769	98280	122576	52032
102604	61766	69448	188024	48367
31943	30895	39876	64605	14533
174005	10615	17603	158044	89247
110267	695	5457	101392	65440
41468	9606	13491	36991	7332
3563	1227	1261	3693	1105
20520	5330	8268	21591	1606
68911	40416	39085	90423	39172
53680	24786	30497	80076	31818
249817	253963	266652	377052	250833
190165	58221	73059	294341	194884
48550	193782	192137	74159	46902
77457	50373	54084	80779	61746
8235	4801	6283	12223	7805
23168	5915	6256	23258	13414
20931	3276	4201	30337	15094
15888	33847	34863	9905	21587
37643	24302	23200	23064	14963
61176	37542	46853	139427	69633
51433	28936	38194	131532	65875

14-11 限额以上住宿业法人企业基本情况(2016年)

项　　目	Item
合　计	**Accommodation Trade**
# 国有及国有控股	State-owned and State-controlled Enterprises
按登记注册类型分组	**Grouped by Registration Status**
内资企业	Domestic Funded Enterprises
国有企业	State-owned Enterprises
集体企业	Collective-owned Enterprises
股份合作企业	Share-holding Cooperative Enterprises
联营企业	Joint Ownership Enterprises
国有联营企业	State Joint Ownership Enterprises
集体联营企业	Collective Joint Ownership Enterprises
国有与集体联营企业	Joint State-collective Enterprises
其他联营企业	Other Joint Ownership Enterprise
有限责任公司	Limited Liability Corporations
国有独资公司	State Sole Investment Corporations
其他有限责任公司	Other Limited Liability Corporations
股份有限公司	Share-holding Corporations Ltd.
私营企业	Private Enterprises
私营独资企业	Private Sole Investment Enterprises
私营合伙企业	Private Partnership Enterprises
私营有限责任公司	Private Limited Liability Corporations
私营股份有限公司	Private Share-holding Corporations Ltd.
其他企业	Other Enterprises
港、澳、台商投资企业	Enterprises with Funds from Hong Kong, Macao and Taiwan
与港、澳、台商合资经营企业	Joint-venture Enterprises
与港、澳、台商合作经营企业	Cooperative Enterprises
港、澳、台商独资经营企业	Enterprises with Sole Funds
港、澳、台商投资股份有限公司	Share-holding Corporations Ltd.
其他港、澳、台投资企业	Other Enterprises with Funds from Hong Kong, Macao and Taiwan
外商投资企业	Foreign Funded Enterprises
中外合资经营企业	Joint-venture Enterprises
中外合作经营企业	Cooperative Enterprises
外资企业	Enterprises with Sole Foreign Funds
外商投资股份有限公司	Share-holding Corporations Ltd.
其他外商投资企业	Other Foreign Funded Enterprises
按住宿行业中类分组	**Grouped by Accomodation Middle Sector**
旅游饭店	Travel Hotel
一般旅馆	Common Hotel
其它住宿服务业	Others

Basic Statistics of Enterprises above Designated Size of Hotels (2016)

法人企业 (个) Number of Corporation Units (unit)	营业额 (万元) Business Revenue (10000 yuan)	# 客房收入 Lodging Revenue	# 餐费收入 Dinner Revenue	# 商品销售收入 Sale Revenue of Commodities
571	**1531478**	**902732**	**405171**	**13447**
139	557005	264570	167644	6159
520	1103569	613489	307408	11409
71	279521	129534	96257	2426
15	9915	7314	272	130
3	2813	2288	74	33
117	389407	215927	103706	4709
12	73326	39291	18259	272
105	316081	176636	85447	4437
6	39325	14269	15772	
303	369484	239128	85216	4111
31	14154	13201	502	20
8	3344	3018		4
259	349701	221339	84083	4078
5	2285	1570	631	9
5	13104	5029	6111	
32	231662	161877	39934	672
9	43854	20560	15749	92
10	46657	19919	8624	89
12	140896	121177	15561	461
1	255	221		30
19	196247	127366	57829	1366
4	57844	29312	23874	32
1	2656	828	1335	
12	121374	88791	28297	1011
1	14066	8155	4312	323
1	307	280	11	
571	**1531478**	**902732**	**405171**	**13447**
299	1212553	654576	369091	10419
247	297995	236451	31652	3028
25	20930	11705	4428	

14-12 限额以上餐饮业法人企业基本情况(2016年)

项　　目	Item
合　计	**Catering Trade**
# 国有及国有控股	State-owned and State-controlled Enterprises
按登记注册类型分组	**Grouped by Registration Status**
内资企业	Domestic Funded Enterprises
国有企业	State-owned Enterprises
集体企业	Collective-owned Enterprises
股份合作企业	Share-holding Cooperative Enterprises
联营企业	Joint Ownership Enterprises
国有联营企业	State Joint Ownership Enterprises
集体联营企业	Collective Joint Ownership Enterprises
国有与集体联营企业	Joint State-collective Enterprises
其他联营企业	Other Joint Ownership Enterprise
有限责任公司	Limited Liability Corporations
国有独资公司	State Sole Investment Corporations
其他有限责任公司	Other Limited Liability Corporations
股份有限公司	Share-holding Corporations Ltd.
私营企业	Private Enterprises
私营独资企业	Private Sole Investment Enterprises
私营合伙企业	Private Partnership Enterprises
私营有限责任公司	Private Limited Liability Corporations
私营股份有限公司	Private Share-holding Corporations Ltd.
其他企业	Other Enterprises
港、澳、台商投资企业	Enterprises with Funds from Hong Kong, Macao and Taiwan
与港、澳、台商合资经营企业	Joint-venture Enterprises
与港、澳、台商合作经营企业	Cooperative Enterprises
港、澳、台商独资经营企业	Enterprises with Sole Funds
港、澳、台商投资股份有限公司	Share-holding Corporations Ltd.
其他港、澳、台投资企业	Other Enterprises with Funds from Hong Kong, Macao and Taiwan
外商投资企业	Foreign Funded Enterprises
中外合资经营企业	Joint-venture Enterprises
中外合作经营企业	Cooperative Enterprises
外资企业	Enterprises with Sole Foreign Funds
外商投资股份有限公司	Share-holding Corporations Ltd.
其他外商投资企业	Other Foreign Funded Enterprises
按餐饮行业中类分组	**Grouped by Catering Middle Sector**
正餐服务	Dinner
快餐服务	Snack
饮料及冷饮服务	Baverage and cold drinks
其他餐饮服务	Others

Basic Statistics of Enterprises above Designated Size of Catering Sevices (2016)

法人企业（个）Number of Corporation Units (unit)	营业额（万元）Business Revenue (10000 yuan)	# 客房收入 Lodging Revenue	# 餐费收入 Dinner Revenue	# 商品销售收入 Sale Revenue of Commodities
955	**2888370**	**47312**	**2739635**	**58955**
32	194685	23152	127050	25550
873	1596958	45565	1459375	55088
12	50008	12274	32055	387
9	24016	1082	19625	90
26	27340		27332	4
114	512704	11704	465898	23147
1	9347		5594	3753
113	503357	11704	460304	19394
6	76783	611	52081	21277
686	888308	19742	845151	10183
144	108772	104	107782	789
40	46434	615	45721	68
486	713067	19023	671792	9321
16	20035		19856	5
20	17799	152	17233	
57	373569	295	368064	3854
8	15012		15007	5
4	36153		34204	1682
42	311113	295	307985	1747
3	11291		10868	420
25	917843	1452	912196	13
7	338267	1452	333747	9
3	2014		1066	
14	577291		577112	4
1	271		271	
955	**2888370**	**47312**	**2739635**	**58955**
851	1389840	47233	1254310	47122
54	1213633	38	1209265	4159
21	209178		208933	245
29	75719	41	67127	7429

14-13 限额以上住宿业法人企业财务状况(2016年)

单位:万元

项　　目	Item
合　计	**Accommodation Trade**
# 国有及国有控股	State-owned and State-controlled Enterprises
按登记注册类型分组	**Grouped by Registration Status**
内资企业	Domestic Funded Enterprises
国有企业	State-owned Enterprises
集体企业	Collective-owned Enterprises
股份合作企业	Share-holding Cooperative Enterprises
联营企业	Joint Ownership Enterprises
国有联营企业	State Joint Ownership Enterprises
集体联营企业	Collective Joint Ownership Enterprises
国有与集体联营企业	Joint State-collective Enterprises
其他联营企业	Other Joint Ownership Enterprise
有限责任公司	Limited Liability Corporations
国有独资公司	State Sole Investment Corporations
其他有限责任公司	Other Limited Liability Corporations
股份有限公司	Share-holding Corporations Ltd.
私营企业	Private Enterprises
私营独资企业	Private Sole Investment Enterprises
私营合伙企业	Private Partnership Enterprises
私营有限责任公司	Private Limited Liability Corporations
私营股份有限公司	Private Share-holding Corporations Ltd.
其他企业	Other Enterprises
港、澳、台商投资企业	Enterprises with Funds from Hong Kong, Macao and Taiwan
与港、澳、台商合资经营企业	Joint-venture Enterprises
与港、澳、台商合作经营企业	Cooperative Enterprises
港、澳、台商独资经营企业	Enterprises with Sole Funds
港、澳、台商投资股份有限公司	Share-holding Corporations Ltd.
其他港、澳、台投资企业	Other Enterprises with Funds from Hong Kong, Macao and Taiwan
外商投资企业	Foreign Funded Enterprises
中外合资经营企业	Joint-venture Enterprises
中外合作经营企业	Cooperative Enterprises
外资企业	Enterprises with Sole Foreign Funds
外商投资股份有限公司	Share-holding Corporations Ltd.
其他外商投资企业	Other Foreign Funded Enterprises
按住宿行业中类分组	**Grouped by Accomodation Middle Sector**
旅游饭店	Travel Hotel
一般旅馆	Common Hotel
其它住宿服务业	Others

Financial Situation of Enterprises above Designated Size of Hotels (2016)

(10000 yuan)

资产总计 Total Assets	# 固定资产原价 Original Value of Fixed Assets	负债合计 Total Liabilities	所有者权益 Owners' Equity	营业收入 Revenue from Principal Business	# 主营业务收入 Revenue from Primcipal Busmess
4405622	**2573753**	**3293784**	**1111840**	**1500709**	**1485233**
1504283	1273577	807891	696392	543608	537663
2312073	1544508	1588561	723512	1077742	1065423
588335	494094	370129	218206	274212	271613
17416	16671	12612	4803	9691	8873
1529	3098	998	531	2813	2813
1070424	639618	620163	450260	379441	375379
340050	253994	132479	207570	70637	68886
730374	385624	487684	242690	308804	306493
122537	95387	36633	85904	37519	37473
493980	272271	540805	-46823	361179	357657
4108	2199	2192	1916	13958	13958
2630	996	1683	948	3335	3171
486087	268859	536167	-50080	341647	338343
1155	217	763	393	2239	2185
17852	23369	7221	10631	12887	11615
1112073	458869	954104	157970	229482	226426
180843	60681	127335	53508	44371	43109
298805	216779	339582	-40777	45395	45217
632141	180789	482884	149258	139504	137888
284	620	4303	-4019	212	212
981476	570376	751119	230358	193485	193384
171576	55675	63587	107990	55732	55732
3281	4811	1843	1438	2656	2656
560130	255276	319292	240838	120724	120650
246109	254369	366027	-119918	14066	14066
380	245	370	10	307	280
4405622	**2573753**	**3293784**	**1111840**	**1500709**	**1485233**
3688233	2252422	2779659	908574	1187657	1177184
690589	309257	491403	199186	292996	288064
26800	12074	22722	4080	20056	19985

14-13 续表 1

单位：万元

项　　目	Item
合　计	**Accommodation Trade**
# 国有及国有控股	State-owned and State-controlled Enterprises
按登记注册类型分组	**Grouped by Registration Status**
内资企业	Domestic Funded Enterprises
国有企业	State-owned Enterprises
集体企业	Collective-owned Enterprises
股份合作企业	Share-holding Cooperative Enterprises
联营企业	Joint Ownership Enterprises
国有联营企业	State Joint Ownership Enterprises
集体联营企业	Collective Joint Ownership Enterprises
国有与集体联营企业	Joint State-collective Enterprises
其他联营企业	Other Joint Ownership Enterprise
有限责任公司	Limited Liability Corporations
国有独资公司	State Sole Investment Corporations
其他有限责任公司	Other Limited Liability Corporations
股份有限公司	Share-holding Corporations Ltd.
私营企业	Private Enterprises
私营独资企业	Private Sole Investment Enterprises
私营合伙企业	Private Partnership Enterprises
私营有限责任公司	Private Limited Liability Corporations
私营股份有限公司	Private Share-holding Corporations Ltd.
其他企业	Other Enterprises
港、澳、台商投资企业	Enterprises with Funds from Hong Kong, Macao and Taiwan
与港、澳、台商合资经营企业	Joint-venture Enterprises
与港、澳、台商合作经营企业	Cooperative Enterprises
港、澳、台商独资经营企业	Enterprises with Sole Funds
港、澳、台商投资股份有限公司	Share-holding Corporations Ltd.
其他港、澳、台投资企业	Other Enterprises with Funds from Hong Kong, Macao and Taiwan
外商投资企业	Foreign Funded Enterprises
中外合资经营企业	Joint-venture Enterprises
中外合作经营企业	Cooperative Enterprises
外资企业	Enterprises with Sole Foreign Funds
外商投资股份有限公司	Share-holding Corporations Ltd.
其他外商投资企业	Other Foreign Funded Enterprises
按住宿行业中类分组	**Grouped by Accomodation Middle Sector**
旅游饭店	Travel Hotel
一般旅馆	Common Hotel
其它住宿服务业	Others

continued

(10000 yuan)

主营业务成本 Cost of Principal Business	主营业务税金及附加 Taxes and Other Charges on Principal Business	其他业务利润 Profit from Other Business	销售费用 Operating Expenses
520393	**38817**	**6483**	**441943**
142177	16212	2923	188892
346822	28917	5827	345876
55802	8024	1112	109919
4104	290	341	2815
958	34		258
117455	9794	2254	115709
18012	1883	1359	21728
99443	7911	895	93981
13998	1987		6394
149166	8563	2120	107150
7411	465	128	3149
2327	77	164	121
138412	7978	1828	103443
1016	43		437
5339	225		3631
84808	5566	531	45570
11009	863		14679
11062	1855	1224	10669
62300	2846	-693	20194
437	2		28
88763	4334	125	50497
7018	1330		20255
591	59		1263
80203	2749	125	18650
736	179		10240
215	17		89
520393	**38817**	**6483**	**441943**
360162	31365	5241	367643
151524	6744	1242	69031
8707	708		5269

14-13 续表 2

单位:万元

项 目	Item
合 计	**Accommodation Trade**
# 国有及国有控股	State-owned and State-controlled Enterprises
按登记注册类型分组	**Grouped by Registration Status**
内资企业	Domestic Funded Enterprises
国有企业	State-owned Enterprises
集体企业	Collective-owned Enterprises
股份合作企业	Share-holding Cooperative Enterprises
联营企业	Joint Ownership Enterprises
国有联营企业	State Joint Ownership Enterprises
集体联营企业	Collective Joint Ownership Enterprises
国有与集体联营企业	Joint State-collective Enterprises
其他联营企业	Other Joint Ownership Enterprise
有限责任公司	Limited Liability Corporations
国有独资公司	State Sole Investment Corporations
其他有限责任公司	Other Limited Liability Corporations
股份有限公司	Share-holding Corporations Ltd.
私营企业	Private Enterprises
私营独资企业	Private Sole Investment Enterprises
私营合伙企业	Private Partnership Enterprises
私营有限责任公司	Private Limited Liability Corporations
私营股份有限公司	Private Share-holding Corporations Ltd.
其他企业	Other Enterprises
港、澳、台商投资企业	Enterprises with Funds from Hong Kong, Macao and Taiwan
与港、澳、台商合资经营企业	Joint-venture Enterprises
与港、澳、台商合作经营企业	Cooperative Enterprises
港、澳、台商独资经营企业	Enterprises with Sole Funds
港、澳、台商投资股份有限公司	Share-holding Corporations Ltd.
其他港、澳、台投资企业	Other Enterprises with Funds from Hong Kong, Macao and Taiwan
外商投资企业	Foreign Funded Enterprises
中外合资经营企业	Joint-venture Enterprises
中外合作经营企业	Cooperative Enterprises
外资企业	Enterprises with Sole Foreign Funds
外商投资股份有限公司	Share-holding Corporations Ltd.
其他外商投资企业	Other Foreign Funded Enterprises
按住宿行业中类分组	**Grouped by Accomodation Middle Sector**
旅游饭店	Travel Hotel
一般旅馆	Common Hotel
其它住宿服务业	Others

continued

(10000 yuan)

管理费用 Management Cost	营业利润 Business Profit	利润总额 Total Profits	本年应付职工薪酬 Total Wages Payable	应交增值税 Value Added Tax Payable
398124	**49347**	**55976**	**415611**	**42897**
157422	35988	41507	172212	12974
287642	39327	50654	299647	31641
80789	20868	24897	88484	6488
1904	369	824	2878	315
736	823	-40	399	56
108661	11408	12614	109089	16026
27783	756	857	27216	1757
80878	10652	11757	81873	14269
10817	6327	6766	10066	1220
82040	-456	5605	84566	7310
2024	857	825	2468	398
606	182	146	605	125
78960	-1764	4407	81034	6756
450	269	227	459	31
2695	-12	-12	4165	226
80388	-8349	-13680	71757	5490
14661	-2761	-3256	11074	1195
20403	-5109	-10398	15913	616
45177	-101	352	44497	3663
147	-378	-378	273	16
30094	18369	19002	44207	5766
13674	13146	13156	12815	1469
724	10	13	633	82
11851	6344	6738	23905	4159
3835	-1059	-833	6698	53
10	-72	-72	156	3
398124	**49347**	**55976**	**415611**	**42897**
329504	54984	60854	338760	28443
60839	-3231	-4173	70141	13903
7781	-2406	-705	6710	551

14-14 限额以上餐饮业法人企业财务状况(2016年)

单位：万元

项　　目	Item
合　计	**Catering Trade**
# 国有及国有控股	State-owned and State-controlled Enterprises
按登记注册类型分组	**Grouped by Registration Status**
内资企业	Domestic Funded Enterprises
国有企业	State-owned Enterprises
集体企业	Collective-owned Enterprises
股份合作企业	Share-holding Cooperative Enterprises
联营企业	Joint Ownership Enterprises
国有联营企业	State Joint Ownership Enterprises
集体联营企业	Collective Joint Ownership Enterprises
国有与集体联营企业	Joint State-collective Enterprises
其他联营企业	Other Joint Ownership Enterprise
有限责任公司	Limited Liability Corporations
国有独资公司	State Sole Investment Corporations
其他有限责任公司	Other Limited Liability Corporations
股份有限公司	Share-holding Corporations Ltd.
私营企业	Private Enterprises
私营独资企业	Private Sole Investment Enterprises
私营合伙企业	Private Partnership Enterprises
私营有限责任公司	Private Limited Liability Corporations
私营股份有限公司	Private Share-holding Corporations Ltd.
其他企业	Other Enterprises
港、澳、台商投资企业	Enterprises with Funds from Hong Kong, Macao and Taiwan
与港、澳、台商合资经营企业	Joint-venture Enterprises
与港、澳、台商合作经营企业	Cooperative Enterprises
港、澳、台商独资经营企业	Enterprises with Sole Funds
港、澳、台商投资股份有限公司	Share-holding Corporations Ltd.
其他港、澳、台投资企业	Other Enterprises with Funds from Hong Kong, Macao and Taiwan
外商投资企业	Foreign Funded Enterprises
中外合资经营企业	Joint-venture Enterprises
中外合作经营企业	Cooperative Enterprises
外资企业	Enterprises with Sole Foreign Funds
外商投资股份有限公司	Share-holding Corporations Ltd.
其他外商投资企业	Other Foreign Funded Enterprises
按行业分	**Grouped by Catering Middle Sector**
正餐服务	Dinner
快餐服务	Snack
饮料及冷饮服务	Beverage and Cold Drinks
其他餐饮服务	Others

Financial Situation of Enterprises above Designated Size of Catering Services (2016)

(10000 yuan)

资产总计 Total Assets	# 固定资产原价 Original Value of Fixed Assets	负债合计 Total Liabilities	所有者权益 Owners' Equity	营业收入 Revenue from Principal Business	# 主营业务收入 Revenue from Primcipal Busmess
1968633	**755076**	**1500657**	**470270**	**2799553**	**2792100**
289221	212812	215735	73486	185455	182604
1348917	437733	1211138	140073	1551710	1544716
61323	81704	34664	26659	49472	49469
27223	6495	14285	12937	23641	23641
11817	5072	11148	669	26767	26766
771128	197571	771767	-388	503538	500952
1320	378	493	827	8605	8605
769808	197193	771274	-1215	494933	492347
96867	12097	26570	70297	70465	67731
374794	131279	348639	28199	860873	859203
33173	15320	24588	8586	105040	105029
9870	4689	7823	2047	44900	44773
327620	110394	312633	17030	691276	690063
4131	876	3595	536	19657	19338
5765	3515	4065	1700	16954	16954
278071	86837	141354	136717	362516	362283
6911	5472	-1235	8146	14541	14541
19562	19884	27764	-8202	34661	34661
238433	53890	109790	128643	302501	302268
13165	7591	5035	8130	10813	10813
341645	230506	148165	193480	885327	885101
154272	138539	51606	102666	325960	325866
9451	467	4460	4991	2014	1925
177781	91500	92087	85694	557082	557039
141		12	129	271	271
1968633	**755076**	**1500657**	**470270**	**2799553**	**2792100**
972773	480406	809061	166006	1348642	1342886
831721	240670	621320	210401	1173343	1173247
120987	28862	41062	79925	203940	203893
43152	5138	29214	13938	73628	72074

14-14 续表 1

单位：万元

项目	Item
合　计	**Catering Trade**
# 国有及国有控股	State-owned and State-controlled Enterprises
按登记注册类型分组	**Grouped by Registration Status**
内资企业	Domestic Funded Enterprises
国有企业	State-owned Enterprises
集体企业	Collective-owned Enterprises
股份合作企业	Share-holding Cooperative Enterprises
联营企业	Joint Ownership Enterprises
国有联营企业	State Joint Ownership Enterprises
集体联营企业	Collective Joint Ownership Enterprises
国有与集体联营企业	Joint State-collective Enterprises
其他联营企业	Other Joint Ownership Enterprise
有限责任公司	Limited Liability Corporations
国有独资公司	State Sole Investment Corporations
其他有限责任公司	Other Limited Liability Corporations
股份有限公司	Share-holding Corporations Ltd.
私营企业	Private Enterprises
私营独资企业	Private Sole Investment Enterprises
私营合伙企业	Private Partnership Enterprises
私营有限责任公司	Private Limited Liability Corporations
私营股份有限公司	Private Share-holding Corporations Ltd.
其他企业	Other Enterprises
港、澳、台商投资企业	Enterprises with Funds from Hong Kong, Macao and Taiwan
与港、澳、台商合资经营企业	Joint-venture Enterprises
与港、澳、台商合作经营企业	Cooperative Enterprises
港、澳、台商独资经营企业	Enterprises with Sole Funds
港、澳、台商投资股份有限公司	Share-holding Corporations Ltd.
其他港、澳、台投资企业	Other Enterprises with Funds from Hong Kong, Macao and Taiwan
外商投资企业	Foreign Funded Enterprises
中外合资经营企业	Joint-venture Enterprises
中外合作经营企业	Cooperative Enterprises
外资企业	Enterprises with Sole Foreign Funds
外商投资股份有限公司	Share-holding Corporations Ltd.
其他外商投资企业	Other Foreign Funded Enterprises
按行业分	**Grouped by Catering Middle Sector**
正餐服务	Dinner
快餐服务	Snack
饮料及冷饮服务	Beverage and Cold Drinks
其他餐饮服务	Others

continued

(10000 yuan)

主营业务成本 Cost of Principal Business	主营业务税金及附加 Taxes and Other Charges on Principal Business	其他业务利润 Profit from Other Business	销售费用 Operating Expenses
1237192	**62095**	**19364**	**1073380**
88301	4381	2659	51329
736281	38871	19156	535360
27753	1041		10813
14470	888		4599
12743	588	1	9535
199931	10508	3598	226188
4641	1		2633
195290	10507	3598	223555
32350	1173	2621	22080
440412	24139	12936	256143
58050	3874	7234	21980
26187	1241	52	10429
345666	18611	4194	219322
10509	413	1456	4412
8622	534		6002
121483	7048	148	165075
5580	284	14	6006
15718	738		14333
94626	5790	130	140676
5559	236	4	4060
379428	16176	60	372945
107541	5522	60	175316
848	58		677
270966	10590		196895
73	6		57
1237192	**62095**	**19364**	**1073380**
649043	34905	16073	441974
480050	21593	3126	527455
65326	4498		87092
42773	1099	165	16859

14-14　续表 2

单位：万元

项　　目	Item
合　计	**Catering Trade**
# 国有及国有控股	State-owned and State-controlled Enterprises
按登记注册类型分组	**Grouped by Registration Status**
内资企业	Domestic Funded Enterprises
国有企业	State-owned Enterprises
集体企业	Collective-owned Enterprises
股份合作企业	Share-holding Cooperative Enterprises
联营企业	Joint Ownership Enterprises
国有联营企业	State Joint Ownership Enterprises
集体联营企业	Collective Joint Ownership Enterprises
国有与集体联营企业	Joint State-collective Enterprises
其他联营企业	Other Joint Ownership Enterprise
有限责任公司	Limited Liability Corporations
国有独资公司	State Sole Investment Corporations
其他有限责任公司	Other Limited Liability Corporations
股份有限公司	Share-holding Corporations Ltd.
私营企业	Private Enterprises
私营独资企业	Private Sole Investment Enterprises
私营合伙企业	Private Partnership Enterprises
私营有限责任公司	Private Limited Liability Corporations
私营股份有限公司	Private Share-holding Corporations Ltd.
其他企业	Other Enterprises
港、澳、台商投资企业	Enterprises with Funds from Hong Kong, Macao and Taiwan
与港、澳、台商合资经营企业	Joint-venture Enterprises
与港、澳、台商合作经营企业	Cooperative Enterprises
港、澳、台商独资经营企业	Enterprises with Sole Funds
港、澳、台商投资股份有限公司	Share-holding Corporations Ltd.
其他港、澳、台投资企业	Other Enterprises with Funds from Hong Kong, Macao and Taiwan
外商投资企业	Foreign Funded Enterprises
中外合资经营企业	Joint-venture Enterprises
中外合作经营企业	Cooperative Enterprises
外资企业	Enterprises with Sole Foreign Funds
外商投资股份有限公司	Share-holding Corporations Ltd.
其他外商投资企业	Other Foreign Funded Enterprises
按行业分	**Grouped by Catering Middle Sector**
正餐服务	Dinner
快餐服务	Snack
饮料及冷饮服务	Beverage and Cold Drinks
其他餐饮服务	Others

continued

(10000 yuan)

管理费用 Management Cost	营业利润 Business Profit	利润总额 Total Profits	本年应付职工薪酬 Total Wages Payable	应交增值税 Value Added Tax Payable
298368	**114870**	**116264**	**562528**	**46871**
27705	28222	28212	48837	4202
200081	42853	46086	305362	34490
8623	806	739	13966	970
1987	1739	1704	6859	624
2941	454	537	5136	891
45225	12509	14940	91252	11080
556	627	642	1209	184
44669	11882	14298	90043	10896
8288	24611	24750	17335	1445
131536	2564	3180	166201	19111
18426	1118	949	22775	2980
6248	519	403	7358	750
104192	520	1509	132839	15104
2670	407	319	3229	277
1481	170	236	4613	369
28419	40076	39186	70847	4481
2104	751	1017	2977	114
3284	545	-271	7194	758
21924	38961	38606	57702	3411
1107	-181	-166	2974	198
69868	31941	30992	186319	7900
12831	24398	22243	49769	1421
1042	-618	-649	382	57
55937	8085	9322	136120	6415
58	76	76	48	7
298368	**114870**	**116264**	**562528**	**46871**
190385	36949	35359	284036	33232
85578	41541	44709	223722	9733
10350	36436	36188	34874	1926
12055	-56	8	19896	1980

14-15 限额以上连锁店(公司)基本情况(2016年)

Statistics on Chain Stores (Companies) above Designated Size (2016)

单位：个 (unit)

项 目	Item	连锁总店 General Chain Stores	连锁门店 Branch Chain Stores	直营店 Direct Stores	加盟店 League Stores
总 计	**Total**	**143**	**12355**	**10633**	**1722**
批发业	Wholesale Trade	16	3968	3633	335
零售业	Retail Trade	97	6139	4757	1382
按注册类型分	Grouped by Registration Status				
内资	Domestic Funded Enterprises	72	2637	2201	436
外商及港澳台投资	Enterprises with Funds from Foreign Countries, Hong Kong, Macao and Taiwan	25	3502	2556	946
按零售业态分	By Retail Format				
百货商店	Department Stores	8	740	740	
超级市场	Supermarkets	14	498	480	18
专业店	Specialized Stores	55	2192	2032	160
专卖店	Franchised Stores	14	1343	549	794
其 他	Others	6	1366	956	410
住宿业	Accommodation Services	7	151	151	
餐饮业	Catering Services	23	2097	2092	5
# 外商及港澳台投资	Enterprises with Funds from Foreign Countries, Hong Kong, Macao and Taiwan	8	1548	1548	
正 餐	Dinner	11	166	164	2
快 餐	Snack	9	1568	1568	
其 他	Others	3	363	360	3

14-15 续表 continued

单位：万元 (10000 yuan)

项　目	Item	营业面积（平方米）Business Area (sq.m)	从业人数（人）Employed Persons (person)	销售总额（营业总收入）Total Sales (Business Revenue)	# 零售额 Retail Sales
总　计	**Total**	**15747019**	**163121**	**32438261**	**27240107**
批发业	Wholesale Trade	10020668	31979	15731381	13678264
零售业	Retail Trade	5116752	84391	15080344	12058652
按注册类型分	Grouped by Registration Status				
内资	Domestic Funded Enterprises	2624028	39424	10399086	7635245
外商及港澳台投资	Enterprises with Funds from Foreign Countries, Hong Kong, Macao and Taiwan	2492724	44967	4681258	4423407
按零售业态分	By Retail Format				
百货商店	Department Stores	1269602	12070	2445103	2232307
超级市场	Supermarkets	1535698	23826	2217898	2209577
专业店	Specialized Stores	2080745	31327	9607384	6926054
专卖店	Franchised Stores	139788	10828	464774	397379
其　他	Others	90919	6340	345185	293335
住宿业	Accommodation Services	2482	2067	123618	1017
餐饮业	Catering Services	607117	44684	1502918	1502174
# 外商及港澳台投资	Enterprises with Funds from Foreign Countries, Hong Kong, Macao and Taiwan	437292	32765	1098872	1098872
正　餐	Dinner	157190	6723	163221	162477
快　餐	Snack	402103	33118	1175665	1175665
其　他	Others	47824	4843	164032	164032

14-16 亿元以上商品交易市场成交情况(2016年)

Statistics on Commodity Exchange Markets with Total Sale over 100 Million Yuan (2016)

项　目	Item	出租摊位数（个）Number of Booths (unit)	总成交额（万元）Total Transaction Values (10000 yuan)
合　计	**Total**	**85926**	**20757746**
粮油、食品类	Grain and Oil	9815	4920606
饮料类	Beverages	492	92551
烟酒类	Tobacco and Liquor	183	54052
服装鞋帽、针、纺织品类	Garments, Shoes, Hats, Knitwear and Textiles	44897	8497503
化妆品类	Cosmetics	2002	107967
金银珠宝类	Gold, Silver and Jewelry	706	48798
日用品类	Articles for Daily Use	12221	1474630
五金电料类	Hardware and Electrical Appliances	3857	976724
体育、娱乐用品类	Sports and Recreation Articles	368	42078
书报杂志类	Books, Newspapers and Magazines	91	20388
电子出版物及音像制品类	E-journal and Video Products	6	47
家用电器和音像器材类	Household Appliances and Video Appliances	974	136145
中西药品类	Traditional Chinese and Western Medicines	420	11910
文化办公用品类	Cultural and Office Goods	1642	193514
家具类	Furniture	388	24262
通讯器材类	Communication Equipments	76	5533
煤炭及制品类	Coal and Coal Products		
木材及制品类	Wood and Wooden Products	179	25326
石油及制品类	Petroleum and Related Products		
化工材料及制品类	Chemical Materials and Related Products	20	5188
金属材料类	Metal Materials	523	1710598
建筑及装潢材料类	Building and Decoration Materials	1861	203120
机电产品及设备类	Mechanical and Electrical Products	360	57339
汽车类	Automobiles	2761	1887802
种子饲料类	Seed and Feedstuff	12	332
棉麻类	Cotton and Hemp		
其他类	Others	2072	261333

【社会消费品零售总额】 指批发和零售业、餐饮业、新闻出版业、邮政业和其他服务业等，售予城乡居民用于生活消费的商品和社会集团用于公共消费的商品之总量。社会消费品零售总额包括：

一、批发和零售业企业（单位）：

1. 售予城乡居民的各种生活消费品；

2. 售予入境旅游的外国人、华侨、港澳台同胞的各类商品；

3. 售予行政事业单位、社会团体、军队和武警等机构的商品，以及以零售方式售予各类企业的商品。具体包括：用于非生产和社会交往的办公用品，如通讯设备、计算器具和设备、电讯网络设备、文印设备、音像视听器材和设备、纸张、本册、文具及装订文印材料、家具、日用电器、针纺织品、清洁卫生用品、文体用品、奖品、纪念品、礼品等；供内部人员乘坐的交通工具和燃料；用于办公设施修缮的各类配件、材料、工具等；用于取暖和防暑降温的设备、燃料、材料及食品等；专用于教学的用品和设备；非营利医疗机构的中、西药品、中药材和医疗设备器材；非专用的劳动保护用品；不对外营业的内部食堂用的餐具、炊具、设备、清洁卫生工具和食品、燃料等；军队、武警用于其人员生活的衣着品和个人用品；其他各类非生产性设备和用品。

二、餐饮业出售的主食、菜肴、烟酒饮料和其他商品。

三、新闻出版业、邮政业售予城乡居民、企事业单位、军队和武警等机构的书报杂志、音像制品、邮品等。

四、其他服务业出售的食品、烟酒饮料、服装鞋帽、日常生活用品、医药保健用品、艺术品、工艺美术品、玩具、殡葬用品以及其他消费品。

【商品购进总额】 指从本企业（单位）以外的单位和个人购进（包括从境外直接进口）作为转卖或加工后转卖的商品总额。它反映批发零售贸易业从国内、国外市场上购进商品的总量。商品购进总额包括：（1）从工农业生产者购进的商品；（2）从出版社、报社的出版发行部门购进的图书、杂志和报纸；（3）从各种登记注册类型的批发零售贸易企业（单位）购进的商品；（4）从其他单位购进的商品，如从机关、团体、企业等单位购进的剩余物资，从餐饮业、服务业购进的商品，从海关、市场管理部门购进的缉私和没收的商品，从居民手中收购的废旧商品等；（5）从国（境）外直接进口的商品。不包括企业（单位）为自身经营用和未通过买卖行为而收入的商品以及销售退回、商品升溢等。

【商品销售总额】 指对本企业以外的单位和个人出售（包括对国（境）外直接出口）的商品。这个指标反映批发零售贸易业在广州市场以及广州以外市场上销售商品的总量。商品销售总额包括：（1）售给城乡居民和社会集团消费用的商品；（2）售给工业、农业、建筑业、运输邮电业、批发零售贸易业、餐饮业、服务业等作为生产、经营使用的商品；（3）售给批发零售贸易业作为转卖或加工后转卖的商品；（4）对国（境）外直接出口的商品。不包括：出售本企业自用的废旧包装用品，未通过买卖行为付出的商品，经本单位介绍，由买卖双方直接结算，本单位只收取手续费的业务，购货退出的商品以及商品损耗和损失等。

【住宿餐饮业营业额】 指住宿和餐饮业法人企业、产业活动单位在经营活动中因提供服务或销售商品等取得的收入，包括客房收入、餐费收入、商品销售收入和其他收入。客房收入指住宿和餐饮业法人企业、产业活动单位在经营活动中因提供住宿服务取得的客房收入。餐费收入指住宿和餐饮业法人企业、产业活动单位因为顾客提供就餐服务取得的收入，包括经烹饪、调制加工后出售的各种食品，如主食、炒菜、凉拌菜等的收入。商品销售收入指住宿和餐饮业法人企业、产业活动单位伴随服务而出售商品所取得的收入。其他收入指营业收入中除客房收入、餐费收入、商品销售收入以外的其他收入，包括娱乐、健身和商务服务等。

【Total Retail Sales of Consumer Goods】 refer to the sum of retail sales of commodities sold by wholesale, retail, catering, publishing, post and telecommunications and other service industries to urban and rural households for private consumption and to social institutions for public consumption. Retail sales of consumer goods include:

Sales by wholesale and retail units:

of consumer goods sold to urban and rural households.

of commodities sold to foreigners, overseas Chinese and Chinese compatriots from Hong Kong, Macau and Taiwan visiting in China.

of commodities sold to government agencies, institutions, social organizations, military and armed police units, and commodities sold to enterprises in the form of retail sales. More specifically, they include: office facilities and articles for non-production purposes such as communications equipment, computing equipment and instruments, TV and network equipment, printing and copying equipment, audio-visual equipment and instruments, paper, notebooks, stationeries, furniture, electric appliances, knitwear, sanitation and cleaning articles, cultural and sport articles, articles for prizes, souvenirs, etc.; transport vehicles and fuels for employees; materials, spare parts and tools for the maintenance of office facilities; equipment, fuels, materials and food for winter heating or summer cooling purposes; articles and equipment for teaching purpose; Chinese and western medicines and medical equipment and facilities purchased by non profit-making medical institutes; non-specialized work safety articles; cooking utensils, tableware, equipment, cleaning articles, food and fuels purchased by internal cafeterias; clothes and personal articles purchased by military or armed police units for their officials and soldiers; and other equipment and articles for non-production purposes.

Sales of stable food, cooked dishes, beverages, tobaccos and other articles by catering units.

Sales of books, newspapers, magazines, audio-visual products and post products by publishing, post and telecommunications departments to urban and rural households and to enterprises, institutions, military and armed police units.

Sales of food, beverages, tobaccos, clothing, hats, footwear, articles for daily use, medicines, medical and health articles, work of art, handicrafts, toys, funeral articles and other articles by other service industries.

【Total Purchases of Commodities】 refer to the total value of purchases of commodities by the enterprises (establishments) from other establishments or individuals (including direct im-port from abroad) for the purpose of reselling, either with or without further processing of the commodities purchased. This indicator is used to show the total value of purchases of commodities by whole-sale and retail establishments from domestic and overseas markets. The total purchases include: (1) agricultural and industrial products purchased from producers; (2) books, magazines and newspapers purchased from distribution departments of the publishers; (3) com-modities purchased from wholesale and retail establishments of dif-ferent status of registration; (4) commodities purchased from other units, such as surplus materials purchased from government agenc-ies, enterprises or institutions, commodities purchased from catering and service establishments, confiscated goods purchased from cust-oms authorities or market management agencies, second-hand goods and wastes purchased from residents; and (5) commodities directly imported from abroad. Excluded are commodities purchased by en-terprises (establishments) for use in their own business operation, co-mmodities obtained without buying or selling procedures, rejected commodities, etc.

【Total Sales of Commodities】 refer to the selling of commodities to other establishments and individuals (including direct export). Reflecting the total value of sales of commodities at Guangzhou markets and out-of-Guangzhou markets, this indicator includes: (1) commodities sold to urban and rural households and institutions for their consumption; (2) commodities sold to establishments in industry, agriculture, construction, transportation, post and telecommunications, wholesale and retail trade, catering and service trade and public utility for their production and operation; (3) commodities sold to wholesale and retail establishments for reselling, with or without further processing; and (4) commodities for direct export to other countries. Excluded are selling of waste packaging materials used by enterprises themselves, commodities transferred without buying or selling procedures, commission income from brokerage in transactions whose settlement is directly handled by buyers and sellers, rejected commodities in the purchase, loss in commodities, etc.

【Business Revenue of Hotels and Catering Services】 refer to revenue received from providing services or selling commodities by corporate enterprises and establishments engaged in hotel and catering services, including income from hotel rooms, from catering services, from selling of commodities and from other services. Income from hotel rooms refers to income of corporate enterprises and establishments by providing lodging services. Income from catering services refers to income of corporate enterprises and establishments by providing catering services, including selling of cooked or prepared foods such as stable food, cooked dishes or cold dishes. Income from selling of commodities refers to income of corporate enterprises and establishments by selling commodities that accompany the services they provide. Income from other activities refers to income received other than income from hotel rooms, catering services or selling of commodities, such as income from providing recreation, fitness or business services.

第十五篇 CHAPTER 15

对外经济贸易和旅游

FOREIGN ECONOMY AND TOURISM

第十五篇　对外经济贸易和旅游

一、本篇资料反映广州市对外贸易、利用外资、对外承包工程和劳务合作、境外投资、外商投资企业工商注册登记以及旅游业概况及发展情况。

二、本篇资料由广州市统计局贸易外经统计处整理提供。

三、资料来源及统计范围：

1．广州进出口贸易的规模、结构情况资料主要来源于广州海关，统计范围为广州地区进出口经营单位（广州地区口岸进出口资料除外）。

2．广州利用外资规模及结构、对外承包工程及劳务合作状况、境外投资情况、软件出口和技术进口情况的资料来源于广州市商务委员会。

3．广州外商投资企业注册登记情况的资料由广州市工商行政管理局提供，但不包括在广东省工商行政管理局注册登记的在穗外商投资企业。

4．广州旅游业发展情况的资料由广州市旅游局提供。

5．广州与国外城市交流情况，广州与国外结成友好城市情况及各国驻广州领事馆情况的资料由广州市政府外事办公室提供。

6．外商投资企业包括国外及港澳台投资企业。

15 Foreign Economy and Tourism

I.The data in this chapter show the Summary data of Guangzhou's foreign trade, utilization of foreign capital, contracted projects and labor cooperation with the foreign countries or territories, external investment, basic indicators of three kinds of registered foreign-funded enterprises and international tourism.

II.The data in this chapter are prepared and provided by the Division of Trade and External Economic Relations Statistics of Guangzhou Municipal Bureau of Statistics.

III. Data sources and statistical coverage:

(1) The data on the size and composition of Guangzhou's imports and exports come from Guangzhou Customs Office; the statistical coverage covers the imports and exports operating units in Guangzhou, excluding the data of imports and exports through ports in Guangzhou.

(2) The data on the scale and composition of the utilization of foreign capitals and the contracted projects and labor cooperation with the foreign countries or territories, external investment, software exports and technical imports of Guangzhou come from Guangzhou Municipal Commission of Commerce.

(3) The basic indicators of the registered foreign-funded enterprises come from the Administration of Industry and Commerce of Guangzhou Municipality but exclude those registered by the Administration of Industry and Commerce of Guangdong Province.

(4) The data on the development of international tourism are provided by the Tourism Administration of Guangzhou Municipality.

(5) The data on exchange between Guangzhou and foreign friendly cities, consulate generals in Guangzhou are provided by Foreign Affair Office of Guangzhou Municipal People's Government.

(6) The foreign-funded enterprises cover the enterprises whose fund come from Hong Kong, Macao, Taiwan and foreign countries.

15-1 主要年份商品进出口总值和商品进出口总值指数

Total Value and Indices of Import and Export Commodities in Main Years

年份 Year	进出口总值（亿美元）Total Value of Imports and Exports (USD 100 million)	进口总值 Imports	出口总值 Exports	进出口差额（亿美元）Balance (USD 100 million)	进出口总值指数（上年=100）Indices of Total Imports and Exports (preceding year=100)	进口总值 Imports	出口总值 Exports
1988	32.25	17.66	14.59	-3.07	148.5	154.0	142.4
1989	35.32	17.62	17.70	0.08	109.5	99.8	121.3
1990	41.79	18.24	23.55	5.31	118.3	103.5	133.0
1991	53.82	24.40	29.42	5.02	128.8	133.8	125.0
1992	70.75	33.88	36.87	2.99	131.5	138.8	125.3
1993	134.33	69.84	64.49	-5.35	189.9	206.2	174.9
1994	161.36	74.67	86.69	12.02	120.1	106.9	134.4
1995	166.99	71.32	95.67	24.35	103.5	95.5	110.4
1996	166.89	75.53	91.36	15.83	99.9	105.9	95.5
1997	187.46	81.51	105.95	24.44	112.3	107.9	116.0
1998	178.77	75.39	103.38	27.99	95.4	92.5	97.6
1999	191.85	93.18	98.67	5.49	107.3	123.6	95.4
2000	233.51	115.60	117.91	2.31	121.7	124.1	119.5
2001	230.37	114.13	116.24	2.11	98.7	98.7	98.6
2002	279.27	141.49	137.78	-3.71	121.2	124.0	118.5
2003	349.41	180.52	168.89	-11.63	125.1	127.6	122.6
2004	447.88	233.14	214.74	-18.40	128.2	129.2	127.2
2005	534.75	268.07	266.68	-1.39	119.4	115.0	124.2
2006	637.62	313.85	323.77	9.92	119.2	117.1	121.4
2007	734.94	355.91	379.03	23.12	115.3	113.4	117.1
2008	818.73	389.47	429.26	39.79	111.4	109.4	113.3
2009	766.85	392.82	374.03	-18.79	93.7	100.9	87.1
2010	1037.68	553.89	483.79	-70.10	135.3	141.0	129.3
2011	1161.68	596.94	564.74	-32.20	112.0	107.8	116.7
2012	1171.67	582.52	589.15	6.63	100.9	97.6	104.3
2013	1188.96	560.89	628.07	67.18	101.5	96.3	106.6
2014	1305.90	578.77	727.13	148.36	109.8	103.2	115.8
2015	1338.68	527.01	811.67	284.66	102.5	91.1	111.6
2016	1293.09	511.32	781.77	270.45	96.6	97.0	96.3

15-1 续表 continue

年份 Year	进出口总值（亿元）Total Value of Imports and Exports (RMB 100 million)	进口总值 Imports	出口总值 Exports	进出口差额（亿元）Balance (RMB 100 million)	进出口总值指数（上年=100）Indices of Total Imports and Exports (preceding year=100)	进口总值 Imports	出口总值 Exports
2014	8022.80	3555.15	4467.65	912.50	108.7	102.2	114.6
2015	8306.28	3271.71	5034.57	1762.86	103.5	92.0	112.7
2016	8541.02	3382.26	5158.76	1776.50	102.8	103.4	102.5

注：为进一步完善海关统计数据公布制度，从2014年开始海关总署全面公布以人民币计价的各类海关统计数据。
Note:In order to improve the customs statistical data publication system, since 2014 the General Administration of Customs has announced all kinds of Customs Statistics in RMB.

15-2 商品进出口总值(人民币计价)

单位：万元

项　　目	Item
总　计	**Total**
按贸易方式分	**By Trade Form**
一般贸易	Ordinary Trade
国家间国际组织无偿援助和捐赠的物资	Donation and Gratis Aid of International Organizations
华侨港澳同胞外籍华人捐赠的物资	Donation of Overseas Chinese
补偿贸易	Compensation Trade
来料加工装配贸易	Trade of Processing and Assembling Supplied Materials
进料加工贸易	Trade of Processing Imported Materials
寄售代销贸易	Sale by Consignment
边境小额贸易	Small Trade on Border
来料加工装配进口的设备	Equipment for Processing and Assembling by Import
对外承包工程货物	Goods for Contracted Foreign Projects
租赁贸易	Leasing Trade
外商投资企业作为投资进口的设备物品	Imported Equipment Used as Investment by Foreign Funded Enterprises
出料加工贸易	Trade of Processing Exported Materials
保税监管场所进出境货物	Inbound and Outbound Goods in Bonded Warehouses
海关特殊监管区域物流货物	Storage of Transit Goods in Bonded Warehouses
易货贸易	Barter Trade
海关特殊监管区域进口设备	Facility of Export Manufacturing District
其他贸易	Others
按登记注册类型分	**Grouped by Registration Status**
国有企业	State-owned Enterprises
集体企业	Collective-owned Enterprises
外商及港澳台投资企业	Enterprises with Funds from Foreign Countries, Hong Kong, Macao and Taiwan
合资企业	Joint-venture Enterprises
合作企业	Cooperative Enterprises
外资企业	Enterprises with Sole Foreign Funds
私营企业	Private Enterprises
其他企业	Others
个体工商户	Individual Operating Households

Total Value of Import and Export Commodities through Customs (Renminbi-denominated)

(10000 yuan)

2015			2016		
合 计 Total (by RMB)	进 口 Imports	出 口 Exports	合 计 Total (by RMB)	进 口 Imports	出 口 Exports
83062805	**32717136**	**50345669**	**85410214**	**33822560**	**51587654**
36291271	16816135	19475136	37522503	18485647	19036856
4012	1955	2057	767	3	764
36	14	22			
8824275	3538320	5285955	7773735	3368298	4405437
20090178	8033697	12056481	19815296	7423570	12391726
21429	21429		15258	15258	
116740		116740	145789		145789
1243135	1242105	1030	136239	135708	531
103843	103843		345703	345703	
5234	2894	2340	7224	3096	4128
2155456	1342814	812642	3011672	1872326	1139346
3437598	1593299	1844299	3922987	2058102	1864885
			65		65
364	364		226	226	
10769234	20267	10748967	12712750	114623	12598127
14948798	6497710	8451088	13660556	5533164	8127392
649822	427018	222804	421091	243320	177771
40029095	18754004	21275091	39592184	19379263	20212921
12548721	5795969	6752752	12953340	6969725	5983615
821753	222389	599364	724291	185863	538428
26658621	12735646	13922975	25914553	12223675	13690878
27263942	6969321	20294621	31511521	8565954	22945567
158875	68905	89970	216631	100574	116057
12273	178	12095	8231	285	7946

15-2 续表

单位:万元

项　　目	Item
按国别(地区)分	**By Country (Territory)**
亚洲小计	Asia
#中国香港	Hong Kong, China
中国澳门	Macao, China
印度尼西亚	Indonesia
日　本	Japan
马来西亚	Malaysia
新加坡	Singapore
韩　国	Republic of Korea
泰　国	Thailand
中国台湾	Taiwan, China
阿拉伯联合酋长国	United Arab Emirates
印　度	India
非洲小计	Africa
#南　非	South Africa
欧洲小计	Europe
#英　国	United Kingdom
德　国	Germany
法　国	France
意大利	Italy
荷　兰	Netherlands
西班牙	Spain
比利时	Belgium
瑞　士	Switzerland
俄罗斯	Russia
拉丁美洲小计	Latin America
#墨西哥	Mexico
巴拿马	Panama
北美洲小计	North America
#加拿大	Canada
美　国	United States
大洋洲小计	Oceania
#澳大利亚	Australia
其　他	Others

continued

(10000 yuan)

2015			2016		
合 计 Total (by RMB)	进 口 Imports	出 口 Exports	合 计 Total (by RMB)	进 口 Imports	出 口 Exports
45333444	19669236	25664208	46748345	20480469	26267876
9390321	370849	9019472	9963226	352081	9611145
375042	18709	356333	303365	19978	283387
1679294	822274	857020	1605572	745389	860183
7505124	5509601	1995523	8419326	6144390	2274936
2748803	841877	1906926	2296224	840189	1456035
1677197	670952	1006245	1415362	496192	919170
4984244	3914329	1069915	5133127	4125517	1007610
1571946	744687	827259	1696935	825664	871271
2597067	1696503	900564	2586073	1752387	833686
1635096	519349	1115747	1501904	575290	926614
2087310	912306	1175004	2445994	973722	1472272
7169298	1961474	5207824	7616890	2081571	5535319
2003750	1682826	320924	2111258	1813898	297360
12106751	5050842	7055909	12982287	5360543	7621744
1520708	307458	1213250	1595587	302796	1292791
2633490	1515986	1117504	2799482	1600420	1199062
1491353	864221	627132	1257319	671299	586020
887656	472382	415274	1013737	547455	466282
1196538	433520	763018	1374377	598377	776000
557863	172414	385449	597949	184487	413462
718975	244246	474729	731941	306436	425505
268124	228308	39816	295148	243121	52027
653139	49744	603395	650331	56350	593981
4563239	1060558	3502681	3885642	982872	2902770
1051598	88760	962838	1363053	100410	1262643
248983	6323	242660	191799	6243	185556
12253333	4258625	7994708	12027434	3943510	8083924
650230	241410	408820	732983	280588	452395
11516510	4017214	7499296	11203649	3662710	7540939
1633759	713420	920339	2144942	968921	1176021
1218215	484176	734039	1446449	675011	771438
2981	2981		4674	4674	

15-3 商品进出口总值(美元计价)

单位：万美元

项　　目	Item
总　计	**Total**
按贸易方式分	**By Trade Form**
一般贸易	Ordinary Trade
国家间国际组织无偿援助和捐赠的物资	Donation and Gratis Aid of International Organizations
华侨港澳同胞外籍华人捐赠的物资	Donation of Overseas Chinese
补偿贸易	Compensation Trade
来料加工装配贸易	Trade of Processing and Assembling Supplied Materials
进料加工贸易	Trade of Processing Imported Materials
寄售代销贸易	Sale by Consignment
边境小额贸易	Small Trade on Border
来料加工装配进口的设备	Equipment for Processing and Assembling by Import
对外承包工程货物	Goods for Contracted Foreign Projects
租赁贸易	Leasing Trade
外商投资企业作为投资进口的设备物品	Imported Equipment Used as Investment by Foreign Funded Enterprises
出料加工贸易	Trade of Processing Exported Materials
保税监管场所进出境货物	Inbound and Outbound Goods in Bonded Warehouses
海关特殊监管区域物流货物	Storage of Transit Goods in Bonded Warehouses
易货贸易	Barter Trade
海关特殊监管区域进口设备	Facility of Export Manufacturing District
其他贸易	Others
按登记注册类型分	**Grouped by Registration Status**
国有企业	State-owned Enterprises
集体企业	Collective-owned Enterprises
外商及港澳台投资企业	Enterprises with Funds from Foreign Countries, Hong Kong, Macao and Taiwan
合资企业	Joint-venture Enterprises
合作企业	Cooperative Enterprises
外资企业	Enterprises with Sole Foreign Funds
私营企业	Private Enterprises
其他企业	Others
个体工商户	Individual Operating Households

Total Value of Import and Export Commodities through Customs
(U.S.dollar-denominated)

(USD10000)

2015			2016		
合 计 Total (by USD)	进 口 Imports	出 口 Exports	合 计 Total (by USD)	进 口 Imports	出 口 Exports
13386768	**5270041**	**8116727**	**12930895**	**5113237**	**7817658**
5845489	2707113	3138376	5681481	2794411	2887070
643	308	335	114		114
6	2	4			
1422946	570350	852596	1176680	509574	667106
3236428	1294049	1942379	3002563	1123917	1878646
3438	3438		2326	2326	
18654		18654	21912		21912
201879	201712	167	20291	20211	80
16676	16676		52557	52557	
841	465	376	1095	471	624
347360	216429	130931	455851	283732	172119
553520	256175	297345	592941	310114	282827
			10		10
59	59		35	35	
1738829	3265	1735564	1923039	15889	1907150
2410342	1048313	1362029	2068137	835916	1232221
104343	68429	35914	64042	37056	26986
6448893	3020126	3428767	5995235	2931807	3063428
2022313	932966	1089347	1961138	1054058	907080
132371	35863	96508	109750	28146	81604
4294209	2051297	2242912	3924347	1849603	2074744
4395711	1122045	3273666	4772539	1294508	3478031
25501	11100	14401	29691	13907	15784
1978	28	1950	1251	43	1208

15-3 续表

单位:万美元

项　　目	Item
按国别(地区)分	**By Country (Territory)**
亚洲小计	Asia
# 中国香港	Hong Kong, China
中国澳门	Macao, China
印度尼西亚	Indonesia
日　本	Japan
马来西亚	Malaysia
新加坡	Singapore
韩　国	Republic of Korea
泰　国	Thailand
中国台湾	Taiwan, China
阿拉伯联合酋长国	United Arab Emirates
印　度	India
非洲小计	Africa
# 南　非	South Africa
欧洲小计	Europe
# 英　国	United Kingdom
德　国	Germany
法　国	France
意大利	Italy
荷　兰	Netherlands
西班牙	Spain
比利时	Belgium
瑞　士	Switzerland
俄罗斯	Russia
拉丁美洲小计	Latin America
# 墨西哥	Mexico
巴拿马	Panama
北美洲小计	North America
# 加拿大	Canada
美　国	United States
大洋洲小计	Oceania
# 澳大利亚	Australia
其　他	Others

continued

(USD10000)

2015			2016		
合 计 Total (by USD)	进 口 Imports	出 口 Exports	合 计 Total (by USD)	进 口 Imports	出 口 Exports
7303678	3166905	4136773	7078078	3097004	3981074
1512094	59772	1452322	1509030	52772	1456258
60310	3019	57291	46276	3027	43249
270450	132141	138309	243163	112648	130515
1207737	886511	321226	1273771	929020	344751
443315	135484	307831	347502	127131	220371
270886	108551	162335	214160	75064	139096
802835	630392	172443	777643	624757	152886
253246	119901	133345	256923	124804	132119
418654	273395	145259	391051	264704	126347
263868	83715	180153	227728	86908	140820
336479	146831	189648	370182	147047	223135
1156273	316356	839917	1154833	314952	839881
323012	271313	51699	319357	274288	45069
1949717	812908	1136809	1963709	809150	1154559
245006	49391	195615	241698	45803	195895
423872	243928	179944	423470	241738	181732
240188	139119	101069	189189	100489	88700
142978	76049	66929	153438	82721	70717
192755	69769	122986	207761	90174	117587
89870	27726	62144	90576	27904	62672
116056	39404	76652	111019	46459	64560
43053	36657	6396	44592	36711	7881
105138	8026	97112	98474	8523	89951
737612	171111	566501	588971	149312	439659
169343	14290	155053	206386	15229	191157
40220	1010	39210	29097	944	28153
1975601	687307	1288294	1820162	595845	1224317
104732	38781	65951	110934	42409	68525
1856878	648526	1208352	1695320	553405	1141915
263409	114976	148433	324436	146268	178168
196425	78030	118395	218560	101836	116724
478	478		706	706	

15-4　商品进出口总值(2016年，按地区分)

地　区	District	按美元计价 (By USD) 商品进出口总值（万美元） Total Value of Imports and Exports (USD 10000)	进口总值 Imports	出口总值 Exports
全　市	**Total**	**12930895**	**5113237**	**7817658**
# 荔湾区	Liwan	211627	65228	146399
越秀区	Yuexiu	1136118	408836	727282
海珠区	Haizhu	363483	86758	276725
天河区	Tianhe	878582	383334	495248
白云区	Baiyun	663804	227403	436401
黄埔区	Huangpu	3766049	1839751	1926298
番禺区	Panyu	1823049	727635	1095414
花都区	Huadu	886771	306982	579789
南沙区	Nansha	2565413	964512	1600901
从化区	Conghua	244601	42082	202519
增城区	Zengcheng	391398	60716	330682

Total Value of Import and Export Commodities through Customs (2016, by Region)

按人民币计价 (By RMB)		
商品进出口总值 (万元) Total Value of Imports and Exports (10000 yuan)	进口总值 Imports	出口总值 Exports
85410214	**33822560**	**51587654**
1398479	431107	967372
7521769	2714208	4807561
2392545	572405	1820140
5808178	2532287	3275891
4391709	1508185	2883524
24865027	12163741	12701286
12026333	4807034	7219299
5857648	2028879	3828769
16950427	6385113	10565314
1614196	277709	1336487
2583903	401892	2182011

15-5 主要进口商品数量和金额

商品名称		Name of Commodities	
鲜干水果及坚果	(吨)	Fresh or Dried Fruits and Nuts	(ton)
乳 品	(吨)	Dairy	(ton)
谷物及谷物粉	(吨)	Cereals and Cereal Flour	(ton)
大 豆	(吨)	Soybean	(ton)
食用植物油	(吨)	Edible Vegetable Oil	(ton)
合成橡胶	(吨)	Synthetic Rubber	(ton)
原 木	(立方米)	Logs	(cu.m)
铁矿砂及其精矿	(吨)	Iron Ore	(ton)
煤及褐煤	(吨)	Coal and Brown Coal	(ton)
成品油	(吨)	Petroleum Products Refined	(ton)
医药品	(吨)	Pharmaceutical Products	(ton)
初级形状的塑料	(吨)	Primary Plastics	(ton)
牛皮革及马皮革	(吨)	Bovine or Equine Leather	(ton)
纸及纸板	(吨)	Paper and Paperboards	(ton)
棉纱线	(吨)	Cotton Yarn	(ton)
合成纤维纱线	(吨)	Yarn of Synthetic Fibers	(ton)
针织或钩编织物	(万米)	Knitted or Crocheted Fabrics	(10000 meters)
钻 石	(千克)	Diamonds	(kg)
钢 材	(吨)	Rolled Steel	(ton)
未锻造的铜及铜材	(吨)	Unwrought Copper and Copper Products	(ton)
未锻造的铝及铝材	(吨)	Unwrought Aluminum and Aluminum Products	(ton)
活塞式内燃机的零件	(吨)	Parts of Piston Combustion Engines	(ton)
涡轮喷气发动机	(台)	Gas Turbine Engine	(set)
机械提升搬运装卸设备及零件		Mechanical Handling Equipment and Parts	
印刷、装订机械及零件		Printing or Book-binding Machinery and Parts	
金属加工机床	(台)	Machine Tools	(set)
自动数据处理设备及其部件	(万台)	Automatic Data Processing Machines and Components	(10000 sets)
制造平板显示器用的机器及装置	(台)	Machines and Devices for the Manufacture of Flat Display	(set)
变压、整流、电感器及零件		Transformers, Rectifiers and Inductance Suppliers and Parts	
电视、收音机及无线电讯设备的零附件	(吨)	Parts of Television, Radio, Telecommunications Apparatus	(ton)
电容器	(吨)	Capacitors and Parts	(ton)
印刷电路	(百万块)	Printed Circuit	(10 000 units)
通断及保护电路装置及零件		Electrical Apparatus and Parts for Switching or Protecting Electrical Circuits	
二极管及类似半导体器件	(百万个)	Diode and Semi-conductors	(million units)
集成电路	(百万个)	IC	(1 million pcs)
电线和电缆	(吨)	Electric Wires and Cables	(ton)
汽车零配件		Parts of Motor Vehicles	
飞 机	(架)	Aircraft	(unit)
液晶显示板	(万个)	LCD Panel	(10 000 units)
医疗仪器及器械		Medical Instruments and Appliances	
计量检测分析自控仪器及器具		Measuring or Checking Instruments and Apparatus	
塑料制品	(吨)	Plastic Articles	(ton)

Main Import Commodities in Volume and Value

2015			2016		
数 量 Volume	金 额 （万美元） Value（USD 10000）	金 额 （万元） Value（10000 yuan）	数 量 Volume	金 额 （万美元） Value（USD 10000）	金 额 （万元） Value（10000 yuan）
103637	25135	154856	84812	20131	131794
126190	91106	566306	139398	99900	663684
3669045	109109	677035	3586079	87324	575074
1789190	77106	477973	1554927	65648	433603
799024	50988	319147	291871	19411	127182
66216	15256	94957	86393	17017	112452
575298	22842	141197	721544	24928	164445
4490355	24982	155179	4797485	28974	191464
12323617	63114	391261	15235466	73688	489526
301555	25503	158026	488470	28562	188263
6503	120509	747778	7009	123093	813885
2009611	352467	2187178	2114159	337314	2229887
37066	31046	192369	37063	23643	155854
116983	15191	94242	111545	14608	96361
292657	78155	484279	246778	63923	423287
34118	26934	167014	28467	22058	145525
4624	10764	66775	3585	9866	65211
851	262360	1628871	816	284469	1881329
1404891	108106	670913	1577148	106926	706248
182736	116556	722826	156949	89491	590714
50898	11865	73846	63535	14182	95456
17813	38659	240144	16890	33591	222546
33	30342	187141	49	41367	273552
	20298	126330		19546	129467
	81822	507218		75834	500823
3579	23212	144478	4162	24858	163248
343	26698	165611	415	24978	164636
338	3731	22982	182	30579	200944
	28924	179689		28909	191034
2181	44338	276538	2218	34947	230586
2289	16066	99762	1891	14502	95758
768	32059	199063	816	38688	256226
	62318	387214		63640	420817
7154	74892	465324	9293	80564	532771
3902	211707	1317079	4378	221293	1463266
8352	15002	93185	8183	14033	92747
	231386	1439332		260795	1726755
36	266885	1646910	45	106364	712653
6566	388733	2412099	6909	341650	2254217
	29351	182640		33507	221486
	128048	796616		137143	906628
18718	20038	124479	17506	20698	136905

15-6 主要出口商品数量和金额

商品名称		Name of Commodities	
印刷品	(吨)	Presswork	(ton)
成品油	(吨)	Refined Petroleum Products	(ton)
医药品	(吨)	Medical and Pharmaceutical Products	(ton)
新的充气橡胶轮胎	(万条)	New Pneumatic Rubber Tires	(10000 units)
纺织纱线、织物及制品		Textile Yarn, Fabrics and Related Products	
玻璃制品	(吨)	Glasswork	(ton)
陶瓷产品	(吨)	Ceramic	(ton)
珍珠、钻石、宝石及半宝石		Pearls, Diamonds, Jewelry and Semi-jewelry	
钢　材	(吨)	Rolled Steel	(ton)
不锈钢厨具、餐具等家用器具	(吨)	Household Stainless Steel Cookware and Tableware	(ton)
电　扇	(万台)	Electric Fans	(10000 sets)
空气调节器	(万台)	Air conditional	(10000 sets)
冰箱	(万台)	Fridge	(10000 sets)
自动数据处理设备及其部件	(万台)	Automatic Data Processing Machines and Components	(10000 sets)
自动数据处理设备的零件	(吨)	Parts of Automatic Data Processing Machines	(ton)
打印机(包括多功能一体机)	(万台)	Printer(Multi Function Printer)	(10000 sets)
液晶显示板	(万个)	LCD Panel	(10000 sets)
静止式变流器	(百万个)	Static Converter	(million units)
原电池	(百万个)	Primary Cells and Batteries	(million units)
蓄电池	(万个)	Electric Accumulators	(10000 units)
电话机	(万台)	Telephone	(10000 units)
扬声器	(万个)	Loudspeakers	(10000 units)
录、放像机	(万台)	Video Tape Recorders	(10000 sets)
电视机	(万台)	TV	(10000 sets)
电视、收音机及无线电讯设备的零附件	(吨)	Parts of TV,radio,wireless telecommunication device	(ton)
印刷电路	(百万块)	Printed Circuits	(million units)
电线和电缆	(吨)	Electronic Wires and Cables	
集装箱	(个)	Containers	(unit)
汽车零配件		Parts of Motor Vehicles	
摩托车	(辆)	Motorcycles	(unit)
自行车	(万辆)	Bicycles	(10000 units)
摩托车及自行车的零配件		Parts of Motorcycles and Bicycles	
船　舶	(艘)	Ships	(unit)
照相机	(万架)	Cameras	(10000 sets)
手　表	(万只)	Wrist Watches	(10000 units)
家具及其零件		Furniture and Parts	
灯具、照明装置及类似品		Lamps and Lighting Fittings	
箱包及类似容器	(吨)	Package Bags and Similar Containers	(ton)
服装及衣着附件		Garments and Clothing Accessories	
鞋	(万双)	Footwear	(10000 pairs)
塑料制品	(吨)	Plastic Articles	(ton)
玩　具		Toys	
贵金属或包贵金属的首饰	(千克)	Jewelry of Precious Metals or Rolled Precious Metals	(kilogramme)

Main Export Commodities in Volume and Value

2015			2016		
数 量 Volume	金 额（万美元） Value (USD 10000)	金 额（万元） Value (10000 yuan)	数 量 Volume	金 额（万美元） Value (USD 10000)	金 额（万元） Value (10000 yuan)
42643	18428	114391	45471	19036	125782
1177862	63213	392209	1359263	53669	357016
27157	12052	74746	43358	13767	90975
1264	24740	153431	1365	25067	165067
	314213	1949213		282933	1865419
181131	29983	185639	210145	27562	181801
1115365	53967	334622	1013142	72997	481752
	68576	424234		72189	475923
1551152	149858	929554	1358365	122492	806132
25079	13698	85028	28668	15326	101135
1927	15488	96050	2505	19416	127803
178	40824	253227	274	57328	375747
213	33261	206276	270	37783	249172
3829	159635	989104	4055	149952	988624
18577	36919	228998	33419	57122	376667
640	116687	722933	613	117060	771621
3736	348360	2161294	2915	359605	2372723
213	97850	607771	203	89452	590202
7145	34469	213602	6537	28140	185130
7613	28016	173908	7586	24345	160606
1295	63367	394735	719	59402	389833
8417	76485	475418	7967	70828	467678
462	12779	79217	329	9396	61858
225	31040	192786	407	48542	320400
14458	74450	461236	14229	115669	767772
1236	127995	794367	1300	117422	776039
	50173	311806		61456	406212
67451	17496	108031	23394	4610	30299
	248003	1539431		255518	1685658
1649947	82285	510874	1544139	78511	517455
207	18848	117010	230	18016	118586
	40537	251157		55023	363074
118	260015	1605103	93	204253	1342055
432	13559	84454	580	39826	265937
6292	18578	115394	5999	19263	127099
	292825	1816081		260666	1718075
	209840	1300415		203601	1342532
270035	291952	1811110	279897	295145	1947738
	1103074	6834217		1007623	6644540
33629	200389	1240437	29954	173672	1145278
300439	142912	886572	316502	156336	1031072
	51367	319708		51864	342154
159189	404662	2515262	154709	373333	2468652

15-7 进出口商品分类金额(按人民币计价)

单位:万元

项　　目	Item
合　计	**Total**
第一类 活动物、动物产品	Live Animals & Animal Products
活动物	Live Animals
肉及食用杂碎	Meat and Edible Haslets
水产品	Aquatic Products
乳品、蛋品、天然蜂蜜、其他食用动物产品	Dairy Products, Eggs, Natural Honey and Other Edible Animal Products
其他动物产品	Other Animal Products
第二类 植物产品	Vegetables Products
树苗及花草	Saplings, Flowers and Herbs
蔬　菜	Edible Vegetables
水果及坚果	Fruits and Nuts
咖啡、茶叶及调味香料	Coffee, Tea and Spices
谷　物	Cereals
制粉工业产品	Flour,Starch and Related Prouducts
植物油籽、果实、种子、药材及饲料	Oil Seeds and Kernels and Oleaginous Fruits, Seeds, Plants for Medicinal Use and Forge
虫胶、树胶、树脂	Shellacs, Gums and Resins
编结植物材料、其他植物产品	Vegetable Plaiting Materials and Other Vegetable Products
第三类 动、植物油脂及蜡	Animal Fat ,Vegetable Oils and Waxes
动、植物油脂及蜡	Animal and Vegetable Oils, Fats and Waxes
第四类 食品、烟草及制品	Food, Tobacco and Related Products
动物产品制品	Animal Products
糖及糖食	Sugar and Sugar Confectionery
可可及可可制品	Cocoa and Cocoa Products
粮食及乳制品、糕饼点心	Grain, Milk and Pastry Products
蔬菜、水果等植物制品	Vegetable and Fruit Products
杂项食品	Miscellaneous Edible Preparation
饮料、酒及醋	Beverages, Liquor and Vinegar
食品的残渣、动物饲料	Residues and Waste from Food and Animal Fodder
烟草及烟草制品	Tobacco and Tobacco Products
第五类 矿产品	Mineral
盐、硫磺、建筑材料	Salt, Sulfur and Building Materials
矿砂、矿渣及矿灰	Ore, Slag and Mortar
矿物燃料、矿物油及产品	Mineral Fuels, Mineral Oils and Related Products
第六类 化工产品	Chemicals
无机化学品	Inorganic Chemicals
有机化学品	Organic Chemicals
药　品	Medicinal and Pharmaceuticaland Products
肥　料	Fertilizers
鞣料、染料浸膏、染料、颜料、油漆、油墨	Tanning and Dyeing Extracts, Coloring and Dyeing Materials, Paint and Printing Ink

Value of Imports and Exports by Category of Commodities (Renminbi-denominated)

(10000 yuan)

2015		2016	
进　口 Imports	出　口 Exports	进　口 Imports	出　口 Exports
32717136	**50345669**	**33822560**	**51587654**
526475	96220	1015992	90974
4017	50913	2244	60700
218970	14135	670980	11576
152808	24488	187904	15829
131519	2900	131530	2318
19161	3784	23334	551
1445574	87661	1269851	87383
3033	1089	1522	756
10924	16346	3296	19026
157988	914	133930	1095
5322	20496	6120	12664
676788		575003	
21270	25880	15959	28101
546761	8325	514775	10419
14554	5378	13614	5788
8934	9233	5632	9534
403434	14709	214227	11966
403434	14709	214227	11966
1186898	236113	1321199	263133
1764	3301	2868	2552
32178	48227	25642	48377
10450	2959	13473	2948
488699	51524	611723	62556
24774	13477	43356	12339
156772	53835	204956	57129
190991	20171	156250	16390
207553	30622	194049	46090
73717	11997	68882	14752
1653808	1053112	2175889	917720
29198	22877	28937	20548
276379	511	291804	1390
1348231	1029724	1855148	895782
2591158	965318	2847459	1011936
105623	77108	113791	74622
742587	160999	816522	170224
727825	51661	797971	69739
592	2371	851	989
184759	64466	199416	68059

15-7 续表 1

单位:万元

项　　目	Item
化妆品及其原料、芳香料制品	Cosmetics and Related Products, Perfumed Materials
洗涤用品	Detergents
蛋白类物质、改性淀粉、胶、酶	Protein Materials, Modified Starches, Glues and Enzymes
炸药、烟火制品、易燃材料制品	Explosives, Pyrotechnic Products and Combustible Products
照相及电影用品	Photographic and Cinematographic Goods
杂项化学产品	Miscellaneous Chemical Products
第七类 塑料、橡胶及其制品	Plastics, Rubber and Related Products
塑料及其制品	Plastics and Related Products
橡胶及其制品	Rubber and Related Products
第八类 皮革、毛皮及其制品、旅行用品、手提包	Leather, Furs Skins and Related Products, Travel Articles and Handbags
生皮及皮革	Raw Hides and Leather
皮革制品、旅行用品及手提包	Leather Products, Travel Articles and Handbags
毛皮、人造毛皮及制品	Furs Shins, Artificial Furs Manufactures Thereof
第九类 木及木制品、草柳编结品	Wood and Wooden Products, Straw and Wicker Plaited Products
木及木制品、木炭	Wood and Wooden Products, Charcoal
软木及软木制品	Cork and Related Products
草柳编结品	Straw and Wicker Plaited Products
第十类 木浆、纸、纸板及制品	Wood Paper Pulp, Paper, Paperboard and Related Products
木浆及其他纤维素浆、废碎纸板	Paper Pulp and Cellulose, Waste Paperboard
纸及纸板、纸浆、纸制品	Paper and Paperboard, Articles of Paper Pulp and Paper Products
书籍、印刷品、设计图纸	Books, Printed Matter and Design Drawings
第十一类 纺织原料及纺织制品	Textile Materials and Products
蚕　丝	Natural Silk
羊毛、动物毛、毛纱线及制品	Wool, Animal Hair and Woolen Woven Fabrics
棉花及制品	Cotton and Related Products
其他纺织纤维、纸纱线及机织物	Other Textile Fiber, Yarn and Related Woven Fabrics
化学纤维长丝	Chemical Fiber, Continuous Filament
化学纤维短丝	Chemical Fiber, Staple Fiber
絮胎、毡尼及无纺物、特种纱线、线绳索缆	Wadding, Felt and Adhesive-Bond Fabrics, Special Yarn, Thread, Rope and Cable
地毯及纺织铺地制品	Carpets and Related Products
特种机织物、纺织装饰品、刺绣品	Special Woven Fabrics, Textile Trimmings and Embroidery
浸渍、涂布、包覆或层压的纺织物	Soaked, Coated or Overlapping Textiles
针织物及钩编织物	Knitwear and Crocheted Fabrics
针织或钩编的服装及衣着附件	Knitted or Crocheted Garments and Clothing Accessories
非针织或非钩编的服装及衣着附件	Garments and Clothing Accessories Not Knitted or Crocheted
其他纺织制成品、成套物品	Other Textile Products
第十二类 鞋帽伞杖、加工羽毛、人造花、人发制品	Footwear, Headgear, Umbrellas, Canes, Processed Feather, Artificial Flowers and Wigs
鞋类及零件	Footwear and Accessories
帽类及零件	Headgear and Accessories

continued

(10000 yuan)

2015		2016	
进 口 Imports	出 口 Exports	进 口 Imports	出 口 Exports
166843	258614	210690	253253
167868	94211	181320	111211
111334	82007	138653	90214
	27753	52	24764
30635	14554	38124	13035
353092	131574	350069	135826
3021078	2157501	3044457	2332664
2713609	1866670	2709910	2014413
307469	290831	334547	318251
365224	1912424	293575	2037080
260993	7749	200710	11378
25093	1882087	24188	2017198
79138	22588	68677	8504
260549	158475	314848	142267
259654	144391	314135	131902
94	233	91	194
801	13851	622	10171
322217	524884	331601	527943
191812	1605	188552	1559
113840	408888	119405	400602
16565	114391	23644	125782
1050371	8651698	961643	8389757
2309	22426	1922	20195
10975	3371	8632	4446
530797	287929	459641	320951
19509	13823	14920	2026
138325	87888	124934	100508
134523	44688	137252	76879
40676	79942	35644	83217
1742	61895	2738	46379
21388	205186	20663	184491
37948	145412	35201	161244
66775	774263	65211	645742
14322	1870833	18620	1685734
22914	4810290	25396	4819099
8168	243752	10869	238846
27460	1478922	50692	1389391
26380	1334767	49110	1231396
747	63170	1161	58477

单位:万元

项　　目	Item
伞、杖、鞭及零件	Umbrellas, Canes, Whips and Accessories
加工羽毛、羽绒及制品、人造花、人发制品	Processed Feathers and Related Products, Artificial Flowers and Wigs
第十三类 石材制品、陶瓷产品、玻璃及其制品	Stone Products,Leramics,Glass and Glossware
石材制品	Stone and Related Products
陶瓷产品	Ceramics
玻璃及其制品	Glass and Glassware
第十四类 珠宝首饰、硬币	Jewellery and Coins
珠宝首饰	Jewellery
第十五类 贱金属及其制品	Base Metals and Related Products
钢　铁	Iron and Steel
钢铁制品	Iron and Steel Products
铜及其制品	Copper and Related Products
镍及其制品	Nickel and Related Products
铝及其制品	Aluminum and Related Products
铅及其制品	Lead and Related Products
锌及其制品	Zinc and Related Products
锡及其制品	Tin and Related Products
其他贱金属、金属陶瓷及其制品	Other Base Metals, Metal Ceramics and Related Products
贱金属工具、器具、利口器、餐具及零件	Base Metal Tools, Implements, Cutlery, Tableware and Related Parts
贱金属杂项制品	Miscellaneous Products of Base Metals
第十六类 机械、电气设备、电视机及音响设备	Machinery, Electric Equipment, Television Sets and Sound Appliances
核反应堆、锅炉、机械设备及零件	Nuclear Reactors, Boilers, Mechanical Equipment and Accessories
机电、电气设备、电视机及音响设备	Machinery and Electric Equipment, Television Sets and Sound Appliances
第十七类 车辆、航空器、船舶及有关运输设备	Locomotives, Vehicles, Aircraft, Ships and Related Transportation Equipment
铁道及电车机车、车辆及零件	Railway Locomotives, Tramcars and Accessories
车辆及零附件(铁道车辆除外)	Vehicles and Related Parts and Accessories (excluding railway locomotives)
航空器、航天器及零件	Aircraft, Spacecraft and Related Parts
船舶及浮动结构体	Ships and Related Products
第十八类 仪器、医疗器械、钟表及乐器	Instruments, Medical Instruments and Equipment, Clocks and Musical Instruments
光学、照相电影、计量检验、医疗仪器设备	Optical, Photographic, Film, Measuring and Checking, Medical Instruments and Equipments
钟表及零件	Clocks and Related Parts
乐器及零附件	Musical Instruments and Related Parts and Accessories
第十九类 武器、弹药及其零件、附件	Arms and Ammunition, Parts and Auessories thereof
第二十类 杂项制品	Miscellaneous Products
家具、床上用品、照明装置、活动房	Furniture, Bed Articles, Lighting Apparatus and Luminous Signs
玩具、游戏、运动用品及零附件	Toys, Games and Sports Goods and Related Parts and Accessories
杂项制品	Miscellaneous Manufactured Articles
第二十一类 艺术品、收藏品及古物	Works of Art, Collector's Pieces and Antiques
第二十二类 特殊交易品及未分类商品	Special Commodities and Unclassified Commodities

continued

(10000 yuan)

2015		2016	
进　口 Imports	出　口 Exports	进　口 Imports	出　口 Exports
94	28974	193	27182
239	52011	228	72336
216819	874981	206222	965785
35179	144822	42938	128039
10699	334622	13028	481752
170941	395537	150256	355994
1888433	3146578	2149008	3231768
1888433	3146578	2149008	3231768
2472916	3447724	2258090	3294442
767281	707227	845922	644508
391690	1248831	269908	1096893
887718	39023	736486	41923
100098	763	65119	869
119729	436029	155878	386969
518	228	772	173
16503	15604	9791	2119
24905	4150	12734	3769
14834	9120	13405	13316
101009	306767	90676	306137
48631	679982	57399	797766
7306482	14255753	8041740	15463511
3250462	5367641	3637706	5934158
4056020	8888112	4404034	9529353
2871471	3714388	2226877	3531649
2912	125628	3754	37996
1134790	1926241	1412608	2115600
1727373	55619	803092	30693
6396	1606900	7423	1347360
4009076	3304697	3946892	3524972
3911560	3017299	3845860	3224943
87752	208420	89824	217921
9764	78978	11208	82108
81	28	486	15
202464	4264115	260139	4215591
62715	3268479	81186	3204050
41132	694308	50843	677664
98617	301328	128110	333877
337	104	570	324
894811	264	891103	157383

15-8 进出口商品分类金额(按美元计价)

单位:万美元

项目	Item
合计	**Total**
第一类 活动物、动物产品	Live Animals & Animal Products
活动物	Live Animals
肉及食用杂碎	Meat and Edible Haslets
水产品	Aquatic Products
乳品、蛋品、天然蜂蜜、其他食用动物产品	Dairy Products, Eggs, Natural Honey and Other Edible Animal Products
其他动物产品	Other Animal Products
第二类 植物产品	Vegetables Products
树苗及花草	Saplings, Flowers and Herbs
蔬菜	Edible Vegetables
水果及坚果	Fruits and Nuts
咖啡、茶叶及调味香料	Coffee, Tea and Spices
谷物	Cereals
制粉工业产品	Flour,Starch and Related Prouducts
植物油籽、果实、种子、药材及饲料	Oil Seeds and Kernels and Oleaginous Fruits, Seeds, Plants for Medicinal Use and Forge
虫胶、树胶、树脂	Shellacs, Gums and Resins
编结植物材料、其他植物产品	Vegetable Plaiting Materials and Other Vegetable Products
第三类 动、植物油脂及蜡	Animal Fat ,Vegetable Oils and Waxes
动、植物油脂及蜡	Animal and Vegetable Oils, Fats and Waxes
第四类 食品、烟草及制品	Food, Tobacco and Related Products
动物产品制品	Animal Products
糖及糖食	Sugar and Sugar Confectionery
可可及可可制品	Cocoa and Cocoa Products
粮食及乳制品、糕饼点心	Grain, Milk and Pastry Products
蔬菜、水果等植物制品	Vegetable and Fruit Products
杂项食品	Miscellaneous Edible Preparation
饮料、酒及醋	Beverages, Liquor and Vinegar
食品的残渣、动物饲料	Residues and Waste from Food and Animal Fodder
烟草及烟草制品	Tobacco and Tobacco Products
第五类 矿产品	Mineral
盐、硫磺、建筑材料	Salt, Sulfur and Building Materials
矿砂、矿渣及矿灰	Ore, Slag and Mortar
矿物燃料、矿物油及产品	Mineral Fuels, Mineral Oils and Related Products
第六类 化工产品	Chemicals
无机化学品	Inorganic Chemicals
有机化学品	Organic Chemicals
药品	Medicinal and Pharmaceuticaland Products
肥料	Fertilizers
鞣料、染料浸膏、染料、颜料、油漆、油墨	Tanning and Dyeing Extracts, Coloring and Dyeing Materials, Paint and Printing Ink

Value of Imports and Exports by Category of Commodities
(U.S.dollar-denominated)

(USD 10000)

2015		2016	
进 口 Imports	出 口 Exports	进 口 Imports	出 口 Exports
5270041	**8116727**	**5113237**	**7817658**
84699	15502	153965	13803
651	8198	340	9207
35229	2280	101749	1756
24562	3943	28400	2408
21169	469	19933	350
3088	612	3543	82
233206	14139	192635	13261
495	176	229	115
1776	2630	501	2874
25637	148	20452	166
858	3309	931	1925
109069		87313	
3421	4172	2426	4274
88155	1342	77867	1582
2349	869	2062	876
1446	1493	854	1449
64629	2372	32516	1822
64629	2372	32516	1822
191045	38044	199146	39838
283	531	433	383
5201	7774	3884	7354
1672	475	2036	445
78599	8300	91951	9464
3981	2174	6534	1871
25292	8691	30592	8650
30795	3253	23651	2483
33305	4911	29488	6969
11917	1935	10577	2219
266046	169572	328778	138837
4688	3689	4393	3119
44485	81	44167	209
216873	165802	280218	135509
417536	155358	430617	153367
17041	12429	17215	11307
119690	25821	123483	25761
117283	8320	120682	10542
96	384	130	150
29770	10392	30176	10309

15-8 续表 1

单位:万美元

项　　目	Item
化妆品及其原料、芳香料制品	Cosmetics and Related Products, Perfumed Materials
洗涤用品	Detergents
蛋白类物质、改性淀粉、胶、酶	Protein Materials, Modified Starches, Glues and Enzymes
炸药、烟火制品、易燃材料制品	Explosives, Pyrotechnic Products and Combustible Products
照相及电影用品	Photographic and Cinematographic Goods
杂项化学产品	Miscellaneous Chemical Products
第七类 塑料、橡胶及其制品	Plastics, Rubber and Related Products
塑料及其制品	Plastics and Related Products
橡胶及其制品	Rubber and Related Products
第八类 皮革、毛皮及其制品、旅行用品、手提包	Leather, Furs Skins and Related Products, Travel Articles and Handbags
生皮及皮革	Raw Hides and Leather
皮革制品、旅行用品及手提包	Leather Products, Travel Articles and Handbags
毛皮、人造毛皮及制品	Furs Shins, Artificial Furs Manufactures Thereof
第九类 木及木制品、草柳编结品	Wood and Wooden Products, Straw and Wicker Plaited Products
木及木制品、木炭	Wood and Wooden Products, Charcoal
软木及软木制品	Cork and Related Products
草柳编结品	Straw and Wicker Plaited Products
第十类 木浆、纸、纸板及制品	Wood Paper Pulp, Paper, Paperboard and Related Products
木浆及其他纤维素浆、废碎纸板	Paper Pulp and Cellulose, Waste Paperboard
纸及纸板、纸浆、纸制品	Paper and Paperboard, Articles of Paper Pulp and Paper Products
书籍、印刷品、设计图纸	Books, Printed Matter and Design Drawings
第十一类 纺织原料及纺织制品	Textile Materials and Products
蚕　丝	Natural Silk
羊毛、动物毛、毛纱线及制品	Wool, Animal Hair and Woolen Woven Fabrics
棉花及制品	Cotton and Related Products
其他纺织纤维、纸纱线及机织物	Other Textile Fiber, Yarn and Related Woven Fabrics
化学纤维长丝	Chemical Fiber, Continuous Filament
化学纤维短丝	Chemical Fiber, Staple Fiber
絮胎、毡尼及无纺物、特种纱线、线绳索缆	Wadding, Felt and Adhesive-Bond Fabrics, Special Yarn, Thread, Rope and Cable
地毯及纺织铺地制品	Carpets and Related Products
特种机织物、纺织装饰品、刺绣品	Special Woven Fabrics, Textile Trimmings and Embroidery
浸渍、涂布、包覆或层压的纺织物	Soaked, Coated or Overlapping Textiles
针织物及钩编织物	Knitwear and Crocheted Fabrics
针织或钩编的服装及衣着附件	Knitted or Crocheted Garments and Clothing Accessories
非针织或非钩编的服装及衣着附件	Garments and Clothing Accessories Not Knitted or Crocheted
其他纺织制成品、成套物品	Other Textile Products
第十二类 鞋帽伞杖、加工羽毛、人造花、人发制品	Footwear, Headgear, Umbrellas, Canes, Processed Feather, Artificial Flowers and Wigs
鞋类及零件	Footwear and Accessories
帽类及零件	Headgear and Accessories

continued

(USD 10000)

2015		2016	
进　口 Imports	出　口 Exports	进　口 Imports	出　口 Exports
26836	41633	31774	38442
27050	15188	27451	16850
17916	13201	20968	13685
	4469	8	3770
4940	2342	5765	1979
56914	21179	52965	20572
486726	347822	460495	353705
437230	300928	409902	305444
49496	46894	50593	48261
58993	308309	44514	308668
42126	1253	30424	1719
4041	303388	3628	305653
12826	3668	10462	1296
42024	25554	47682	21596
41880	23281	47574	20021
15	38	14	29
129	2235	94	1546
51919	84527	50183	79960
30911	252	28523	239
18341	65847	18094	60685
2667	18428	3566	19036
169362	1396075	145386	1272328
371	3626	291	3070
1778	541	1313	676
85637	46300	69423	48710
3143	2237	2260	305
22285	14172	18919	15195
21680	7202	20766	11655
6551	12879	5390	12619
281	9982	414	7037
3443	33135	3131	28020
6112	23445	5332	24446
10764	124837	9866	97966
2312	301676	2813	255845
3691	776737	3826	730586
1314	39306	1642	36198
4412	238854	7611	210644
4238	215614	7373	186725
120	10166	174	8867

15-8 续表 2

单位:万美元

项　　目	Item
伞、杖、鞭及零件	Umbrellas, Canes, Whips and Accessories
加工羽毛、羽绒及制品、人造花、人发制品	Processed Feathers and Related Products, Artificial Flowers and Wigs
第十三类 石材制品、陶瓷产品、玻璃及其制品	Stone Products,Leramics,Glass and Glossware
石材制品	Stone and Related Products
陶瓷产品	Ceramics
玻璃及其制品	Glass and Glassware
第十四类 珠宝首饰、硬币	Jewellery and Coins
珠宝首饰	Jewellery
第十五类 贱金属及其制品	Base Metals and Related Products
钢　铁	Iron and Steel
钢铁制品	Iron and Steel Products
铜及其制品	Copper and Related Products
镍及其制品	Nickel and Related Products
铝及其制品	Aluminum and Related Products
铅及其制品	Lead and Related Products
锌及其制品	Zinc and Related Products
锡及其制品	Tin and Related Products
其他贱金属、金属陶瓷及其制品	Other Base Metals, Metal Ceramics and Related Products
贱金属工具、器具、利口器、餐具及零件	Base Metal Tools, Implements, Cutlery, Tableware and Related Parts
贱金属杂项制品	Miscellaneous Products of Base Metals
第十六类 机械、电气设备、电视机及音响设备	Machinery, Electric Equipment, Television Sets and Sound Appliances
核反应堆、锅炉、机械设备及零件	Nuclear Reactors, Boilers, Mechanical Equipment and Accessories
机电、电气设备、电视机及音响设备	Machinery and Electric Equipment, Television Sets and Sound Appliances
第十七类 车辆、航空器、船舶及有关运输设备	Locomotives, Vehicles, Aircraft, Ships and Related Transportation Equipment
铁道及电车机车、车辆及零件	Railway Locomotives, Tramcars and Accessories
车辆及零附件(铁道车辆除外)	Vehicles and Related Parts and Accessories (excluding railway locomotives)
航空器、航天器及零件	Aircraft, Spacecraft and Related Parts
船舶及浮动结构体	Ships and Related Products
第十八类 仪器、医疗器械、钟表及乐器	Instruments, Medical Instruments and Equipment, Clocks and Musical Instruments
光学、照相电影、计量检验、医疗仪器设备	Optical, Photographic, Film, Measuring and Checking, Medical Instruments and Equipments
钟表及零件	Clocks and Related Parts
乐器及零附件	Musical Instruments and Related Parts and Accessories
第十九类 武器、弹药及其零件、附件	Arms and Ammunition, Parts and Auessories thereof
第二十类 杂项制品	Miscellaneous Products
家具、床上用品、照明装置、活动房	Furniture, Bed Articles, Lighting Apparatus and Luminous Signs
玩具、游戏、运动用品及零附件	Toys, Games and Sports Goods and Related Parts and Accessories
杂项制品	Miscellaneous Manufactured Articles
第二十一类 艺术品、收藏品及古物	Works of Art, Collector's Pieces and Antiques
第二十二类 特殊交易品及未分类商品	Special Commodities and Unclassified Commodities

continued

(USD 10000)

2015		2016	
进　口 Imports	出　口 Exports	进　口 Imports	出　口 Exports
15	4675	29	4120
39	8399	35	10932
34903	141144	31219	146383
5666	23404	6475	19383
1721	53967	1966	72997
27516	63773	22778	54003
304186	506621	324920	488929
304186	506621	324920	488929
398760	556258	341348	499903
123638	113965	127942	97978
63403	201711	40816	166460
143215	6289	111540	6354
16005	123	9832	132
19262	70339	23301	58645
83	37	116	27
2649	2538	1483	320
3990	655	1926	569
2382	1464	2031	2000
16320	49468	13693	46455
7813	109669	8668	120963
1175605	2296445	1216831	2343122
523353	865415	550633	899607
652252	1431030	666198	1443515
463744	599987	334912	536162
470	20322	576	5777
182464	310519	213205	320693
279797	8854	120044	4643
1013	260292	1087	205049
645449	532496	597692	534196
629768	486205	582444	488755
14112	33566	13552	33017
1569	12725	1696	12424
13	4	74	2
32560	687585	39260	639224
10075	527185	12278	486015
6636	111826	7664	102612
15849	48574	19318	50597
54	17	85	49
144170	42	133368	21859

15-9 广州地区口岸进出口商品总值

Commodity Value of Imports and Exports through Ports in Guangzhou Area

项　目	Item	2015		2016	
		万美元 (USD 10000)	万元 (10000 yuan)	万美元 (USD 10000)	万元 (10000 yuan)
进出口商品货物总值	**Total**	**21732084**	**134866100**	**16869710**	**111406198**
进口商品货物总值	Imports	8107637	50338401	6236702	41249071
出口商品货物总值	Exports	13624447	84527699	10633008	70157126

15-10 软件出口和技术进口情况

Software Export and Technology Import

项　目	Item	2016	
		项　目 (个) Number (unit)	金　额 (万美元) Amount (USD 10000)
软件出口	Software Export		214501
嵌入式软件	Embedded Software		135440
软件产品	Software Products	26	167
软件服务	Software Services	464	78894
技术进口	Technology Import	351	165306
其中：制造业	Manufacturing	295	155783
房地产业	Real Estate	6	182
计算机应用业	Computer Applied Software Industry	6	1270
技术咨询服务业	Technology Consulting Service	43	7726

注：1. 嵌入式软件出口是指通过海关出口方式向境外用户提供的嵌入在信息系统或设备中的软件。
2. 技术进口是指办理了合同登记手续的，通过贸易、投资或经济技术合作等方式转移技术到境内的行为。

Notes: I. Embedded software export refers to providing overseas users with software inlaid information system or equipment in the form of customs export.
II. Technology import refers to the action of transferring technology into China in forms of trade, investment or economic technological cooperation after the contracts registrations formalities have been gone through.

15-11　历年利用外资情况
Statistics on Utilization of Foreign Capital in Main Years

年 份 Year	项目(企业)个数(个) Number of Contracts (unit)	#外商直接投资 Foreign Direct Investment	合同外资金额(万美元) Amount of Contracted Foreign Capital (USD 10000)	#外商直接投资 Foreign Direct Investment	实际使用外资金额(万美元) Amount of Foreign Capital Actually Used (USD 10000)	#外商直接投资 Foreign Direct Investment
1978	2		53			
1980	1379	21	24905	24794	3013	1287
1985	4394	290	70175	51575	15782	10389
1986	2062	104	33668	29569	17966	9316
1987	2271	126	28510	20374	8574	5562
1988	2120	289	52650	39338	27119	14521
1989	2121	292	57778	40101	43892	27481
1990	2711	389	55426	47183	27263	18613
1991	2678	571	87517	70635	40519	25938
1992	2925	1193	471080	449654	74595	57135
1993	2620	1275	704764	683634	147028	128464
1994	2907	1906	709683	685763	204816	181403
1995	2564	1774	685657	673101	225298	214444
1996	1793	865	510301	447393	260002	233153
1997	3066	661	219922	169824	289379	248003
1998	986	643	245058	193178	304467	271608
1999	1053	537	172808	141377	317600	298687
2000	1445	647	163454	152759	311541	298923
2001	1087	678	200604	196229	332746	300119
2002	1177	776	316579	302322	265299	228386
2003	1204	870	402176	351117	306409	258076
2004	1506	1046	334767	320494	247696	240062
2005	1599	1061	366155	340205	284128	264882
2006	1465	1025	463987	439124	305477	292339
2007	1460	959	715269	703506	341138	328579
2008	1378	991	604536	591864	377413	362277
2009	1022	844	388633	378401	387476	377339
2010	1170	980	505928	497384	408121	397862
2011	1273	1134	683809	674734	437626	427009
2012	1204	1095	693071	680188	474312	457485
2013	1258	1092	734009	711428	507853	480385
2014	1324	1155	827560	803975	543905	510707
2015		1429		836335		541634
2016		1757		990123		570120

注：1.合同外资金额、实际使用外资金额按当年口径统计。
　　2.由于制度变化，2015年开始不再统计外商其他投资，仅统计外商直接投资。

Note: I. The amount of contracted foreign capital and foreign capital actually used are calculated at current coverage.
　　II. Recording to the statistical system,the only statistical indicator is foreign direct investment instead of other foreign invest since 2015.

15-12 历年利用外资项目(企业)个数、合同外资金额、实际使用外资金额指数(上年=100)

Indices of Contracts Number, Contracted Foreign Capital and Foreign Capital Actually Used in Main Years (Preceding Year=100)

年份 Year	项目(企业)个数 Number of Contracts	#外商直接投资 Foreign Direct Investment	合同外资金额 Amount of Contracted Foreign Capital	#外商直接投资 Foreign Direct Investment	实际使用外资金额 Amount of Foreign Capital Actually Used	#外商直接投资 Foreign Direct Investment
1980	250.3	300.0	1080.5	1258.6	306.2	780.0
1985	97.2	163.8	344.8	272.3	101.3	79.7
1986	46.9	35.9	48.0	57.3	113.8	89.7
1987	110.1	121.2	84.7	68.9	47.7	59.7
1988	93.4	229.4	184.7	193.1	316.3	261.1
1989	100.1	101.0	109.7	101.9	161.9	189.3
1990	127.8	133.2	95.9	117.7	62.1	67.7
1991	98.8	146.8	157.9	149.7	148.6	139.4
1992	109.2	208.9	538.3	636.6	184.1	220.3
1993	89.6	106.9	149.6	152.0	197.1	224.8
1994	111.0	149.5	100.7	100.3	139.3	141.2
1995	88.2	93.1	96.6	98.2	110.0	118.2
1996	69.9	48.8	74.4	66.5	115.4	108.7
1997	171.0	76.4	43.1	38.0	111.3	106.4
1998	32.2	97.3	111.4	113.8	105.2	109.5
1999	106.8	83.5	70.5	73.2	104.3	110.0
2000	137.2	120.5	94.6	108.1	98.1	100.1
2001	75.2	104.8	122.7	128.5	106.8	100.4
2002	108.3	114.5	174.1	170.4	110.6	110.2
2003	102.3	112.1	127.0	116.1	115.5	113.0
2004	125.1	120.2	127.7	125.6	164.8	164.4
2005	106.2	101.4	109.4	106.2	114.7	110.3
2006	91.6	96.6	126.7	129.1	107.5	110.4
2007	99.7	93.6	154.2	160.2	111.7	112.4
2008	94.4	103.3	84.5	84.1	110.6	110.3
2009	74.2	85.2	64.3	63.9	102.7	104.2
2010	114.5	116.1	130.2	131.4	105.3	105.4
2011	108.8	115.7	135.2	135.7	107.2	107.3
2012	94.6	96.6	101.4	100.8	108.4	107.1
2013	104.5	99.7	105.9	104.6	107.1	105.0
2014	105.2	105.8	112.7	113.0	107.1	106.3
2015		123.7		104.0		106.1
2016		123.0		118.4		105.3

注：2002年和2004年合同外资金额、实际使用外资金额统计口径调整，当年指数按可比口径计算。

Note: The coverage of amount of contracted foreign capital and foreign capital actually used were adjusted in 2002 and 2004, the indices of which being calculated on the same coverage.

15-13 利用外资情况
Utilization of Foreign Capital

单位：万美元 (USD 10000)

项　　目	Item	2015	2016	1978-2016
项目(企业)个数　　(个)	**Number of Contracts　　(unit)**			
对外借款	Foreign Loans			
外商直接投资	Foreign Direct Investment	1429	1757	28726
合资企业	Joint-venture Enterprises	177	216	5759
合作企业	Cooperative Enterprises	3	6	5712
外资企业	Enterprises with Sole Foreign Funds	1248	1533	17239
外商投资股份制企业	Share-holding Corporations	1	2	16
外商其他投资	Other Foreign Investment			
国际租赁	International Lease			
补偿贸易	Compensation Trade			
加工装配	Processing and Assembling			
合同外资金额	**Contracted Foreign Capital**			
对外借款	Foreign Loans			
外商直接投资	Foreign Direct Investment	836335	990123	12777214
合资企业	Joint-venture Enterprises	203362	153084	2489548
合作企业	Cooperative Enterprises	35310	1543	3189856
外资企业	Enterprises with Sole Foreign Funds	596924	421745	6589092
外商投资股份制企业	Share-holding Corporations	739	413751	508718
外商其他投资	Other Foreign Investment			
国际租赁	International Lease			
补偿贸易	Compensation Trade			
加工装配	Processing and Assembling			
实际使用外资金额	**Amount of Foreign Capital Actually Used**			
对外借款	Foreign Loans			
外商直接投资	Foreign Direct Investment	541634	570120	8106736
合资企业	Joint-venture Enterprises	114093	135135	1963810
合作企业	Cooperative Enterprises	21616	2959	1786698
外资企业	Enterprises with Sole Foreign Funds	398383	157460	3983477
外商投资股份制企业	Share-holding Corporations	7542	274566	372751
外商其他投资	Other Foreign Investment			
对外发行股票	Share on Sale			
国际租赁	International Lease			
补偿贸易	Compensation Trade			
加工装配	Processing and Assembling			

15-14 外商直接投资情况(按地区分)

Statistics on Utilization of Foreign Direct Investment Capital (by Region)

单位：万美元 (USD 10000)

项 目	Item	2015			2016		
		项目(企业)个数(个) Number of Contracts (unit)	合同外资金额 Contracted Foreign Capital	实际使用外资金额 Amount of Foreign Capital Actually Used	项目(企业)个数(个) Number of Contracts (unit)	合同外资金额 Contracted Foreign Capital	实际使用外资金额 Amount of Foreign Capital Actually Used
全 市	**Total**	**1429**	**836335**	**541634**	**1757**	**990123**	**570120**
# 荔湾区	Liwan	106	32648	26896	177	10263	12214
越秀区	Yuexiu	300	54963	42521	458	43922	49000
海珠区	Haizhu	85	75925	22743	104	35869	26188
天河区	Tianhe	373	159643	86114	320	76169	100059
白云区	Baiyun	88	13566	14255	96	-16386	1417
黄埔区	Huangpu	73	101949	114682	92	421633	219006
番禺区	Panyu	132	31671	34392	163	34150	39778
花都区	Huadu	20	9896	27069	31	24659	33903
南沙区	Nansha	221	278920	102300	285	320959	62506
从化区	Conghua	11	23473	10010	6	22991	11551
增城区	Zengcheng	20	30663	20685	25	15894	14498

15-15 外商直接投资项目分类(2016年)

Amount of Foreign Direct Investment Capital Actually Used by Category (2016)

单位：万美元 (USD 10000)

项　　目	Item	项目(企业)个数(个) Number of Contracts (unit)	合同外资金　额 Contracted Foreign Capital	实际使用外资金额 Amount of Foreign Capital Actually Used
总　　计	**Total**	**1757**	**990123**	**570120**
#投资额1000万美元以上项目	Projects with Investment above 10 million USD	219	968305	
按国民经济行业分	**By Sector**			
农、林、牧、渔业	Agriculture, Forestry, Animal Husbandry and Fishing	7	3161	4411
采矿业	Mining			
制造业	Manufacturing	90	76351	53457
电力、热力、燃气及水生产和供应业	Production and Supply of Electricity, Heat,Gas and Water	2	12324	4792
建筑业	Construction	10	13043	1162
交通运输、仓储和邮政业	Transport, Storage and Post	38	21770	16838
信息传输、计算机服务和软件业	Information Transmission, Software and Information Technology Services	46	416867	297094
批发和零售业	Wholesale and Retail Trade	1061	62465	60203
住宿和餐饮业	Hotels and Catering Services	41	6078	2328
金融业	Financial Intermediation	96	220374	65648
房地产业	Real Estate	31	-36724	33815
租赁和商务服务业	Leasing and Business Services	216	116786	21030
科学研究和技术服务业	Scientific Research and Technical Services	72	40358	3826
水利、环境和公共设施管理业	Management of Water Conservancy,Environment and Public Facilities	2	42	591
居民服务、修理和其他服务业	Service to Households, Repair and Other Services	11	2079	843
教育	Education	8	415	45
卫生和社会工作	Health and Social Service	9	5903	
文化、体育和娱乐业	Culture, Sports and Entertainment	17	28831	4037
公共管理、社会保障和社会组织	Public Management, Social Security and Social Organization			
国际组织	International Organizations			

15-15　续表　continued

单位：万美元　　(USD 10000)

项　目	Item	项目(企业)个数(个) Number of Contracts (unit)	合同外资金额 Contracted Foreign Capital	实际使用外资金额 Amount of Foreign Capital Actually Used
按国别(地区)分	**By Country (Territory)**			
中国香港	Hong Kong, China	922	837298	478241
中国澳门	Macao, China	14	576	109
中国台湾	Taiwan, China	53	21812	1367
日　本	Japan	11	14956	17147
泰　国	Thailand	6	146	227
新加坡	Singapore	37	42790	6076
马来西亚	Malaysia	25	1150	57
韩　国	Republic of Korea	69	3456	925
英　国	United Kingdom	5	1130	11599
德　国	Germany	7	425	281
加拿大	Canada	9	662	115
美　国	United States	33	3622	1486
澳大利亚	Australia	20	1805	111
法　国	France	2	27	289
荷　兰	Netherlands	1	-7502	526
英属维尔京群岛	Virgin Islands	8	-6916	19079
意大利	Italy	2	101	87
瑞　士	Switzerland	1	-19	305
萨摩亚	Samoa	6	1334	693
毛里求斯	Mauritius		11498	11415
开曼群岛	Cayman Islands		408	1148
百慕大	Bermuda			
塞浦路斯	Cyprus		4	
阿拉伯联合酋长国	United Arab Emirates	9	173	4
巴巴多斯	Barbados			
其　他	Others	517	61187	18833

15-16 境外企业情况(2016年)

Statistics on Overseas Enterprises Funded by Domestic Capital (2016)

单位：万美元 (USD 10000)

项目	Item	当年新增 Newly Increased in Current Year	
		企业数(个) Number of Enterprises (unit)	中方投资额 Volume of Investment from China
总计	**Total**	**263**	**528267**
按投资企业类型分	**By Status of Investment**		
国有企业	State-owned enterprises	3	69201
私营企业	Private-owned enterprises	247	444166
外资企业	Foreign-owned enterprises	13	14900
按国民经济行业分	**By Sector**		
农、林、牧、渔业	Agriculture, Forestry, Animal Husbandry and Fishing	3	2240
采矿业	Mining	1	77
制造业	Manufacturing	26	13138
电力、热力、燃气及水生产和供应业	Production and Supply of Electricity, Heat,Gas and Water	2	2255
建筑业	Construction	5	118
批发和零售业	Wholesale and Retail Trade	109	112607
交通运输、仓储和邮政业	Transport, Storage and Post	5	798
住宿和餐饮业	Hotels and Catering Services	1	463
信息传输、软件和信息技术服务业	Information Transmission, Software and Information Technology Services	29	23146
金融业	Financial Intermediation		
房地产业	Real Estate	19	223655
租赁和商务服务业	Leasing and Business Services	38	56249
科学研究和技术服务业	Scientific Research and Technical Services	18	3195
水利、环境和公共设施管理业	Management of Water Conservancy,Environment and Public Facilities	1	20000
居民服务、修理和其他服务业	Service to Households, Repair and Other Services	1	110
教育	Education	2	69210
卫生和社会工作	Health and Social Service		
文化、体育和娱乐业	Culture, Sports and Entertainment	3	1006
其他	Others		

15-16 续表 continued

单位：万美元 (USD 10000)

项目	Item	当年新增 Newly Increased in Current Year 企业数(个) Number of Enterprises (unit)	中方投资额 Volume of Investment from China
按投资国家(地区)分	**By Investment Destination**		
中国香港	Hong Kong, China	103	293706
中国澳门	Cambodia	6	227
台湾省	Taiwan	1	81
日本	Japan	5	233
阿拉伯联合酋长国	United Arab Emirates	3	1286
韩国	Republic of Korea	5	20495
柬埔寨	Cambodia	1	90
泰国	Thailand	5	2073
新加坡	Singapore	7	2876
印度	India	2	357
越南	Vietnam	4	1082
瑞典	Sweden	1	152
德国	Germany	6	4392
法国	France	4	434
意大利	Italy	2	1652
英国	Britain	5	24681
加拿大	Canada	8	2354
美国	United States of America	48	23410
英属维尔京群岛	The British Virgin Islands	2	5554
哥伦比亚	Columbia	1	2000
澳大利亚	Australia	15	39988
新西兰	New Zealand	5	11995
加纳	The Republic of Ghana	1	100
塞舌尔	Republic of Seychelles	2	215
开曼群岛	Cayman Islands	1	4503
缅甸	Burma	2	331
印度尼西亚	Indonesia	3	579
老挝	Laos	2	1576
马来西亚	Malaysia	1	70000
阿曼	Oman	1	240
贝宁	Benin		-90
埃塞俄比亚	Ethiopia	1	500
肯尼亚	Kenya	2	2010
尼日利亚	Nigeria	1	2500
丹麦	Denmark	1	1200
爱尔兰	Ireland	2	5160
荷兰	Netherlands	1	20
葡萄牙	Portugal	1	50
智利	Chile	1	250
萨摩亚	Samoa	1	5

15-17 对外经济合作业务情况(2016年)

Statistics on Economic Cooperation with Foreign Countries or Territories (2016)

项　目	Item	合同额（万美元）Contracted Value (USD 10000)	完成营业额（万美元）Turnover (USD 10000)
合　计	**Total**	**72200**	**63053**
对外承包工程	Contracted Projects	31263	27078
中国澳门	Macao, China		2209
中国香港	Hong Kong, China	632	200
科威特	Kuwait		748
阿拉伯联合酋长国	United Arab Emirates	1038	200
印度尼西亚	Indonesia	1779	1779
马来西亚	Malaysia	18355	15075
印度	India	291	86
阿尔及利亚	Algeria		983
苏丹	Sudan	2180	250
墨西哥	Mexico	650	240
新加坡	Singapore	4425	3295
秘鲁	Peru		1170
菲律宾	Philippines	1868	821
美国	America	45	22
对外劳务合作	Labor Cooperation	40937	35975
中国澳门	Macao, China	28536	22138
中国香港	Hong Kong, China	8289	10472
新加坡	Singapore	29	124
日本	Japan	9	4
老挝	Lao	313	129
马来西亚	Malaysia	3741	3094
韩国	Korea	16	10
马达加斯加	Madagascar	4	4

15-18 主要年份对外经济合作业务情况

Contracted Projects and Labor Cooperation with Foreign Countries or Territories in Main Years

年 份 Year	新签合同数 (个) Number of Contracts Newly Signed (unit)	合同额 (万美元) Contracted Value (USD 10000)	完成营业额 (万美元) Turnover (USD 10000)	派出人数 (人次) Persons Sent Abroad (person-times)	年末在外人数 (人) Persons Abroad in Year-end (person)
1985	201	189	189	113	113
1990	1005	1887	1072	994	1201
1995	806	6632	5810	1473	2893
2000	4989	10588	7288	684	1833
2001	6317	8186	7487	1088	2247
2002	6577	7837	9115	2390	3378
2003	9089	10737	10919	3237	4080
2004	9728	13047	13247	3530	4456
2005	11815	16490	16237	3556	5001
2006	13611	19691	18093	3784	5011
2007	13615	23174	21365	4503	5962
2008	19872	30362	32037	4844	7912
2009	20457	40527	38827	5187	8142
2010	47416	81878	47187	6685	8970
2011		43928	24765	8795	11790
2012		44553	28856	9867	13770
2013		51373	36696	11282	16617
2014		62866	57141	15292	24368
2015		90214	85491	16117	24375
2016		53840	45606	17887	25014

注：2011年开始取消新签合同数统计。
Note: Since 2011, the indicator number of contracts newly signed has been canceled.

15-19 旅游业总收入、外汇收入情况(2016年)

Total Income from Tourism and Foreign Exchange Earnings (2016)

项 目	Item	旅游业总收入 (万元) Total Income (10000 yuan)	国内旅游收入 Domestic Travel Income	旅游外汇收入 Foreign Exchange Income	旅游外汇收入 (万美元) Foreign Exchange Income (USD 10000)
合 计	**Total**	**32170518**	**28005810**	**4164708**	**627215**
商品销售	Commodity Sales	7518250	6544958	973292	146580
餐 饮	Catering Services	5658794	5341722	317072	47752
长途交通	Long Distance Transport	5468988	4170065	1298923	195621
住 宿	Accommodation	6562786	5497540	1065246	160429
邮电通讯	Post and Telecommunications	100990	70014	30976	4665
市内交通	Local Transport	417592	378078	39514	5951
游 览	Tours	2891698	2741769	149929	22580
娱 乐	Recreation	2208782	1996814	211968	31923
其 他	Others	1342638	1264850	77788	11714

15-20 城市接待过夜旅游者情况
Tourists Staying Overnight in Guangzhou

项　　目	Item	2015	2016
人次数合计　（万人次）	**Total Number of Tourists (10000 person-times)**	**5657.95**	**5940.56**
入境旅游者	Overseas Tourists	803.58	861.87
外国人	Foreigners	307.98	329.68
亚　洲	Asia	148.36	163.46
#日　本	Japan	20.64	20.25
韩　国	Republic of Korea	14.20	18.55
蒙　古	Mongolia	0.13	0.18
印度尼西亚	Indonesia	16.18	6.23
马来西亚	Malaysia	12.81	12.67
菲律宾	Philippines	2.80	3.00
新加坡	Singapore	7.67	7.94
泰　国	Thailand	5.73	6.09
印　度	India	8.25	8.90
越　南	Vietnam	4.03	3.86
沙特阿拉伯	Saudi Arabia	4.57	5.08
欧　洲	Europe	54.84	56.90
#英　国	United Kingdom	5.72	5.57
法　国	France	5.93	6.02
德　国	Germany	5.04	4.93
意大利	Italy	3.45	3.99
瑞　士	Switzerland	0.74	0.82
瑞　典	Sweden	0.94	0.89
荷　兰	Netherlands	2.35	2.30
俄罗斯	Russia	3.50	4.76
西班牙	Spain	1.85	2.10
美　洲	America	37.78	40.56
#美　国	United States	20.78	22.34
加拿大	Canada	4.34	4.73
大洋洲	Oceania	7.61	8.43
#澳大利亚	Australia	5.77	6.40
新西兰	New Zealand	1.05	1.10
非　洲	Africa	59.39	60.33
香港同胞	Compatriots from Hong Kong	389.57	421.67
澳门同胞	Compatriots from Macao	48.32	49.55
台湾同胞	Compatriots from Taiwan	57.71	60.97
境内旅游者	Domestic Tourists	4854.37	5078.69
人天数合计　（万人天）	**Total Number of Tourists and Days (10000 person-days)**	**12969.54**	**13630.51**
入境旅游者	Overseas Tourists	1869.41	1979.51
外国人	Foreigners	797.60	831.68
香港同胞	Compatriots from Hong Kong	822.83	886.31
澳门同胞	Compatriots from Macao	101.73	104.26
台湾同胞	Compatriots from Taiwan	147.25	157.26
境内旅游者	Domestic Tourists	11100.13	11651.00

15-21 主要宾馆(酒店)基本情况
Statistics on Main Hotels

项　　目		Item		2015	2016
企业情况		**Statistics of Enterprises**			
宾馆酒店数	(家)	Number of Hotels	(unit)	353	337
#星　级		Star-rated		204	188
五星级		Five-star		21	22
四星级		Four-star		39	37
三星级		Three-star		121	109
二星级		Two-star		23	20
一星级		One-star			
客房总数	(间)	Number of Guest Rooms	(unit)	77893	88335
床位总数	(张)	Number of Beds	(unit)	136128	134558
接待情况		**Reception Capacity**			
过夜旅游者	(万人次)	Tourists Staying Overnight	(10000 person-times)	1787.95	1820.86
海外旅游者		Overseas Tourists		221.36	239.91
国内旅游者		Domestic Tourists		156.58	1580.94
过夜旅游者	(万人天)	Tourists Staying Overnight	(10000 person-days)	2650.57	2695.04
经营情况		**Statistics of Operation**			
营业收入	(万元)	Operating Income	(10000 yuan)	1550445	1569538
营业成本	(万元)	Operating Cost	(10000 yuan)	453582	464103
营业费用	(万元)	Operating Expense	(10000 yuan)	463591	377992
营业税金及附加	(万元)	Operating Taxes and Extra Charges	(10000 yuan)	84725	42035
经营利润	(万元)	Operational Profit	(10000 yuan)	548547	588182
管理费用	(万元)	Management Expense	(10000 yuan)	374441	396667
财务费用	(万元)	Financial Expense	(10000 yuan)	53714	54028
营业利润	(万元)	Operating Profit	(10000 yuan)	120392	137487
投资收益	(万元)	Investment Revenue	(10000 yuan)	10851	10395
营业外收支净额	(万元)	Net Non-operating Income and Expenditure	(10000 yuan)	5189	6240
利润总额	(万元)	Total Profits	(10000 yuan)	136432	151494
年末从业人员	(人)	Employed Person at Year-end	(person)	58854	52051
开房率	(%)	Room Occupancy	(%)	65.69	63.83

15-22 旅行社基本情况
Statistics on Travel Agencies

单位：万元 (10000 yuan)

项　　目	Item	2015	2016
企业情况	**Statistics of Enterprises**		
企业数 （个）	Number of Enterprises (unit)	402	461
年末从业人员 （人）	Employed Persons at Year-end (person)	13997	16096
组团（外联）旅游情况	**Organized (Overseas) Tourism Contracted**		
组团（外联）人数 （万人次）	Organized (Overseas) Persons Contracted (10000 person-times)	1013.45	1092.90
入境旅游者	Overseas Tourists	19.78	23.37
国内旅游者	Domestic Tourists	993.67	1069.53
# 出境游	Local Residents Going Overseas	246.48	293.67
经营情况	**Statistics of Operation**		
营业收入	Operating Income	2697783	2801798
营业成本	Operating Cost	2462786	2577662
营业费用	Operating Expense	130910	127342
营业税金及附加	Operating Taxes and Extra Charges	13677	6286
经营利润	Operational Profit	76110	64398
管理费用	Management Expense	68710	77847
财务费用	Financial Expense	1636	3962
营业利润	Operating Profit	5764	-17411
营业外收支净额	Net Income of Non-business	211	704
利润总额	Total Profits	8083	-5692

注：组团(外联)人数包括旅行社外联入境旅游者人数和组团境内旅游者人数，包括过夜人数和不过夜人数，不包括接待人数。

Note: The organized (overseas) persons contracted includes both international and domestic tourists contracted by travel agencies and the data includes tourists staying overnight or not, except reception persons.

15-23 主要年份人民币对主要外币年平均汇价

Average Exchange Rates of RMB Against Main Convertible in Main Years

单位：人民币，元 (RMB/yuan)

年 份 year	100美元 100 US Dollars	100日元 100 Japanese Yen	100港元 100 Hong Kong Dollars	100欧元 100 Euros
1987	372.21	2.5799	47.74	
1988	372.21	2.9082	47.70	
1989	376.59	2.7360	48.28	
1990	478.38	3.3233	61.39	
1991	532.27	3.9602	68.45	
1992	551.49	4.3608	71.24	
1993	576.19	5.2020	74.41	
1994	861.87	8.4370	111.53	
1995	835.07	8.9225	107.96	
1996	830.57	7.6238	107.40	
1997	828.97	6.8623	107.09	
1998	827.90	6.3487	106.88	
1999	827.83	7.2913	106.66	
2000	827.84	7.6950	106.17	
2001	827.71	6.8098	106.07	
2002	827.70	6.6651	106.08	801.45
2003	827.70	7.1347	106.24	937.77
2004	827.70	7.6552	106.23	1029.00
2005	819.17	7.4484	105.00	1019.53
2006	797.18	6.8570	102.62	1001.90
2007	760.40	6.4632	97.46	1041.75
2008	694.51	6.7427	89.19	1022.27
2009	683.25	7.3244	88.15	955.25
2010	678.89	7.7122	87.39	906.86
2011	649.43	8.1309	83.39	902.34
2012	631.71	7.9343	81.43	814.64
2013	621.35	6.4682	80.11	824.47
2014	615.16	5.7456	79.34	803.45
2015	623.71	5.1643	80.46	690.12
2016	664.98	6.1178	85.68	734.12

15-24 外商投资企业及分支机构工商登记情况（2016）

Statistics on Foreign Funded Enterprises Registered by Departments of Industry and Commerce(2016)

单位:万美元 (USD 10000)

项　　目	Item	年末户数(个) Number of Enterprises at Year-end (unit)	投资总额 Total Investment	注册资本 Registered Capital	#外方 Capital from Foreign Partners
总　计	**Total**	**22833**	**16373842**	**8652558**	**6322647**
按国民经济行业分	**By Sector**				
农、林、牧、渔业	Agriculture, Forestry, Animal Husbandry and Fishing	108	71484	41216	39937
采矿业	Mining	9	29	29	29
制造业	Manufacturing	4506	5986164	2955230	2147399
电力、热力、燃气及水生产和供应业	Production and Supply of Electricity,Heat,Gas and Water	66	266789	90317	43567
建筑业	Construction	159	206353	57619	35904
批发和零售业	Wholesale and Retail Trade	8265	2157984	543418	463037
交通运输、仓储和邮政业	Transport, Storage and Post	672	413576	211735	138204
住宿和餐饮业	Hotels and Catering Services	1529	130390	82298	77267
信息传输、软件和信息技术服务业	Information Transmission, Software and Information Technology	869	359120	270268	187894
金融业	Financial Intermediation	193	53104	53104	16734
房地产业	Real Estate	1399	3560881	2035718	1603906
租赁和商务服务业	Leasing and Business Services	3605	2429798	1860420	1186250
科学研究和技术服务业	Scientific Research and Technical Services	1042	511086	317609	262531
水利、环境和公共设施管理业	Management of Water Conservancy,Environment and Public Facilities	20	71384	42027	34875
居民服务、修理和其他服务业	Service to Households, Repair and Other Services	210	18099	9755	8772
教育	Education	28	105	99	88
卫生和社会工作	Health and Social Service	21	26947	12887	10487
文化、体育和娱乐业	Culture, Sports and Entertainment	132	110549	68809	65766
其他	Others				

注：本表不包括在省工商局注册登记的在穗企业数。

Note: The data in this table exclude the enterprises located in Grangzhou and registered by Guangdong provincial bureau of industry and commerce.

15-25 广州市与国外结成友好城市一览(2016年末)

List of Foreign Friendly Cities with Guangzhou (Year-end of 2016)

国 别	Country	城 市	City	缔结日期（年、月、日）	Date of Signing
日 本	Japan	福 冈	Fukuoka	1979.05.02	May 2,1979
美 国	United States	洛杉矶	Los Angeles	1981.12.08	December 8,1981
菲律宾	Philippines	马尼拉	Manila	1982.12.08	December 8,1982
加拿大	Canada	温哥华	Vancouver	1985.03.27	March 27,1985
澳大利亚	Australia	悉 尼	Sydney	1986.05.12	May 12,1986
意大利	Italy	巴 里	Bari	1986.11.12	November 12,1986
法 国	France	里 昂	Lyon	1988.01.19	January 19,1988
德 国	Germany	法兰克福	Frankfurt	1988.04.11	April 11,1988
新西兰	New Zealand	奥克兰	Auckland	1989.02.17	February 17,1989
韩 国	Republic of Korea	光 州	Gwangju	1996.10.25	October 25,1996
瑞 典	Sweden	林雪平	Linkoping	1997.11.24	November 24,1997
南 非	South Africa	德 班	Durban	2000.07.17	July 17,2000
英 国	United Kingdom	布里斯托尔	Bristol	2001.05.23	May 23,2001
俄罗斯	Russia	叶卡捷琳堡	Ekaterinburg	2002.07.10	July 10,2002
秘 鲁	Peru	阿雷基帕	Arequipa	2004.10.27	October 27,2004
印度尼西亚	Indonesia	泗 水	Surabaya	2005.12.21	December 21,2005
立陶宛	Litawen	维尔纽斯	Vilnius	2006.10.12	October 12,2006
英 国	United Kingdom	伯明翰	Birmingham	2006.12.04	December 4,2006
斯里兰卡	Sri lanka	汉班托塔	Hambantota	2007.02.27	February 27,2007
巴 西	Brazil	累西腓	Recife	2007.10.22	October 22,2007
芬 兰	Finland	坦佩雷	Tampere	2008.12.02	December 2,2008
泰 国	Thailand	曼 谷	Bangkok	2009.11.13	November 13,2009
阿根廷	Agentine Republic	布宜诺斯艾利斯	Buenos Aires	2012.04.16	April 16,2012
阿联酋	United Arab Emirates	迪 拜	Dubai	2012.04.18	April 18,2012
科威特	State of Kuwait	科威特城	Kuwait City	2012.04.25	April 25,2012
俄罗斯	Russian Federation	喀 山	Kazan	2012.07.06	July 6,2012
土耳其	Republic of Turkey	伊斯坦布尔	Istanbul	2012.07.18	July 18,2012
津巴布韦	Repulic of Zimbabwe	哈拉雷	Harare	2012.09.03	September 3,2012
哥斯达黎加	Republic of Costa Rica	圣何塞	San Jose	2012.09.11	September 11,2012
日 本	Japan	登 别	Noboribetsu	2012.11.15	November 15,2012
西班牙	Kingdom of Spain	巴伦西亚	Valencia	2012.12.29	December 29,2012
摩洛哥	Kingdom of Morocco	拉巴特	Rabat	2013.10.03	October 3,2013
波 兰	The Republic Of Poland	罗 兹	Lodz	2014.08.20	August 20,2014
印 度	India	艾哈迈达巴德	Ahmedabad	2014.09.17	September 17,2014
尼泊尔	Federal Democratic Republic of Nepal	博克拉	Pokhara	2014.11.29	November 29,2014
厄瓜多尔	The Republic of Ecuador	基 多	Quito	2014.11.29	November 29,2014

15-26 各国驻广州总领事馆一览(2016年末)
List of Consulate General in Guangzhou (Year-end of 2016)

馆 务	Consulates	设立时间 Date of Setting up	领区范围	Consular Region
美 国	United States	1979.08.31	广东、广西、福建、海南	Guangdong Guangxi Fujian Hainan
日 本	Japan	1980.03.01	广东、广西、福建、海南	Guangdong Guangxi Fujian Hainan
泰 国	Thailand	1989.02.12	广东、海南	Guangdong Hainan
波 兰	Poland	1989.07.22	广东、广西、海南	Guangdong Guangxi Hainan
澳大利亚	Australia	1992.12.09	广东、广西、福建、海南、湖南、云南	Guangdong Guangxi Fujian Hainan Hunan Yunnan
越 南	Viet Nam	1993.01.18	广东	Guangdong (Interim)
马来西亚	Malaysia	1993.10.24	广东、福建、海南、江西、湖南	Guangdong Fujian Hainan Jiangxi Hunan
德 国	Germany	1995.11.07	广东、广西、福建、海南	Guangdong Guangxi Fujian Hainan
英 国	United Kingdom	1997.01.14	广东、广西、湖南、福建、海南、江西	Guangdong Guangxi Hunan Fujian Hainan Jiangxi
法 国	France	1997.04.24	广东、广西、福建、海南	Guangdong Guangxi Fujian Hainan
菲 律 宾	Philippines	1997.05.23	广东、广西、海南、湖南	Guangdong Guangxi Hainan Hunan
荷 兰	Netherlands	1997.09.15	广东、广西、福建、海南	Guangdong Guangxi Fujian Hainan
加 拿 大	Canada	1997.11.20	广东、广西、福建、海南、湖南、江西	Guangdong Guangxi Fujian Hainan Hunan Jiangxi
柬 埔 寨	Cambodia	1998.07.01	广东、福建、海南	Guangdong Fujian Hainan
丹 麦	Denmark	1998.09.23	广东、广西、福建、海南	Guangdong Guangxi Fujian Hainan
意 大 利	Italy	1998.11.04	广东、广西、福建、海南、湖南、江西	Guangdong Guangxi Fujian Hainan Hunan Jiangxi
韩 国	Republic of Korea	2001.08.28	广东、广西、福建、海南	Guangdong Guangxi Fujian Hainan
印度尼西亚	Indonesia	2002.12.12	广东、广西、福建、海南	Guangdong Guangxi Fujian Hainan
瑞 士	Switzerland	2005.09.20	广东、广西、福建、海南、湖南、江西	Guangdong Guangxi Fujian Hainan Hunan Jiangxi
比 利 时	belgium	2005.12.10	广东、广西、福建、海南、云南	Guangdong Guangxi Fujian Hainan Yunnan
新 加 坡	Singapore	2006.04.13	广东、广西、湖南、海南、贵州、云南	Guangdong Guangxi Hunan Hainan Guizhou Yunnan
古 巴	Cuba	2006.11.08	广东、广西、海南	Guangdong Guangxi Hainan

注：瑞典总领事馆2009年已撤馆，墨西哥领事馆已于2008年升级为总领事馆。

Note: The Consulate General of Sweden in Guangzhou was withdrawn in 2009. And the Mexican Consulate has upgraded to the Consulate General of Mexico since 2008.

15-26 续表 conitnued

馆　务	Consulates	设立时间 Date of Setting up	领区范围	Consular Region
俄罗斯	Russia	2007.04.05	广东、福建、海南、云南、江西、广西	Guangdong Fujian Hainan Yunnan Jiangxi Guangxi
新西兰	New Zealand	2007.04.26	广东、广西、海南、福建、湖南	Guangdong Guangxi Hainan Fujian Hunan
希　腊	Greece	2007.05.15	广东、福建、海南、广西、湖南、云南、贵州	Guangdong Fujian Hainan Guangxi Hunan Yunnan Guizhou
印　度	India	2007.10.18	广东、福建、海南、湖南、云南、四川、广西	Guangdong Fujian Hainan Hunan Yunnan Sichuan Guangxi
奥地利	Austria	2007.11.25	广东、广西、海南、湖南、云南、贵州	Guangdong Guangxi Hainan Hunan Yunnan Guizhou
挪　威	Norway	2008.02.18	广东、广西、福建、海南	Guangdong Guangxi Fujian Hainan
科威特	Kuwait	2008.02.21	广东、广西、福建、海南	Guangdong Guangxi Fujian Hainan
墨西哥	Mexico	2008.04.25	广东、广西、海南、福建、湖南、江西	Guangdong Guangxi Hainan Fujian Hunan Jiangxi
巴基斯坦	Pakistan	2008.06.27	广东、广西、福建、海南、湖南	Guangdong Guangxi Fujian Hainan Hunan
以色列	Israel	2009.03.22	广东、福建、海南、广西	Guangdong Fujian Hainan Guangxi
西班牙	Spain	2009.06.14	广东、福建、湖南、广西、海南、贵州、云南	Guangdong Fujian Hunan Guangxi Hainan Guizhou Yunnan
埃塞俄比亚	Ethiopia	2009.06.14	广东、湖南、福建、江西、海南、广西	Guangdong Hunan Fujian Jiangxi Hainan Guangxi
阿根廷	Argentina	2009.07.21	广东、福建、海南、广西	Guangdong Fujian Hainan Guangxi
厄瓜多尔	Ecuador	2009.09.08	广东	Guangdong
巴　西	Brazil	2010.04.15	广东、海南、广西、福建、湖南、贵州、云南	Guangdong Hainan Guangxi Fujian Hunan Guizhou Yunnan
智　利	Chile	2010.12.29	广东、海南、广西、福建	Guangdong Hainan Guangxi Fujian
马　里	Mali	2011.07.18	广东、海南、广西、福建	Guangdong Hainan Guangxi Fujian
乌干达	Uganda	2011.08.15	广东、海南、广西、福建	Guangdong Hainan Guangxi Fujian
伊　朗	Iran	2011.12.23	广东、广西、福建、湖南	Guangdong Guangxi Fujian Hunan
土耳其	Turkey	2012.01.12	广东、海南、广西、福建	Guangdong Hainan Guangxi Fujian
斯里兰卡	Sri Lanka	2012.03.27	广东、海南、广西、福建、江西	Guangdong Hainan Guangxi Fujian Jiangxi
乌克兰	Ukraine	2012.05.30	广东、海南、广西、湖南、贵州	Guangdong Hainan Guangxi Hunan Guizhou
老　挝	Lao	2013.09.23	广东、海南、江西、福建	Guangdong Hainan Jiangxi Fujian
秘　鲁	Peru	2013.10.02	广东、广西、贵州、云南、湖南、海南	Guangdong Guangxi Guizhou Yunnan Hunan Hainan
吉尔吉斯斯坦	Kyrgyzstan	2014.04.08	广东、福建、江西、湖南、海南、广西	Guangdong Fujian Jiangxi Hunan Hainan Guangxi
尼日利亚	Nigeria	2014.07.09	广东、广西、海南	Guangdong Guangxi Hainan
科特迪瓦	Cote d Ivoire	2014.07.12	广东、广西、海南、福建、江西	Guangdong Guangxi Hainan Fujian Jiangxi
刚　果	Coga	2014.08.15	广东、海南、福建、广西	Guangdong Hainan Fujian Guangxi
哥伦比亚	Colombia	2014.12.12	广东、广西、贵州、云南、海南	Guangdong Guangxi Guizhou Yunnan Hainan
安哥拉	Angola	2015.11.06	广东、福建、海南、广西	Guangdong Fujian Hainan Guangxi
卡塔尔	Qatar	2015.11.10	广东、广西、福建、海南	Guangdong Guangxi Fujian Hainan
阿联酋	Emirates	2016.06.15	广东、广西、海南	Guangdong Guangxi Hainan
赞比亚	Zambia	2016.06.28	广东、广西、福建、海南	Guangdong Guangxi Fujian Hainan

【进出口总值】指实际进出我国关境的货物总金额。包括我国境内法人和其他组织以一般贸易、易货贸易、加工贸易、补偿贸易、寄售代销贸易等方式进出口货物,保税区和保税仓库进出境货物,租赁期一年及以上的租赁进出口货物,边境小额贸易货物,国际援助物资或捐赠品,溢卸货物,无进出口经营权的单位经批准临时进出口的货品等。进出口总额用以观察一个国家在对外贸易方面的总规模。我国规定出口货物按离岸价格统计,进口货物按到岸价格统计。

【利用外资】 指我国各级政府、部门、企业和其他经济组织通过对外借款、吸收外商直接投资以及用其他方式筹措的境外现汇、设备、技术等。

【对外借款】 指通过对外正式签订借款协议，从境外筹措的资金，包括外国政府贷款、国际金融组织贷款、外国银行商业贷款、出口信贷以及对外发行债券等。1996年及以前还包括对外发行股票。该指标是我国利用外资的重要部分。

【外商直接投资】 是指国外及港澳台地区的法人和自然人,按我国有关政策、法规,用现金、实物、无形资产等,在中国大陆地区对非上市公司的全部投资,以及对单个境外投资者所占股权比例不低于10%的上市公司的投资,包括设立或与大陆境内企业及经济组织共同设立外资企业、中外合资企业、中外合作企业、外商投资股份有限公司,以及合作开发资源项目,设立境外公司分支机构等的投资。

【Total Imports and Exports at Customs】refer to the real value of commodities imported into and exported from the boundary of China. They include the actual imports and exports through foreign trade, imported and exported goods under the processing and assembling trades and materials, supplies and gifts as aid given gratis between governments and by the United Nations and other international organizations, and contributions donated by overseas Chinese, compatriots in Hong Kong and Macao and Chinese with foreign citizenship, leasing commodities owned by tenant at the expiration of leasing period, the imported and exported commodities processed with imported materials, commodities trading in border areas (excluding mutual exchange goods), the imported and exported commodities and articles for public use of the Sino-foreign joint ventures, cooperative enterprises and ventures exclusively with foreign own investment. Also included are import or export of samples and advertising goods for whose CIF or FOB value are beyond the permitted ceiling (excluding goods of no trading or use value and free commodities for export), imported goods sold in China from bonded warehouses and other imported or exported goods. The indicator of the total imports and exports at customs can be used to observe the total size of external trade in a country. In accordance with the stipulation of the Chinese government, imports are calculated at CIF, while exports are calculated at FOB.

【Utilization of Foreign Capitals】refers to remittance, equipment and technology financed from abroad, by loans, foreign direct investment and other forms undertaken by the Chinese governments at all levels, by various departments, enterprises and other economic units.

【Foreign Borrowings】refer to funds borrowed from abroad through formal signing of borrowing agreements with foreign institutions, including loans of foreign governments, loans of international financial institutions, commercial loans of foreign banks, export credit, and funds raised by Chinese bonds (and shares before 1996) issued abroad. It is an important part of China's utilization of foreign capitals.

【Foreign Direct Investment】refers to the investments inside China by foreign enterprises and economic organizations or individuals (including overseas Chinese, compatriots from Hong Kong, Macao and Taiwan, and Chinese enterprises registered abroad), following the relevant policies and laws of China, for the establishment of ventures exclusively with foreign own investment, Sino-foreign joint ventures and cooperative enterprises or for co-operative exploration of resources with enterprises or economic organizations in China. It includes the re investment of the foreign entrepreneurs with the profits gained from the investment and the funds that enterprises borrow from abroad in the total investment of projects which are approved by the relevant department of the government.

第十六篇 CHAPTER 16

科技

SCIENCE AND TECHNOLOGY

第十六篇　科　技

一、本篇资料反映广州市科学技术活动的基本情况。

二、资料来源：

广州市统计局人口和社会科技统计处根据国家统计局企业研发活动情况年报表数据整理提供规模以上工业企业基本情况，其余资料根据广州市科技创新委员会、广州市知识产权局、广州市科协等部门提供的统计数据加工整理。16-9、16-10、16-11、16-12表分别由广州市统计局综合处、农村处、工业交通处、服务业处提供。

16 Science and Technology

I.The data in this chapter show the basic conditions of Guangzhou's activities of science and technology.

II. Data resources: The Division of Population, Social, Science and Technology Statistics of Guangzhou Municipal Bureau of Statistics prepared the data on the basic conditions of industrial enterprises above designated size in accordance with the reporting scheme on research and development activities statistics of enterprises of National Bureau of Statistics. The other data are processed and prepared in accordance with the annual statistical reports provided by Guangzhou Science Technology and Innovation Commission, Guangzhou Municipal Bureau of Knowledge and Patent, Guangzhou Municipal Association for Science and Technology, etc. Table 16-9, 16-10 16-11, 16-12 are prepared and provided by the Division of Comprehensive Statistics, Division of Rural Statistics, Division of Industry and Transportation Statistics, Division of Service Industries Statistics of Guangzhou Municipal Bureau of Statistics respectively.

16-1 广州市科技监测主要指标

Main Indicators of Scientific and Technological Monitoring in Guangzhou

项目	Item	2015	2016
科研机构人均固定资产原价 （千元/人）	Per Capita Original Value of Fixed Assets of Scientific Research Institutions (1000 yuan/person)	489.00	610.50
科学研究和技术服务业新增固定资产占全社会新增固定资产比重 (%)	Proportion of Newly-increasing Fixed Assets in Science Research and Technology Services to Newly-increasing Fixed Assets of the Whole Society (%)	1.84	1.37
每万人口专利申请量 （件/万人）	Number of Patent Applications per 1 Million Persons (piece/10000 persons)	74.70	114.88
每万人口专利授权量 （件/万人）	Number of Patent Applications Granted per 1 Million Persons (piece/10000 persons)	46.96	57.19
每万人口发明专利授权量 （件/万人）	Number of Invention & Patent Applications Granted per Million Persons (piece/10000 persons)	7.81	8.89
专业技术人才数 （万人）	Number of professional and technical personnel (10000 persons)	149.40	158.40
其中：高级职称	Senior title of professional	14.90	16.60
中级职称	Middle title of professional	59.80	65.30
初级职称	Junior title of professional	74.70	76.50
技术市场合同成交金额年增长率 (%)	Annual Growth Rates of Contracted Transaction Value in Technical Market (%)	7.75	8.87
高新技术产品增加值占地区生产总值比重 (%)	Proportion of Added Value of High-tech Products to GDP (%)	12.53	11.12
工业高新技术产品产值占工业总产值的比重 (%)	Proportion of High-tech Products of Industry to Gross Industrial Output Value (%)	43.70	46.10
工业高新技术出口产品销售收入占工业出口产品交货值比重 (%)	Proportion of Export Value of High-tech Products to Total Export Value of Commodities (%)	39.40	39.50

16-2 各类科学研究与开发机构基本情况

Basic Statistics of Scientific Research and Development Institutions

项目	Item	2015 全市 Total	2015 #市属 Managed by Municipal Government	2016 全市 Total	2016 #市属 Managed by Municipal Government
机构数 (个)	Number of Institutions (unit)	143	47	160	47
#自然科学	Natural Science	133	44	148	43
从业人员 (人)	Employed Persons (person)	27409	6412	25432	5852
#自然科学	Natural Science	26734	6130	24653	5521
在从业人员中的科研人员 (人)	Scientific Researchers of Employed Persons (person)	19908	4536	18514	3240
#自然科学	Natural Science	19292	4264	17796	2920

16-3 获得省级以上科技成果奖励情况
Statistics on Provincial Prizes and Above for Scientific and Technological Research Achievements

单位：项 (item)

指　　标	Indicators	2015	2016
国家级科技奖励成果	**National Prizes for Scientific and Technological Research Achievements**	**17**	**16**
国家发明奖	Number of National Invention Prizes Awarded	4	**2**
国家自然科学奖	Number of National Natural Sciences Prizes Awarded	2	2
国家科技进步奖	Number of National Scientific and Technological Progress Prizes Awarded	11	12
省级科技奖励成果	**Provincial Prizes for Scientific and Technological Research Achievements**	**164**	**149**
省科技进步奖	Number of Provincial Scientific and Technological Progress Prizes Awarded	164	123

16-4　科协基本情况(2016年)

项　　目		Item	
机构数	(个)	Number of Associations for Science & Technology	(unit)
机关人数	(人)	Number of Agency Personnel	(person)
在册学会、协会、研究会	(个)	Number of Registered Societies, Associations and Research Societies	(unit)
企业科协	(个)	Associations in Enterprises	(unit)
街道科普协会	(个)	Associations in Communities	(unit)
乡镇科普协会	(个)	Associations in County-level cities	(unit)
农村专业技术协会	(个)	Specialized Rural Technological Societies	(unit)
举行国内外学术交流活动	(次)	Number of Domestic and International Academic Meetings	(times)
参加人数	(人)	Number of Participants	(person-times)
举办科普宣讲活动	(次)	Number of Lectures on Popular Science	(times)
# 举办专题展览	(次)	Number of Special Subject Exhibitions	(times)
开展科技咨询	(次)	Number of Scientific and Technological Consulting	(times)
科普宣讲活动受众人数	(人次)	Number of Participants in Lectures on Popular Science	(person-time)
举办实用技术培训	(次)	Number of Practical and Technical Training Courses	(times)
实用技术培训人数	(人)	Number of Participants to Practical and Technical Training Courses	(person)
推广新技术、新品种	(项)	Popularizing New Technologies and New Species	(items)
科普宣讲活动覆盖村	(个)	Number of Villages covered by Lectures on Popular Science	(unit)
科普宣讲活动覆盖社区	(个)	Number of Communities covered by Lectures on Popular Science	(unit)
举办青少年科普宣讲活动	(次)	Number of Lectures on Popular Science for Teenagers	(times)
青少年宣讲活动受众人数	(人次)	Number of Participants to Lectures on Popular Science for Teenagers	(person-time)
举办青少年科技竞赛	(项)	Number of Teenagers Science and Technology Competitions	(times)
青少年科技竞赛参加人数	(人)	Number of Persons Engaged in Teenagers Science and Technology Competitions	(person)
青少年科技竞赛获奖人数	(人)	Number of Winners in Teenagers Science and Technology Competitions	(person)
科技馆(科普活动中心)	(个)	Number of Science Centers	(unit)
科普教育基地(示范基地)	(个)	Number of Popular Science Exhibitions Bases	(unit)
科普活动站(室)	(个)	Number of Popular Science labs	(unit)
科普画廊建筑面积(宣传栏、科普橱窗)	(平方米)	Construction Area of Popular Science Galleries	(Square meter)
科普画廊展示面积	(平方米)	Demonstration Area of Popular Science Galleries	(Square meter)
制作科普挂图种数	(种)	Types of Popular Science Charts	(type)
科普挂图总印数	(张)	Total Amount of Printed Popular Science Charts	(piece)
接待国外专家学者	(人)	Foreign Experts and Scholars	(person)
接待港澳台地区专家学者	(人)	Experts and Scholars from Hong Kong, Macao and Taiwan	(person)
开展“讲、比”活动企业数	(个)	Number of Enterprises Holding Speech and Competition Activities	(unit)
# 国有企业	(个)	Number of State-owned Enterprises	(unit)
参与“讲、比”活动的科技人员数	(人)	Number of Persons Engaged in Science and Technology Participating in the Speech and Competition Activities	(person)
“讲、比”活动中被采纳合理化建议	(条)	Number of Rationalization Proposals Adopted in the Speech and Competition Activities	(unit)

Basic Statistics on Associations for Science and Technology(2016)

合 计 Total	# 市科协 City-level Associations	区科协 District-level Associations
13	1	12
104	39	65
208	103	105
131	94	37
167		167
29		29
49		49
6	6	
68073	68073	
16897	1067	15830
322	2	320
604	18	586
3024166	2567620	456546
623		623
52942		52942
44		44
1115	1	1114
1463	141	1322
87	2	85
56838	900	55938
57	10	47
32360	11154	21206
6495	2788	3707
3	1	2
37		37
741		741
18853	10700	8153
61950	17720	44230
39	18	21
17708	11108	6600
39	30	9
545	540	5
19	7	12
15	6	9
2099	1839	260
1631	1631	

16-5 专利申请量和专利授权量

Patent Applications and Patent Certified

单位：件 (item)

指　　标	Indicators	专利申请量 Patent Applications		专利授权量 Patent Certified	
		2015	2016	2015	2016
总　计	**Total**	**63366**	**99070**	**39834**	**48313**
按种类分	**By Sort**				
发　明	Creations and Inventions	20087	31850	6626	7668
实用新型	Utility Models	24778	41472	17259	22910
外观设计	Appearance Designs	18501	25748	15949	17735
按对象分	**By Applicant**				
非职务发明创造	Non-position Creations and Inventions	22296	24401	14196	13366
职务发明创造	Position Creations and Inventions	41070	74669	25638	34947
大专院校	Universities and Colleges	7787	12145	3975	4776
科研单位	Research Institutions	2563	3204	1195	1202
工矿企业	Industrial Enterprises	29416	57822	19927	28332
机关团体	Government Agencies and Organizations	1304	1498	541	637

16-6 规模以上工业企业研发机构、人员情况

Statistics on Research and Development Institutions and Personnel of Industrial Enterprises above Designated Size

项　　目	Item	2015	2016
规模以上工业企业数（个）	Number of Industrial Enterprises above Designated Size (unit)	4643	4659
# 有R&D活动的企业数（个）	Number of Enterprises Having R&D Activities (unit)	1338	1738
# 有研发机构的企业数（个）	Number of Industrial Enterprises Having Research and Development Institutions above Designated Size (unit)	707	1157
R&D人员（人）	R&D Personnel (person)	79930	79618
R&D人员折合全时当量（人年）	Full-time Equivalent of R&D Personnel (man-year)	60946	59229
企业办研发机构数（个）	Number of Research and Development Institutions in Enterprises (unit)	878	1426
研发机构人员（人）	Personnel in Research and Development Institutions (person)	55345	72475
# 硕士毕业及以上的人员	Personnel with Educational Background of Master and Above	6377	7578

16-7　规模以上工业企业R&D经费内部支出情况
Total Expenditures for Research and Development Activity of Industrial Enterprises above Designated Size

单位：万元　　(10000 yuan)

项　目	Item	2015	2016
R&D经费内部支出合计	Expenditure for R&D	2097953	2289779
按支出用途分组	**Grouped by use of Expenditure**		
经常性支出	Recurrent Expenditure	1899927	2080484
资产性支出	Capital Expenditure	198026	209295
按资金来源分组	**Grouped by Source of Funds**		
政府资金	Government Appropriation Funds	51267	61571
企业资金	Self-raised Funds of Enterprises	2022108	2217840
境外资金	Overseas Funds	17783	2397
其他资金	Others	6795	7971

16-8 规模以上工业企业科技成果
Scientific and Technological Results of Industrial Enterprises above Designated Size

项　　目	Item	2015	2016
专利申请数　　(件)	Number of Patent Applications (piece)	10194	15620
发明专利申请数	Number of Invention Patents	4234	6050
新产品项目数　(个)	Applied Research (unit)	7908	12046

16-9 高新技术产品情况(2016年)
Statistics on High-tech Products (2016)

单位：万元　　(10000 yuan)

项　目	Item	企业数(个) Number of Enterprises (unit)	总产值 Gross Output Value	增加值 Added Value	产品销售收入 Sales Revenue	出口销售收入 Sales Revenue of Export
合　计	**Total**	**1559**	**91098473**	**23468669**	**89164189**	**11982354**
农　业	Agriculture	46	156807	61409	149586	14393
工　业	Industry	966	87167350	21729927	85297499	11857720
服务业	Service	547	3774316	1677333	3717104	110241

注：工业数据为规模以上工业企业口径。
Note: The data of industry are calculated according to industrial enterprises above designated size.

16-10 农业企业高新技术产品情况(2016年)

单位：万元

项目	Item	企业数（个）Number of Enterprises (unit)
总　计	**Total**	**46**
按地区分	By District	
荔湾区	Liwan	3
越秀区	Yuexiu	
海珠区	Haizhu	
天河区	Tianhe	2
白云区	Baiyun	5
黄埔区	Huangpu	
番禺区	Panyu	8
花都区	Huadu	7
南沙区	Nansha	1
从化区	Conghua	9
增城区	Zengcheng	11
按技术领域分	By Technological Circle	
电子与信息技术	Electronic and Information Technology	
机电一体化技术	Integration Technology for Machinery with Electronics	
生物技术	Biotechnology	30
新材料技术	New Material Technology	
新能源高效节能	New Energy and High-efficiency Energy-saving	
环保技术	Environmental Protection Technology	
其他技术	Others	17

注：1．从2010年起，根据广州市科技信息局新修订《广州市农业高新技术产品目录》进行统计。
　　2．"产品数"指标因各区(县级)市之间存在重复计算，其合计数大于全市数。

Statistics on High-tech Products of Agricultural Enterprises (2016)

(10000 yuan)

产品数 (个) Number of Products (unit)	总产值 Total Output Value	增加值 Added Value	产品销售收入 Sales Revenue	出口销售收入 Sales Revenue of Exports
68	**156807**	**61409**	**149586**	**14393**
8	2575	1777	2575	
2	29593	3168	25633	
6	16269	3741	15204	5423
15	30390	9722	29899	159
11	26088	8433	26199	8491
1	47	14	74	
14	23855	15574	25161	320
27	27990	18980	24841	
43	90684	32127	85390	159
36	66123	29282	64196	14234

Note: I. Since 2010, the data in this table are calculated according to the Catalog of Agriculture High-tech Product in Guangzhou.

II. Summation of all districts by number of products is greater than total because different districts would have the same products.

16-11 规模以上工业企业高新技术产品情况（2016年）

单位：万元

项目	Item	企业数（个）Number of Enterprises (unit)	产品数（个）Number of Products (unit)
总计	**Total**	**966**	**2819**
按地区分	By District		
荔湾区	Liwan	27	149
越秀区	Yuexiu	6	6
海珠区	Haizhu	22	91
天河区	Tianhe	34	201
白云区	Baiyun	162	544
黄埔区	Huangpu	168	482
番禺区	Panyu	161	438
花都区	Huadu	80	245
南沙区	Nansha	94	292
从化区	Conghua	59	175
增城区	Zengcheng	153	196
按技术领域分	By Technological Circle		
电子与信息技术	Electronic and Information Technology		607
机电一体化技术	Integration Technology for Machinery with Electronics		654
生物技术	Biotechnology		521
新材料技术	New Material Technology		611
新能源高效节能	New Energy and High-efficiency Energy-saving		294
环保技术	Environmental Protection Technology		132
其他技术	Others		

注：高新技术产品产值的口径不包含军工企业和广东电网；不含军工企业和广东电网的2016年规模以上工业总产值为189065477万元。

Statistics on High-tech Products of Industrial Enterprises Above Designated Size (2016)

(10000 yuan)

总产值 Total Output Value	增加值 Added Value	产品销售收入 Sales Revenue	出口销售收入 Sales Revenue of Exports	实现利税总额 Total Profits and Taxes	享受减免税总额 Total Taxes Exemption and Reduction
87167350	**21729927**	**85297499**	**11857720**	**10390831**	**193566**
1094239	277435	1099960	30237	126577	1957
37278	14927	37957	7924	6914	272
837525	223582	754513	11539	88402	2643
1331458	344461	1667122	92259	196157	12497
3466713	757797	3281966	450434	322270	22046
37542379	10053780	39259133	7356040	4452497	60309
9449113	2520406	9230470	1044416	1517762	33474
9191221	2642228	9061518	375069	1687063	12698
15614616	3061992	12684963	1585310	1180978	21108
1907253	345539	1600231	331813	172186	7472
6695555	1487780	6619666	572679	640025	19090
17781647	4433186	19734422	6425687	1443123	42191
37521933	9555646	36324603	1946863	5085639	41666
8122554	2284709	7160591	75908	1577956	43872
16815741	3950328	15363079	1545464	1328450	40569
3833481	1017056	3776554	907873	437440	13239
3091994	489002	2938250	955925	518223	12029

Note: The caliber of the output value of high-tech products does not include military enterprises and Guangdong power grid. The total output value of Industrial Enterprises above Designated Size in 2016, excluding military enterprises and Guangdong power grid, was 189065477 yuan.

16-12 服务业企业高新技术产品情况(2016年)

单位:万元

项　　目	Item	企业数(个) Number of Enterprises (unit)	产品数(个) Number of Products (unit)
总　　计	**Total**	**547**	**1810**
按地区分	By District		
荔湾区	Liwan	7	30
越秀区	Yuexiu	102	270
海珠区	Haizhu	74	193
天河区	Tianhe	258	938
白云区	Baiyun	20	80
黄埔区	Huangpu	57	193
番禺区	Panyu	25	101
花都区	Huadu		
南沙区	Nansha	4	5
从化区	Conghua		
增城区	Zengcheng		
按技术领域分	By Technological Circle		
电子与信息技术	Electronic and Information Technology	547	1810
机电一体化技术	Integration Technology for Machinery with Electronics		
生物技术	Biotechnology		
新材料技术	New Material Technology		
新能源高效节能	New Energy and High-efficiency Energy-saving		
环保技术	Environmental Protection Technology		
其他技术	Others		

Statistics on High-tech Products of Enterprises in Service Sector Enterprises (2016)

(10000 yuan)

总产值 Total Output Value	增加值 Added Value	产品销售收入 Sales Revenue	出口销售收入 Sales Revenue of Exports	实现利税总额 Total Profits and Taxes	享受减免税总额 Total Taxes Exemption and Reduction
3774316	**1677333**	**3717104**	**110241**	**992950**	**105674**
10168	3504	9539	19	1107	664
469836	83057	469797	19623	62019	12214
94169	35715	94169	2350	15546	2610
2707947	1295875	2621604	52283	726711	65377
54358	18660	50511		13573	1568
332818	182732	339208	33062	146333	17897
88941	49694	116197	89	25629	5115
16079	8096	16079	2815	2032	229
3774316	1677333	3717104	110241	992950	105674

【研究与试验发展（R&D）经费内部支出】指调查单位在报告年度用于内部开展R&D活动（基础研究、应用研究和试验发展）的实际支出。包括用于R&D项目（课题）活动的直接支出，以及间接用于R&D活动的管理费、服务费、与R&D有关的基本建设支出以及外协加工费等。不包括生产性活动支出、归还贷款支出以及与外单位合作或委托外单位进行R&D活动而转拨给对方的经费支出。

【Total Expenditure on Research and Development】 refers to internally to carry out R&D activities (basic research, applied research and experimental development) the actual expenditure refers to the year. Including for the direct expenditure of R&D project (the subject), and indirectly for the R&D activities of management fees, service charges, and R&D related infrastructure spending, and outside processing fees. Do not include productive activities expenses, the return of loan expenditures as well as cooperation with other units or entrust other units to carry out R&D activities and switch to pull each other expenditures.

第十七篇 CHAPTER 17

教育、文化、体育、卫生、社会福利和其他

EDUCATION, CULTURE, SPORTS, PUBLIC HEALTH, SOCIAL WELFARE AND OTHERS

第十七篇　教育、文化、体育、卫生、社会福利和其他

一、本篇资料反映广州市教育、文化、体育、卫生、社会福利及其他事业的发展情况。

二、本篇资料由广州市统计局人口和社会科技统计处整理提供。

三、教育部分包括高等、中等、基础教育、幼儿教育、各级成人教育。资料由省教育厅、市教育局、省人力资源和社会保障厅等相关部门提供。

四、文化部分主要包括文化机构、人员及业务活动开展情况等。文化统计资料根据省文化厅、市文广新局、省新闻出版广电局、珠江电影制片厂、省档案局、市档案局等有关部门提供的统计年报加工整理。

五、体育部分主要包括体育行政部门主办的运动会和比赛活动、全民健身活动情况及运动竞技成绩等，资料由市体育局提供。

六、卫生部分主要包括卫生事业机构、床位及人员数、医院业务情况、妇幼保健情况等，资料由市卫生和计划生育委员会提供。

七、社会福利部分主要包括社会福利事业的机构数、收养救济人数、婚姻登记状况等，资料由市民政局提供。各种社会保险情况等资料由市人力资源和社会保障局提供。

八、其他部分主要包括司法工作开展情况和刑事、交通、火灾事故发生情况等，资料由市司法局、市公安局提供。

九、关于数据口径与计算的说明：

17-27表甲、乙类传染病从1997年起增加肺结核和新生儿破伤风两种病；2003年起婴儿出生缺陷发生率统计指标口径有变，从抽样调查改为全面调查。

17 Education, Culture, Sports, Public Health, Social Welfare and Others

I. The data in this chapter show the development conditions of Guangzhou's education, culture, sports, public health, social welfare and others.

II.The data in this chapter are prepared and provided by the Division of Population, Social, Science and Technology Statistic of Guangzhou Municipal Bureau of Statistics.

III.The data on education cover the situations on higher education, secondary education, primary education, kindergartens and adult education at all levels. The data are provided by Guangdong Provincial Bureau of Education, Guangzhou Municipal Bureau of Education, Guangdong Provincial Bureau of Human Resources and Social Security, etc.

IV. The data on culture mainly cover the situations on institutes, employed persons and business activities of culture. The data on culture are processed and prepared in accordance with the annual statistical reports provided by Guangdong Provincial Department of Culture, Guangzhou Municipal Culture, Radio and Press and Publication Bureau, Administration of Press, Radio, Film and Television of Guangdong Province, Pearl River Movie Factory, Guangdong Provincial Bureau of Archives and Guangzhou Municipal Bureau of Archives.

V. The data on sports mainly include the sports games and matches organized by sports administrative departments, mass sports and athletics sports. The data are provided by Guangzhou Municipal Bureau of Sports.

VI. The data on public health mainly include the number of institutions, hospital beds and personnel, hospital business, women and babies hygiene. The data are provided by Health and Family Planning Commission of Guangzhou Municipality.

VII. The data on social welfare mainly include the number of institutions, the number receiving social welfare relief funds and marriage registrations, etc. The data are provided by Guangzhou Municipal Bureau of Civil Affairs. The data on social insurance are Provided by Guangzhou Municipal Bureau of Labor and Social Security.

VIII. The data on others mainly include the judicial conditions, basic statistics on traffic accidents and fires, etc. The data are provided by Guangzhou Municipal Bureau of Justice and Guangzhou Municipal Bureau of Public Security.

IX. Introduction about coverage and computing:

Table 17-27 A&B Infectious Diseases has included phthisic and new born children lockjaw since 1997.The coverage has changed from results of spot check to results of general investigation on incidence rate of birth defect since 2003.

17-1 主要年份教育事业基本情况
Basic Statistics on Education in Main Years

项　　目	Item	2015	2016
学校数　（所）	**Number of Schools (unit)**	**1697**	**1710**
普通高等学校	Regular Institutions of Higher Education	81	82
中等职业学校	Vocational Secondary Schools	86	83
技工学校	Technical Schools	58	56
普通中学	Regular Secondary Schools	510	514
高　中	Senior Secondary Schools	120	124
初　中	Junior Secondary Schools	390	390
小　学	Primary Schools	941	953
特殊教育学校	Special Schools	21	22
专任教师　（人）	**Number of Full-time Teachers (person)**	**164078**	**167874**
普通高等学校	Regular Institutions of Higher Education	59088	59704
中等职业学校	Vocational Secondary Schools	8077	7812
技工学校	Technical Schools	5160	5501
普通中学	Regular Secondary Schools	41615	41894
高　中	Senior Secondary Schools	14081	14352
初　中	Junior Secondary Schools	27534	27542
小　学	Primary Schools	49336	52075
特殊教育学校	Special Schools	802	888

17-1 续表 continued

项　　目	Item	2015	2016
招生数　（人）	**New Student Enrollment (person)**	**818215**	**805824**
普通高等学校	Regular Institutions of Higher Education	307415	303812
中等职业学校	Vocational Secondary Schools	80049	67560
技工学校	Technical Schools	80922	79034
普通中学	Regular Secondary Schools	171091	174552
高　中	Senior Secondary Schools	60267	58260
初　中	Junior Secondary Schools	110824	116292
小　学	Primary Schools	178035	180334
特殊教育学校	Special Schools	703	532
在校学生　（人）	**Total Student Enrollment (person)**	**2974053**	**2973738**
普通高等学校	Regular Institutions of Higher Education	1043221	1057281
中等职业学校	Vocational Secondary Schools	237130	216974
技工学校	Technical Schools	236323	222298
普通中学	Regular Secondary Schools	515228	505685
高　中	Senior Secondary Schools	178564	176275
初　中	Junior Secondary Schools	336664	329410
小　学	Primary Schools	937870	968531
特殊教育学校	Special Schools	4281	2969
毕业生数　（人）	**Graduates (person)**	**699855**	**723134**
普通高等学校	Regular Institutions of Higher Education	271419	276789
中等职业学校	Vocational Secondary Schools	71326	72497
技工学校	Technical Schools	54490	67089
普通中学	Regular Secondary Schools	176666	173238
高　中	Senior Secondary Schools	58087	59133
初　中	Junior Secondary Schools	118579	114105
小　学	Primary Schools	125188	133032
特殊教育学校	Special Schools	766	489

17-2 主要年份每万人口在校学生数、每个教师负担学生数
Students Enrollment per 10000 Persons and Students Taught by Every Teacher in Main Years

单位：人 (person)

年 份 Year	平均每万人口在校学生数 Students Enrollment Per 10000 Persons			平均每个教师负担学生数 Students Taught by Every Teacher		
	普通高校 College and University Students	普通中学生 High School Students	小学生 Primary School Students	普通高校 College and University Students	普通中学 Regular Secondary Schools	小 学 Primary School Students
1978	44.94	795.85	1178.65	3.10	18.25	24.05
1980	54.28	598.04	1175.91	3.65	15.83	21.80
1985	94.77	456.79	993.46	4.83	15.15	20.43
1986	99.43	471.25	967.81	4.87	16.10	21.05
1987	103.35	487.88	938.26	5.18	16.40	21.04
1988	112.42	481.43	919.33	5.52	16.21	21.05
1989	116.10	463.41	941.98	5.74	15.44	21.93
1990	110.16	446.65	963.03	5.52	15.25	22.79
1991	106.92	446.28	985.58	5.58	15.56	23.24
1992	109.37	461.81	1009.11	6.04	15.99	24.16
1993	126.51	469.79	1034.06	6.87	15.94	24.52
1994	139.74	475.66	1058.77	7.75	16.20	24.62
1995	147.56	494.03	1073.74	8.13	16.42	23.90
1996	151.23	516.39	1074.82	8.23	16.53	22.77
1997	153.60	538.65	1085.07	8.72	16.79	22.24
1998	160.76	562.95	1087.87	9.33	16.99	22.14
1999	196.03	581.75	1083.13	10.83	17.25	22.81
2000	264.14	606.92	1080.31	13.95	17.59	22.16
2001	343.44	642.86	1106.66	16.48	17.60	22.04
2002	414.97	668.15	1133.21	14.40	17.38	22.04
2003	516.75	705.69	1168.69	14.48	17.21	21.76
2004	623.14	719.53	1185.82	15.45	17.28	21.88
2005	738.58	733.24	1203.62	15.89	17.09	22.02
2006	814.28	746.16	1174.64	16.22	16.89	21.85
2007	888.35	745.78	1149.31	16.33	16.38	21.24
2008	938.77	742.25	1100.35	16.90	16.07	20.45
2009	1001.75	723.94	1043.13	17.30	15.50	19.61
2010	1046.88	709.90	1023.16	17.32	14.97	18.88
2011	1100.10	689.46	1006.37	17.31	14.48	18.74
2012	1142.17	669.67	1000.36	17.49	13.74	18.43
2013	1181.11	657.14	1032.38	17.74	13.41	19.06
2014	1209.96	632.55	1068.44	17.82	12.84	19.00
2015	1221.30	603.18	1097.96	17.66	12.38	19.01
2016	1214.58	580.92	1112.63	17.71	12.07	18.60

17-3 主要年份各级各类学校在校学生数

单位：人

年 份 Year	普通高等学校 Regular Institutions of Higher Education	中等职业学校 Vocational Secondary Schools	技工学校 Technical Schools
1978	21699		
1980	27239	18852	8273
1985	51647	48959	5615
1986	55223	61913	8670
1987	58402	69693	12479
1988	64859	78025	17225
1989	67969	84662	18514
1990	65465	95048	20319
1991	64389	103860	21692
1992	66958	113218	23842
1993	78901	141307	25242
1994	89019	154144	29742
1995	95429	182090	36078
1996	99214	212396	43446
1997	102372	210956	50566
1998	108378	210566	58396
1999	134283	227084	59779
2000	185078	219640	59570
2001	244736	209340	64008
2002	299037	200090	76660
2003	374742	200337	87878
2004	459676	184682	104317
2005	554327	191499	122108
2006	619442	216555	153175
2007	687115	237411	173413
2008	736152	244070	196197
2009	796006	251077	242085
2010	843934	248060	252812
2011	896123	248614	269188
2012	939208	239446	289967
2013	983051	240579	279329
2014	1019291	244585	240350
2015	1043221	237130	236323
2016	1057281	216974	222298

Students Enrollment by Various Schools in Main Years

(person)

普通中学 Regular Secondary Schools	小学 Primary Schools	特殊教育学校 Special Schools
384313	569165	326
300134	590146	289
248940	541420	372
261733	537528	481
275690	530189	546
277743	530368	651
271291	551458	724
265423	572286	854
268760	593537	949
282720	617779	1032
292991	644907	1680
303004	674464	3760
319493	694401	5411
338776	705134	6096
359000	723183	5977
379505	733375	5827
398499	741950	6106
425261	756961	5224
458099	788604	5877
481481	816617	5495
511756	847524	4947
530776	874749	5302
550320	903353	5010
567619	893575	5045
576845	888965	5340
582051	862859	5246
575252	828889	5131
572280	824807	5153
561618	819771	4527
550669	822594	4719
546941	859263	4389
532870	900072	4386
515228	937870	4281
505685	968531	2969

17-4 主要年份研究生基本情况

Basic Statistics on Postgraduates in Main Years

单位：人 (person)

年 份 Year	培养单位（所） Training Units (unit)	# 普通高校 Regular Institutions of Higher Education	毕业生数 Graduates	# 普通高校 Regular Institutions of Higher Education	# 博 士 Doctors
1985	15	12	654	650	7
1990	25	13	1491	1438	101
1991	24	13	1272	1234	109
1992	19	13	947	917	76
1993	18	13	1025	1003	76
1994	18	13	1079	1064	142
1995	21	13	1259	1215	154
1996	21	13	1440	1396	188
1997	21	13	1770	1715	253
1998	21	13	1843	1759	420
1999	21	13	2168	2059	371
2000	21	13	2131	2028	417
2001	22	14	2753	2671	540
2002	20	12	3133	3022	574
2003	20	12	4439	4299	772
2004	24	16	6541	6303	1160
2005	24	16	9006	8699	1331
2006	24	16	11790	11360	1579
2007	26	18	12624	12170	1751
2008	26	18	14773	14286	2086
2009	26	18	15395	14969	2462
2010	26	18	16244	15828	2265
2011	26	18	18584	18155	2374
2012	27	19	20816	20372	2583
2013	27	19	21833	21382	2700
2014	22	19	22717	22636	2788
2015	22	19	23218	23132	2881
2016	22	19	24138	24057	2896

注：2014年起，中国科学院在我市研究所招收的研究生不再纳入全市教育事业统计，因此2014年及以后的研究生数据不含中国科学院在广州的数据。下表同。

Note: Since 2014,Guangzhou education statistics does not include the recruit students of Chinese Academic of Sciences in Guangzhou. So since 2014 the statistic of graduates does not contain the graduates of Chinese Academy of Sciences in Guangzhou. The same as the following table.

17-4 续表 continued

单位:人 (person)

年 份 Year	招生数 New Students Enrollment	# 普通高校 Regular Institutions of Higher Education	# 博 士 Doctors	在校学生数 Students Enrollment	# 普通高校 Regular Institutions of Higher Education	# 博 士 Doctors
1985	1526	1518	74	2878	2859	92
1990	1113	1090	76	3355	3264	293
1991	1171	1157	167	3216	3149	338
1992	1258	1228	162	3492	3426	417
1993	1521	1490	201	3940	3865	533
1994	1866	1831	298	4656	4562	681
1995	1875	1782	407	5283	5080	935
1996	2367	2249	457	6162	5888	1192
1997	2387	2288	457	6696	6388	1391
1998	2997	2921	582	7821	7521	1539
1999	3673	3559	788	9253	8952	1933
2000	5435	5274	1048	12492	12135	2549
2001	7080	6837	1352	17150	16631	3421
2002	8245	7910	1596	20408	19674	4256
2003	10864	10403	2104	26294	25253	5499
2004	13642	13143	2656	34599	33302	7474
2005	15642	15140	2780	40594	39124	8980
2006	17093	16586	2672	45238	43725	9149
2007	18084	17578	2819	49838	48298	9846
2008	19298	18776	2893	53826	52313	10753
2009	22181	21684	3132	60129	58635	11530
2010	23390	22844	3059	65911	64321	11528
2011	24216	23690	3119	69825	68223	12125
2012	25042	24504	3195	73118	71484	12526
2013	26002	25457	3294	76193	74535	13389
2014	26524	26440	3463	77211	76943	13818
2015	27137	27037	3434	79547	79268	14085
2016	28563	28459	3617	82282	81979	14532

17-5 普通高等院校各类专业本科学生数(2016年)

Students Enrollment in Regular Institutions of Higher Education by Field of Study (2016)

单位:人 (person)

项　目	Item	毕业生数 Number of Graduates	招生数 New Students Enrollment	在校学生数 Number Of Students Enrollment
合　计	**Total**	**138990**	**160489**	**623331**
哲　学	Philosophy	117	168	622
经济学	Economics	13365	15729	62632
法　学	Law	5586	6033	23654
教育学	Education	2824	2956	11737
文　学	Literature	16291	19774	71479
历史学	History	436	539	2054
理　学	Science	7621	9040	34793
工　学	Engineering	34914	41590	155825
农　学	Agriculture	1730	2084	7849
医　学	Medicine	9052	10403	45121
管理学	Management	37238	40674	162738
艺术学	Art	9816	11499	44827

注：1.2011年起普通高等院校各类专业本科学生数统计口径有调整。
　　2.2014年新增“艺术学”学科分类。

Note: I. Since 2011,students enrollment in regular institutions of higher education have been adjusted.
　　II. Fields of study increase the category of art in 2014.

17-6 普通高等院校专科分学科学生数(2016年)

Students Enrollment in Regular Institutions of Higher Education for Junior College by Field of Study (2016)

单位:人 (person)

项　目	Item	毕业生数 Number of Graduates	招生数 New Students Enrollment	在校学生数 Number Of Students Enrollment
合　计	**Total**	**137799**	**143323**	**433950**
农林牧渔大类	Agriculture,Forestry,Animal Husbandry and Fishery Category	1029	1487	4481
资源环境与安全大类	Resource Environment and Security Category	978	1244	3420
能源动力与材料大类	Energy Dynamics and Materials Category	1221	1358	3892
土木建筑大类	Civil Engineering Category	14143	11579	38123
水利大类	Water Conservancy Category	455	429	1234
装备制造大类	Equipment Manufacturing Category	11880	12810	38399
生物与化工大类	Biology and Chemical Industry Category	945	1408	4077
轻工纺织大类	Textile Category	570	736	1938
食品药品与粮食大类	Food,Medicine and Grain Category	3243	2844	9103
交通运输大类	Transport Category	7510	7965	22529
电子信息大类	Electronic Information Category	15443	22415	60354
医药卫生大类	Medical and Health Care Category	3728	4987	13976
财经商贸大类	Finance Category	41888	38893	126696
旅游大类	Tourism Category	3892	4057	12058
文化艺术大类	Cultural and Art Design Category	11366	10664	35333
新闻传播大类	Media Category	580	858	2558
教育与体育大类	Education and Sports Category	14012	14012	40238
公安与司法大类	Public Security and Law Category	2092	1922	5545
公共管理与服务大类	Public Administration and Services Category	2824	3655	9996

注：2016年根据《普通高等学校高等职业教育(专科)专业目录(2015年)》修订。

Note: According to the general higher School Higher Vocational Education major Catalogue (2015), field of study has been revised in 2016.

17-7 普通高等院校本专科基本情况(2016年)

单位：人

院校名称	Name of Universities, Institutes and Colleges	毕业生数 Number of Graduates
合　计	**Total**	**276789**
中山大学	Sun Yat-sen University	7458
华南理工大学	South China University of Technology	5739
暨南大学	Jinan University	4389
华南农业大学	South China Agricultural University	9267
南方医科大学	Southern Medical University	3250
广州中医药大学	Guangzhou University of Traditional Chinese Medicine	3192
华南师范大学	South China Normal University	6669
广东工业大学	Guangdong University of Technology	10144
广东外语外贸大学	Guangdong University of Foreign Studies	4822
广东财经大学	Guangdong Business Institute	4141
仲恺农业工程学院	Zhongkai Agritechnical College	3989
广东药科大学	Guangdong Pharmaceutical University	4893
星海音乐学院	Xinghai Conservatory of Music	870
广州美术学院	Guangzhou Academy of Fine Arts	1313
广州体育学院	Guangzhou Institute of Physical Education	1406
广东技术师范学院	Guangdong Polytechnic Normal University	5789
广东金融学院	Guangdong Finance College	4910
广东警官学院	Guangdong Police College	1620
广州大学	Guangzhou University	8579
广州医科大学	Guangzhou Medical Institute	2437
广东白云学院	Guangdong Baiyun Vocational Technical College	4151
广东培正学院	Guangdong Peizheng College	3868
广东第二师范学院	Guangdong University of Education	2888
广州民航职业技术学院	Guangzhou Civil Aviation College	3427
广州航海学院	Guangzhou Maritime College	3665
广东轻工职业技术学院	Guangdong Light Industry Technical College	6893
广东省外语艺术职业学院	Guangdong College of Foreign Languages and Art	2862
广东机电职业技术学院	Guangdong Machinery and Electricity College	4579
广东工贸职业技术学院	Guangdong Vocational College of Industry & Commerce	4937
广东交通职业技术学院	Guangdong Communication Polytechnic College	4314
广东水利电力职业技术学院	Guangdong Technical College of Water Resources and Electric Engineering	4069
广东生态工程职业学院	Guangdong Eco-engineering Polytechnic	
广东司法警官职业学院	Judicial Police Officers' Professional Institute of Guangdong	1565
广东女子职业技术学院	Guangdong Women's Professional College	1964
广东农工商职业技术学院	Guangdong AIB Polytechnic College	6611
广东邮电职业技术学院	Guangdong Posts & Telecom Vocational Technology College	896
广东建设职业技术学院	Guangdong Construction Vocational Technology Institute	2362
广东行政职业学院	Guangdong Vocational of Administration	1739

Basic Statistics on Regular Institutions of Higher Education (2016)

(person)

招生数 Number of New Entrants	在校学生数 Number of Enrolled Students	校本部教职工人数 Number of Teachers and Staff	# 专任教师 Full-time Teachers	# 正高级 Professors	# 副高级 Associate Professors	# 中 级 Lecturers
303812	**1057281**	**85353**	**59704**	**8790**	**16200**	**23902**
7796	32491	5940	3528	1390	1187	682
6143	24885	4159	2625	812	926	864
6129	23645	3400	2093	605	789	604
8921	36973	3138	2269	411	843	851
3010	13680	2490	1867	445	598	647
3001	13672	1692	1304	369	467	396
6054	24894	3703	1979	576	605	718
8892	39508	2938	2396	379	705	1087
4996	20067	2084	1329	286	370	468
6346	26036	1475	1206	211	398	516
5149	20067	1231	1036	131	294	446
4915	18458	1513	1283	227	477	541
1028	4017	538	312	43	123	95
1383	5422	813	478	62	147	173
1578	6560	609	419	70	117	165
5850	20281	1930	1078	140	337	493
5478	21622	1353	988	124	285	509
1706	5685	676	276	44	116	91
10037	37891	2923	1870	292	629	534
1898	9898	1978	1458	371	479	298
4303	17258	1035	843	46	208	369
3537	14064	875	631	36	55	373
3031	10674	740	474	48	127	143
4179	12229	689	549	17	117	301
4661	12731	801	603	49	165	257
6218	20812	1194	883	76	282	460
2629	6972	570	376	20	117	181
4391	14528	941	761	18	199	422
5010	14811	837	640	17	152	311
4702	13376	815	632	44	150	362
4683	13495	749	561	29	199	280
1994	4279	278	206	2	31	86
1378	4332	316	189	10	60	96
2024	6307	400	236	14	74	108
6006	17870	991	851	24	199	550
1302	4305	400	149	2	40	64
2629	7277	417	320	7	77	156
1551	3881	332	230	22	63	119

17-7 续表

单位：人

院校名称	Name of Universities, Institutes and Colleges	毕业生数 Number of Graduates
广东体育职业技术学院	Guangdong Sports Vocational Technical Institute	807
广东食品药品职业学院	Guangdong Food and Drug Vocational School	4606
广东文艺职业学院	Guangdong Vocational Literature and Art College	1159
广州工程技术职业学院	Guangzhou Institute of Technology	2672
广州番禺职业技术学院	Guangzhou Panyu Polytechnic College	3483
广州体育职业技术学院	Guangzhou Sports Training and Technical College	490
广东理工职业学院	Guangdong Polytechnic Institute of Technology	3170
广州城市职业学院	Guangzhou City Polytechnic College	3022
广东工程职业技术学院	Guangdong Polytechnic College of Engineering	4370
广州铁路职业技术学院	Guangzhou Railway Vocational Technical College	2986
广东科贸职业学院	Guangdong Vocational College of Science and Trade	2698
广州科技贸易职业学院	Guangzhou Polytechnic of Science and Trade	2081
广东青年职业学院	Guangdong Youth Polytechnic College	1320
广东舞蹈戏剧职业学院	Guangdong Dance and Drama College	225
民办南华工商学院	Nanhua Industrial and Commercial College	3170
私立华联学院	Private Hualian University	2941
广东岭南职业技术学院	Guangdong Lingnan Polytechnic College	5377
广州康大职业技术学院	Kanda Vocational Technical College	2405
广州工商学院	Guangdong College of Technology and Business	2404
广州涉外经济职业技术学院	Guangzhou International Economics College	3243
广州南洋理工职业学院	Guangzhou Nanyang Institute of Technology	3291
广州科技职业技术学院	Guangzhou Vocational College of Science and Technology	3917
广州现代信息工程职业技术学院	Guangzhou Modern Information Engineering College	1971
广州华南商贸职业学院	South China Business Trade College	1754
广州华立科技职业学院	Guangzhou HuaLi Vocational College of Science and Technology	3418
广州珠江职业技术学院	Guangzhou Pearl-river Vocational College of Technology	1383
广州松田职业学院	Guangzhou Songtian Polytechnic College	1311
广州城建职业学院	Guangzhou City Construction College	5258
广州华商职业学院	Guangzhou Huashang Vocational College	3421
广州华夏职业学院	Guangzhou Huaxia Technical College	3240
广州东华职业学院	Guangdong Donghua Polytechnic College	1403
广东工业大学华立学院	Huali College, Guangdong University	4476
广州大学松田学院	Songtian College, Guangzhou University	2557
广州商学院	Guangzhou College of Commerce	1994
中山大学新华学院	Xinhua College of SYSU	2920
广州大学华软软件学院	South Institute of Software Engineering	2475
中山大学南方学院	Nanfang College of SYSU	4619
广东外语外贸大学南国商学院	South China Business College, Guangdong University of Foreign Studies	2181
广东财经大学华商学院	Huashang College, Guangdong University of Business Studies	5565
华南农业大学珠江学院	Zhujiang College of South China Agriculture University	2946
广东技术师范学院天河学院	Tianhe College of Guangdong Polytechnic Normal University	4139
华南理工大学广州学院	Guangzhou College of SCUT	4254
公安边防部队高等专科学校	Public Security Frontier Forces Higher Specialty School	
广州卫生职业技术学院	Guangzhou Health Vocational and Technical College	

注：“广东药学院”更改为“广东药科大学”；新增“广州卫生职业技术学院”。

continued

(person)

招生数 Number of New Entrants	在校学生数 Number of Enrolled Students	校本部教职工人数 Number of Teachers and Staff	# 专任教师 Full-time Teachers	# 正高级 Professors	# 副高级 Associate Professors	# 中级 Lecturers
925	2638	282	148	11	34	73
4007	13871	837	628	64	111	278
1212	4228	340	223	5	32	78
2637	7865	490	403	7	78	234
3953	11596	915	541	27	110	277
702	2003	461	170	7	46	80
4016	10936	672	450	22	79	295
3110	9345	610	443	22	121	248
3505	10494	622	544	21	129	304
2866	7562	584	359	13	96	176
3129	8413	505	382	13	98	166
1790	6676	469	325	5	74	186
1819	6059	320	238	6	35	102
839	1943	376	224	2	47	57
3246	10881	551	428	8	60	210
2402	7246	513	349	10	46	142
6156	16303	1043	868	59	204	277
	2979	220	133	1	26	97
7229	19889	1230	912	75	155	317
3240	10380	639	480	36	96	200
3576	10770	760	480	11	88	179
3530	13034	991	660	25	162	318
2370	6173	607	423	12	48	132
1621	5345	325	217	8	38	86
4265	12914	812	647	26	122	234
2570	7325	482	392	26	35	66
992	3759	242	196	8	22	114
6068	18106	1037	836	26	177	375
3380	9895	515	415	43	85	107
4416	12398	756	499	24	84	160
3533	9042	549	404	3	79	105
3645	14184	960	701	45	202	251
2373	9660	449	378	16	30	253
4731	16553	852	715	74	142	388
5796	21551	1060	877	110	202	302
3548	13516	783	558	40	106	289
4669	17759	652	552	42	52	258
2305	9008	762	470	89	104	168
5406	21951	1024	854	116	121	405
2655	11095	542	423	48	43	176
3988	14212	660	582	34	80	328
5538	21255	1154	891	72	190	440
		325	149	3	28	73
1516	1516	412	209	6	76	82

Note: Guangdong Medicine Institute has been changed to Guangdong Pharmaceutical University. Add Guangzhou Health Vocational and Technical College.

17-8 高中、初中、小学毕业生升学情况

Statistics on Graduates of Senior, Junior Secondary Schools and Primary Schools Entering Higher Level Schools

项　目		Item		2015
高中毕业生数	(人)	Graduates of Senior Secondary Schools	(person)	58087
已升学人数	(人)	Students Entering Institution of Higher Education	(person)	55006
升学率	(%)	Percentage of Graduates of Senior Secondary Schools Entering Institution of Higher Education	(%)	94.70
初中毕业生数	(人)	Graduates of Junior Secondary Schools	(person)	118579
已升学人数	(人)	Students Entering Senior Secondary Schools	(person)	114436
升学率	(%)	Percentage of Graduates of Junior Secondary Schools Entering Senior Secondary Schools	(%)	96.51
小学毕业生数	(人)	Graduates of Primary Schools	(person)	125188
已升学人数	(人)	Students Entering Junior Secondary Schools	(person)	125188
升学率	(%)	Percentage of Graduates of Primary Schools Entering Junior Secondary Schools	(%)	100.00

17-8　续表　continued

项　目		Item		2016
高中毕业生数	(人)	Graduates of Senior Secondary Schools	(person)	59133
已升学人数	(人)	Students Entering Institution of Higher Education	(person)	55943
升学率	(%)	Percentage of Graduates of Senior Secondary Schools Entering Institution of Higher Education	(%)	94.61
初中毕业生数	(人)	Graduates of Junior Secondary Schools	(person)	114105
已升学人数	(人)	Students Entering Senior Secondary Schools	(person)	108912
升学率	(%)	Percentage of Graduates of Junior Secondary Schools Entering Senior Secondary Schools	(%)	95.45
小学毕业生数	(人)	Graduates of Primary Schools	(person)	133032
已升学人数	(人)	Students Entering Junior Secondary Schools	(person)	130893
升学率	(%)	Percentage of Graduates of Primary Schools Entering Junior Secondary Schools	(%)	98.39

17-9　普通中学专任教师学历情况(2016年)

Diploma Qualifications of Full-time Teachers in Regular Secondary Schools (2016)

项　目	Item	人　数 (人) Personnel (person)	高　中 Senior Secondary Schools	初　中 Junior Secondary Schools
合　计	**Total**	**41894**	**14352**	**27542**
研究生毕业	Postgraduates	3952	2355	1597
本科毕业	Graduates Attending Regular College Course	35470	11963	23507
专科及以下毕业	Graduates Attending Specialized Subject	2472	34	2438

17-9　续表　continued

项　目	Item	构　成 (%) Composition (%)	高　中 Senior Secondary Schools	初　中 Junior Secondary Schools
合　计	**Total**	**100.00**	**100.00**	**100.00**
研究生毕业	Postgraduates	9.43	16.41	5.80
本科毕业	Graduates Attending Regular College Course	84.67	83.35	85.35
专科及以下毕业	Graduates Attending Specialized Subject	5.90	0.24	8.85

注：高中教师学历达标率为99.76%，初中教师学历达标率为99.99%。
Note: The academic qualification rate of teachers in senior secondary schools is 99.76 percent, that in junior secondary schools is 99.99 percent.

17-10 各类学校教职工人数及专任教师数

Staff and Workers and Full-time Teachers by Type of School

单位：人 (person)

项 目	Item	2015	2016
各类学校教职工人数	**Number of Staff and Workers by Type of School**	**215913**	**221647**
普通高等学校	Regular Institutions of Higher Education	88690	90973
中等职业学校	Vocational Secondary Schools	11740	11339
技工学校	Technical Schools	11957	11960
普通中学	Regular Secondary Schools	49507	50281
小 学	Primary Schools	53073	56038
特殊学校	Special Schools	946	1056
各类学校专任教师数	**Number of Full-time Teachers by Type of School**	**164078**	**167874**
普通高等学校	Regular Institutions of Higher Education	59088	59704
中等职业学校	Vocational Secondary Schools	8077	7812
技工学校	Technical Schools	5160	5501
普通中学	Regular Secondary Schools	41615	41894
#高 中	Senior Secondary Schools	14081	14352
小 学	Primary Schools	49336	52075
特殊学校	Special Schools	802	888

17-11 学生辍学情况

Statistics on Students Dropping Out of Schools

项 目	Item	2015	2016
高 中	**Senior Secondary Schools**		
上学年初学生 (人)	Number of Students at the Beginning of Preceding Academic Year (person)	177815	178400
#辍学生 (人)	Students Dropping Out of Schools (person)	880	1720
辍学率 (%)	Percentage of Students Dropping Out of Schools (%)	0.49	0.96
初 中	**Junior Secondary Schools**		
上学年初学生 (人)	Number of Students at the Beginning of Preceding Academic Year (person)	351853	331154
#辍学生 (人)	Students Dropping Out of Schools (person)	962	1069
辍学率 (%)	Percentage of Students Dropping Out of Schools (%)	0.27	0.32
小 学	**Primary Schools**		
上学年初学生 (人)	Number of Students at the Beginning of Preceding Academic Year (person)	885837	910399
#辍学生 (人)	Students Dropping Out of Schools (person)	118	1822
辍学率 (%)	Percentage of Students Dropping Out of Schools (%)	0.01	0.20

17-12 小学教育情况
Statistics on Primary Education

项 目	Item	2015	2016
适龄儿童入学率 (%)	Percentage of School-age Children Enrolled (%)	100.00	100.00
6-11岁学龄儿童数 (人)	Number of 6-11 School-age Children (person)	921996	951820
# 已入学人数 (人)	Number of Children Enrolled in Schools (person)	921996	951820
毕业率 (%)	Percentage of Graduation (%)	99.75	100.13
上学年预计毕业生数 (人)	Number of Graduated Pupils in Previous Year (person)	125507	132857
毕业生人数 (人)	Number of Graduates (person)	125188	133032

17-13 成人高等教育基本情况
Basic Statistics on Adult Higher Education

单位：人 (person)

项 目	Item	2015	2016
成人高等教育	**Higher Education for Adults**		
学校数 (所)	Number of Schools (unit)	9	9
教职工人数	Number of Teachers and Staff	3218	3120
# 专任教师数	Number of Full-time Teachers	1911	1944
聘请校外教师 (人次)	Number of Teachers Engaged from Other Schools (Person-time)	3831	3840
毕业生	Graduates	102866	117243
招生数	New Students Enrollment	142534	133790
在校学生数	Students Enrolled	394829	397651

17-14 成人高等教育在校学生数
Number of Students Enrolled in Adult Higher Education by Level

单位:人 (person)

项　　目	Item	2015	2016
成人高等教育	**Higher Education for Adults**	**394829**	**397651**
成人高等学校	Institutions of Higher Education for Adults	12685	16434
广播电视大学	Radio and TV Universities	9729	3477
职工高等学校	Schools of Higher Education for Staff and Workers	2956	12957
管理干部学院	Colleges for Management Cadres		
普通高校附设	Departments Run by Regular Institutions of Higher Education	382144	381217
函　授	Correspondence Divisions	141243	154354
业　余	Evening Universities	240901	226863
脱　产	Courses in Form of Full Time for Adults		

17-15 民办普通中小学及幼儿园情况（2016年）
Statistics on Regular Secondary Schools, Primary Schools and Kindergartens Run by Society (2016)

单位：人 (person)

项　　目	Item	学校数（所） Number of Schools (unit)	毕业生数 Number of Graduates	招生数 Number of New Entrants	在校学生数 Number of Enrolled Students	教职工数 Number of Teachers and Staff	# 专任教师 Full-time Teachers
合　计	**Total**	**1530**	**165353**	**214581**	**748469**	**76222**	**45661**
普通中学	Regular Secondary Schools	204	36913	42047	119017	13558	8227
高　中	Senior Secondary Schools	16	3412	3705	10999	1988	899
初　中	Junior Secondary Schools	188	33501	38342	108018	11570	7328
小　学	Primary Schools	155	44143	59792	321724	18325	15872
幼儿园	Kindergartens	1171	84297	112742	307728	44339	21562

17-16 幼儿园基本情况
Basic Statistics on Kindergartens

项　　目	Item	2015	2016
幼儿园数　　（所）	**Number of Kindergartens　(unit)**	**1666**	**1693**
公　办	Kindergartens Run by Government	519	522
民　办	Kindergartens Run by Society	1147	1171
教职工人数　　（人）	**Number of Teachers and Staff　(person)**	**61843**	**65715**
#教　师	Teachers	30875	32653
在园幼儿数　　（人）	**Number of Student Enrollment　(person)**	**445218**	**463037**

17-17 体育事业基本情况
Basic Statistics on Sports

项　　目	Item	2015	2016
群众体育活动情况	**Mass Sports Activities**		
各级各类大型全民健身活动赛事（项次）	Number of large-scale Body-building Activities Run by all kinds all levels (item-times)	450	480
参加各级各类大型全民健身活动人数　（万人次）	Number of Persons Taking Part in large-scale Body-building Activities Run by all kinds all levels (10000 person-times)	600	650
举办国际、国内单项比赛次数　（次）	Number of international and national individual competitions　(times)	31	117
破纪录	**Records Chalked up**		
破世界纪录　（项、人次）	World Records Chalked up　(item, person-times)		
破亚洲纪录　（项、人次）	Asian Records Chalked up　(item, person-times)	1项1人次	
破全国纪录　（项、人次）	National Records Chalked up　(item, person-times)	2项2人次	
获得冠军	**Champions Won**		
广州运动员获世界冠军（项、人次）	World Champions　(item, person-times)	13项14人次	20项20人次
广州运动员获亚洲冠军（项、人次）	Asian Champions　(item, person-times)	8项10人次	10项11人次
广州运动员获全国冠军（项、人次）	National Champions　(item, person-times)	46项84人次	91项145人次

注：从2016年起，“市区街三级全民健身活动及比赛(项次)”变更为“各级各类大型全民健身活动赛事(项次)”，“参加市区街三级全民健身活动人数(万人次)”变更为“参加各级各类大型全民健身活动人数(万人次)”，2015年数据作相应调整。

Note: Since 2016, number of nationwide body-building activities run by municipal and district institutions(item-times) has been changed to Number of large-scale Body-building Activities Run by all kinds all levels(item-times). Number of persons taking part in nationwide body-building activities run by municipal and district institutions (10000 person-times) has been changed to Number of Persons Taking Part in large-scale Body-building Activities (10000 person-times).The data of 2015 are adjusted according to the same range.

17-18 文化主要指标
Main Indicators of Culture

项目	Item	2015	2016
电影、艺术	**Films and Arts**		
全年摄制完成影片 (部)	Film Production (film)	3	4
# 故事片	Feature Films	3	4
全年发行各种新影片 (部)	Release of Various New Films (film)	394	495
# 国产与合拍片	Chinese-made Films	315	392
进口片	Hong Kong-made and Import Films	79	103
电影放映、艺术表演单位	Film Projection Units and Art Performance Units		
电影院 (间)	Cinemas (unit)	62	80
电影院座位 (个)	Seats of Cinemas (unit)	59060	71064
艺术表演场馆 (个)	Art Performance Halls (unit)	17	16
艺术表演场馆座席数 (个)	Seats of Art Performance Halls (unit)	31330	29189
电影映出场次 (场)	Number of Film Showing (scene)	748771	963527
电影观众人数 (万人次)	Number of Film Spectators (10000 person-times)	2587	2755
专业艺术表演团体 (个)	Specialized Arts Performance Troupes (unit)	53	52
本团原创首演剧目 (个)	Premiere Performance of Original Play (unit)	21	23
艺术表演团体演出场次 (万场)	Number of Performance for Arts Performance Troupes (scene)	0.55	0.42
艺术表演团体国内演出观众人次(万人次)	Number of Spectators for Arts Performance Troupes (10000 person-times)	419	406
广播电视事业	**Broadcasting and Television Stations**		
广　播	Broadcasting		
广播电台 (座)	Number of Broadcasting Stations (set)	2	2
节目套数 (套)	Number of Programs (set)	17	18
中短波转播发射台 (座)	Medium Wave and Short Wave Broadcasting Transmission Stations (set)	3	2
平均日播音 (时)	Broadcasting Hours per Day (hour)	363	362
广播综合人口覆盖率 (%)	Listener Rating (%)	100.00	100.00
电　视	Television		
电视台 (座)	Number of Television Stations (set)	3	3
节目套数 (套)	Number of Programs (set)	23	23
平均周播放时间 (时)	Broadcasting Hours per Week (hour)	3081	3344
制作电视剧 (集)	TV Play Programs (set)	1394	1473
电视综合人口覆盖率 (%)	Viewer Rating (%)	100.00	100.00

注：1.从2011年起专业艺术表演团体统计口径有调整。
2.电影放映指标仅统计了中影南方电影新干线有限公司和广州金逸珠江电影院线有限公司两家院线。

Note: I. In 2011 the coverage of specialized arts performance troupes has been adjusted.
II. Film projection statistic only contain the China Film South Cinema circuit Co., Ltd. and Guangzhou JinYiZhuJiang Movie Circuit Co., Ltd..

17-18 续表 continued

项 目	Item	2015	2016
图书、档案事业	**Books and Archives**		
公共图书馆 (间)	Public Libraries (unit)	14	14
总藏量 (万册)	Total Collections (10000 volumes)	2487	2737
#图 书	Books	2160	2401
阅览室座席 (个)	Seating Capacity of Reading Rooms (seat)	25059	26328
#少儿阅览室座席	Seating Capacity of Children Reading Rooms	4799	5589
总流通人次 (万人次)	Total Number of Circulation (10000 person-times)	2714	3074
书刊文献外借册次 (万册次)	Number of Books Borrowed by the Readers (10000 volume-times)	1676	2130
档案馆 (个)	Archives (unit)	31	31
馆藏案卷总数 (万卷)	Number of Archives (10000 volumes)	1675	2220
群众文化事业	**Mass Culture**		
群众艺术馆、文化馆 (间)	Units Responsible for Guiding Mass Art (unit)	13	13
文化站 (个)	Cultural Stations (unit)	161	167
举办展览 (个)	Number of Exhibitions (unit)	1056	997
组织文艺活动 (次)	Art Performances and Story-telling (times)	8051	9015
举办训练班 (次)	Training Courses (times)	8988	9346
文物事业	**Cultural Relics**		
博物馆、纪念馆及美术馆(个)	Museums and Memorial Halls (unit)	33	32
藏品数 (件)	Number of Cultural Relics Collection (piece)	360268	359030
#一级品	Grade One	1030	1049
举办陈列展览 (个)	Number of Displays and Exhibitions (unit)	307	325
参观人次 (千人次)	Number of Visitors (1000 person-times)	10373	11709
文物商店 (间)	Cultural Relic Stores (unit)	2	2
出版事业	**Publishing Undertaking**		
全年出版报纸 (种)	Number of Newspapers Published (kind)	56	56
全年出版报纸 (万份)	Number of Newspapers Published (10000 copies)	241147	213249
全年出版图书 (种)	Number of Books Published (kind)	9281	9747
全年出版图书 (万册)	Number of Books Published (10000 copies)	30810	30442
全年出版杂志 (种)	Number of Magazines Published (kind)	301	297
全年出版杂志 (万册)	Number of Magazines Published (10000 copies)	12645	11011
图书销售量 (万册)	Number of Books Sold (10000 volumes)	3692	3689

注：1．报纸出版种数不包含校报、院报。
2．2013年起图书销售量不包括花都区、番禺区、增城区和从化区数据。

Note: I. Number of newspaper publishing do not included college newspaper.
II. Since 2013 number of books sold does not include Huadu, Panyu, Zengcheng and Conghua.

17-19 主要年份卫生事业基本情况

Basic Statistics on Public Health in Main Years

年 份 Year	卫生机构数（个） Health Care Institutions (unit)	#医院 Hospitals	卫生技术人员（人） Medical Professionals (person)	#医生 Doctors	卫生机构床位数（张） Hospital Beds (bed)	#医院 Hospitals	每万人口医生数（人） Doctors per 10000 Population (person)	每万人口医院床位数（张） Hospital Beds per 10000 Population (bed)
1978	1589	140	31547	12014	17109	14382	24.88	29.78
1980	1802	141	35792	14566	17673	14747	29.02	29.38
1985	2098	163	42522	18079	23830	19439	33.17	35.67
1986	2319	165	44666	19152	25031	20020	34.48	36.05
1987	2173	174	45818	19557	26599	21544	34.61	38.13
1988	2387	182	46957	20094	27981	22663	34.83	39.28
1989	2409	186	47988	20913	28988	23458	35.72	40.07
1990	2353	190	48276	21015	29930	24395	35.36	41.05
1991	2347	194	48618	21026	31293	25286	34.91	41.99
1992	2323	200	49052	21304	32646	26901	34.80	43.94
1993	2094	210	50097	22153	32399	27339	35.52	43.84
1994	2131	216	50819	22401	33086	27871	35.17	43.75
1995	2238	221	52851	23321	34139	28721	36.06	44.41
1996	1987	222	52450	22384	34338	29728	34.12	45.31
1997	1989	224	53654	22829	35301	30067	34.25	45.11
1998	2013	224	54053	22817	35306	30791	33.85	45.67
1999	1670	250	54480	23068	36431	31284	33.68	45.67
2000	1703	252	55677	23503	38758	33716	33.54	48.12
2001	2257	253	56262	23949	39417	34558	33.61	48.50
2002	2265	196	54652	22169	40430	32736	30.76	45.43
2003	2349	183	57274	23464	42210	34140	32.36	47.08
2004	2443	188	59943	24493	45687	35979	33.20	48.77
2005	2517	211	64182	25852	47888	39359	34.44	52.44
2006	2603	223	69091	27338	50500	42821	35.94	56.29
2007	2543	225	76791	29056	52640	45209	37.57	58.45
2008	2388	218	80687	29953	54973	47128	38.20	60.10
2009	2341	224	89179	32926	59038	50367	41.44	63.39
2010	2387	216	95546	33575	62552	53227	41.65	66.03
2011	3459	207	100832	35638	65940	55429	43.75	68.05
2012	3511	224	106708	37442	70649	62194	45.53	75.63
2013	3729	222	114802	39694	73301	64864	47.69	77.93
2014	3749	224	120915	40715	77011	68685	48.33	81.53
2015	3724	229	126681	42499	82022	73313	49.75	85.83
2016	3806	243	137953	46791	87959	79037	53.75	90.80

注：1．2002年起卫生指标按照新的《中国卫生统计调查制度》统计。其中，医生为执业(助理)医师数；护师、护士为注册护士数。
2．从2004年起医院不包卫生院及社区卫生服务中心(站)。
3．每万人口医生数和每万人口医院床位数用年末户籍人口计算。

Note: I. Since 2002 statistics of health care have been based on China Health Care Statistical Investigation System. Doctors refer to medical practitioners and associate medical practitioners, senior and junior nurses refer to registered nurses.
II.The number of hospitals haven't included the township hospitals since 2004.
III.Doctors per 10000 population and hospital beds per 10000 population are caculated by the registered population.

17-20 医疗卫生机构数

Number of Health Institutions

单位：个 (unit)

项　目	Item	2015	2016
各类医疗卫生机构合计	**Total Number of Health Care Institutions**	**3724**	**3806**
医　院	**Hospitals**	**229**	**243**
综合医院	General Hospitals	132	139
中医医院	TCM Hospitals	27	29
中西医结合医院	Hospitals Which Integrate Traditional Chinese Therapeutics with Western Therapeutics in Practice	6	7
专科医院	Specialized Hospitals	61	65
护理院	Nursing Homes	3	3
基层医疗卫生机构	**Basic Health Care Institutions**	**3219**	**3309**
社区卫生服务中心(站)	Health Service Certers(Stations) for Community	315	342
社区卫生服务中心	Health Service Centers for Community	151	154
社区卫生服务站	Health Service Stations for Community	164	188
卫生院	Township Hospitals	30	30
村卫生室	Village Health Hospitals	1051	932
门诊部	Outpatient Departments	624	715
诊　所	Clinics	721	830
卫生所、医务室	Health Stations, Infirmaries	478	460
专业公共卫生机构	**Specialized Health Care Institutions**	**203**	**223**
疾病预防控制中心	CDC(Epidemic Prevention Stations)	18	18
专科疾病防治院(所、站)	Specialized Disease Prevention & Treatment Institutions	7	8
健康教育所(站、中心)	Health Education Stations(Centers)	3	3
妇幼保健院(所、站)	Maternity and Child Care Centers	16	14
急救中心(站)	First Aid Centers(Stations)	7	7
采供血机构	Blood Collection Agencies	5	5
卫生监督所(中心)	Health Supervision Stations	15	14
计划生育技术服务机构	Family-planning Technical Service Institutions	132	154
其他卫生机构	**Others**	**73**	**31**
疗养院	Sanitariums	9	9
医学科学研究机构	Research Institutions of Medical Science	5	5
医学在职培训机构	Training Institutions of Medical Science for Incunbent	1	1
临床检验中心(所、站)	Clinical Inspect Centers(stations)	11	11
统计信息中心	Statistical Information Centers	1	2
其　他	Other Medical Institutions	46	3

注：1.2011年起医疗卫生机构数包含村卫生室.
　　2.2013年起医疗卫生机构数含计生机构。

Note: I. Number of health institutions include village hospitals since 2011.
　　II. Number of health institutions include family-planning Institutions since 2013.

17-21 医疗卫生机构床位数(2016年)

Number of Beds in Medical and Health Institutions (2016)

单位：张 (unit)

项　　目	Item	2016
各类医疗卫生机构床位	**Total Number of Beds in Health Institutions**	**87959**
医　院	**Hospitals**	**79037**
综合医院	General Hospitals	50536
中医医院	TCM Hospitals	10005
中西医结合医院	Hospitals Which Integrate Traditional Chinese Therapeutics with Therapeutics in Practice	2018
专科医院	Specialized Hospitals	15321
护理院	Nursing Homes	1157
基层医疗卫生机构	**Community Medical and Health Institutions**	**4720**
社区卫生服务中心(站)	Health Service Centers for Community	2964
卫生院	Township Hospitals	1730
门诊部	Outpatient Departments	26
专业公共卫生机构	**Specialized Public Health Institutions**	**3554**
专科疾病防治院(所、站)	Specialized Disease Prevention & Treatment Institutions	106
妇幼保健院(所、站)	Maternity and Child Care Centers	3448
急救中心(站)	First Aid Center	
其他卫生机构	**Others**	**648**
疗养院	Sanitariums	648

17-22 医疗卫生机构工作人员(2016年)

Number of Employed Personnel in Medical and Health Institutions (2016)

单位:人 (person)

项　　目	Item	2015	2016
合　计	**Total**	**153943**	**166537**
#卫生技术人员小计	Medical Technical Personnel	126681	137953
执业(助理)医师	Assistant Certified Doctors	42499	46791
#执业医师	Certified Doctors	39750	43737
注册护士	Registered Nurses	55003	61327
药　师(士)	Pharmacists	8057	8503
技　师(士)	Technicians	7320	7744
#检验师(士)	Testers	5345	5630
其　他	Others	13802	13588
其他技术人员	Other Technical Personnel	5091	5646
管理人员	Managerial Personnel	7193	7642
工勤技能人员	Workers	13871	14476

注：1. 2011年起医疗卫生机构工作人员数含村卫生室人员。
　　2. 2013年起医疗卫生机构工作人员数含计生机构人员。

Note: I. Number of medical persons include persons of village hospitals since 2011.
　　II. Number of medical persons include persons of family-planning groups since 2013.

17-23 民营医疗机构基本情况(2016年，按地区分)

Basic Statistics on Private Medical and Health Institutions(2016, by District)

地　区	District	医疗机构数(个) Numbers of Medical Institutions (unit)	床位数(张) Number of Beds (unit)	人员数(人) Number of Employed Personnel (person)	#卫生技术人员(人) Medical Technical Personnel (person)	#执业(助理)医师(人) Assistant Certified Doctors (person)	#注册护士(人) Registered Nurses (person)
总　计	**Total**	**1793**	**13405**	**27651**	**21920**	**8991**	**8680**
荔湾区	Liwan	114	261	1366	1158	571	407
越秀区	Yuexiu	163	568	3186	2283	1007	978
海珠区	Haizhu	104	491	2844	2131	612	454
天河区	Tianhe	348	3343	6437	4799	2093	2032
白云区	Baiyun	325	6119	5853	4880	1905	2260
黄埔区	Huangpu	138	454	1729	1377	544	410
番禺区	Panyu	180	723	2587	2200	838	887
花都区	Huadu	192	627	1713	1494	679	580
南沙区	Nansha	35	60	444	263	113	97
从化区	Conghua	68	419	353	315	172	108
增城区	Zengcheng	126	340	1139	1020	457	467

17-24 医疗资源与服务情况（2016年）

Resources and Services on Medical Institutions (2016)

项　目	Item	合 计 Total	公立医疗机构 Public Medical Institutions	#政府办 Operated by Governments	民营医疗机构 Private Medical Institutions
医疗机构数 （个）	Number of Units (unit)	3601	1808	532	1793
总诊疗人次 （万人次）	Patients Treated (10000 person-times)	14757.94	12859.38	11643.34	1898.56
#门　诊	Outpatient Visits	13428.69	11607.46	10469.99	1821.23
急　诊	Emergency Visits	1112.03	1062.09	998.48	49.94
观察室留观病例数 （万人次）	Number of Persons for Further Observation (10000 person-times)	103.32	99.25	98.65	4.07
健康检查人次 （万人次）	Number of Persons for Health Examination (10000 person-times)	777.87	605.47	517.95	172.40
入院人数 （万人次）	Number of Inpatients (10000 person-times)	275.99	260.13	249.67	15.86
出院人数 （万人次）	Number of Leaving Hospital(10000 person-times)	275.42	259.80	249.42	15.62
年底实有病床数 （张）	Number of Beds at Year-end (unit)	87959	74554	68705	13405
病床使用率 （%）	Utilization Rate of Beds (%)	85.78	91.53	92.06	47.15
病床周转次数 （次/年）	Turnover Rate of Beds (times/year)	33.0	35.0	37.0	14.0
出院者平均住院日 （日）	Average Hospitalization Period (day)	9.2	9.2	9.0	9.9
医师人均每日担负诊疗人次（人）	Average Daily For Per Doctor visited (person)	12.8	13.9	13.9	8.4
医师人均每日担负住院床日（人）	Doctor Responsible For Inpatient Bed Days Per Capita Daily (person)	1.6	1.8	1.9	0.6

注：2011年起含村卫生室数据。

Note: Number of medical persons include person of village hospitals since 2011.

17-25 医院、卫生院工作情况（2016年）
Statistics on Hospitals and Township Hospitals (2016)

项　　目	Item	医　院 Hospitals	社区卫生服务中心(站) Community Health Centre	卫生院 Township
机构数 （个）	Number of Units (unit)	243	342	30
总诊疗人次 （万人次）	Patients Treated (10000 person-times)	9485.82	2321.11	346.17
#门　诊	Outpatient Visits	8553.22	2180.25	272.96
急　诊	Emergency Visits	843.95	75.64	68.17
观察室留观病例数(万人次)	Number of Persons for Further Observation(10000 person-times)	80.32	6.56	16.01
健康检查人次 （万人次）	Number of Persons for Health Examination(10000 person-times)	438.79	114.03	22.36
入院人数 （万人次）	Number of Inpatients (10000person-times)	245.35	5.41	6.18
出院人数 （万人次）	Number of Leaving Hospital (10000 person-times)	244.87	5.36	6.17
年末实有病床数 （张）	Number of Beds at Year-end (unit)	79037	2964	1730
平均开放病床数 （张）	Average Number of Beds in Use (unit)	75776	2901	1772
病床使用率 （%）	Utilization Rate of Beds (%)	86.94	70.69	62.08
病床周转次数 （次/年）	Turnover Rate of Beds (times/year)	32.0	18.0	35.0
出院者平均住院日 （日）	Average Hospitalization Period (day)	9.4	12.4	6.3

17-26 村卫生室基本情况(2016年)
Statistics on Rural Health Institutions(2016)

项　　目	Item	2015	2016
机构数 （个）	Number of Institutions (unit)	1051	932
执业(助理)医师 （人）	Certified (Assistant) Doctors (person)	490	459
注册护士 （人）	Certified (Assistant) Nurses (person)	239	267
乡村医生和卫生员 （人）	Rural Doctors and Medical Attendants (person)	1107	820
乡村医生数	Rural Doctors	1028	776
卫生员	Medical Attendants	79	44
总诊疗人次 （万人次）	Patients Treated (10000 person-times)	529.39	380.43

注：2015年起，村卫生室执业(助理)医师和注册护士数包含镇卫生院设点的村卫生室相关人员数，2014年数据作相应调整。
Note: Number of certified (assistant) doctors and certified (assistant) nurses in Rural Health Institutions include menbers of Rural Health Institutions set by town health center since 2015. The data in 2014 has been adjusted.

17-27 卫生事业其他指标

Other Indicators of Health Care

项　　目	Item	2016
人均卫生资源	**Per Capita Health Resources**	
每万人口卫生机构床位数 (张)	Number of Hospital Beds per 10000 Population (unit)	62.63
每万人口卫生技术人员数 (人)	Number of Medical Technical Personnel per 10000 Population (person)	98.23
每万人口执业(助理)医师数 (人)	Number of Certified (Assistant) Doctors per 10000 Population (person)	33.32
每万人口注册护士数 (人)	Number of Registered Nurses per 10000 Population (person)	43.67
防病工作	**Disease Prevention**	
甲、乙类传染病发病率 (1/10万)	Incidence Disease Rate of type A&B Infectious Disease (per 100000 persons)	325.84
甲、乙类传染病死亡率 (1/10万)	Death Rate of type A&B Infectious Diseases (per 100000 persons)	0.92
儿童计划免疫接种率 (%)	Planned Vaccination Rate of Children (%)	
卡介苗接种率	BCG Vaccination Rate	99.83
脊髓灰质炎接种率	Poliovirus Vaccination Rate	99.69
百白破接种率	Pertussis, Diphtheria & Tetanus Vaccination Rate	99.76
麻疹接种率	Measles Virus Vaccination Rate	99.77
乙肝基础免疫	Hepatitis B Basic Vaccination Rate	99.77
乙脑基础免疫	Encephalitis B Basic Vaccination Rate	99.75
妇幼工作	**Women and Children**	
孕产妇保健系统管理率 (%)	Management Rate of Maternity Health Care System (%)	95.70
孕产妇保健管理覆盖率 (%)	Coverage Rate of Maternity Health Care Management (%)	97.95
3岁以下儿童保健系统管理率 (%)	Management Rate of Children Health Care System at 3 Years Old and below (%)	95.20
7岁以下儿童保健管理覆盖率 (%)	Coverage Rate of Children Health Care Management at 7 Years Old and below (%)	99.27
出生缺陷发生率 (1/万)	Incidence Rate of Birth Defect (persons per 10000 persons)	204.46
出生低体重儿发生率 (%)	Incidence Rate of Low Weight Infants at Birth (%)	6.09
5岁以下儿童中、重度营养不良患病率 (%)	Incidence Disease Rate from Medium and Serious Malnutrition of Children at 5 Years Old and below (%)	1.27
婚前医学检查 (%)	Medical Examination Rate before Marriage (%)	34.71
婚前医学检查疾病检出率 (%)	Disease Rate through Medical Examination before Marriage (%)	16.15
生命指标	**Life Indicators**	
平均期望寿命 (岁)	Life Expectancy (year)	81.75
男　性	Male	79.01
女　性	Female	84.63
孕产妇死亡率 (1/10万)	Death Rate of Pregnant and Lying-in Women (per 100000 persons)	8.20
5岁以下儿童死亡率 (‰)	Death Rate of Children at 5 Years Old and below (‰)	3.32

注：1．本表人均卫生资源用年末常住人口计算；
2．甲、乙类传染病从1997年起增加肺结核和新生儿破伤风两种病；
3．甲、乙类传染病发病率、死亡率用年平均常住人口计算。
4．平均期望寿命以死因统计年报计算。
5．用“出生缺陷发生率”指标代替“每住院分娩出生缺陷发生率”。

Note: I. Per capita health resources is calculated by annual resident population.
II. Type A and B infections diseases include pulmonary tuberculosis and neonatal tetanus since 1997.
III. The incidence disease rate and death rate of type A and B infections diseases are calculated by annual resident population.
Ⅳ. Life expectancy is calculated according to the statistical yearbook of death.
Ⅴ. Use incidence rate of birth defect instead of each hospital delivery incidence of birth defects.

17-28 律师、公证、基层司法基本情况

项　　目		Item		1995	2000	2005
律师工作		**Lawyers**				
律师事务所	（个）	Number of Law Offices	(unit)	95	153	268
执业律师	（人）	Number of Certified Lawyers	(person)	1940	2637	4322
担任常年法律顾问	（家）	Number of Units with Permanent Legal Advisors	(unit)	3496	3810	3550
民事诉讼代理	（件）	Civil Case Litigation Agency	(case)	5753	6994	23845
经济诉讼代理	（件）	Economic Case Litigation Agency	(case)	4077	8190	12407
行政诉讼代理	（件）	Administrative Action Case Litigation Agency	(case)	85	154	610
非诉讼法律事务	（件）	off-court Case	(case)	11890	13247	26597
刑事辩护及代理	（件）	Criminal Case Litigation Agency	(case)	1920	2246	6952
涉外法律事务	（件）	Agent of Foreign-related Legal Affairs Agency	(case)	3866	3604	486
索回赔、欠款	（万元）	Claiming Indemnity and Arrears	(10000 yuan)	45751	94218	54437
公证工作		**Notarization**				
公证处	（个）	Number of Notary Offices	(unit)	14	14	12
公证人员	（人）	Number of Notary Personnel	(person)	288	290	401
办结公证总数	（件）	Number of Notary Documents	(case)			
# 国内公证业务		Domestic Notarization Business				
涉外公证业务		Foreign-related Notarization Business				
涉港澳台公证业务		Notarization Business Related to Hong Kong, Macao and Taiwan				
帮助避免经济损失	（万元）	Amount of Helping to Avoid Economic Losses	(10000 yuan)	17386	22168	20640
基层司法工作		**Grassroots Judicial Work**				
司法所	（个）	Number of Law Services	(unit)			
司法所人员	（人）	Number of Law Service Personnel	(person)			
司法所兼职人员	（人）	Number of Units with Legal Advisors	(person)			
司法助理员	（人）	Agent of Civil Cases	(person)			
人民调解委员会	（个）	Number of People's Mediation Committees at Year-end	(unit)	3766	3569	2976
调解人员	（人）	Number of Mediators at Year-end	(person)	35608	36177	19233
调解纠纷总数	（件）	Number of Disputes Mediated	(case)	8070	10044	13521

Basic Statistics on Lawyers, Notarization and Grassroots Judicial Work

2006	2007	2008	2009	2010	2011	2012	2013	2014	2015	2016
279	287	293	357	381	417	477	482	519	571	604
4727	5061	5634	6167	6659	7340	7702	8326	8919	9817	10852
1395	1051	7371	10095	9980	11186	11290	12300	13952	15464	18866
23888	19636	28775	45447	40259	41170	42012	47552	53594	59797	71971
9712	6526									
455	526	674	874	612	816	771	966	2426	2035	2517
21676	22155	22604	47579	30841	39823	25956	54044	35127	51115	59640
6793	5293	1781	1477	8553	9098	7260	7818	8949	8644	7216
1531	633									
59740	19179									
11	11	8	8	11	9	9	9	9	9	9
287	309	334	121	348	381	384	397	390	377	376
						456359	392176	349475	396944	445479
						318112	273448	232405	283717	339971
						129815	111183	110736	107469	100273
						8432	7545	6314	5758	5235
4150	4250									
					165	165	164	170	170	171
					582	543	515	525	555	750
					506	21	16	62	188	7
					24					
3093	3012	3130	2858	3068	3280	3322	3435	3349	3338	3210
21700	27000	26977	20506	18075	18871	19726	19901	18752	15525	14966
13908	20039	17065	21018	21238	19778	22968	24787	25088	28924	60039

17-29 社会治安主要指标
Main Indicators of Public Security

项　　目	Item	2015	2016
刑事案件	**Criminal Cases**		
立案数 (件)	Number of Cases Registered (case)	183583	156534
破案数 (件)	Number of Cases Cracked in Current Year (case)	31593	29408
破案率 (%)	Percentage of Cases Cracked to Total Criminal Cases in Current Year (%)	17.2	18.8
治安案件	**Offense Cases against Public Order**		
受理数 (件)	Number of Cases Accepted to be Treated (case)	185125	177562
查处数 (件)	Number of Cases Investigated and Treated (case)	179866	172443
城市交通事故	**City Traffic Accidents**		
交通事故 (件)	Number of Traffic Accidents (case)	2676	2544
死伤人数 (人)	Number of Deaths and Injuries (person)	3800	3397
# 死亡人数	Number of Deaths	847	808
损失折款 (万元)	Losses Converted into Cash (10000 yuan)	812	938
火　灾	**Fires**		
火灾起数 (起)	Number of Fires (case)	2644	2614
死伤人数 (人)	Number of Deaths and Injuries (person)	34	34
# 死亡人数	Number of Deaths	22	22
损失折款 (万元)	Losses Converted into Cash (10000 yuan)	2801	2938

注：2014年起社会治安主要指标统计口径有调整，均不统计市区指标。
Note: Since 2014 the coverage of main indicators of public security has been adjusted, excluding urban districts.

17-30　结婚和离婚对数

Couples of Marriage and Divorce

单位：对　　(couple)

地　区	District	2015 登记结婚对数 Number of Marriage Registration	2015 离婚对数 Number of Divorces	2016 登记结婚对数 Number of Marriage Registration	2016 离婚对数 Number of Divorces
全　市	**Total**	**92668**	**24722**	**87869**	**29223**
荔湾区	Liwan	6622	2062	5836	2168
越秀区	Yuexiu	11763	3802	10896	4978
海珠区	Haizhu	8699	2889	7901	3685
天河区	Tianhe	12562	2408	12349	3360
白云区	Baiyun	9838	2323	9089	2668
黄埔区	Huangpu	6049	1628	5776	1824
番禺区	Panyu	8586	2865	8630	2891
花都区	Huadu	7688	2055	7319	2380
南沙区	Nansha	3976	701	3714	890
从化区	Conghua	6421	1692	5839	1915
增城区	Zengcheng	9438	2015	9526	2196
广州市本级	City Level	1026	282	994	268

注：法院判决解除和调解解除2016年3167对、2015年3148对。
Note: Number of divorces by the court is about 3167 in 2016, and 3148 in 2015.

17-31 社会保险情况

单位：人

项　　目	Item
基本养老保险	Basic Pension Insurance
城镇职工基本养老保险	Basic Pension Insurance for Employed Persons in Urban Units
城乡居民养老保险	Pension Insurance for Urban and Rural Resident
农转居养老保险	Pension Insurance for Resident transferred from Farmers
基本医疗保险	Basic Medical Care Insurance
城镇职工基本医疗保险	Basic Medical Care Insurance for Employed Persons in Urban Units
城乡居民基本医疗保险	Basic Medical Care Insurance for Urban and Rural Residents
失业保险	Unemployment Insurance
工伤保险	Work Injury Insurance
生育保险	Maternity Insurance

注：1.城镇职工医保享受人数仅统计享受医疗待遇人数，未包含医保个人账户注资人数。

2.从2015年始，城镇居民基本医疗保险和新型农村合作医疗已整合为城乡居民基本医疗保险一个险种。

Conditions of Social Insurance

(person)

2015		2016	
年末参保人数 Persons Participating in Insurance at Year-end	全年享受人数 Persons Enjoying Insurance	年末参保人数 Persons Participating in Insurance at Year-end	全年享受人数 Persons Enjoying Insurance
11593978	1462974	12491501	1462673
10082417	871625	11022950	911042
1292677	456607	1252938	415629
218884	134742	215613	136002
10526155	5206481	10963787	5073355
6076242	3343502	6368229	3348146
4449913	1862979	4595558	1725209
4740721	124054	5021366	138059
4314000	15302	4954809	14727
4368202	175806	4766093	244953

Note: I. Number of basic medical care insurance for employed persons in urban units only calculates the number of persons enjoyed medical treatment, excluding the number of personal capital account for medical insurance.

II. Since 2015, basic medical care insurance for employed persons in urban units and the new rural cooperative medical care has been combined to the basic medical care insurance for urban and rural residents.

17-32 优抚和社会救助、福利事业情况

项　　目	Item	1995
优抚事业	**Special Care and Preferential Treatment**	
抚恤.补助优抚对象总人数 (人)	Number of Persons Enjoying Regular Pensions and Allowances (person)	7029
优待优抚对象户数 (户)	Number of Households Enjoying Special Care and Preferential Treatment (household)	6068
抚恤事业财政性支出 (万元)	Expenses on Special Care and Preferential Treatment (10000 yuan)	2536
社会救助	**Social Relief**	
城市居民最低生活保障人数 (人)	Number of Persons Enjoying Mininum living Security In Urbar Areas (Person)	
城市居民最低生活保障户数 (户)	Number of Households Enjoying Mininum living Security In Urbar Areas (Household)	
农村居民最低生活保障人数 (人)	Number of Persons Enjoying Mininum living Security In Rural Areas (Person)	
农村居民最低生活保障户数 (户)	Number of Households Enjoying Mininum living Security In Rural Areas (Household)	
农村五保供养人数 (人)	Number of Persons Enjoying the Five Guarantees in Rural Areas (Person)	
资助参加医疗救助保险 (人)	Number of Persons Funded to Participate in Medical Care Insurance (Person)	
直接实施医疗救助人次数 (人次)	Number of Persons Direct Implementation of Medical Assistance (Person-times)	
# 住院救助人次数 (人次)	Number of Persons Enjoying Medical Assistance Intpatient Services (Person-times)	
# 门诊救助人次数 (人次)	Number of Persons Enjoying Medical Assistance Outpatient Services (Person-times)	
生活无着人员救助人次数 (人次)	Number of Poor Persons Enjoying Relief (Person-times)	
# 儿童救济人次数 (人次)	Number of Child Enjoying Relief (Person-times)	
社会救济事业财政性支出 (万元)	Expenses on Social Relief (10000 yuan)	
自然灾害生活救助财政性支出 (万元)	Financial Relief Funds for Disasters (10000 yuan)	242
社会福利	**Social Welfare**	
社会福利收养性单位数 (个)	Number of Social Welfare Adoption Units (unit)	139
社会福利收养性单位床位数 (张)	Number of Beds in Social Welfare Adoption Units (unit)	5238
年末社会福利收养性单位在院人数(人)	Number of Persons in Social Welfare Adoption Units at Year-end (Person)	3956
# 优抚对象	Persons Enjoying Special Care and Preferential Treatment	
“三无对象”	Three-no People in Short	
社会福利企业单位数 (个)	Number of Social Welfare Enterprises (unit)	3113
社会福利企业残疾职工人数 (人)	Number of Disabled Persons in Social Welfare Enterprises (Person)	5816
社会福利事业财政性支出 (万元)	Expenses on Social Welfare (10000 yuan)	
城乡社区服务	**Grassroots Social Security in Urban and Rural Areas**	
社区服务设施数 (个)	Number of Community Service Facilities in Urban Areas (unit)	348
# 社区服务中心 (站)	Centers of Community Service	69

注：“三无对象”指无法定赡养(抚养、扶养)义务人、无劳动能力和无生活来源的居民。

Statistics on Special Care, Social Relief and Social Welfare

2000	2005	2006	2007	2008	2009	2010	2011	2012	2013	2014	2015	2016
7128	7295	6677	13403	15478	16039	17422	21151	23590	24633	24914	25512	25280
7947	9953	6986	13135	9909	8362	9073	7649	11053	9950	12373	13977	8171
5027	11818	13921	18887	19572	23971	21669	21171	24590	31623	34553	42692	52692
20132	45038	47822	48045	44991	45412	43206	41548	37682	34523	29297	24256	22105
											15076	14282
15687	68265	72988	74892	70151	70552	68545	65528	56657	52284	43221	33150	26932
											14595	12068
							4932	4850	4805	4465	4466	4454
											175569	127604
											337681	401753
											63589	86800
											274092	314953
							30625	36754	37070	39429	48261	45861
							1833	1971	1815	1554	1712	1158
				31840	33458	38634	47020	64492	73489	84188	82207	93144
220	823	654	1908	1848	503	725	388	323	585	1080	389	254
182	166	154	152	153	178	159	165	173	180	185	205	204
12371	17770	18130	20585	23064	24469	27704	33070	34566	41237	42937	54071	54732
8142	8603	9213	9826	17762	18440	23666	26023	25382	25151	26621	29516	28619
302	145	193	397	574	312	278	198	193	85	205	105	108
3702	3756	4228	4239	4899	4107	4738	4652	4953	3485	3884	3353	3080
118	80	49	41	40	33	34	37	34	32	33	33	
1643	1743	454	1098	929	985	952	1279	1220	1094	2357	1003	
				25748	64639	41674	53871	70465	83795	114162	119313	103557
236	1871	1747	1073	1180	1570	1391	3302	3888	2301	2377	2203	2234
80	102	108	108	123	122	238	1210	1471	1496	1499	1304	1271

Note: Three-no people is short for those urban citizens who have no ability to work, no source of income, and no legal supporters to provide their lives.

【卫生技术人员】指卫生事业机构支付工资的全部固定职工和合同制职工现任职务为卫生技术工作的专业人员。包括中医师、西医师、中西医结合高级医师、护师、中药师、西药师、检验师、其他技师、中医士、西医士、护士、助产士、中药剂士、检验士、其他初级卫生技术人员。

【医生】指经卫生部门审查合格，具有执业资格的医疗专业人员。

【社会福利收养性单位在院人数】包括民政部门管理的和城镇及农村集体举办的社会福利事业单位中收养的老人、少年儿童、缺乏生活自理能力的残疾人员和精神病人。

【律师】指依法取得律师执业证书，为社会提供法律服务的执业人员。

【公证员】指符合《公证法》规定的条件，在公证机构从事公证业务的执业人员。

【办理公证文书】指公证处在一定时期内办结的公证文书件数。公证文书是按司法部规定或批准的格式制作。包括国内公证和涉外公证两部分。其中国内公证分为经济合同公证和民事法律关系公证两大类。

【调解人员】是经群众选举或者接受聘任，在人民调解委员会领导下，从事调解工作的人员。

【调解民间纠纷】指调解委员会依照法律规定，根据自愿原则，用说服教育的方法调解社会上发生的有关民事权利和义务的争执，促成相关当事双方达到协议和谅解，解决纠纷。包括婚姻家庭纠纷，财产权益纠纷等，不包括法院受理调解的民事案件数。

【Medical Technical Personnel】 refer to all permanent medical staff and workers employed by medical institutions, including doctors of Chinese and Western medicine, senior doctors who integrate traditional Chinese therapeutics with Western therapeutics in practice, senior nurses, pharmacists of Chinese and Western medicine,1aboratory specialists, other specialists, paramedics of Chinese and Western medicine, nurses, midwives, druggists in Chinese and Western medicine, laboratory technicians, other technicians, other practitioners of Chinese medicine, nursing attendants, pharmacological workers of Chinese and Western medicine, laboratory workers, and other primary medical technical personne1.

【Doctors】 refer to qualified professional medical workers approved to practice by public health departments.

【Number of People Taken in by adoption units of Social Welfare Institutions】 refers to the number of old people, children, totally dependent handicapped people and mental patients taken in by social welfare institutions run by civil affairs departments and those run by collective units in urban and rural areas.

【Lawyers】 are certified legal workers according to law, and provide legal service to the public.

【Notary Personnel】 refer to judicial workers of the state notary offices handling notarization work according to law.

【Notarized Documents】 refer to the documents settled by notary offices in a year. The nutria documents are drawn up in accordance with the regulations of the Ministry of Justice, including domestic documents and foreign-related documents. Domestic documents are divided into two major categories: documents on economic contracts and documents on civil legal relations.

【Mediators】 refer to workers who are selected or employed by the masses under the lead of people's mediation committees responsible for mediating in civil disputes and cases of slight infraction of the law.

【Mediation of Civil Disputes】 refers to mediation committees' work in mediating in civil disputes concerning civil rights and duties through persuasion and education in accordance with the provisions of law on a voluntary basis, so as to solve disputes by helping the parties involved come to an agreement and understanding. These disputes include divorce cases and disputes over property ownership, but exclude the civil cases to be handled by the court.

附录 APPENDIX

附 1　全国国民经济主要指标

AppendixⅠ. Main Indicators of National Economy of China

项　　目	Item	2015	2016
年末总人口（万人）	Year-end Population (10000 persons)	137462	138271
国内生产总值（亿元）	Gross Domestic Product (100 million yuan)	676708	744127
# 第一产业	Added Value of Agriculture	60863	63671
工业增加值	Added Value of Industry	228974	247860
全社会固定资产投资额（亿元）	Total Investment in Fixed Assets (100 million yuan)	562000	606466
社会消费品零售总额（亿元）	Total Retail Sales of Consumer Goods (100 million yuan)	300931	332316
货物周转量（亿吨公里）	Total Freight To-kilometers (100 million ton-km)	177401	185295
旅客周转量（亿人公里）	Total Passener-kilometers (100 million passenger-km)	30047	31306
邮电业务总量（亿元）	Business Volume of Postal and Telecommunication Services (100 million yuan)	28220	43344
货物进口总额（亿元）	Total Imports through Customs (100 million yuan)	104485	104932
货物出口总额（亿元）	Total Exports through Customs (100 million yuan)	141255	138455
实际使用外商直接投资（亿美元）	Amount of Capital Actually Used in Foreign Direct Investment(USD 100 million)	1263	1260
一般公共预算收入（亿元）	General Budgetary Expenditure	152217	159552
居民消费价格总指数（上年=100）	General Consumer Price Index (preceding year=100)	101.4	102.0
城镇单位在岗职工平均工资（元）	Average Wage of Fully Employed Staff and Workers in Urban Units (yuan)	63241	67569
城镇居民年人均可支配收入（元）	Per Capita Annual Disposable Income of Urban Residents (yuan)	31195	33616
农村居民年人均可支配收入（元）	Per Capita Annual Disposable Income of Rural Residents (yuan)	11422	12363
在校学生数	Number of Enrolled Students by Level of School		
# 普通本科学校（万人）	Undergraduate in Regular HEIS (10000 persons)	2625.3	2695.8
普通高中学校（万人）	Regular Senior Secondary Schools (10000 persons)	2374.4	2366.6
普通小学（万人）	Primary Schools (10000 persons)	9692.2	9913.0
医疗卫生机构床位数（万张）	Hospital Beds (10000 units)	708	747
卫生技术人员（万人）	Medical Technical Personnel (10000 persons)	803	844
# 执业医师	Doctors	300	317

注：1. 2016年为初步统计数据。
　　2. 规模以上港口的统计范围为年通过能力在100万吨以上的沿海港口和200万吨以上的内河港口，以及从事外贸、集装箱装卸的港口具体范围由交通运输部划定。

Note: I. The figures of 2016 are preliminary ststistics.
　　II. Data on production capacity and handing capacity include the seaports handing cargo more than 1 million tons. Inland river ports with turnover over 2 million tons and ports with operation in foreign trade and containing shipping. The specific scope are decided by the Administration of Transportation.

附 2 广东省国民经济主要指标

Appendix Ⅱ. Main Indicators of National Economy of Guangdong Province

项 目	Item	2015	2016
年末常住人口 （万人）	Year-end Population (10000 persons)	10849	10999
年末就业人员人数 （万人）	Year-end Employed Persons (10000 persons)	6219.31	6279.22
地区生产总值 （亿元）	Gross Domestic Products (100 million yuan)	72812.55	79512.05
人均地区生产总值 （元）	Per Capita GDP (yuan)	67503	72787
固定资产投资额 （亿元）	Total Investment in Fixed Assets (100 million yuan)	30031.20	33008.86
社会消费品零售总额 （亿元）	Total Retail Sales of Consumer Goods (100 million yuan)	31517.56	34739.00
货物周转量 （亿吨公里）	Total Freight To-kilometers (10 million ton-km)	14667.43	22032.27
旅客周转量 （亿人公里）	Total Passener-kilometers (100 million passenger-km)	3601.12	3842.58
港口货物吞吐量 （万吨）	Volume of Freight Handled at Ports (10000 tons)	171109	179924
邮电业务总量 （亿元）	Business Volume of Postal and Telecommunication Services(100 million yuan)	4397.09	6892.41
进口总值 （亿元）	Total Imports (100 million)	23576.60	23579.14
出口总值 （亿元）	Total Exports (100 million)	39983.10	39520.54
实际利用外商直接投资 （亿美元）	Amount of Direct Foreign Capital Actually Used (USD 100 million)	268.75	233.49
地方一般公共预算收入 （亿元）	General Public Budgetary Revenue of Local Government (100 million yuan)	9366.78	10390.35
地方一般公共预算支出 （亿元）	General Public Budgetary Expenditure of Local Government(100 million yuan)	12827.80	13446.09
居民消费价格指数 （上年=100）	General Consumer Price Index (preceding year=100)	101.5	102.3
商品零售价格指数 （上年=100）	General Retail Price Index (preceding year=100)	99.6	100.8
城镇单位就业人员平均工资 （元）	Average Wage of Fully Employed Staff and Workers in Urban Units (yuan)	65788	72326
城镇常住居民人均可支配收入（元）	Per Capita Disposable Income of Urban Residents (yuan)	34757	37684
农村常住居民人均可支配收入（元）	Per Capita Disposable Income of Rural Residents (yuan)	13360	14512
在校学生数 （万人）	Number of Enrolled Students by Level of School (10000 persons)		
普通高等学校	Institutions of Higher Education	185.64	189.29
中等职业教育学校	Secondary Vocational Schools	117.21	106.57
普通中学	Regular Secondary Schools	560.72	545.22
小 学	Primary Schools	868.88	905.22
医院及卫生院床位 （万张）	Hospital Beds (10000 units)	40.07	42.84
卫生技术人员 （万人）	Medical Technical Personnel (10000 persons)	61.16	66.75
#医 生	Doctors	22.27	24.41

附 3　香港特别行政区主要统计指标

Appendix Ⅲ. Main Indicators of Hong Kong Special Administrative Region

项　　目	Item	2015	2016
人口及生命统计	**Population and Vital Events**		
总人口(年中数)　(万人)	Mid-year Population　(10000 persons)	729.1	733.7
男　性	Male	336.5	337.6
女　性	Female	392.6	396.1
粗出生率　(‰)	Crude Birth Rate　(‰)	8.2	8.3
粗死亡率　(‰)	Crude Death Rate　(‰)	6.3	6.4
劳动、就业	**Labor and Employment**		
劳动人口　(万人)	Labor Force　(10000 persons)	390.3	392.0
劳动人口参与率　(%)	Labor Force Participation Rate　(%)	61.1	61.1
失业率　(%)	Unemployment Rate　(%)	3.3	3.4
就业不足率　(%)	Underemployment Rate　(%)	1.4	1.4
本地生产总值	**Gross Domestic Product　(GDP)**		
本地生产总值(按2014年环比物量计算)　(亿港元)	GDP　(in chained 2013 dollars, HKD 100 million)	23136	23586
人均本地生产总值(按2014年环比物量计算)(港元)	Per Capita GDP　(in chained 2013 dollars, HKD)	317305	321487
本地生产总值(按当年价格计算)　(亿港元)	GDP　(at current prices, HKD 1000 million)	23984	24891
人均本地生产总值(按当年价格计算)　(港元)	Per Capita GDP　(at current prices, HKD)	328941	339273
对外商品贸易	**External Merchandise Trade**		
进口　(亿港元)	Imports　(CIF, HKD 100 million)	40464	40084
香港产品出口　(亿港元)	Domestic Exports　(HKD 100 million)	469	429
转口　(亿港元)	Re-exports　(HKD 100 million)	35584	35454
电力耗用　(兆焦耳)	**Consumption of Electricity　(Mega joule)**		
#工　业	Industrial	11436	11252
商　业	Commercial	103893	103739
住　宅	Residential	42368	43120
工业生产指数　(2008年为100)	**Index of Industrial Production　(2008 = 100)**	93.2	92.7
纺织制品	Textiles	123.7	
成　衣	Wearing Apparel	113.3	
金属、电脑、电子及光学产品、机械及设备	Metal, Computer, Electrical and Optical Products, Machinery and Equipment	92.9	62.3

附 3 续表 continued

项 目	Item	2015	2016
新落成私人楼宇	**Newly-Built Real Estate**		
实用楼面面积 （万平方米）	Usable Floor Area (10000 sq.m)		
住 宅	Residential	59	64
非住宅	Non-residential	45	
持牌车辆总数 （万辆）	**Motor Vehicles Licensed (10000 units)**		
# 货 车	Vans	11.2	11.2
私家车	Sedan	52.2	53.6
旅 游	**Tourism**		
访港旅客 （万人次）	Visitors Arrivals (10000 person-times)	5931	5665
酒店入住率 (%)	Hotel Room Occupancy Rate (%)	86	87
运输、通讯	**Transport and Communications**		
进出香港货物总量 （万吨）	Inward and Outward Movements of Cargo (10000 tons)		
总卸下	Total Discharged	16887	16641
总装上	Total Loaded	11491	11673
集装箱吞吐量 （万标准集装箱）	Container Throughput (10000 TEUs)	2007	1981
公共交通工具客运量（百万人次）	Passenger Traffic by Public Vehicles (million person-times)	4599	4596
电话服务 （万条操作线路）	Telephone Services (10000 working lines)	421	421
政府收支 （亿港元）	**Public Accounts (HKD 100 million)**		
政府收入	Total Government Revenue	4500	5595
政府支出	Total Government Expenditure	4356	4667
消费价格指数 （按年变动率）	**Consumer Price Indices (Oct.2009 - Sept.2010 = 100)**		
综合消费价格指数	Composite Consumer Price Index	100.6	103.0
工资指数 （以1992年9月为100）	**Wage Index (September 1992 = 100)**		
名义工资指数	Nominal Wage Index	211.9	219.6
实际工资指数	Real Wage Index	117.7	120.7
教 育 （万人）	**Education (persons)**		
小学学生人数	Student Enrolment in Primary Schools	33.76	34.09
中学学生人数	Student Enrolment in Secondary Schools	35.41	33.94

附 4　澳门特别行政区主要统计指标

Appendix Ⅳ. Main Indicators of Macao Special Administrative Region

项　目		Item		2015	2016
人口及生命统计		**Population and Demographics Characteristis**			
年终人口估计	(万人)	End-year Estimates of Population	(10000 persons)	64.7	64.5
出生率	(‰)	Crude Birth Rate	(‰)	11.0	11.0
死亡率	(‰)	Crude Death Rate	(‰)	3.1	3.4
劳动、就业		**Labour**			
劳动人口	(万人)	Labour Force		40.4	39.7
劳动力参与率	(%)	Labour Force Participation Rate	(%)	73.7	72.3
失业率	(%)	Unemployment Rate	(%)	1.8	1.9
就业不足率	(%)	Underemployment Rate	(%)	0.4	0.5
本地生产总值		**Gross Domestic Product**			
按2014年不变价格计算		At Constant (2013) Prices			
本地生产总值	(亿澳门元)	GDP	(100 million MOP)	3468.6	3394.5
人均本地生产总值	(万澳门元)	GDP per Capita	(100 million MOP)	54.1	52.6
按当年价格计算		At Current Prices			
本地生产总值	(亿澳门元)	GDP	(100 million MOP)	3626.4	3582.0
人均本地生产总值	(万澳门元)	GDP per Capita	(10000 MOP)	56.5	55.5
对外商品贸易		**External Merchandise Trade**			
出口总值	(亿澳门元)	Exports	(100 million MOP)	106.9	100.5
进口总值	(亿澳门元)	Imports	(100 million MOP)	846.6	713.5
运输、旅游		**Transport, Tourism**			
进出澳门货运车数目	(万次)	Lorries Entering and Departing Macao	(10000 times)		
访澳旅客	(万人次)	Visitors Arrival	(10000 person-times)	3071.5	3095.0
酒店入住率	(%)	Hotel Room Occupancy Rate	(%)	82	83
财政收支		**Government Accounts**			
公共财政总收入	(亿澳门元)	Total Government Revenue	(100 million MOP)	1161.1	1024.1
公共财政总支出	(亿澳门元)	Total Government Expenditure	(100 million MOP)	807.5	807.3
消费价格指数		**Consumer Price Index**			
综合消费价格指数(2013年10月至2014年9月=100)		Composite Consumer Price Index(Oct.2013 - Sep.2014 = 100)		105.72	108.23
教　育		**Education**			
小学生	(人)	Primary Education	(person)	26436	28438
中学生	(人)	Secondary Education	(person)	28745	27473
高等教育学生	(人)	Higher Education	(person)	31970	32750

注：2016年数据在日后得到更多资料时会作出修订。

Notes: Figures of 2016 are subject to revision as more data become available.

中国统计出版社最新图书简目

（仅供参考，以实际出版为准）

统计资料

中国统计年鉴　中国统计摘要　中国发展报告
中国经济普查年鉴　国际统计年鉴　金砖国家联合统计手册
中国-东盟国家统计手册　中国农村统计年鉴　中国县域统计年鉴
中国城市统计年鉴　中国对外直接投资统计公报　中国地区经济监测报告
中国贸易外经统计年鉴　中国零售和餐饮连锁企业统计年鉴　中国商品交易市场统计年鉴
大中型批发零售和住宿餐饮企业统计年鉴　中国农产品价格调查年鉴　中国住户调查年鉴
中国价格统计年鉴　中国能源统计年鉴　全国农产品成本收益资料汇编
中国环境统计年鉴　中国建筑业统计年鉴　国外资源、能源和环境统计资料汇编
中国工业统计年鉴　中国城乡建设统计年鉴　中国县城建设统计年鉴
中国城市建设统计年鉴　中国科技统计年鉴　中国房地产统计年鉴
中国证券期货统计年鉴　中国劳动统计年鉴　中国第三产业统计年鉴
工业企业科技活动资料　中国社会统计年鉴　中国高技术产业统计年鉴
中国人才资源统计报告　中国教育统计年鉴　中国人口和就业统计年鉴
文化及相关产业统计概览　中国文化及相关产业统计年鉴　中国教育经费统计年鉴
中国民族统计年鉴　中国残疾人事业统计年鉴　中国民政统计年鉴
中国乡镇街道行政区域简册　中国基本单位统计年鉴　中国妇女儿童状况统计资料（英）

省级综合统计年鉴系列

北京 天津 河北 山西 内蒙古 辽宁 吉林 黑龙江 上海 江苏 浙江 安徽 福建 江西 山东 河南 湖北 湖南
广东 广西 海南 重庆 四川 贵州 云南 西藏 陕西 甘肃 青海 宁夏 新疆 新疆生产建设兵团

市(县)级综合统计年鉴系列

滨海新区 石家庄 唐山 邯郸 保定 沧州 邢台 廊坊 承德 衡水 秦皇岛 张家口 太原 大同 阳泉 长治 晋城
朔州 晋中 运城 忻州 临汾 吕梁 呼和浩特 呼和浩特新城区 鄂尔多斯 包头 沈阳 大连 长春 吉林 延吉 四平
通化 松原 哈尔滨 齐齐哈尔 黑龙江垦区 上海浦东新区 南京 无锡 徐州 常州 苏州 南通 连云港 淮安 盐城
扬州 镇江 泰州 宿迁 江阴 丹阳 海门 杭州 宁波 温州 嘉兴 湖州 绍兴 金华 衢州 舟山 台州 丽水 合肥
安庆 马鞍山 福州 厦门 宁德 漳州 龙岩 南昌 九江 上饶 新余 抚州 萍乡 赣州 吉安 景德镇 济南 青岛 潍坊
枣庄 日照 滕州 郑州 洛阳 平顶山 三门峡 商丘 信阳 济源 汝州 武汉 十堰 荆州 宜昌 荆门 咸宁 长沙 广州
深圳 惠州 东莞 汕尾 南宁 柳州 桂林 来宾 河池 防城港 海口 三亚 成都 贵阳 黔南 毕节 昆明 西安 咸阳
延安 宝鸡 安康 铜川 汉中 榆林 兰州 庆阳 银川 乌鲁木齐 兵团一师 兵团十师

调查年鉴系列

天津 山西 内蒙古 辽宁 吉林 上海 福建 江西 河南 湖北 湖南 广西 重庆 四川 云南 甘肃 宁夏 新疆

统计方法应用/实用手册

实用SAS统计分析教程　马克威统计分析与数据挖掘应用案例　统计公文知识问答
乡镇统计人员岗位知识培训系列教材：辅助调查员岗位基础知识　乡镇统计人员岗位基础知识
县级统计人员岗位知识培训系列教材：Excel在统计工作中的应用　简明统计分析
地市级统计人员岗位知识培训系列教材：统计报告与演示　Excel在统计工作中的应用

统计通俗读物/统计科普图书

国家统计局核心统计指标变迁　货架上的统计　账本里的统计

重点图书

砥砺奋进的五年——从十八大到十九大　新编英汉汉英统计大词典　中华医学统计百科全书
新常态下的中国服务业：理论与实践　新动能新产业发展报告-2017
挑大学选专业2018—考研择校指南　挑大学选专业2018—高考志愿填报指南